新编21世纪远程教育精品教

• 经济与管理系

秘书工作实务

（第二版）

张大成　主编

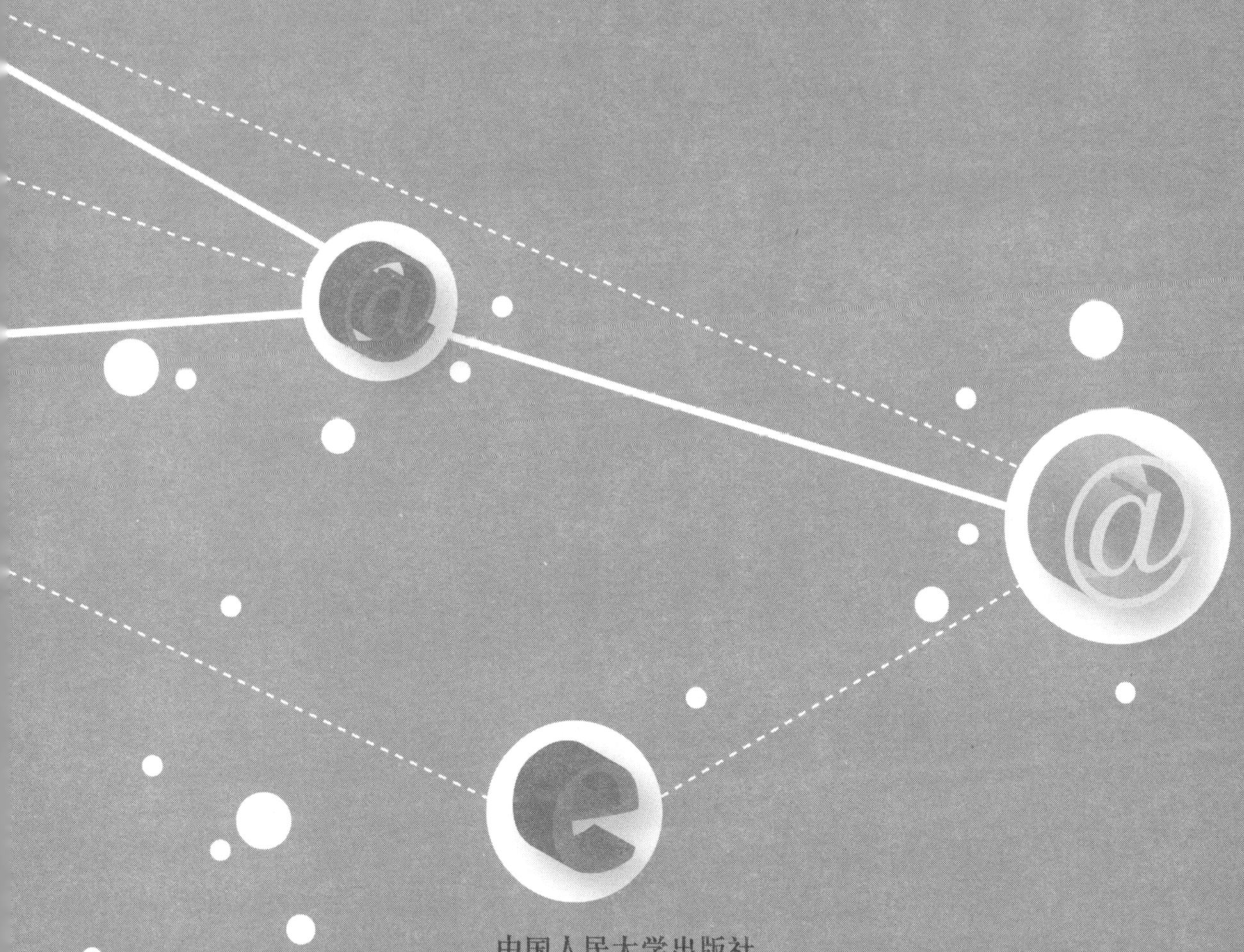

中国人民大学出版社
·北京·

作者简介

张大成，首都师范大学高级涉外文秘系原系主任、中国高级公务员培训中心研究员、北京市写作学会副会长。主要讲授“秘书工作实务”“公文写作”“现代礼仪文书写作”“高级文秘写作”“社交礼仪与文化”“办公室管理”“组织会议与活动”等课程。主要著作有：《高级商务秘书实用写作》《现代礼仪文书写作》《现代写作教程》《组织会议与活动》《电脑写作》《申论典范》《行政职业能力测验典范》等。

内容简介

本次修订，吸收秘书实务最新理论与成果，大大增加了工作类、公文类、电子类秘书写作的内容，与时俱进，更新了例文，增加了微信相关内容；大大精简了办公技巧与礼仪的内容。本教材引用国家最新颁布相关规范，诉之以事、告之以法、晓之以理、操之以序、行之有效，主要讲授：素养——行政职业能力，人文心理修养；办文——秘书写作，文书处理；办会——组织会议，组织活动；办公——办公环境、办公事务、办公技巧。教材由唤起主体意识、提高基本素养入手，慎思明辨、言信行果、创新和谐、服务社会，强调理论性、应用性、规范性相结合，可使学生掌握秘书工作实务的知识点和操作技能，从而能够适应新世纪秘书工作和管理工作的需要与发展。

总序

我们正处在教育史尤其是高等教育史上的一个重大的转型期。在全球范围内，包括在我们中华大地，以校园课堂面授为特征的工业化社会的近代学校教育体制，正在向基于校园课堂面授的学校教育与基于信息通信技术的远程教育相互补充、相互整合的现代终身教育体制发展。一次性学校教育的理念已经被持续性终身学习的理念所替代。在高等教育领域，从1088年欧洲创立博洛尼亚（Bologna）大学以来，21世纪以前的各国高等教育基本是沿着精英教育的路线发展的，这也包括自19世纪末创办京师大学堂以来我国高等教育短短一百多年的发展史。然而，自20世纪下半叶起，尤其在迈进21世纪时，以多媒体计算机和互联网为主要标志的电子信息通信技术正在引发教育界的一场深刻的革命。高等教育正在从精英教育走向大众化、普及化教育，学校教育体系正在向终身教育体系和学习型社会转变。在我国，党的十六大明确了全面建设小康社会的目标之一就是构建学习型社会，即要构建由国民教育体系和终身教育体系共同组成的有中国特色的现代教育体系。

教育史上的这次革命性转型决不仅仅是科学技术进步推动的。诚然，以电子信息通信技术为主要代表的现代科学技术的进步，为实现从校园课堂面授向开放远程学习、从近代学校教育体制向现代终身教育体制和学习型社会的转型提供了物质技术基础。但是，教育形态演变的深层次原因在于人类社会经济发展和社会生活变革的需求。恰在这次世纪之交，人类社会开始进入基于知识经济的信息社会。知识创新与传播及应用、人力资源开发与人才培养已经成为各国提高经济实力、综合国力和国际竞争力的关键和基础。而这些是仅仅依靠传统学校校园面授教育体制所无法满足的。此外，国际社会面临的能源、环境与生态危机，气候异常，数字鸿沟与文明冲突，对物种多样性与文化多样性的威胁等多重全球挑战，也只有依靠世界各国进一步深化教育改革与创新，促进人与自然的和谐发展才能得到解决。正因为如此，我国党和政府提出了“科教兴国”“可持续发展”“西部大开发”“缩小数字鸿沟”以及“人与自然和谐发展”的“科学发展观”等基本国策。其中，对教育作为经济建设的重要战略地位和基础性、全局性、前瞻性产业的确认，对高等教育对于知识创新与传播及应用、人力资源开发与人才培养的重大意义的关注，以及对发展现代教育技术、现代远程教育和教育信息化并进而推动国民教育体系现代化，构建终身教育体系和学习型社会的决策更得到了教育界和全社会的共识。

在上述教育转型与变革时期，中国人民大学一直走在我国大学的前列。中国人民大学是一所以人文、社会科学和经济管理为主，兼有信息科学、环境科学等的综合性、研究型大学。长期以来，中国人民大学充分利用自身的教育资源优势，在办好全日制高等教育的同时，一直积极开展远程教育和继续教育。中国人民大学在我国首创函授高等教育。1952年，校长吴玉章和成仿吾创办函授教育的报告得到了刘少奇的批复，并于1953年率先招生授课，为新建的共和国培养了一大批急需的专门人才。在20世纪90年代末，中国人民大学成立了网络教育学院，成为我国首批现代远程教育试点高校之一。经过短短几年的探索和发展，中国人民大学网络教育学院创建的"网上人大"品牌，被远程教育界、媒体和社会誉为网络远程教育的"人大模式"，即"面向在职成人，利用网络学习资源和虚拟学习社区，支持分布式学习和协作学习的现代远程教育模式"。成立于1955年的中国人民大学出版社是新中国成立后最早成立的大学出版社之一，是教育部指定的全国高等学校文科教材出版中心。在过去的几年中，中国人民大学出版社与中国人民大学网络教育学院合作创作、设计、出版了国内第一套极富特色的"新编21世纪远程教育精品教材"。这些凝聚了中国人民大学、北京大学、北京师范大学等北京知名高校学者教授、教育技术专家、软件工程师、教学设计师和编辑们广博才智的精品课程系列教材，以印刷版、光盘版和网络版立体化教材的范式探索构建全新的远程学习优质教育资源，实现先进的教育教学理念与现代信息通信技术的有效结合。这些教材已经被国内其他高校和众多网络教育学院所选用。中国人民大学出版社基于"出教材学术精品，育人文社科英才"理念的努力探索及其初步成果已经得到了我国远程教育界的广泛认同，是值得肯定的。

2005年4月，我被邀请出席《中国远程教育》杂志与中国人民大学出版社联合主办的"远程教育教材的共建共享与一体化设计开发"研讨会并做主旨发言，会后受中国人民大学出版社的委托为"新编21世纪远程教育精品教材"撰写"总序"，这是我的荣幸。近几年来，我一直关注包括中国人民大学网络教育学院在内的我国高校现代远程教育试点工程。这次更有机会全面了解和近距离接触中国人民大学出版社推出的"新编21世纪远程教育精品教材"及其编创人员。我想将我在上述研讨会上发言的主旨做进一步的发挥，并概括为若干原则作为我对包括中国人民大学出版社、中国人民大学网络教育学院在内的我国网络远程教育优质教育资源建设的期待和展望：

- 新编21世纪远程教育精品教材的教学内容要更加适应大众化高等教育面对在职成人、定位在应用型人才培养上的需要。
- 新编21世纪远程教育精品教材的教学设计要更加适应地域分散、特征多样的远程学生自主学习的需要，培养适应学习型社会的终身学习者。
- 在我国网络教学环境渐趋完善之前，印刷教材及其配套教学光盘依然是远程教材的主体，是多种媒体教材的基础和纽带，其教学设计应该给予充分的重视。要在印刷教材的显要部位对课程教学目标和要求做明确、具体、可操作的陈述，要清晰地指导远程学生如何利用多种媒体教材进行自主学习和协作学习。
- 应组织相关人员对多种媒体的远程教材进行一体化设计和开发，要注重发挥多种媒体教材各自独特的教学功能，实现优势互补。要特别注重对学生学习活动、教学交互、学习评价及其反馈的设计和实现。

● 要将对多种媒体远程教材的创作纳入对整个远程教育课程教学系统的一体化设计和开发中，以便使优质的教材资源在优化的教学系统、平台和环境中，在有效的教学模式、学习策略和学习支助服务的支撑下获得最佳的学习成效。

● 要充分发挥现代远程教育工程试点高校各自的学科资源优势，积极探索网络远程教育优质教材资源共建共享的机制和途径。

中华人民共和国教育部远程教育专家顾问

丁兴富

序

我与作者相识多年，曾与他一起应邀参加国务院办公厅秘书局组织的《国家行政公文处理办法》修订工作，以及教育部考试中心组织的中英合作剑桥秘书证书考试指定教材编写工作。20世纪90年代初，他的首部秘书教材——《高级商务秘书实用写作》问世，该书创新、实用，有筚路蓝缕之功。作者担任首都师范大学高级涉外文秘系（现为秘书系——编者注）主任期间，在学科的建立、教材的建设、教师的培养、教研育才等方面，都付出了自己的心血并取得了令人鼓舞的成就。作者长期在第一线从事秘书实务、公文写作、应用文写作、申论等教学培训、考试命题、测评面试、教材编写的实践与研究，其中“应用文写作”被评为优秀课程。

本教材首次将“秘书工作实务基础”纳入体系，强调秘书的写作、口才、心理、行政、诗质等主体意识和根本素质，起点高，有前瞻性；本教材是在大量教学实践的基础上编写的，有助于广大学生与其他读者的把握；本教材的编写有诸如国办秘书局、中办秘书局及其他党政机关、企事业单位和军队等极富实践经验的同人参与，有很强的可操作性；本教材从理论与实际相结合的角度，紧紧贴近我国改革开放的社会现实，由办文、办会、办公展开，全面阐述了秘书工作实务的主要内容，求实、求新，既有知识的传播，更有实操的指导，强调“三办”的技巧。这些都会提高广大读者对秘书工作实务的理性认识与实际操作能力，也有利于读者通过秘书等级考试。

祝作者与人大出版社再出新作。

是为序。

范立荣

修订说明

本书第一版问世至今已近十个年头，得到中国人民大学、首都师范大学等高等院校的应用与赞誉，得到党政军机关的应用与赞誉，得到各类培训机构组织者与受训者的应用与赞誉，得到国家公务员考试、军队转业干部考试辅导的应用与赞誉，得到广大社会读者的应用与赞誉，在此一并致谢！本次修订，运用最新理论与成果，大大增强了工作类、公文类、电子类秘书写作的内容，与时俱进，更新了例文，增加了微信相关内容；大大精减了办公技巧与礼仪的内容。修订工作由本人完成，在此向提供修订帮助的张婷婷、毕飞致谢！

张大成

2018 年 3 月 1 日

目 录

第一编 秘书工作实务基础

第二编 秘书工作实务办文

第四编　秘书工作实务办公

第一编

秘书工作实务基础

第一章

秘书工作实务概述

一、秘书工作实务的定义

（一）秘书的定义

秘书，在我国古代专指皇宫中秘密收藏的图书资料。密藏图书管理者，被称为“秘书监”“秘书令”或“秘书丞”。

现在，秘书，是指通过办文、办会、办公，辅助上级管理综合事务的工作人员。秘书已成为机关的一种职务，如行政秘书、机要秘书……，一等秘书、二等秘书……；也是一种机构（部门）的名称，如秘书局、秘书处……，又是一种社会职业，与律师、会计等其他职业并列。

（二）秘书工作实务的含义

秘书工作实务，指秘书应当和如何完成的工作实际事务及具体任务。它是秘书学与管理学的交叉学科，也是一门理论性、应用性、规范性相结合的课程。

二、秘书工作实务的内容

秘书工作实务的内容主要包括办文、办会、办公。

三、秘书工作实务的特点

（一）事务辅助性

秘书需要参与或直接处理的事务繁多，如召集会议、接待来往人员、值班、记录等，均需做到周密细致；秘书工作实务主要是辅助上级的工作，如协助上级拟制公文、安排会议或进行督办协调等，以提高工作的质量与效率；对上级及各职能部门的活动，提供信息支持与周密服务。

（二）综合全面性

秘书工作实务接触的范围广泛，联系上下左右，贯穿于各项职能活动的全过程中；秘书工作实务内容广泛，涉及政治、经济、科学、文化等各个方面；秘书工作实务活动的范围全面，文件撰制、会议管理、办公事务等均属秘书工作实务范围。

（三）政策保密性

秘书工作实务，为上级领导决策、指挥活动所提供的参谋与咨询性服务，无一不体现出高度的政策性；秘书人员在为上级服务的过程中会接触到许多机密；秘书工作实务中有相当部分属保密性工作，因此，秘书工作实务要特别注意保守秘密。

四、秘书工作实务的要求

（一）求实真切

秘书工作必须坚持实事求是，一切从实际出发，讲求实效。向领导反映情况应真实可靠，符合实际，所提建议与方案应切实可行，协调督查等工作应注重解决实际问题，追求实际效果，不搞形式主义。

（二）准确严谨

秘书工作必须讲求质量，提供优质服务。要准确地贯彻、执行党和国家的方针政策与法律法规以及领导的意图；准确地拟写文件，处理事务，不出差错；向领导提供的信息务求准确核实；向下传达指示务求原原本本、不变异失真，秘书工作的各个环节均应当严谨周密，不留任何疏漏。

（三）及时高效

秘书工作必须及时迅速，讲求时效，为此，要科学安排时间，充分挖掘时间的利用价值，分秒必争；办文、办会、办公力求减少周转的层次，简化手续，雷厉风行，不拖沓延误，并善于运用现代化的技术手段以提高效率。

五、主体意识

秘书工作实务的主体，指秘书工作人员，其主体意识的核心是“为人民服务”，它表现在主体的政风、学风和文风上。

政风——执政为民；学风——理论联系实际；文风——文约事丰，明理适用。

作为一名秘书工作人员，要献身于为人民服务的壮丽事业，献身于改革开放、振兴中华、圆中国梦的千秋大业。

韩愈在《答李翊书》中说：“无望其速成，无诱于势利”；“根之茂者其实遂，膏之沃者其光晔。”秘书工作实务的好坏，一定会体现出秘书工作者的主体意识，因此，培养秘书工作者的主体意识，才是根本所在。

就拿办文来讲，古人云：“文者，贯道之器，寓理之具。”又云：“工欲善其事，必先利其器。”可见，我们必须学好、用好这种“器”“具”。学习的客观内容是一致的，学习者的主体意识却是不尽相同的，工作实务的表现就千差万别，也就产生了不同效果。这就是“文如其人”。人品、文品相联；人格、文风相通。办文与做人密不可分。

我们应该：慎思明辨，言信行果，坦荡至诚，敬业乐群，创新和谐，服务社会。慎思明辨、言信行果，与秘书工作实务的构想、坚持到底的意志密切相关；坦荡至诚，与秘书工作实务的文风、胸襟密切相关；敬业乐群、创新和谐、服务社会，与秘书工作实务的作用、效果紧密相关。

广大秘书工作者应在主体意识的指导下，凭扎实的秘书工作实务知识、高尚的道德情操、优秀的素质修养、良好的文字功夫与业务素养，完成与时俱进的秘书工作，以利于事业、时代、人生。

六、主体素质

“不患无位，患所以立。”这句孔子在《论语》中的名言，由欧阳中石先生题写在北京市高校毕业生就业指导中心大堂正中。孔子在《论语》中又强调“不学礼，无以立”。

我们要立长志，不要常立志。我们要“立德”“立行”“立言”。“言之无文，行而不远。”荀子在《解蔽》中说过：“精于物者以物物，精于道者兼物物。”我们要特别注意体会其内涵，要成为复合型的管理人才。

有的国家这样要求秘书工作人员：像心理学家一样善于观察和理解他人；像政治家一样有灵敏的头脑；像外交官一样有潇洒的风度；有调查各种棘手问题的丰富经验；有良好的速记能力以及文字功夫；谙熟各种商业往来中的法律关系；能熟练地使用各种办公自动化设备；具备相当的金融和税务方面的知识；能熟练地对各种文件资料进行整理归类。

我国香港地区把秘书人员分为参谋型、秀才型、办事型、公共关系型、技术型诸种。

我们要成为上述各型兼备的综合型。我国对秘书工作人员有如下要求：

（1）政治理论修养：努力学习马列主义、毛泽东思想、邓小平理论、“三个代表”重要思想、科学发展观、习近平新时代中国特色社会主义思想，具有正确的政治方向和较高的政治理论水平与政策水平；遵守国家的法律、法规，具有较强的法制观念；具有为人民服务、甘做无名英雄的奉献精神。

（2）思想作风修养：热爱本职工作、任劳任怨、热诚服务；实事求是、忠诚老实；思想敏锐、勇于创新；廉洁奉公、行为端正；谦虚谨慎、踏实细致；密切联系群众、团结合作。

（3）职业道德修养：忠于职守、严守机密、秉公办事、平等待人、忠诚谦和、认真细致。

（4）秘书人员的能力：表达能力、办事能力、管理能力、应变能力、调研能力、交际能力。

我们要努力成为具有上述优良素养的秘书工作主体。

七、心理调整

要克服畏惧心理，建立自信心理；克服惰性心理，建立勤勉心理；克服侥幸心理，建立主宰心理；克服“假孕”心理，建立务实心理；克服惯常心理，建立创新心理。

要想完成高质量的秘书工作，尤其要注意打破惯常心理。我们称其为“脱离思维的惯常进程”。人的思维有一种惰性，遇到新的问题、新的情况，总习惯沿着前人或自己的思维老路走。正如讽刺一些不负责任、因循守旧的秘书写计划时的顺口溜：计划、计划，抄来挂挂。如果从事机械性、重复性的劳动，这种思维的惰性局限还不算明显，但对秘书工作人员来说，却是一个“致命伤”，因为这种写作就是创造，是向领导者提供决策的依据，向有关部门提供有启发性的信息，向社会提供有前瞻性的创意。所以必须打破定型的惯常心理，这与党中央提倡的与时俱进、创新进取的要求也正相吻合。

秘书人员只要情绪饱满、冷静务实、勤学苦练，定会妙笔生花出佳篇、秘书工作硕果累累。

第二章

秘书工作实务写作基础

一、秘书写作的含义、特点和作用

（一）秘书写作的含义

写作是表情达意的书面形式，是认识和改造世界的工具。

秘书写作是指以文字的形式处理政务、商务、人际关系等，它体现了写作的综合性和应用性。

（二）秘书写作的特点

1. 体式明显

秘书写作的载体，如纸的质地和尺寸，以及书写形式的要求，基本上都是一致的；文体的构成要素基本上是类似的，一般都明显地区分为文头、正文和文尾三个部分，特别是各文体正文部分的构成要素更是类似；秘书写作通常限定主题或有规定的标题，不像文艺创作或论文写作，在主题和标题上有自行选定的自由。

2. 讲求实效

秘书写作的语言要准确、平易、简洁、晓畅；要及时写、及时发、及时办理；文稿（讲话稿、消息等）要具有很强的感染力，情理交融；秘书写作源于实践，用于实践，强调可操作性。

（三）秘书写作的作用

1. 传播沟通

秘书写作是通达上下、共享信息的桥梁，是交际、沟通、协调的媒介，是塑造形象、扩大知名度、提高美誉度的手段。

2. 指导实践

决策的基础是运行状态及发展趋势等信息，这些信息往往通过调查报告、可行性研究报告等书面形式到达领导层，为决策服务。所以说，秘书写作对各项工作和活动具有指导作用，比如，一个良好的工作计划是工作的指南。

二、秘书写作的文种

秘书写作的文种类型有工作类、公文类、经济类、电子类、传播类等。

三、秘书写作基础知识

（一）秘书写作的材料

1. 秘书写作材料的含义

秘书写作材料指作者为了某一写作目的，从现实生活和文献资料中选取和使用的全部事实、数据、理论依据等的统称。通过对现实生活的直接感知所取得的材料，称为直接材料；从文献资料和调查研究的间接感知中得到的材料，称为间接材料。

2. 获取材料的途径

获取材料的途径主要有两种：

（1）观察、调查。观察是借助人的感官，全面、深入、细致地认识客观事物的知觉过程。观察的目的主要是了解事物的外部形态和特征，通过事物的外部形态透视其内在本质。它是获取第一手材料的方法，有助于作者真实地反映客观对象，促进作者的思考、记忆与想象，激发作者的写作欲望。

调查是获取写作材料的重要途径。调查要尊重客观事实，要有满腔的热忱和正确的方法；要尽可能占有相关的已有材料，如史料、档案等；要千方百计搜寻和扩大有关线索，以便确定调查目标；要拟好总的调查提纲，明确每次调查的具体问题；要了解被调查者的情况，在调查过程中要及时写好采访笔记，把事件的梗概、问题的关键、典型的事例、重要的原话记录清楚，以便事后进行整理。

（2）查阅、收集资料。查阅、收集资料是指利用图书馆、个人藏书、互联网或其他途径获取文字材料的取材方式。查阅、收集资料的方法有以下几种：一是剪贴资料，就是从报纸杂志上把所需的有关资料裁剪下来、贴在本子上的一种积累资料的办法，要广泛阅读、善于分类、注明出处、勤记感受、妥善保存；二是建立资料卡片，包括分类题目、内容摘要等项目；三是收藏文件，是指对一些很有参考价值又准许复印、誊抄的各级、各类文件，分门别类地加以保存，这些资料对日后的写作无论在内容上、格式上，还是在语言上、方法上，都有一定的参考借鉴作用；四是网上浏览，是指利用电脑、手机与互联网相连，检索相关的信息，由于办公现代化的需要，这已经成为一种流行的重要形式。

（二）秘书写作的立意与选材

1. 立意

意即主题，立意就是确立主题。秘书写作中材料选择、结构安排、语言运用都是为主题服务的。

（1）立意的出发点。立意与命题直接相联，命题是立意的出发点。命题分为直接命题和范围命题。

直接命题就是按照题目进行写作。不仅题目固定，文稿的立意和内容也都有具体的要求和规定。作者在构思过程中，没有多大的回旋余地，只需正确理解题意要求、办文意图，即可选取材料，执笔撰文。

范围命题是指命题没有严格的限制，只是提出文章需要解决的问题，或内容所反映的范围，至于对事物的判断和看法、解决问题的办法和措施、反映问题的形式和角度，则需由作者去调查、了解、分析、研究，在详细占有材料的基础上，形成自己的观点和想法，确定文章的立意和内容。

（2）立意的要求：

第一，意图明。要解决实际问题，在文章开头就要把意图点明，问题提得集中、明确、针对性强，以利于问题的解决。

第二，观点清。提倡什么、反对什么，都必须明白清楚，开门见山，直书不曲。

第三，要旨专。主题应简明、单一，"一文一事"，围绕一个问题，全文一贯到底。

第四，立意新。要与时俱进，要力求总结新经验、提出新见解、表明新方法、给人新启示。

2. 选材

（1）围绕主题选材。这是决定材料取舍的主要标准，凡是与主题有关并能有力说明或突出主题的材料，就应入选。

（2）选材真实、确凿。这是文章具有说服力和感染力的保证，文章中使用的材料既要准确无误、经得起核实，又要用得恰当贴切。引用别人的话不能有丝毫误差，要做到字、词、句、标点完全与原文一致。

（3）选材新颖、生动。新颖是说材料要有新鲜感；生动是说材料以及对于材料的具体表述要有感染力。要善于观察、发现、搜集那些反映新情况、新经验、新问题的材料；选取那些能够体现时代方向的新的价值观念、新的创造意识、新的语言风尚；捕捉那些新鲜、奇特、健康、富有吸引力的信息材料。

（4）选材典型、针对性强。典型材料有两个最突出的特点：一是代表性，典型材料可以以一当十，可谓兵不在多，而在于精；二是深刻性，典型材料具有很强的说服力。运用典型材料，可以提出问题、印证观点、阐明道理、发人深省、深化主题。因此，秘书写作要针对文种性质选材、针对行文目的选材、针对受文对象选材。

（三）秘书写作的构思与结构

1. 构思列纲

对要写作的内容与形式，应反复思考推敲，逐步使全文的思路明朗，然后列出文字提纲。在形式上，提纲一般由总到分，由主到次，由大到小，由粗到细，一层层展开。在内容上，应注意观点与材料的搭配以及段落和层次的排列。

2. 结构安排

结构安排即"布局谋篇"，它是对文章材料内容的安排与组织。在进行布局的时候，要根据不同文种的各自特点，从所写内容的实际情况出发，采用恰当的结构方式，将内容与形式有机地统一起来。

秘书写作文稿的结构主要由以下几个方面组成：

（1）标题。标题也叫题目，是文章的名称。秘书写作首先要拟定标题。标题因文种不同，大体上分为三种类型：一是直接点明主题，体现观点，揭示文章的中心内容；二是公文中常用的三要素标题，即发文机关名称、事由、文种；三是直接、单纯地标明文种的性质。总之，标题要简明扼要，精练概括，项目匀称，排列得体。根据内容的需要，还可采用主标题、副标题、小标题三种形式。

(2) 开头和结尾。秘书写作文稿有一个好的开头，有利于表现主题和围绕主题拓展作者的思路，也有利于引导读者阅读。写好结尾，可以保证文章整体结构的完美。秘书写作文稿由于行文目的不同，所用文种不同，结尾的形式也是多样化的，或做出结论，或自然收结，或提出请求，等等。另外，公文、书信、请柬一类文稿的结尾，有约定俗成的格式和惯用语。

(3) 主体。常用的主体行文结构有横式结构、纵式结构和纵横交错式结构。横式结构是按照材料的性质和类型，依照客观事物的不同侧面安排层次，按条款、条文分门别类安排材料；纵式结构是按照时间前后的顺序，依照事物发展的过程和内在联系安排结构；二者的结合即为纵横交错式结构。

(4) 过渡和照应。过渡是指文章的段落与段落或层次与层次之间的衔接、转换形式或手段。照应是指文章在内容上的前后关照，即前有所呼、后有所应的结构手段。

(5) 现代传媒类的写作，也应注意上述的大体规格结构，但有的文体，如果表述得体，也不必拘泥于上述结构要求。

(四) 秘书写作的语言与表达

1. 秘书写作的语言要求

(1) 准确、规范。秘书写作的语言要正确、恰当地表达文章的思想内容；遣词造句要符合语法、章法规矩。

(2) 简明、晓畅。秘书写作的文字表述要简洁明了，言简意赅；内容明晓，行文畅达。

(3) 得体、合理。秘书写作的语言要确切、得体；措辞要恰当、有分寸，应、对、析、辩都要合情合理。

(4) 现代传媒类的网络语言，因其有特殊环境与表现方式，在写作时要正确、灵活对待。

2. 秘书写作的表达方式

(1) 叙述。是指对人、物的活动、经历和时间以及发生、发展、变化的过程所做的概括的或具体的交代和陈述。

(2) 说明。就是用简洁明确的语言，解释、介绍事物的成因来源、形状结构、性质特点、功能作用等，或人、物的一般情况，或事理的概念、规律、定理及应用范围、性能等。

(3) 议论。就是议事论理，是指作者对某一事物或问题通过事实材料和逻辑推理来分析评论，借以揭示事理，表明自己的主张或观点的一种表达方式。

(4) 对电子类的部分写作内容，有数字、字母、符号、图片等的运用。

(五) 秘书写作的起草与修改

1. 起草

起草，又叫拟稿，其稿本叫作草稿或初稿。根据写作提纲起草的文章初稿，把提纲内容落实为明确、具体的文字，可以进一步促使作者的思路向纵深发展。起草要注意文脉的贯通；要写好文章的开头；要正确地使用关联词语以及过渡句、过渡段；要注意句子、句群、段落、层次之间的衔接和过渡。在有些电子类的写作中，是即写即发。

2. 修改

修改，是对文章起草后的一项加工、整理、提高的工作。它是文章由初稿到定稿的终结环节。其范围包括：修改主题、订正观点、修改材料、调整结构、修改语言、修改文面。

修改方法包括：

（1）读改法，即通过阅读，发现不妥，进行修改。

（2）冷改法，即作者将完成的初稿从头到尾仔细看一遍，随后将初稿搁上几天，让极度兴奋的头脑冷静下来，然后再反复看，看一遍思索一番，看初稿有无不妥之处，发现问题及时解决。

（3）抄改法，即边抄写边修改。在有些电子类的写作中，可以利用写作软件强大的编辑、检查、修改功能，极为方便地剪切、复制、粘贴，完成此项工作。

第三章

秘书工作实务阅读基础

一、“读”为秘书工作实务之“始”

秘书工作实务中，第一位的就是“提取有用信息的能力”。它表现为对大量信息资料的阅读理解。培养和提高自己的阅读能力是完成秘书工作实务之始。

二、强调“读法”

秘书工作实务中的阅读，有其特殊性。

（一）普通作品的正读法

所谓正读法，就是按正常阅读习惯和方式由前而后的普通阅读方式。阅读的对象具有如下特征。

1. 兴趣盎然

所谓兴趣盎然，指作品引人读兴，不必多加思索，如啜香茗。它具体表现在以下方面：

（1）文学性。创造的形象有艺术感染力。

（2）故事性。故事动人，引人入胜。

（3）叙事性。贴近生活，叙事清晰。

（4）散文化。意境优美，语言华美。

2. 目标完整

所谓目标完整，是指对一般文章的阅读，其外在的组成和内在的组成，无论目的、结论、结果等均是非常清楚的。

（1）叙事性作品。线索清晰：发生、发展、高潮、结局、尾声，脉络显著；情节完整：开头、结尾、过渡、照应，一应俱全。

（2）论述性作品。三“论”明确：论点、论据、论证，条分缕析；结构明显：绪论、本论、结论，贯通到底。

（二）秘书工作实务中资料的读法

在阅读资料时，与阅读普通作品相比，有如下的不同：

总体的不同是：被动的欣赏式阅读与主动的评价式研读。

1. 内容上

忘却美文，面对平淡；忘却故事，面对索然；忘却情节，面对数据；忘却细节，面对数字；忘却稔熟的人情事理，面对陌生的事件数据；忘却趣味盎然，面对枯燥无味。

2. 结构上

忘却顺序，面对杂乱；忘却条分缕析，面对盘根错节；忘却引人入胜，面对步履维艰；忘却稔熟地提出问题、分析问题、解决问题，面对本末倒置、块垒交叉错位。

（三）把握要点

1. 总体把握

先看要求，逆流而上，带着问题阅读。

看准要求→细读资料→联翩思考→提炼观点→展开论证→概括资料→复述资料→说古论今→以今为主→正反结合→以正为主→勾连资料→创新思维→再造想象→有机新文。

2. “段”是关键

秘书工作实务中的资料是以语段为主要形式的文本组合。尽管可能出现一些变化，但其基本方式是不会改变的。因此，阅读必须由“段”突破。

（1）“段”的概念。段是文本的最小组成单位，有规范段与不规范段之分：规范段是指它具有相对的独立性、统一性、完整性；不规范段是指兼意段和不完整段。秘书阅读的资料中除规范段外，也存在不少不规范段。

要特别指出的是：资料的“段”和普通文章的“段”略有差异，它是指资料中一个相对完整独立的部分，它有时是一个段，有时则是由几个小段组成的大一点的语段，并在结构上表现出“分一总”“总一分”“分类”“解说”等关系。

（2）资料的“段读”。秘书工作者必须强调段的阅读，着重把握以下三个方面：

1）“首段”。资料往往在“首段”体现全部资料的要旨所在。要特别注意把握“首段”的要旨所在。它往往提示资料所述问题的相关“时间”“地点”“人物”“事件”“话题”等社会生活现象和相应的看法等。

2）“段意”。指“段”所表现的基本内容，也可称为基本数据。它的基本表达方式是说明与叙述，有时可出现少量的描述和对话。

3）“段旨”。指“段”所蕴含的中心意思、主要观点，也可称为主旨或段的主题、论点。一般情况下，全段是围绕着这个段旨展开的，又是为阐述这个段旨服务的。这个段用一句话概括出来，叫段中主句或主题句。要特别注意寻找段中主句，把握段的要点。它的基本表达方式有两种：一种是有主题句的，另一种是无主题句而需要提炼主题句的。

主题句也叫段中主句。它要有概括性，要以短句子十分鲜明地把段旨揭示出来。主题句的位置表现如下：

一是在段首。就是段的开头第一句。段首醒目，把段中主句放在段的开头处，以领句地位出现，领起下文，一般来讲就限定了段旨须围绕这个中心铺陈展开下文。要注意在一段的开头处把握主旨句，从而全面清晰地理解把握全段内容。

二是在段尾。就是段的最后一句。这不易引起注意，因此要格外注意。特别注意有些资料先列举一些材料，而后概括、归纳或引出结论类的话语。

三是在段中。就是在段中间的“腰句”中出现，这更不易一眼看出。当段中主句是上半段的结论，又是下半段的前提时，只好放在段的中间了。

四是兼置于段首、段尾。这主要会出现在资料的长段中，常常把段旨放在段开头的领句位置，又让它在段的末尾，以结句的方式再次出现，对段旨反复申说。

三、“读法”理性升华

秘书工作实务中的阅读是因文得义的心智活动。

（一）把握双重转化

1. 阅读是秘书写作的逆向运转

如果说一般写作是“察物→创意→缀文”的过程，那么，阅读则是“披文（所给资料）→得意→及物（所要解决的问题）→再创文”的过程。

对秘书来说，阅读资料先要“感言辨体，入情得意”，把物化的书面言语内化为读者的内部言语，即把资料所含有的思想变成自己的思想，这可称为秘书工作实务中阅读的“意化”过程，包括资料含义的具体化（由点到面，由意到例，由一般到个别）、资料含义的简约化（合并同类，剔除杂质，简化词组）、资料含义的系统化（由浅入深，由表及里，由此及彼等）。

此后要“运思及物”，把内部言语外化为书面言语和口头言语，即把阅读资料所得的精神内涵释放出来，转化为改造主、客观世界的能量，这叫作阅读资料的“物化”过程，包括体会、心得的言语化、灵活化、实践化，最终变成秘书处理工作、促进社会科学和谐发展的有效工具。这就是阅读的“意化”和“物化”的双重转化原理。

2. 阅读中要注重“运思及物”

秘书工作实务中的阅读，“披文得意”（阅读所给资料，得到立意）只是阅读的前半路程，“运思及物”（分析研究资料立意，运用到工作中）才是阅读的更加艰难的后半路程。不能只重阅读“吸收”，不重阅读“表达”，只管阅读“认知”，不管阅读“应用”，只讲阅读“有字书”，不讲“有字书”向“无字书”的延伸，以致对阅读的“知人论世”“类化迁移”“切己体察”没有足够重视，甚至视“运思及物”为“超阅读”。这种只顾“文→意”转化，不顾“意→物”转化的“半程”阅读观，违背了“知行统 ”的全程阅读规律，是秘书工作实务中阅读效率不高的“病根”之一。

（二）注重人文精神

1. 强化自主意识

自主意识，指秘书独立领受和驾驭文本资料的主人意识。这种阅读行为，不容偷懒，别人无法代劳。

2. 拓展思维空间

秘书工作实务中阅读的核心是理解，而理解的关键在于明确阅读运思的路数，在于拓展读者的思维空间。“阅读运思”有广阔的四维空间：

（1）解文——沟通秘书与资料的桥梁。即通过感言辨体，解开文本资料中有组织的语言密码，认识、把握资料内涵。

（2）知人——沟通秘书与资料制造者、文章主人公的桥梁。即在缘文见人的跨时空对话中，实现心灵的理智转换和情感交流，透视隐藏在文本资料表面语义之后的写作意图，做出比原资料更好的阐发。

（3）论世——沟通秘书与社会的桥梁。即通过解文、知人，而达到认知社会、改造社会的目的。

（4）察己——沟通秘书“旧我”（原来的我）和“新我”的桥梁。即通过阅读，使自身的知识经验得以扩充，观点认识得以改变，思想情感得以升华，方法技术得以完善；实现自我在量度上的增加，在本质上的提高，在价值上的飞跃，在能力上的练达。

3. 提高创造能力

阅读行为依照其社会功能的目标指向，可分为由低到高的四个基本类型：学习性阅读、实用性阅读、审美性阅读、创造性阅读。秘书工作实务中的阅读属于实用性阅读和创造性阅读。它以解决生活和工作中的信息摄取、加工、利用等实际问题为目标，又注重以超越文本、改造世界、塑造自我为目标。

阅读创造力的标志是能够准确把握并越出文本，重构词、句、章、篇的新义，或补充加深、引申发挥，或转移重点、批评匡正，提出新见解，做出新答案。这时的秘书工作人员不单是资料的接受者、评论者，而且是所给文本资料的加工者、再造者。

第四章

秘书工作实务口才基础

一、口才的重要性

语言是品质的衣裳，谈吐是行为的羽翼。
讲究口才，对秘书工作实务十分重要。

二、培养说话勇气

（一）缺乏勇气的原因

1. 自卑心理作怪

出于自卑，产生顾虑和负担，影响思维和表达。具体表现有如下几种：
（1）因缺乏知识而没信心，担心话中有误，惹来嘲笑、蔑视，不敢轻易说话。
（2）因口才差而没信心，担心口才不及，损害个人形象，不善与人言谈。
（3）因阅历少而没信心，担心言多必失，放弃说话机会，不能表述己见。
（4）因有缺陷而没信心，担心嘶哑口吃，顾虑暴露毛病，不想招人笑话。
综上所述，自卑作怪，妄自菲薄，丧失勇气，放弃说话。

2. 实践锻炼不够

（1）生活范围狭小，缺少实践。
（2）思想惰性使然，回避实践。
（3）性格内向，怯于实践。
（4）社会偏见，影响实践。

（二）缺乏勇气的表现

紧张怯场，举止无措，表情僵化，语无伦次。

（三）培养勇气的方法

1. 克服恐惧心理

恐惧是最大障碍，必须超越它、战胜它。敢于在人前讲话，你就成功了一半。

2. 做好充分准备

它包括心理上、思想上、行动上和方法上的准备。

（1）集中思考。立场主张准确无误；讲述自己的思考过程；必须清楚该讲什么、讲到哪种程度。

（2）形神兼备。昂首挺胸、步履矫健、神态自若、目光坚定、紧盯听众、做深呼吸、兴奋振作。

（3）脱口而出。组织观点、编排结构、调动材料、头脑运行、简短提示、脱口而出、忌背文稿。

3. 功夫练在平时

（1）在陌生的集体中介绍自己。

要求：大方自然、真诚坦率、从容不迫、理直气壮、声音洪亮、无小动作。

注意：内心莫恐慌，应保持镇静，可模仿英雄，设想处于无人之境，增强自己的信心。

（2）当众模仿动物叫声。

要求：要叫多遍，一遍比一遍逼真，直到接近动物的真实叫声为止。

注意：当众出丑，不怕嘲笑，面对尴尬，适应失败，提高勇气。

（3）以童心、童音给儿童讲童话。

要求：将自己设想为一个儿童，用小孩给小孩讲故事的口吻讲童话故事，这个故事必须是6岁以下儿童能听懂、喜欢听的。

注意：这一训练主要考察讲故事者能否将自己视为孩童，能否当众做出幼稚可笑而又充满自信的动作，用稚嫩的声音和语气讲话而不怕被人耻笑，从而提高当众讲话的心理承受能力。

三、基本功训练

（一）气息训练

气息是使声音洪亮悦耳的原动力。

1. 呼吸

常用的呼吸方法有胸式呼吸、腹式呼吸和胸腹联合式呼吸。

讲话歌唱，采用胸腹式联合呼吸方法，可使全部呼吸器官协同运作，是较理想的呼吸方法。可通过深呼吸练习和吹动树叶练习等来锻炼自己的气息。

2. 换气

采取不同的方式对气息进行补充，以保证气力的充足，这就是换气。

（1）蓄气练习。反复练习下列一段文字，直到能坚持一口气说完为止：

出东门，过大桥，大桥底下一树枣儿，拿着竿子去打枣儿，青的多，红的少。一个枣儿、两个枣儿、三个枣儿、四个枣儿、五个枣儿、六个枣儿、七个枣儿、八个枣儿、九个枣儿、十个枣儿、九个枣儿、八个枣儿、七个枣儿、六个枣儿、五个枣儿、四个枣儿、三个枣儿、两个枣儿、一个枣儿。

这是一个绕口令，一口气说完才算好。

（2）换气练习。将下列一段文字读下来，依句号停顿换气，要有较明显的换气动作。

望夜空，满天星，光闪闪，亮晶晶。好像那，小银灯，大大小小密密麻麻，闪闪烁烁数不清。仔细看，看分明，原来那群星，分了星座还起了名。按亮度，分了等，一等、二等、三等、四等、五等、六等一共分六等。谁最亮，是一等，谁最暗，是六等，一等到六等，总共不过 6 900 多颗是恒星。星空中，还能看见那大行星和卫星，小行星和彗星，更有那无数无名点点繁星看不清。要想看清它，请你借助现代化的天文望远镜。

（二）吐字归音训练

1. 吐咬清晰

（1）喷崩法：声母是 b，p 的字，可使用喷崩法。如：八百标兵奔北坡，炮兵并排北边跑，炮兵怕把标兵碰，标兵怕碰炮兵炮。

（2）弹舌法：声母是 d，t 的字，可使用弹舌法。如：调到大岛打大盗，大盗太刁投短刀，推打叮当短刀掉，踏盗得刀盗打倒。

（3）震牙法：声母是 j，r 的字，可使用震牙法。如：急剧、竞技、容忍、仁人、境界、阶级、交换、经济、柔润、忍辱、仍然、软弱。

（4）开喉法：声母是 g，k 的字，可使用开喉法。如：哥挎瓜筐过宽沟，赶快过沟看怪狗，光看怪狗瓜筐扣，瓜滚筐空哥怪狗。

2. 归音到位

（1）展唇：凡以 ai，ei，nai，nei 为韵母的字，归音时，应微展唇角，嘴形扁平，收“i”音。如：祖国情啊，/春风一般往这儿吹；/同志爱啊，/河流一般往这儿汇。/党是太阳，/咱是向日葵。

（2）聚唇：凡以 ao，iao，ou，iou 为韵母的字，归音时，应聚敛双唇。如：军港的夜啊静悄悄，/海浪把战舰轻轻地摇，/年轻的水兵，头枕着波涛，/睡梦中露出甜美的微笑。

（3）抵舌：凡是收前鼻音 n 的音节，字尾收音时要做一个明显的抵舌动作，舌尖稍稍回抵上牙床的位置。如：砍头不要紧，/只要主义真。/杀了夏明翰，/还有后来人！

（4）穿鼻：凡是收后鼻音 ng 的音节，收音时，气息要灌满鼻腔，穿鼻而出收 ng 音，舌根与小舌要有接触感。如：大江歌罢调头东，/邃密群科济世穷。/面壁十年图破壁，/难酬蹈海亦英雄。

（三）语音语调训练

语音规范指的是讲话时每个字词的发音都要准确；语调纯正指的是四声要符合标准。

训练口才的基本功，就是以普通话为准则，以《汉语拼音方案》为依据，在字词的声母、韵母、声调上下一番工夫。

首先要找出本地方言、方音与普通话发音在以上三方面的差异与对应规律，例如有的地方 i 与 u 不分，有的地方 o，e 和 c 混乱，有的地方 zh，ch，sh 和 z，c，s 不分，有的地方方言声母、韵母与普通话差别不大，但声调差异较大，如天津、唐山等地。先找到不同，然后再按普通话规律纠正，就可收到好的效果。

（1）以下字词要求读准，不要用方言，只能用普通话。

租子会猜最粗大寺斯文

珠子会拆最初大事诗文

发言开门金银亲近木盆

发扬开蒙经营清静木棚

（2）读下面的绕口令和诗句，既要读准声母或韵母，又要读准声调。

四是四，十是十，十四是十四，四十是四十。谁说四十是十四，就罚谁四十，谁说十四是四十，就罚谁十四。

林玲和凌琳，长得一般高，又是同年龄。林玲两眼水灵灵，凌琳长得挺机灵。林玲帮军属把水拎，凌琳替队里采鲜菱。

鹅、鹅、鹅，曲项向天歌。白毛浮绿水，红掌拨清波。

（3）绕口令训练

用绕口令进行综合性训练，来考查自己口才基本功的状况。如：

新脑筋，老脑筋，老脑筋可以学成新脑筋，新脑筋不学就成老脑筋。

天上七颗星，树上七只鹰，墙上七个钉，钉上七盏灯，地下七块冰。遮满天上星，赶走树上鹰，拔下墙上钉，吹灭钉上灯，踏碎地下冰。

四、口才得体

（一）含义

所谓口才得体就是指根据社会上不同的人具有的不同言语反应，考虑听话人不同的心理因素，做到对不同的人说不同的话。即说话要适时、适情、适势、适机，一切以适度、恰当，让人爱听为原则。

（二）内容

1. 区别对象

（1）不同性别。对“女人如果没有了男人就恐慌了”这句话加标点，男女同学标点可能大不相同。这说明，对男人说话与对女人说话时要有所区别。有些可以对男性说的话，对男性开的玩笑，对女性说就不适合、不得体。

（2）不同年龄。年幼不懂事的小孩，由于思维简单，对语言的理解也较简单。对其要多表扬、多鼓励，以启发、引导为主，少厉声指责和批评，忌用过重的语句去刺激、打击。用语言刺伤儿童幼嫩的心灵，是最不得体的。

成年人当中又分青年人、中年人和老年人，这三个年龄层次的人经历不同，志趣各异，与他们说话时就要从他们的心理状态出发。

（3）不同文化。文化程度低的人听不懂太专业的字眼。跟他们说话应该尽量用家常口语体，说大白话。如果用接近书面语的典雅口语体与他们交谈，那就不符合得体性的要求了。如“您有配偶吗”与“您有老伴没有”相比，后一句话更得体。

文化程度高的人比较敏感，爱挑字眼儿。对知识分子讲话就得注意尊重对方，避免常识性错误，特别是要注意用词的准确性。文化程度高的人爱听委婉的话，不爱听类似质问的不客气的话。如“你怎么还不结婚?”与“你的个人问题该解决了!”相比，后者更加适合。

（4）不同民族。语言和文化互相依存。可以从语言上了解不同民族在文化上的差异，各民族都有自己的寒暄用语和礼貌用语。例如对“您吃了没有?”这样的问候语的理解，东西方就大不一样。再如，问“你上哪儿去”“多大年纪”“工资多少”“在哪儿工作”“成家了没有”等问题，西方人也极不习惯。应了解民族传统文化间的差异，避免两种文化冲突所引起的言语误会。

（5）不同心境。“莫对失意人，而谈得意事”，不能“哪壶不开提哪壶”，不能戳人家的伤疤，引起对方的内心痛苦。对可能引起对方痛苦联想的话，能回避就回避。同一个人，心境不同对言语反应也不相同，要学会察言观色、揣摩心境，决定说话方式和内容。

（6）不同身份。和身份不同的人说话不能千篇一律，要区别对待，大方得体，让人爱听。

身份是指一个人的社会地位。说话时既看对方“其位”“其职”，又看自己的“位”和“职”，才是得体的。

身份也指一个人的辈分。对长辈说话要多些尊敬的语气，对平辈或晚辈说话要真诚亲切。如“请留步吧!”与“别送了，别送了，快回家吧!”又如“您今年几岁了?”与“您高寿?”

2. 区别场合

（1）正式与非正式之分。所谓正式场合，指经过精心准备的、有明确目的和功能的场合。如国际上外交或贸易的正式会谈，上级与下级正式的谈话，学术界正式的学术交流会等。在这种场合下说话，要深思熟虑，言简意赅，庄重严肃。肆意谈笑、插科打诨就很不得体。

非正式场合说话则可随意、即兴，无十分明确的目的性或功能性。比如同学校友聚会、节日联欢会、茶话会、野餐会等，这种场合无压力或工作职责，轻松自在，开玩笑、讲故事、聊闲话、谈天说地都是得体的。

注意与人交往中“特地”与“顺便”两个词的使用，它们有场合的正式与非正式、庄重与随便的差别。

（2）内外之分。家丑不可外扬，内外有别。对自己人可以无话不谈；而对外人则需留心，常常是公事公办，说常理中、原则上的话。

（3）喜悲之分。说话与所处的场合的气氛协调。在喜庆欢快的场合，说话要喜兴，可开玩笑，可滑稽幽默，使欢快气氛更浓。办丧事时，切忌随便说笑、找话题开玩笑，更不要显示自己的幽默感。

（4）多少之分。对方忙、时间紧，或看上去疲倦、劳累了，要简明扼要、长话短说。要察言观色，揣度心理，确定说话长短。

总之，做到说话得体、效果良好，必须准确地了解、把握对象和场合，据此判断、决定自己说话的内容、口气、辞令、语态和长短。

第五章

秘书工作实务心理基础

一、感受能力

（一）感受

1. 定义

所谓感受，是指主体的感官受到各种外界物的刺激所产生的一种相应的心理活动，它是通过感觉和知觉从生活中摄取感官信息，在与感情的同化中获得的一种智能。感受构成了秘书工作实务过程中的重要心理内容。

2. 类型

（1）有意感受。有意感受是主体自觉的、有预定目的的感受。它受主体意识和动机的控制，是主体对客体刺激的集中注意。秘书必须全方位地感受生活。

（2）无意感受。它是指主体随意的、既没有自觉的目的也没有意识到本身的努力而获得的一种意外的感受。比如，调查停电事故，却无意间发现精神文明建设独特的做法。

3. 特性

（1）新鲜性。

其一，表象的鲜明性。所谓表象，是指当前没有作用于感官的对象和现象在头脑里产生的映像，也就是在与记忆中所保持的客观事物的形象。表象鲜明是感受获得新鲜性的必要条件。

其二，记忆的陌生化。感受的新鲜性除了应拥有表象的鲜明性外，感受对于主体的记忆还应具有陌生化的特征，也就是说，第一次去敲记忆的大门，任何外界信息都可以在上面留下新鲜的痕迹。

（2）持久性。感受的持久性是秘书对存在于同一时空的客观事物感受的时间长度。在感受的时空坐标系上，感受的时间越长，感受的持久性就越明显。假如没有那长年累月对自己工作所经历的事件、人物的观察、体验，如果不是因为自己心灵深处始终“揣着”创建和谐社会的目标，就不会做出自己的业绩。

（3）丰富性。

其一，记忆机制。感受的丰富性是由记忆的脑机制所决定的。记忆是通过神经元的突触（神经元之间传递信息的结构）储存在神经网络上的，这种贮存是扩布性的，感受的丰富性增加了它的触发点。

其二，生活广度。感受的丰富性是对主体感受的广度而言的。秘书应大兴调查研究之风，最广泛地感受生活、体察民情：各处去看，各处去听，各处去访，调动了视觉、听觉、嗅觉等，从而获得丰富的感受，得到第一手资料，做好为人民服务的本职工作。

其三，经历广博。感受主体经历广博，同样可以使感受获得丰富性，使它沉淀在感情的记忆里。我们的老一辈的无产阶级革命家就是如此，他们一生历经险恶，出入于炮火之中，探求在建设新中国乃至改革开放的事业中，因此他们的文章，充满活力，充满希望，充满生机，充满信心，充满百折不回的勇气和革命浪漫主义精神。

（二）感受力

1. 定义

感受力，从信息加工的角度看，其实质就是信息获取能力，是指主体在感受事物的过程中，使感受的目的得以逐渐完成的心理特征的总和，也指直接影响感受的效率。

2. 同化与顺应

如果把感受能力看作是一个结构，那么，这个结构远不是一次性完成的，而是有一个不断建构的过程。作为一种结构，感受能力有同化、顺应两种作用。其同化作用表现在对外界信息的纳入自身结构时的选择；其顺应作用，表现在对纳入自身结构的外界信息遗漏部分的再选择。从同化到顺应是一个不断打破原有结构、建立新的结构的过程，即所谓“建构”。同化引起结构的量变，顺应引起结构的质变。

3. “身入生活”与“心入生活”

“心入生活”是感受能力不断建构的必由之路。“心入生活”是对“身入生活”的进一步要求。“身入”生活，只是深入生活的第一步，而且只是外表的、形式上的；“心入”生活，才是内在的、本质的。

（三）培养感受力

1. 观察的定义和特点

（1）定义。观察，指人们有计划地认识某个对象的知觉过程和认识过程，是秘书取得第一手材料的重要途径。观察过程，并不限于知觉，而常同积极思维相结合，具有很强的个人积极性和能动性。观察是秘书工作实务的重要基本功。

（2）特点。

其一，任何观察过程总是包括相互对立依存的两个侧面，即客观内容及观察主体对这一内容的感受、认识和评价。

其二，观察是多种分析器的综合活动。观察以视觉分析器的活动为主，但并不限于视觉，为了把握对象的多种多样的属性，往往需要多种分析器的联合活动。

其三，观察是有目的、有意识进行的。观察有能动性，观察是人们根据需要有意识、有目的地进行的，它是自觉的，不是盲目的；是主动的，不是被动的。

其四，观察渗透着思维。观察的过程是知觉的过程，同时也是思维的过程。随时把观察获得的感性材料纳入自己的认知结构，加以整理和加工、分析和思考。

2. 观察的作用

（1）工作前提。鲁迅曾把他的写作经验总结为四句话：静观默察，烂熟于心，凝神遐想，然后一挥而就。这里把观察摆在第一位。

（2）真实反映。秘书工作实务的原则就是要实事求是，真实地表现主观，真实地反映客观。要想真实地反映客观世界，就必须从观察入手。

（3）有助思考。观察是基础，思考是关键。如何提高思考的效果，很大程度上取决于秘书工作者在观察上所下的功夫和观察水平的高低。有了大量详细、准确而生动的材料，思考才不是空中楼阁，才不是闭门造车。

（4）有助记忆。把头脑作为仓库，把观察所得贮存在头脑中并记下来，这是秘书写作的基本功，“勤笔免思”。这是一种行之有效的帮助记忆、积累素材的方法。

3. 环境观察

（1）环境。环境是对一定人物而言的，是指围绕人物的一切外在条件的总和，其中主要指各种人物所构成的社会关系，也包括物质条件和自然条件。环境可分为：自然环境，主要指自然景物和自然现象；社会环境，是由人和人的活动所形成的环境。秘书工作实务是以社会环境为主的。

（2）作用。环境观察与秘书工作的关系是极为密切的。由于人物的活动、事件的展开，总是在一定的社会环境和自然环境中进行的，因此秘书工作决不能离开对社会和自然环境的观察。

（3）方法。

其一，总体与局部。到了一个新的环境，经过初步观察，一定会对这个地方有个总印象。观察时把握住这个总印象很重要。有了这个总印象就抓住了事物的全貌、总体，就抓住了事物最基本的特征。

其二，中心与一般。环境，无论自然环境还是社会环境，都十分广阔，必须善于在纷繁的景物中，选出一个最能代表总体面貌、最能反映基本特征的部位作为中心景物进行重点观察，而对其他部分则做一般观察即可。

其三，环境与人物。观察环境，最终是要看生活在这个环境中的人。在对人物已有了解的情况下，要重点观察人物的性格对环境的影响。在对人物茫然无知的情况下，要善于捕捉环境的主要特点，从中推断人物的性格、爱好、职业等。

（4）训练方式。

1）场所观察。生活场所是社会环境最重要的组成部分，它小到家庭的陈设，大到城市的风光，涉及面极广。场所观察须把握以下几个环节：首先，总览一遍，了解全貌，获得总印象，并为确定观察重点打下基础。其次，确定观察重点。所谓重点，应当是环境中最有特色的部分。发现特色，一是靠比较，与同类的场所一比较，此地的特点就显露无遗了。二是联系生活在这一场所中的人物，例如对高级知识分子的家庭可突出其藏书及雅致的陈设，对建筑工人的临时工棚可突出其简陋、粗犷与实用……观察重点确定之后，就围绕这一重点进行细致的、反复的观察。

2）场面观察。场面是指在一定的时间或地点里，人们进行某项活动的面貌。场面有大有小，但总是要表现出人物与人物的相互关系。要先从小场面看起，从自己较熟悉的场面看起，这样的场面，事件单一，容易驾驭，待观察小的场面有了一定基础，再观察大型的场面就易于把握了。

4. 人物观察

(1) 观察重心。观察的重点无疑要放在人物上。秘书工作总离不开人，要做好工作就要从观察人物、积累人物入手。

(2) 深入内心。人物观察的重点，就是人物的内心世界。人物的心理固然埋藏在内心深处，但是它毕竟不像沉睡在地下的矿藏。因为人是个有机的整体，有什么样的心理，必然会在他的形体、面貌、行为、动作，乃至一颦一笑、一举手一投足当中表现出来。深入观察人物的内心，重点在于多思考、多分析，这样才有可能看到人物的真正的内心。

(3) 联系环境。要观察人物，就要把他放到一定的社会关系中去，联系周围的环境，予以全面的考察。人物的某些细微的动作、表情，孤立地看，也许没有多大意思，但是把它与特定的环境联系起来一看，便立刻显示出了新的意义。

(4) 多层性格。生活中人物的性格是极其复杂的，既有其相对稳定的一面，又有其在特殊情况下变异的一面；同一个人在不同的时间、地点，不同的情况下与人相处，也往往会有颇不相同甚至截然相反的表现。人物的性格是一种复杂的立体的多层次的结构，而且时刻处于矛盾冲突中。因此，要注意观察和表现这种多层次的性格特点。

二、思维能力

（一）思维概述

1. 定义

所谓思维，是人脑的一种机能，是人脑对客观事物的特征和规律性的一种间接的、概括的反映过程。思维与感觉、知觉一样，都是人对于客观现实的反映，不过，感觉和知觉是对客观现实的直接的反映，而思维则是对客观现实的间接的、概括的反映。

2. 作用

(1) 写作重心。秘书写作像酿酒，观察、阅读所得是原料，原料在人脑中酝酿成熟，美酒流出，即文章诞生。酿酒过程，即秘书写作的思维过程。观察是写作的基础、起点，思维是写作的重心、关键。观察提供了大量、生动、丰富的感性材料，一篇文章，即使再简单，也不应是感性材料的任意涂抹、直接堆砌，它闪耀着思辨光辉、凝聚着思考的睿智。

(2) 揭示本质。生活丰富多彩，事物纷纭复杂，工作千变万化，对于观察所得、生活表象，必须沉淀、消化、加工改组——为揭示本质而深入思维。观察是起点，但观察所得并非都能理解，必待思维机器高速运转，方能高效完成秘书工作。

(3) 驾驭语言。思维、语言不可分割，语言是思维的工具、思想的直接体现，思想须臾不能脱离语言；语言又从属于思维，依赖于思维。想得透彻、写得明白，思维明晰、语言准确，思维深入、语言深沉，思维独创、语言新鲜。

（二）思维方法

秘书工作实务中主要是抽象思维。抽象思维是以各种概念、判断、推理为方式，以分析、综合、抽象、概括为基本过程的一种思维形式。方法如下：

(1) 集中。思考中所有信息均朝一个方向聚敛前进，形成单一、确定的答案，其主要功能在求同。如秘书收集资料后，一般都要概括主要问题，即必须使用此法。

(2) 分散。思考中信息朝着各种可能的方向扩散，并引出更多新信息，其功能主要在创新、求异。如秘书实务工作中概括主要问题后，一般要提出解决问题的方案等，紧接着就是对提出的方案进行论证等，都要用到此法。

(3) 臻美。这是指思维活动向着一种完美或完善的臻美境界投射，使思维呈现出一种纵横交错的“过滤”状态。如上面提到的，提出解决问题的方案，就需要“臻美”，以便使方案更加完善、可行。

(三) 思维力

是进行思维活动时所表现出来的个性心理特征，主要指间接地、概括地认识事物的能力。

1. 训练途径

(1) 实践。特别是一些需要动脑的实践，如秘书工作中的各种调查活动，都是培养思维力的好机会：一是要善于提问；二是要善于总结。

(2) 阅读。俯而读，仰而思。阅读获得的知识为思维提供了极丰富的原材料，通过读书可以学习作者是怎样思考的，从而在思维过程、思维方法等方面得到启发。

2. 训练内容与方式

(1) 概括性训练。

其一，提炼观点。首先，从一定的材料中提炼观点。其次，从现实工作观察到的现象中提炼观点。

其二，概括人物。首先，从指定的书面材料中概括人物。其次，观察工作中的某一人物，并加以概括。

其三，概括事件。此项训练题材广阔，读过所给资料，进而概括复述事件梗概，以锻炼思维的概括力。

其四，提炼标题。首先，提炼材料分类标题。因原始材料极为庞杂，只有对这些材料作恰当分类并拟定概括准确的小标题，才能驾驭住这些材料。其次，提炼公文标题。公文的标题像一面聚光镜，把主要内容和作者意图凝聚为一点，这需要在全盘把握的基础上反复思考，反复比较，反复选择。

其五，准确定义。用准确而简练的语言，揭示出事物的本质属性，并廓清这一事物与同类事物的不同。

(2) 条理性训练。

其一，变更。结构顺序标志着秘书的思维顺序。变更结构顺序，要改变思路、调整思维：第一，变更时间顺序。第二，变更空间顺序。第三，打乱所有顺序，块垒交叉，错位摆开。

其二，对应。即把逻辑顺序正常的一篇公文或一段话打乱，然后理顺、恢复为原来的顺序：第一，调整句子顺序练习。第二，调整层次顺序练习，即提供层次被打乱的一篇公文，要求理顺。

其三，分类。包括：第一，一次分类。可列出有关事物，运用一个分类标准一次完成分类。第二，多次分类。列出多项事物，按照一个标准分类后再打乱，按另一个标准重分，这样尽可能多分几次，以培养熟练把握分类标准、善于从多角度考虑问题的习惯。第三，鉴别分类。在属于一类的多项事物中夹杂一两项不属于此类的事物，摆在一起，然后把不属这类的个别事物挑出来，并说明原因。这些练习对秘书在工作实务中处理问题极有帮助。

其四，系统化。一类是由分到总，即把细小的、零散的、片段的材料组织为一个较大整体；另一类是由总到分，主要是对现成的有机统一的事物加以分解，由总体到局部，条分缕析，一一弄清。

（3）灵活性训练。

其一，拓展思路。首先是分解法。即把一个大题目分成几个小问题来思考，比如描述性的问题可以分解为什么时候、什么地点、什么人物、什么事件、什么原因、什么结果来一一思考；研究性的问题则可以分解“什么是”“为什么”“怎么样”等来思考。其次是扩展法。分解法是对一个题目内在含义的解剖，是向深开掘的；扩展法是就这一题目与外界事物的关联，向外开拓。比如《雨》这个题目，用分解法，可以划分为“雨的构成”“雨的形态”等来思考；用扩展法，则可以就“雨与交通”“雨与疾病”“雨与生命”“雨与人类”等来思考。最后是背反法。即从事物的相反的方面来思考。比如谈美想丑，谈真想伪，谈战争想和平，谈进步想不足，谈抓紧时间之益想浪费时间之弊。

其二，改变角度。人的思维往往有惰性，总习惯于走老路，朱光潜先生在《咬文嚼字》中称其为“套板反应”。改变思维角度，首先要能看出客观事物不同侧面的不同属性，也就是说要把通向客观事物的不同思维路线、不同角度摆出来，以供选择。其次是选择最佳角度。选择最佳角度要靠对众多角度的分析与比较，最佳角度应切中要害、得心应手。

（4）独创性训练。

其一，发现问题。思维是由问题开始的，提出正确的问题，往往等于解决了问题的大半。发现问题要敢字当头、耐心思考。发现问题的训练可以与观察、阅读相结合，特别注意结合实际，反复多练，提出了高质量的问题后，也可继续思考下去，提出解决问题的方案和设想。

其二，原型启发。提供原型，以此为契机展开创造性的思维；也可以根据自己探讨的重点到秘书工作实务中去寻找原型。注意思维要善于飞跃，要立足于创新，不要拘泥于原型。

其三，成语新解。成语新解，重在出新。成语新解，自然要翻出新意。但这一新意，应是建立在科学分析基础上的，而不应故作惊人之笔，立论怪诞，耸人听闻。

（5）深刻性训练。

其一，辩证分析。指运用唯物辩证法的基本观点来分析客观事物。比如一次网络上的辩论，一片绿地的养护，以及办文、办会、办公中常见的工作现象，都可以通过思考，写出生动活泼的、渗透辩证思维的总结。

其二，揭示寓意。寓意大多不直接写出，而是让人从资料中去体味。因此阅读这些资料要经过认真思考，才能抓住它的本质。

其三，集中、收束。首先，与拓展思路的训练结合起来，安排时可与拓展思路的训练自然衔接。其次，要有明确的中心，使集中与收束有所依傍，有所归属。最后，对枝蔓的头绪、次要的意思能够忍痛割爱。

其四，比较判断。一类是对照比较，即把一事物和与它同类（或相近）的事物放在一起比较。秘书工作实务中的许多环节都可以进行这种比较。另一类是顺序比较，即同一事物在不同发展阶段上的比较。秘书考察事物现状时，若光了解目前的数量和状态，认识往往不深，如能纵向从历史的角度加以比较，便会印象鲜明，还可以看出发展、做出预测。

三、想象能力

（一）想象

1. 定义

想象是一种特殊的心理活动。它在感受的基础上进行，并伴随一定的思维活动。它虽然以表象为基本材料，不脱离感性认识，但具有分析综合效应和理性认识因素；它虽然和形象思维具有内在联系，但对秘书工作实务中的各种构思、计划、安排、打算，起着必不可少的作用。秘书应不断培养、提高自己的想象力。

2. 作用

(1) 预见。在秘书工作实务中，想象是感性认识和理性认识互相联系的中介。它往往以对客观现实进行超前反映，使人预见未来为己任。计划、安排的拟定，就是一种“预见”，它往往能促进工作成功。

(2) 创新。想象是以表象作为基本材料进行思维的，只有想象活动的参与，秘书才能选择、提炼、概括、缀合从工作中获得的种种表象，有利于秘书言前人所未言，发前人所未发，避免陈言套话，达到秘书工作创新的目的。

(3) 突破。任何秘书要想克服个人经历、实践、观察和学识上的局限性、狭隘性，冲破旧经验的束缚，就必须借助想象。秘书工作实务，天天面对新情况、新问题，想象可以突破秘书的局限，去创造出新的解决问题的方案、思路。

（二）有意想象

所谓有意想象，即带有目的性、自觉性的想象。根据想象创造性的强弱又可把有意想象分为再造想象和创造想象。

1. 再造想象

(1) 定义。再造想象是根据现成的语言或其他手段（如图样显示）的描绘在头脑中再造出新形象的过程。

(2) 运用再造想象能力的条件。

其一，理解。正确理解再造想象借以依据的语言的表述或非诗文的描绘（包括图画、图纸、符号等），是再造想象的必要条件之一。

其二，贮存的信息量。想象的水平是依一个人所据有的表象的数量和质量的情况为转移的。表象越贫乏，其想象也就越狭窄、肤浅，有时甚至完全失真。表象越丰富，其想象才会越开阔、深刻。

其三，语言。想象的活动是在语言的调节下进行的，在想象力水平大致相当的情况下，一个语言能力强的秘书，所描绘出来的再造想象情境要比那些语言能力差的秘书强得多。

2. 创造想象

(1) 定义。创造想象是根据预定的目的，不依据现成的描述而独立地创造出新形象的过程。

(2) 秘书工作实务中的创造想象。这种创造想象的一个最基本的特点，就是从同类事物的各个表象中把“最有代表性的特点”或“最自然的特征”抽取分离出来，把它们综合和概括到一个重新创造的形象中去。

（三）联想

1. 定义

联想也就是我们平时所说的由一个事物想到另一个事物的心理过程，或是由当前事物回忆这事物的过去及有关这事物的其他情况，或是由这件事物想到另一件事物。它是由此及彼的一种想象。

2. 培养联想力的基本条件

（1）表象储备。通过观察感受积累极为丰富的记忆表象，并善于随时把这些积淀的表象调动起来，才有可能产生丰富的联想。

（2）善找联系。就是要找出表象与表象之间的相近、相似、相反或类同的内在联系或外在联系。找出这些联系点，正是在表象与表象间架起一座桥梁。比如，一位秘书可由“游人踩踏事故”，联想到“建立预防突发事件、强化危机管理的总体应急预案”。

3. 联想的基本方式

（1）相似联想。相似联想是由某一种事物的感知和回忆，引起对和它在性质上或形态上类似的事物的回忆。它反映着事物间的相似性和共同性，是事物间暂时联系的泛化式概括的表现。在秘书工作实务中，秘书要敢于破陈法，不拘死法，力争找到新鲜、生动、贴切的相似之处。

（2）接近联想。接近联想就是由某一事物的感知回忆，引起对它在时间或空间上接近的事物的回忆。接近联想的运用，可使秘书思路宽阔，冲破时空限制，把纷哉万象的大千世界，笼于笔端。事物在时间上的接近和空间上的接近往往是互相关联的，因此，秘书工作实务中的接近联想往往兼有时空两种因素，要巧妙地把所得资料中的相关内容，或“时”或“空”或“时空交叉”叠合在一起，在接近的关联中，由对资料的分析展开为对整体的工作。

（3）对比联想。是把性质截然不同或情境完全相反的表象联结在一起的联想。对比联想的运用，能使描述的形象好的更好、坏的更坏地展现出来，打动人心；能使阐发的道理在正反两方面论证下更加深刻。秘书工作实务中，我们经常要遇到“正”“反”、“利”“弊”、“好”“坏”、“增”“减”等资料的对比，秘书必须学会并妙用对比联想，卓有成效地完成各项工作。

第六章

秘书工作实务行政基础

一、行政决策

（一）行政决策的含义和类型

1. 含义

所谓行政决策，是指国家行政机关为行使政府职能，对所要解决的问题，依法拟定并抉择方案的过程，它是行政管理的首要环节和各项运行职能的基础。决策与“抉择”不同，前者有多个系统参加，后者是由享有法定权限的行政首长所做的。

2. 类型

行政决策有传统和现代之分。传统决策即经验决策，是指全凭领导者的主观经验和判断来做决定；现代决策即科学决策，是指在科学理论的指导下，按照一定的科学原则和程序，分析事物，做出决定。

3. 传统经验决策转向现代科学决策的标志

（1）决策主体由个人转向群体。

（2）决策过程由主观随意转向程序化。

（3）“谋”与“断”的相对分离。

（4）“断”与“行”的相对分离。

（5）决策手段的日益科学化。

（二）现代行政决策组织体制的架构

现代行政决策体制，是以行政决策中枢系统为核心，行政信息系统、行政咨询系统、行政决策审批系统为辅助，既密切合作又相互制约的有机统一整体。

1. 行政决策中枢系统

它也称“行政决策中心”或“政府首脑机关”；是确定行政决策目标，领导和组织整个决策活动，进行方案抉择，并承担全部决策责任的领导集团。其任务主要是“断”。

2. 行政决策信息系统

它是指为行政决策中枢系统收集、加工、整理并传输全面、及时、准确、适用信息的信息服务机构；是由行政决策的信息处理成员、电子计算机及其他传输工具组成的人机系统。

行政信息系统在行政决策组织体系中属“神经系统”。

3. 行政决策咨询系统

它也称“思想库”“智囊团”“脑库”等，是由研究咨询人员组成的官方或非官方专门从事智力开发，协助决策中枢系统进行正确决策的辅助性机构。

4. 行政决策审批控制系统

它是由行政决策中枢系统之上或之外的权力机构组成的，依法对行政决策的有效性进行审批控制的组织体系。当前我国行政决策审批控制系统有：全国和县级以上地方各级人大常委会；中央和地方各级国家行政机关。

（三）行政决策过程

1. 发现问题，确定决策目标

（1）发现问题。这是行政决策活动的起点。行政管理问题是指行政管理实践中应该或可能达到的状况同现实状况之间的差距。发现问题，首先要弄清问题的性质、范围、程度、特征和价值影响；其次要搞清产生问题的原因；最后要确定主观标准和客观实际情况的差距状况。

（2）确定目标。它以发现问题为基础，确定决策预期达到的标准、依据、指标或结果。目标为选择决策方案提供衡量标准，为控制决策实施情况提供依据。因此，目标的制定要符合实际，切中要害，合理合法，具体明确，并搞好各目标间的综合平衡。

2. 拟订备选方案

备选方案是实现目标的各种途径、方法和措施。拟订方案是决策的基础，各种方案既要整齐详尽，又要相互排斥，不能相互包容。由于环境复杂多变，可行的备选方案要根据其内容和作用分为积极方案、应变方案和临时方案。

3. 方案分析、评估

这是对各种备选方案进行可行性分析、评估的过程。分析、评估方案要充分发挥专家能人的作用，要定量方法和定性方法相结合，以最好地实现决策目标、代价最小、时间最短、副作用尽可能小、效益尽可能大为标准和前提。

4. 决策方案

它是指决策者从可供选择的多种可行性方案中，选择或综合出一个最优方案的活动。这是决策过程的关键环节，是衡量决策者决断能力和综合智力的重要标志。

5. 试点检验，修正完善方案

由于某些问题关系重大、缺乏经验、不确定因素多，已择定的方案在全面实施前应进行局部实践检验。在做好信息反馈、总结经验的基础上，对原定方案做出正确评价，以便改进、完善或重新决策。

二、行政执行

（一）行政执行的层级和手段

行政执行是指具有行政权的国家行政机关和公务员，实施决策机关发出的决策指令，以实现决策目标的活动和过程。

1. 行政执行的层级

行政执行是决策的贯彻和落实，因而是一个动态的过程。由于行政组织体系的层级性特征，行政执行也具有层级性。我国的行政执行大致可分为中央级、省级、县级、乡镇级等不同层次。各层次行政机关及其工作部门、职位不同，行政执行的内容、重点、手段也有所不同。一般而言，越是上层，执行越宏观、越专业化；越是下层，执行越微观、越综合化。

2. 行政执行的手段

（1）法律手段。这是指国家行政机关和公务员依据法律、法规和规章，执行决策和管理的方法。法律手段具有权威性、规范性和相对稳定性的特征。

（2）行政手段。这是指行政机关凭借上下级之间的权威和服从关系，采用命令、指示、规定、决议等，对社会经济生活进行管理的方法，也就是行政干预。行政手段具有权威性、强制性、无偿性、垂直性等特征。行政手段必须以法律、法规为依据，不能超越职权、瞎指挥。

（3）经济手段。这是指国家行政机关根据客观经济规律，运用经济杠杆，通过对不同经济利益关系的调整，鼓励或抑制下属单位和人员及其他公民作为或不作为的一种管理手段。经济手段也必须以法律、法规为依据。

（二）行政执行的环节

1. 制订实施性计划

（1）进行工作安排。确定工作的具体内容、方式和程序等。

（2）进行人力安排。确定何人负责，受何人领导，可指挥何人。

（3）进行物力安排。对所需财力、物力，做出详细的经费预算。

（4）进行时间安排。确定完成计划所需要的时间期限。

编制行政执行计划要注意以下几点：

（1）准确理解决策意图，正确掌握决策方案的目标和要求。

（2）要具有可行性。

（3）既要突出重点，又要顾及全局，统筹安排。

（4）要具有灵活性。环境条件在不断变化，计划时限越长，未来的不确定因素越多。因此，要留有余地，富有弹性。

2. 思想准备与组织落实

为了使执行者和执行对象了解行政决策的内容、意义，在思想上达成共识，自觉地行动，要通过各种传播媒介，采取多种思想动员方式，做好计划的宣传工作。

要做好人力、财力、物力和组织制度的落实。具体包括：确立组织机构，配备胜任的主管人员和一般工作人员，确定合理的职位、职权和责任，建立健全合理的工作制度，将组织内各部门、各环节结成一个有机协调的整体；同时，要编制预算，落实活动经费，配备合适的行政设备，为计划实现提供必要的物质基础。

3. 行政指挥

行政指挥是指行政领导者按照既定的目标和计划，通过命令、指使、引导、沟通、调度、监督等方式，推动下属从事某种活动，以实现执行活动目标的行为或过程。行政指挥的类型主要有三种：（1）现场指挥。（2）会议指挥。（3）书面指挥，即通过文件、简报、通知等形式进行的指挥。此外，还有口头指挥等。

有效的行政指挥要求：指挥要统一，不能政出多门；指挥要按层级体系进行，不能越级指挥；指挥要明确、坚定和适时。

4. 行政控制

行政控制是指行政领导者按照计划标准衡量实际的计划执行情况，纠正计划执行中的偏差，以确保计划执行和目标实现的活动和过程。行政控制的目的，是及时发现执行中的问题，并随时纠正和防范偏离目标的行为。它对于保证行政执行方向的准确性和行政执行的效益和效率，具有重要意义。

根据控制的时间和重点，可把控制分为三类：

(1) 预先控制。也称事前控制或前馈控制，是指在执行决策的准备阶段就加以控制，使执行决策所需的人力、物力、财力都符合执行的要求。

(2) 现场控制。又称实时控制、事中控制、同期控制等，是指亲临现场，检查监督执行活动，随时发现问题随时加以解决的控制方式。

(3) 反馈控制。又称事后控制，是在计划完成后，通过反馈系统了解计划实施过程中出现的问题及偏差，采取一定的补救措施，以保证下一轮执行工作的顺利开展。

行政控制过程分为三个步骤：确定标准、衡量成效、纠正偏差。

5. 行政评估

行政评估是指对行政执行任务完成情况所进行的工作评价或工作总结。行政执行评估的具体内容有：

(1) 从数量、质量、速度、效果、效率等方面，对行政执行工作的完成情况和工作效果进行全面检查、核实。

(2) 对行政执行的结果进行实事求是的评定，区分优劣，为奖惩提供客观依据。

(3) 通过认真总结，肯定成绩，检讨问题，获得经验教训，推动行政工作的不断进步。

行政执行评估工作要求：实事求是；客观、公正；自上而下与自下而上相结合，领导、群众与专家相结合；运用科学的评估方法。

二、行政协调

(一) 行政协调的含义和作用

1. 含义

行政协调是指行政机关及其人员运用各种方法，调整行政系统与其外部环境之间，行政系统内部各组织之间、人员之间，行政运行各环节、各阶段之间的关系，使之分工合作，权责清晰，相互配合，有效地实现行政目标和提高整体效能的行为。行政协调是行政管理的一项重要职能。

行政协调包含三层意思：其一，行政协调的主体是行政机关及其工作人员，如政府办事机构和综合部门；其二，行政协调的内容，是解决行政系统与其外部环境之间、行政系统内部纵横向各部门、各层级、各环节之间的各种不协调问题，如权责冲突、利益冲突、人际关系上的不和谐等；其三，行政协调的出发点和归宿，是有效实现行政目标、提高整体效能。

2. 作用

（1）协调与外部环境之间的关系，增强行政系统的适应力、创新力。

（2）协调内部纵横向各层级、各部门之间的关系，增强行政系统的协作力、整合力，提高行政效率和行政效益。

（3）协调内外部、纵横向的各种人际关系，增强行政系统的凝聚力、驱动力。

（二）行政协调的类型及其机制

按照行政协调的范围分为三类：

1. 系统环境的协调及其机制

（1）行政反馈。行政系统把外界输入的情况加以转换分析，通过制定政策或提供服务等方式反作用于外部环境，再根据外部环境的变化对自己的政策和行为加以调整，以达到行政目标。

（2）职能调整。一是根据管理对象的扩大，形成新的独立职能或功能；二是转变政府职能的内容、方式和手段。

（3）行政参与。通过各种渠道和形式，吸引公民和各种社会组织，直接或间接介入政府行为，协调分散的社会利益与政府政策的不一致，从而实现行政与社会的统一。

（4）行政委托。政府把自己的一部分权力下放或委托给有关社会团体或中介组织，通过与这些组织联合共同行政，来加强与社会的联系，获取广泛的社会支持。

2. 系统结构的协调及其机制

（1）行政系统纵向结构的协调机制。

其一，权力委任，即把权力或职权及与之相应的工作和责任委任给下级承担。

其二，行政分权，是指把决策权力下放给下级，使下级享有一定程度的独立自主权。

其三，行政督导，即上级部门通过等级结构的层级控制，发布指令，引导和监督各管理层级的活动。

（2）行政系统横向结构的协调机制。

其一，政府会议制度。这是行政系统横向协调的基本机制。在我国，各级政府的行政首长通过召开各种政府会议，来协调各职能部门的冲突。

其二，专门议事协调机构的协调。即由政府主要首长和相关部门负责人组成专门的议事协调机构，协调某些跨地区、跨部门的特定事项。

其三，职能部门的协调。即通过授权有关职能部门在某一方面的综合协调权，就该事项与其他相关部门进行协调。

其四，行政改组。按照机能一致、完整统一原则，通过对行政机关的撤销与合并，理顺各部门之间的关系，改变机构重叠、职能交叉、事权冲突的现象。

3. 行政人员的协调及其机制

（1）人员咨询与建议。通过对组织成员的咨询，采纳其建议或意见，改善成员与成员、成员与组织之间的关系。

（2）态度调查。通过一定的渠道和形式，了解成员对组织或其他成员的看法，据此协调矛盾，达到防患于未然的目的。

（3）团体活动。行政领导者通过开展一系列的团体活动，给组织成员提供相互接触、沟通的机会，以达到行政上的一致与统一。

（4）直接处理争议。在争议处理中，行政领导者要做到“八要”：脑子要清，肩膀要硬，情感要真，肚量要大，脚跟要稳，出语要慎，下手要快，结果要实。

（三）行政协调的前提条件：行政沟通

所谓行政沟通是指行政系统内部以及内外之间，凭借一定的媒介和渠道，交流传递信息、思想、观点和情感，以达到相互理解、支持、合作与行政协调的行为。

行政沟通是行政协调的前提条件，行政协调是行政沟通的结果和产物。行政沟通是联结外部环境的纽带，是促进内部良性循环、协调运转的“血液”，是形成良好人际关系的保证。

按照沟通渠道的不同，行政沟通可分为正式沟通和非正式沟通两种类型。

1. 正式沟通

正式沟通是通过行政组织的正式渠道所进行的沟通。按照行政组织结构中信息流向的不同，又可分为三种：

（1）下行沟通。按照行政组织层级节制体系自上而下进行的信息传递，目的是实现“上情下达”。

（2）上行沟通。下级组织按隶属关系自下而上向上级组织进行的信息传递。

（3）横向沟通。也称平行沟通，是指行政组织内部各职能部门、各单位、同事之间及其与外部各种社会政治组织与个人之间信息传递。

2. 非正式沟通

非正式沟通处于正式组织结构之外，是人们在交往中自然形成的、无法定组织关系、无固定形式的信息交流类型。

四、行政监督

（一）行政监督的含义和重要性

1. 行政监督的含义

行政监督是指行政系统内外监督主体依法对国家行政机关及其公务员的行政行为所进行的监察或督察活动。

行政监督不同于行政监督检查。前者是对行政机关及其公务员的监督；后者则是行政机关及其公务员对企事业单位、其他组织和公民等行政相对人执行法律、法规、规章及行政命令、决定等情况所进行的监督。

2. 行政监督的重要性

首先，行政监督有助于减少行政行为中的失误、违法现象，克服权力滥用，造就廉洁、强健的政府，从而更好地承担各种政府职能，推动社会经济的发展。

其次，行政监督有助于维护国家、社会、集体和公民的合法权益。

最后，行政监督是公民参与政治的重要形式，不仅有助于密切政府与公民的关系，促进社会和谐，而且有助于提高公民的政治能力和公民意识，促进民主政治的发展。

（二）我国行政系统的内部监督

行政系统内部监督是在行政系统内部设立的进行自我监督的制度，主要可分为一般监督和专门监督。

1. 一般监督

一般监督是指各行政机关上下级之间及相互之间进行的普通监督。它包括三种形式：

（1）行政机关上下级之间的监督。即按照行政系统的直接隶属关系，上级行政机关与下级行政机关之间的相互监督。如日常的工作检查、请示汇报等。

（2）职能监督。即政府各职能部门就其主管业务，在自己的职权范围内，对其他有关部门实施的监督和督导。监督的主客体之间没有直接的隶属关系。如财政部就财政收支和财务活动对其他国家行政机关的监督。

（3）主管业务监督。即上级政府各职能部门和直属机构对下级政府相应工作部门所实施的业务上的监督与督导。它主要依据同一系统内部的业务领导或指导关系，不同于职能监督。

2. 专门监督

专门监督是行政系统内部设立的专门监督机构，对所有行政机关及其公务员的行政行为所实施的监督与督导。主要包括行政监察和审计监督。

（1）行政监察。它是指政府系统内部的专门监察机关，依法对所有行政机关及其公务员、由行政机关任命的国有企事业单位的领导干部的职务行为进行的全面性的监督。我国设立国家监察委员会和地方各级监察委员会。

（2）审计监督。它是由国家审计机关根据法律、法规和会计记录等有关经济资料，对各级行政机关、企事业单位和社会团体的财政收支、经济效益和财经法纪的遵守情况等，所实施的一种专门稽查、审核活动，以维护国家财经纪律，预防和纠正违法犯罪。我国的审计机关是审计署和地方各级审计局。

（三）我国行政系统的外部监督

我国行政系统的外部监督主体，是由立法机构、司法机构、政党、社会团体及新闻媒体等构成的体系。根据监督主体的不同，大致可分为以下几种：

1. 立法监督

在我国，主要是指各级人大及其常委会对国家行政机关及其公务员的监督。从内容上看，这种监督主要是法律监督和工作监督；从形式上看，主要是会议监督和日常监督。我国立法监督的具体方式有：

（1）听取和审议政府工作报告。

（2）审查和批准国民经济计划和财政预算、决算。

（3）审查政府的法规、决定和命令。

（4）质询和询问。

（5）代表视察和执法检查。

（6）罢免政府组成人员。

2. 司法监督

在我国，司法监督是指人民法院和人民检察院依照法定职权和程序对行政机关及其公务员行政行为的监督与督导。

（1）人民法院的监督。人民法院是国家审判机关，它对国家行政机关及其公务员的监督主要有三种形式：其一，通过行使审判权，审理与国家行政机关及公务员有关的案件，以判决、裁定的形式，处理行政机关及其公务员的违法犯罪行为。其二，通过公开审判制度、辩护制度，教育公民和公务员自觉遵纪守法。其三，人民法院对较低层次的抽象行政行为有间接审查权。

（2）人民检察院的监督。人民检察院是国家法律监督机关，它对国家行政机关及其公务员的监督主要表现为：其一，依照职权，对公安机关和司法行政机关的活动予以监督。其二，对公务员的职务犯罪行为行使检察权。检察院对在办案过程中发现的问题，以司法建议书、司法建议通知书的方式，向发案单位及其主管部门提出改进意见和建议。

3. 政党监督

政党监督，即政党组织对国家行政机关及其公务员行政行为的监督。在我国，既包括中国共产党的监督，也包括八个民主党派的监督。中国共产党对国家行政机关及其公务员的监督，主要有以下形式：

（1）一般监督。有两种途径：一是各级党组织就国家行政机关存在的问题提出改进措施；二是督促公务员自觉遵守党纪国法，在工作中实现自我监督。

（2）专门监督。即党的各级纪律检查委员会对从政党员特别是领导干部所实施的监督。具体途径为：一是对违反党纪国法的党组织和党员给予党纪处分；二是受理公民对党员、公务员违法乱纪行为提出的控告和申诉，并做出处理决定。

4. 社会及舆论监督

这种监督包括各群众团体、社会中介组织、企事业单位、公民个人等社会各界以及新闻舆论工具对国家行政机关及其公务员实施的监督。具体有五种监督方式：

（1）提出批评和建议。

（2）提出申诉、控告和检举。

（3）信访监督。

（4）新闻宣传，舆论“曝光”。

（5）民主协商对话。

第七章

秘书工作实务诗质基础

一、概述

（一）诗质与秘书素质

秘书也被称为文秘人员，其人文修养非常重要，中国是诗的国度，诗质是人文修养的最好体现，因此，秘书应该也必须通过增强诗质而醇化自己的人文修养，这样有助于完成秘书实务的各项具体任务。

（二）诗歌含义

诗歌，是有节奏、有韵律并富有感情色彩的一种语言艺术形式，也是世界上最古老、最基本的文体形式。

（三）演变

1. 古代诗歌

诗歌是我国古代最基本、最主要的文学形式，它与散文始终处在文学的中心地位。以诗人自身经验为素材的抒情诗是其主流，叙事诗的传统相对显得薄弱。古代诗歌写作是文人的必备教养，因而诗歌创作成为民族的普遍行为。诗人，常兼政治家、哲学家或学者。在儒家诗教的影响下，中国诗歌的风格追求含蓄，讲究意境，看重技巧。

2. 新诗

指"五四"以来主要用白话创作的新体诗歌。它冲破旧诗格律的束缚，在古典诗歌和民歌的基础上发展而成。与古典诗歌相比，其形式自由，韵律灵活，追求自然旋律与节奏，强调潜在的音乐感。新诗的写作，要求精练，诗句大体整齐，用普通话押韵。

二、分类

（一）格律诗与自由诗

1. 格律诗

它是依据固定的格式和严密的韵脚进行创作的诗体。在诗歌文体漫长的发展历史中，又区分出了古代格律诗和现代格律诗。古代的律诗、绝句以及词、曲就是古代格律诗的具体样式。律诗只有八句，绝句只有四句，它们都限定于固定的平仄韵律中，律诗的中间四句两联还有严格的对仗。词和曲更有固定的词牌和曲调，它们虽然诗句长短不一，但它们的平仄格律比律诗和绝句有更严格的要求。这些严密的格式形成了诗歌一唱三叹、节奏和谐的音乐性。现代格律诗的形式规范正在探索中。

2. 自由诗

它是与格律诗相对而言的。它特指在诗歌语言形式上不受格律限制的较为自由的诗体。每一行诗的字数，每一节诗的划分，每一篇诗的节奏和韵律都没有固定的格式。它一般是根据作者内在情感的起伏变化，安排诗歌意象和诗歌语言的节奏旋律。这种无诗歌形式束缚的自由，使得它成为当代最流行的一种诗体，也成为诗歌爱好者们比较乐于接受的一种诗体。郭沫若的《天狗》、艾青的《光的赞歌》、舒婷的《致橡树》都是自由诗的优秀之作。

（二）抒情诗与叙事诗

1. 抒情诗

它是以作者的口吻抒发主观情绪、情感的诗体。作者把社会生活做了“主观化”和“自我化”的处理，所有的诗歌意象都因经过作者心灵的改造而出现个性化的变形，它没有完整的人物形象和事件过程，即使出现了少数人物形象和事件形象也是作者寄寓强烈主观感情的形象片段。它一般篇幅短小，常常借助主观抒情的艺术手法创造情感强烈的自我形象。抒情诗在历史上形成的基本体式有山水诗、咏物诗、爱情诗、哲理诗等。曹操的《观沧海》、李商隐的《无题》、冰心的《春水》等都是上述抒情诗体式的典范。

2. 叙事诗

它是以叙述者的口吻来刻画人物、叙述事件的诗体。与抒情诗相比，它有较完整的事件情节，能采用各种手法来描写人物；而与小说、戏剧、影视相比，它的情节比较单纯且跳跃较大，人物性格比较单一，使用的细节较少，叙述语言比较概括且充满激情。历史上已有定型的叙事诗，其基本体式有史诗、诗剧、一般叙事诗等。古希腊时代的《伊利亚特》、我国古代的《孔雀东南飞》和现代的《王贵与李香香》都是这种诗体的代表。

（三）民歌与散文诗

1. 民歌

它是人民群众集体创作并能口碑相传的诗歌。民歌的形式生动活泼，它和自由诗一样不受固定样式和格律的拘束。诗歌语言具有浓厚的生活味，经常使用比兴和夸张来创造诗歌意象，体现出想象丰富、简洁明快、易记易唱的诗歌风格。

2. 散文诗

它是近现代才发展起来的兼有抒情诗和抒情散文特点的一种诗体。它是诗的某些表现性元素与散文的某些再现性元素巧妙融合的产物。它采用散文自由灵活的形式来传达精练内涵的诗歌意象，它虽然不像诗歌那样分行排列和押韵，但它的语言仍然具有内在的节奏感和音乐美。它在艺术手法上多采用暗喻和象征，在几百字的短小篇幅中，把诗情、画意、哲理融为情景交融的诗境。泰戈尔的诗、鲁迅的《野草》、郭风的《叶笛集》都是优秀的散文诗作。

三、特征

（一）熔铸挚情

“感人心者，莫先乎情。”这是白居易《与元九书》中的名言，它道出了诗歌的本质特征。诗歌是感情的产物，感情是诗歌的生命。抒情诗是最纯正的诗，是本来意义的诗，因其最能体现诗歌的本质特征。

中国诗歌乃至全世界的诗歌创作实践，无不证明了“情”是诗的灵魂。诗歌文体发展的历史证明：诗歌是人类表达、宣泄情感的载体。诗歌作者在具体的写作过程中，以能否表达出主观情感为标准来选择和提炼诗歌意象，创立和设置诗歌意境，诗歌语言的种种使用技法也是为了更准确、更细致、更贴切地抒情达意。离开了人类抒情的动机，诗歌就没有了产生和发展的动力。

诗歌抒发的情感从表现形态上看是具体的、个性化的，它直接源于诗歌作者个人的审美体验。但优秀诗歌的审美品质却是在这种个性化的情感里集中概括了人类深层的情感状态和人性深层的情绪体验。人们喜欢吟咏艾青的《我爱这土地》，是因为“为什么我的眼里常含泪水？因为我对这土地爱得深沉……”的诗歌意境，概括了人类一种刻骨铭心的、生死不渝、忠贞爱国的情感体验。

（二）境象丰满

诗歌传达的情感虽然是概括的、典型的，但它在艺术表现上必定是具体的、形象的。诗要用形象思维。形象是一种饱含着某种思想感情的极富感染力的具象和境界，能够使读者沉浸其中，喜爱它、欣赏它，从而获得感情上的熏陶、精神上的滋养以及美的享受。

如朱湘的《采莲曲》中之“船”“柳”“日”“波”“莲”“藕”“风”“荷”“月”“女”“花”“歌”，作者正是将情感形象化——化为境象（意境、意象）。诗歌艺术的关键在于此。一首诗完全根据抒情表意的需要来排列、组合意象。意象与意象之间有巨大的跌幅、快速的转换。最终丰满的境象，造就了诗歌的瑰丽。

（三）行韵鲜明

北京大学辜正坤教授赞同朱光潜先生的诗是“有音律的纯文学”的观点，他认为，判断一首诗是否是诗的第一要素是其外部的形式特征，即分行和押韵。在这个基础上再用“言志说”“缘情说”“感觉说”等类的定义来丰富它，全面判断这诗是什么样的诗，是好诗，是坏诗，还是无所谓好坏的诗，等等。不要把“诗体”和“诗意”混在一起。诗体是指诗的体裁，诗意指诗在读者心中的效果。诗体是一种客观的、可以把握到的外部形式。而诗意是审美主体与诗歌形式、内容及一切相关的社会、文化、地理环境等因素相作用后，在审美主体身上产生的反应。当然，必须强调的是，押韵或分行只能确定一篇文字是否是诗，却不是确定好诗或劣诗的依据。

行列的形式与押韵巧妙结合，产生了诗歌语言特有的节奏感和韵律美。温儒敏教授在其《中国现代文学批评史》中强调：“汉语的特点是轻重音不分明，做起诗来音节容易散，必须借韵的回声来点明、呼应和串联，这就决定了中国诗的节奏有赖于韵。”押韵，就是相同的语音在诗句的一定位置上，有规律地反复出现。中国汉字的音节包括声母和韵母两部分，如“窗（chuang）”，声母是 ch，韵母是 uang。而韵母分为韵头 u、韵腹 a 和韵尾 ng 三部分。押韵是押声调和韵母都相同的字。由于这个字往往是诗行中最末尾的一个，因此就叫韵脚。我国古代的格律对押韵要求很严，诗歌要按既定的平仄结构填写，诗有定句，句有定字，字有定音。现代诗歌对韵律的要求没有那么严格，但一般也要求押大致相近的韵，即不追求声调而只要韵母相同或相近。这样既可以使诗歌的形式更自由，也可以保证诗歌在吟诵时能有和谐悦耳的韵律。

（四）灵动美文

1. 灵动

即指诗歌的空灵跳跃。小说、散文的语言因为侧重再现意象，语言形态比较平实细密，讲究句与句之间清晰的纹路。诗歌语言要侧重于表现主观心灵，再加上它的篇幅限制，它必须借助空灵跳跃和省略，跨越一些过程性的叙述，省略一些小说、散文语言中必不可少的连接语和转折语，创造一种“语不接而意接”的诗歌语言，以此来引发诗歌读者丰富的自由联想。

2. 美文，即指诗歌精练优美的语言

在语言的内涵上，诗歌语言在物化意象时特别讲究精练的内蕴，它要通过大力度的炼字、炼句，以较小的篇幅来完美地容纳高度概括的内容。诗歌语言以这样的外观与内涵形成了区别于小说、散文的新奇优美的审美特征。精练，是诗歌起码的要求。即诗的语言要求用最简练的字句来表现最丰富的内涵，不能像流水账，不分巨细什么都写。这种现象可追溯到建安时代的曹植、王粲等。像曹植的诗句“凝霜依玉除，清风飘飞阁”（《赠丁仪》），“白日曜青春，时雨静飞尘”（《侍太子坐》），“秋兰被长坂，朱华冒绿池”（《公宴》），其中的动词都经过精心锤炼，以求得到警醒的效果。这样的诗句在他的作品中虽然占比例不大，但在以后的文人诗中却是越来越普遍。

3. 含蓄、象征体现了诗歌灵动美文的特点

诗贵含蓄，含蓄是中国古代诗人孜孜以求的写作境界。含蓄就是含而不露，耐人寻味，用极少的具体可感的艺术形象，来表现极丰富的生活内容和思想情感；以瞬间表现永恒，以有限传达无限，含不尽之意于言外，给读者以想象的广阔天空。如郭沫若的《炉中煤》，运用比喻、比拟和象征手法，借吟咏燃烧着的“炉中煤”，来抒发“眷念祖国的情绪”，表现出诗人对新生祖国的无比热爱和赤诚无私的奉献精神。诗中最主要的两个意象是“年青的女郎”和“炉中煤”。郭沫若先生将“五四运动”以后新生的祖国比作“年青的女郎”，视作自己热烈爱恋和追求的对象，象征着经过“五四运动”洗礼后祖国青春焕发，生机勃勃，表现出他真挚的爱国热情。用炉中煤的燃烧象征诗人的火热激情，表现出他对新生祖国的无私奉献精神。尤其是诗的第三小节写“原本是有用的栋梁”，“到今朝才得重见天光”。这里有双重象征寓意：一是象征诗人的爱国感情长期埋藏在心底，只有到了“五四运动”以后，这股激情才得以喷发；二是象征被封建主义束缚了几千年的中华民族，直到“五四运动”以后，才焕发出真正的青春活力。在这里，祖国的新生、诗人的新生和民族的新生，已完全融为一体。可见，象征、比喻，乃至“炉中煤”向“年青的女郎”倾诉爱情的拟人化手法的运用，使诗歌的含蕴十分丰富、深厚。

第二编

秘书工作实务办文

第八章

工作类秘书写作

第一节　工作日记、大事记

工作日记作为一种专业性较强的文体，与一般的私人日记既有联系又有区别。作为日记的一种，工作日记具备了日记的部分特征，但是，工作日记同一般日记相比，具有非生活性和工作纪实性，更严谨细密，其写作方式也不尽相同。

一、一般日记

一般的日记，就是将自己在一天内的学习、工作、生活以及所见、所闻、所感择要记录下来。日记是一个人思想、言行的真实反映。因此，我们所说的一般日记，具有真实性、时效性、连贯性、隐秘性的特点。

日记在写法与要求上要注意以下几点：

（1）内容真实。既然是写给自己、记载自己的，就该敢于面对自身，有话照直说，反映的内容要确有其事，有什么写什么，这样的日记才有意义。

（2）交代清楚。日子一天天过，似乎没有什么不同。驻足回首，先前的日子往往如过眼云烟。这就需要在记日记时，尽可能地将当天的时间、地点以及涉及的环境记录清楚，以便日后查找。

（3）第一人称。日记的主人公理所当然地是“我”。

（4）语言自然，简明扼要。由于日记是记事体文章，因此在行文上要平易朴实，在交代事件上也要力求清楚明白，而无须长篇大论。

二、工作日记

较为常用的工作日记主要有以下三种。

（一）纪实日记

工作中的纪实日记是以一天内的经济活动或政务、商务工作为线索，按时间顺序如实记录事务进程的日记。

纪实日记的写作要严格按照时间顺序来进行。同时，所记事物要具体、鲜明。在对事物做记录时，可以融进记录者个人的感情。这一点很重要，一名出色的工作人员不能仅仅满足记“死日记”。在纪实日记中，不但要写清何时、何地、何事，还可以加入适当的分析与评估，要注意平日的点滴积累，待时机成熟后可向上级提供一些合理化建议。做到这一点方不失为领导出色的助手。

写纪实日记，还需注意章法、主次详略等。复杂的事务要记清每个环节，次要的内容一笔带过或仅存题目即可。

（二）专业日记

专业日记是以某一专项活动为内容的日记。护士有护理日记，海员有航海日记，地质人员有采矿日记，等等。这些都是针对不同的工作内容而写的专业日记或专题日记。而一般秘书的专业日记则是针对其业务和管理所写的日记。

专业日记是办公室工作人员钻研业务的必要手段。写专业日记的步骤是：

首先，记录大型活动的步骤、详情以及遇到的问题和最终解决的方法，注意对工作经验的积累、工作方法和工作效果的探讨，一般采用点面结合的方式完成。

其次，注意记录工作中遇到的新问题、需要的新知识。这就需要相关人员在工作中不断地学习与积累。例如：公司要进行一次汽车的博览或交易，你如果对汽车知识一无所知，就要先去查清楚各种汽车品牌的名称、标记、厂家、报价、油耗以及汽车各部分的性能，待一一查清后应马上记入专业日记备案。长此以往，日记内的东西越来越多，你也就能够在各种活动中应对自如了。

最后，写作专业日记的过程是一个不断学习和积累知识的过程，只有“厚积”才能“薄发”。

（三）流水日记

流水日记原是指我国会计所用的日记账——流水账。它的特点是不分类别，只按每天收付事项发生的先后，依次予以记载。工作中的流水日记是指工作人员对一天繁忙的工作所做的简要记录。它常常以表格、线条或简单的文字形式出现。

流水日记在表现内容上有两种情况：

第一种是对一天的工作、生活和在其间的所见、所闻、所做、所想从早一直记到晚，如流水一样不间断。这样可以真实地反映一天的状况，起到很好的备忘作用。

第二种是对自己在某一个时期内从事的某一项活动中行动、思想的记录。从活动的筹划到活动的开始、经过、发展、结果，一应俱全，中间无间断。这种记法使人一目了然，便于总结经验。

三、大事记

专业日记与流水日记相结合，可构成“大事记”的基本材料，进而有助于“大事记”的完成。

例 8－1 即为 2016 年济宁市工作大事记的一部分。此例文的行文格式清晰明了，不仅章法得当，且主次分明并有所侧重，它记录了大型活动的步骤、详情以及遇到的问题和最终解决的方法，并且注意对工作经验的积累、工作方法和工作效果的探讨。此文严格按照时间顺序来写，同时所记的事物具体、明确。

【例 8－1】

济宁市政府 2016 年 11 月份大事记

1 日，市委副书记、市长李峰上午陪同两岸经营者俱乐部主席、两岸连锁经营协会理事长王国安活动，副市长张兵参加；陪同巴西烟草集团董事长 Juan Antonio Bruno Perroni 先生活动。下午参加书记碰头会；陪同省经信委副主任王信活动，市委常委、常务副市长石爱作参加；陪同阿根廷布宜诺斯艾利斯议员袁建平活动。

市委常委、常务副市长石爱作上午到济南铁路局对接工作。

副市长赵联冠到台儿庄区、峄城区督导检查化解城镇中小学大班额工作。

副市长张兵下午协调海之杰公司外贸进出口等有关问题。

副市长霍媛媛上午参加枣庄市扶贫开发领导小组第五次成员（扩大）会议。

副市长王新宁上午到威海银行枣庄分行筹建处调研，下午陪同省经信委副主任王信一行调研企业家队伍建设工作。

2 日，市委副书记、市长李峰上午参加市委常委会，市委常委、常务副市长石爱作参加，副市长霍媛媛列席；陪同国家土地督察济南局局长张璞活动，市委常委、常务副市长石爱作参加。下午陪同济宁市委书记、市人大常委会主任马平昌一行活动，市委常委、常务副市长石爱作参加；陪同省发改委副主任秦柯活动，副市长霍媛媛参加。

市委常委、常务副市长石爱作上午参加全市土地督察反馈会议。

副市长赵联冠到薛城区、市中区督导检查化解城镇中小学大班额工作。

副市长张兵上午研究四季度外贸稳增长工作，下午研究重点招商项目推进工作。

副市长霍媛媛下午调度旅游和服务业重点项目建设情况。

副市长王新宁上午陪同省经信委副主任王信一行活动。

3 日，市委副书记、市长李峰上午主持召开枣庄学院新校区规划建设情况调度会议，市委常委、常务副市长石爱作，副市长赵联冠参加。

市委常委、常务副市长石爱作上午参加全市火灾隐患排查整治暨今冬明春火灾防控工作会议，下午参加全市老旧住宅小区整治改造暨物业管理工作会议；主持召开全市道路交通安全工作部署会；陪同环保部华东督查中心领导活动。

副市长赵联冠下午召开实验高中三期工程建设专题协调会；召开专题会议研究枣庄学院新校区建设有关工作。

副市长张兵上午与市商务局负责同志研究有关商务工作，下午到青岛海关驻枣庄办事处和枣庄军分区调研；陪同省商务厅副厅长任海涛一行活动。

副市长霍媛媛上午研究通信基础设施及信息化建设工作，下午研究供销社综合改革工作。

4 日，市委副书记、市长李峰陪同环保部华东督查中心党组书记、主任高振宁活动，市委常委、常务副市长石爱作参加；陪同山东省农村信用社联合社党委书记、理事长张建民活动。

副市长赵联冠上午参加全市精神卫生综合治理试点工作协调会议。

副市长张兵陪同省商务厅商贸供给侧改革调研组到市中区、滕州市调研；与加拿大阿特斯阳光电力集团副总裁、阿特斯新能源控股有限公司总经理张国良等洽谈推进光伏项目及生产基地项目等事宜。

副市长霍媛媛上午研究加强寄递安全管理工作，下午陪同团省委党组成员、纪检组长谢宁一行调研。

7日，市委副书记、市长李峰下午主持召开市政府第88次常务会议，市委常委、常务副市长石爱作，副市长赵联冠、张兵、王新宁参加。李峰市长指出，要尽快制定出台推进供给侧结构性改革的实施意见，落实配套措施，明确责任分工，加强督导考核，协调稳步推进，全力推动经济转型升级、提质增效。要着力抓好社会信用体系建设，建立守信激励和失信惩戒机制，启动公共信用信息系统建设，努力提高全社会诚信意识和信用水平。要编制好人力资源社会保障事业发展“十三五”规划纲要，大力实施全民参保登记计划，切实提升群众获得感。要狠抓企业股份制改造，市区联动解决好历史遗留问题，加大股权直投基金支持力度，加快国企股改步伐，创新辅导培训方式，力争取得企业股改上市的新突破。各级各有关部门要全力支持枣庄学院新校区建设发展，扎实做好立项、规划、征地拆迁、基础设施配套等前期工作，倒排工期，分工协作，确保按既定时间节点顺利推进。随后召开市政府党组会议，传达学习中组部“两个通报”精神，市委常委、常务副市长石爱作，副市长张兵参加，副市长赵联冠列席。

8日，市委副书记、市长李峰上午收看中央宣讲团党的十八届六中全会精神报告会，副市长赵联冠、张兵参加；陪同中国工程院院士、沈阳航空航天大学校长杨凤田一行活动，副市长王新宁参加。下午参加市委常委会，市委常委、常务副市长石爱作参加，副市长赵联冠列席。

市委常委、常务副市长石爱作上午参加全市“119”消防安全宣传月活动启动仪式。

副市长张兵上午陪同省福彩中心主任赵立杰一行活动，下午分别陪同省台办副主任齐子明一行、省法制办副巡视员辛俊强一行活动。

副市长霍媛媛下午陪同省旅发委副主任王春生一行活动；参加全省旅游厕所建设管理现场会筹备工作协调会议；陪同省供销社监事会副主任王立来一行活动。

9日，市委副书记、市长李峰到枣庄高新区就城区冬季供热和企业运行现场办公；陪同省委农村工作领导小组副组长王军民调研，副市长霍媛媛参加。

市委常委、常务副市长石爱作在临沂参加山东省城市建设博览会。

副市长赵联冠上午研究化解城镇中小学大班额工作，下午陪同国家精神卫生综合管理试点工作督导组领导活动。

副市长张兵上午与市招商局负责同志研究重点招商项目推进工作；听取市贸促会负责同志关于近期贸促工作和招商项目进展情况汇报；与珠三角产业联盟执行会长、深圳市优视技术有限公司董事长金德新等洽谈科创孵化器等项目。下午调度《政府工作报告》确定事项落实情况；与市民政局负责同志研究全市退役士兵安置暨创业创新工作会议筹备工作；陪同山东高速集团有限公司总工程师姜振亭等活动。

副市长霍媛媛下午陪同省供销社监事会副主任王立来一行活动。

副市长王新宁上午参加全市政银企共建风险防范机制推进会议；陪同住建部住房保障司副司长李晓龙、省住建厅总经济师张普林一行活动。下午参加省政府品牌建设工作督查汇报会。

（以下略）

第二节　工作计划

一、定义和种类

（一）定义

工作计划是工作或行动之前预先拟定的目标以及准备执行的具体措施和步骤，是对将要开展的工作的设想与安排，如提出任务、指标、完成时间和步骤方法等。

一份好的工作计划，可以调动各方面的积极因素，使执行任务的人明确奋斗目标，克服盲目性，提高自觉性，使工作有条不紊地进行。

执行计划，可以合理地安排和使用人力、物力、财力；可以随时掌握工作进度，有利于取得工作的主动权；既便于检查任务的完成情况，也便于上级进行督促和指导。

（二）种类

按计划的内容分，有综合性计划（如社会发展计划、国民经济计划等）和专项计划（如工作计划、学习计划）等。

按计划覆盖的范围分，有国家的、地区的、系统的、部门的、单位的、个人的计划等。

按计划的时间分，有长期的计划（一般又称为规划）、近期的计划（如年度、季度、月份的计划等），还有介于两者之间的中期计划。

按计划的详细程度分，有计划要点、简要计划和详细计划等。

二、写法

普通的计划，其写法较自由灵活。正式的工作计划，其写法有严格要求，其结构与内容如下。

（一）标题

工作计划的标题，一般是“单位名称＋适用时期＋内容＋文种”，如“秘书学院2008年度教学计划”。有的计划，如专项工作计划，也可以不写适用时期。

（二）正文

正文的写作要做到有目标、有措施、有步骤。

（1）目标是计划的灵魂。制订计划的目的就是完成一定的任务，因此撰写计划首先必须写清楚工作的目的和要求。

（2）措施是实现计划的保证。为了便于计划的实施和检查督促，就要把为实现目标和任务所要采取的手段、措施和办法写得具体明确。

（3）步骤，即工作程序和时间安排。每项任务完成的过程都有阶段性，妥善安排哪项先干、哪项后干，才能使工作井井有条。在具体写作时，措施和步骤既可分开写，也可合在一起写。

工作计划的正文包括：前言和计划事项。

（1）前言。前言应简明扼要地说明制订计划的目的或依据，包括根据党和国家的什么方针、政策、法令，上级的哪些指示精神，提出工作的总任务或总目标。

前言常用“为此，今年（或某一时期）要抓好以下几项工作”作结，引出计划事项。

（2）计划事项。计划事项是总的计划下面的各个分计划项目，一般分项来写。有时，大的项目下有小的项目。

（三）末尾

计划的末尾要写明制订计划的单位名称和日期。

计划的日期有两种写法：重要会议通过的计划，其日期一般放在标题下，用括号括起，文后不具名；一般单位制订的计划，其日期可放在正文之后，具名之下。

计划一般不写受文机关，如果作为正式文件印发，可在前面加上印发此计划的通知。

三、写作应注意的问题

（一）要明确具体

计划的目标、措施、方法、步骤和责任者，都必须写得十分清楚。即使是比较长远的计划，也不能只有一般号召，泛泛而谈。如果计划只要改改时间、单位，任何单位、任何时间都可以通用，其结果必然是：“计划计划，墙上挂挂，眉毛胡子，一把乱抓”。

（二）要切实可行

计划中提出的措施、办法必须有很强的可操作性，因为它指导的是实际工作。要达到上述要求，计划制订者一定要在计划制订前，切实深入实际，充分调查研究，广泛听取各方面的意见和建议，对主客观条件、有利因素和不利因素、执行计划中将会遇到的困难和问题要有充分的估计，并有针对性地在计划中提出克服困难、解决问题的措施，不能只是坐在办公室里主观臆测。否则，搞出的计划难免是一纸空文，在执行中也就难逃碰壁或失败的命运。

（三）要有进取精神

如同跳高运动员练习跳高一样，如果把横杆放得过低，毫不费力就能一跃而过，达不到训练的目的；如果把横杆定得过高，大大超出现有的水平，照样达不到训练的目的。训练应该略高于现有的水平，这样才能调动运动员的积极性，激发他们的进取精神。同理，如果计划搞得稳稳妥妥，留有充分余地，实现目标轻而易举，则不可能充分调动群众的积极性，不利于开创新局面，是不可取的。计划提出的目标应该是：从现状来看，要实现它是困难的，但是通过超越障碍，排除困难，又是可以实现的。

（四）不照搬照套

有经验的工作者都清楚这样一个事实，在制订本单位的计划前，往往要参考上级部门的计划、“左邻右舍”相关部门的计划。上级部门的计划，理所应当成为制订本单位计划的依据，但不可搞“翻版”，一定要结合自己的实际，把上级的要求变成本单位切实可行的工作方案，并按照上级精神，提出自己的带有创见性的具体工作意见，使其带有本单位的特点并有较强的指导性。不能把同级的相关部门的计划作为自己单位的计划初稿。

例 8－2 工业和信息化部《2016 年工业节能监察重点工作计划》，属于单位近期的专项计划。从正文看该单位的工作目的、指导文件、措施等明确，并有具体的工作要求。该文的正文包括意义和计划事项，满足工作计划的正文写作要求。结尾有工作单位名称和日期，也符合工作计划的格式。该计划的内容带有本单位的特点，并有较强的指导性，提出的措施也切实可行，符合写作要求。

【例 8－2】

2016 年工业节能监察重点工作计划

2016 年是“十三五”开局之年，为贯彻落实《中国制造 2025》，依法推进工业节能与绿色发展，充分发挥节能监察的监督保障作用，促进工业企业加强能源管理、提高能源利用效率，制订本工作计划。

一、围绕重点工作，组织开展专项节能监察

深入贯彻落实国家节能法规、强制性能耗限额标准和重大政策，协调推进重点行业、重点区域依法开展节能工作，营造公平竞争的市场环境，突出抓好重点用能企业、重点用能设备的节能监管等工作，实施重大工业节能监察专项任务。

（一）能耗限额标准执行情况专项监察。在钢铁、化工、电解铝、水泥、平板玻璃、陶瓷、电石、铁合金等行业，开展能耗限额标准执行情况专项监察。各地区要按照国务院关于化解过剩产能的有关要求以及国家现行能耗限额标准，对工业企业执行能耗限额标准情况进行专项监察。按照《电石、铁合金行业能耗限额标准贯彻实施方案》（工信部联节〔2014〕78 号）要求，对 2015 年度电石、铁合金行业能耗限额标准专项监察整改落实情况进行复查，对整改不到位的，要采取纠正措施，予以处理。

（二）阶梯电价政策执行情况专项监察。各地区要按照国家发展改革委、工业和信息化部《关于电解铝企业用电实行阶梯电价政策的通知》（发改价格〔2013〕2530 号），工业和信息化部办公厅《关于印发电解铝企业电耗核查手册的通知》（工信厅节〔2015〕65 号）要求，对电解铝企业落实阶梯电价政策情况进行专项监察。按照国家发展改革委、工业和信息化部、质检总局《关于运用价格手段促进水泥行业产业结构调整有关事项的通知》（发改价格〔2014〕880 号）和国家发展改革委、工业和信息化部《关于水泥企业用电实行阶梯电价政策有关问题的通知》（发改价格〔2016〕75 号）要求，对水泥企业落实阶梯电价政策情况进行预警监察。

（三）电机、配电变压器能效提升专项监察。各地区要按照工业和信息化部、质检总局《关于组织实施电机能效提升计划（2013—2015 年）的通知》（工信部联节〔2013〕226 号）和工业和信息化部、质检总局、国家发展改革委《关于印发配电变压器能效提升计划（2015—2017 年）的通知》（工信部联节〔2015〕269 号）要求，对照在用低效电机淘汰路线图、高耗能配电变压器年度淘汰计划，结合当地实际情况，对生产和使用企业实施监察，核查落后设备淘汰情况，督导企业按要求完成停止生产和淘汰的任务。

（四）燃煤工业锅炉能效提升专项监察。各地区要对照国务院办公厅《关于印发 2014—2015 年节能减排低碳发展行动方案的通知》（国办发〔2014〕23 号）、七部委《燃煤锅炉节能环保综合提升工程实施方案》（发改环资〔2014〕2451号）要求，会同有关部门核实锅炉能源利用效率及落后锅炉淘汰任务完成情况。

二、依法履行职能，持续做好日常节能监察

依据《节约能源法》赋予的职责和要求，继续做好对工业企业的日常节能监察工作，促进节能监察工作系统化、规范化，确保精准、高效。

（一）工业企业贯彻节能法律法规情况的监察。各地应积极组织对辖区内工业企业执行《节约能源法》等节能法律法规情况、重点工业企业能源管理岗位设立和能源管理负责人聘任情况、能源利用状况报告制度执行情况等节能管理制度落实情况进行监察。

（二）工业固定资产投资项目节能评估和审查制度执行情况的监察。按照《节约能源法》规定及国家、地方工业固定资产投资项目节能评估和审查制度有关要求，监察重点工业企业能评制度执行情况，包括节能评估和审查的实施情况、节能审查意见落实情况等。

（三）落后机电设备（产品）淘汰情况的监察。对照《高耗能落后机电设备（产品）淘汰目录（前三批）》《高耗能老旧电信设备淘汰指导目录（第一批）》及其他相关淘汰落后目录等政策文件，对工业企业执行落后机电设备（产品）淘汰制度情况进行监察。

三、创新工作机制，进一步加强能力建设

（一）创新工业节能监察机制。组织不同地区的节能监察机构，开展跨区域节能监察交叉检查，强化节能监察督查，促进节能政策落实和监察执法交流，创新节能监察机制。组织技术能力较强地区的节能监察机构，支援监察能力较弱地区开展节能监察工作，带动和促进不同地区节能监察工作平衡发展。

（二）提升工业节能监察能力。制定工业节能监察执法规范，选取重点行业、重点领域编制节能监察实施指南，组织宣贯培训，统一执法程序、监督程序和要求。继续开展节能监察培训和交流活动，提升节能监察人员业务素质和工作技能。研究建立工业节能监察信息化平台，不断提升各地工业节能监察信息化水平。

（三）健全节能监察组织体系。各地区工业和信息化主管部门要高度重视并推动建立健全省市县三级工业节能监察体系，配备精干工作人员，保障节能监察工作顺利开展。各级节能监察机构要科学合理配备节能执法装备，着力强化监察力量不足的市、县级节能监察能力，为发挥专业技术优势提供支撑。省级节能监察机构要加强对市、县级节能监察机构的业务指导，逐步形成目标统一、职责清晰的节能监察组织体系，不断提高节能监察工作效能和业务水平。

四、工作要求

（一）加强组织领导。各地区工业和信息化主管部门要高度重视工业节能监察工作，加强组织领导，认真规划安排，结合本地实际，编制监察计划，明确目标进度，细化措施手段，确保各项监察工作按期高质量完成，助推工业转型升级和绿色发展。

（二）严格依法行政。各地区工业和信息化主管部门要按照依法行政的总体要求，进一步规范节能监察工作程序，督促被监察单位依法用能，对违法行为严格落实整改和处罚措施。

（三）强化舆论引导。各地区要定期在电视、广播、报纸、网络等媒体上公开节能监察工作情况，接受社会监督，扩大社会影响，发挥引导作用，营造良好氛围，督促用能单位落实好节能法律法规和政策要求。

（四）严格监督检查。工业和信息化部将组织对工业节能监察工作落实情况进行监督检查。请各地于 3 月 31 日前向工业和信息化部报送 2016 年度工业节能监察计划；于 11 月底前向工业和信息化部报送年度工业节能监察工作总结报告（包括专项监察、日常监察工作总结和实际监察企业名单及监察结果等）。

工业和信息化部
2016 年 3 月 7 日

第三节　工作总结

一、定义和种类

（一）定义

工作总结是总结过去某一时期或某项工作情况的文书，是对取得的成绩、经验和存在的问题的总的回顾、评价和结论。总结的作用是明显的，它有利于总结者全面系统地了解工作情况，及时发现好人好事，批评不良倾向，获得经验和吸取教训，以期达到促进新一轮工作开展的目的。

（二）种类

（1）全面总结。它是指把某单位一个时期工作的各个方面的情况全面地总结出来。这种总结一般包括季度总结、半年总结、年度总结等。例如，《北京市××区工商行政管理局 2017 年一季度工作总结》。

（2）专题总结。它是对某一项工作或某一方面的问题所进行的专门总结。例如，《首都××大学学生献血工作总结》。

（3）个人总结。它是指个人对自己一段时期工作情况的总结。

二、写法

（一）标题

总结的标题有三种写法：（1）最普通的写法，包括单位名称、内容和文种三部分。例如，“××市关于元大都遗址公园城市应急避难场所建设的工作总结”。（2）标题中只有内容和文种，例如，“关于实行经营承包责任制的工作总结”。（3）比较少见的写法，标题中只有文种一项——“总结”。撰写总结时，要依据实际情况和受文对象来确定采用何种方法。一般来讲，第一种写法适于经验和事迹总结。

（二）主送机关

向上级机关报送的工作总结，一定要在标题之下顶格书写主送机关名称，这种总结常以“总结报告”的形式报送。其他总结不必写主送机关。

（三）正文

总结的正文包括以下几个方面。

1. 基本情况概述

一般有两种写法：（1）用于专题总结，将其作为总结的前言，较概括地综述出工作中所取得的主要成绩或效果。（2）用于全面总结，将其作为正文的一部分来处理。开头先用几句话高度概述出工作的全貌和背景，然后分别写出工作成绩或收获的几个方面。写作时应注意条理性和概括性，不要面面俱到，将篇幅拉得过长。

2. 主要的做法、经验和体会

无论是全面总结还是专题总结，都必须把经验、做法作为重点，使之成为总结的核心部分。因为经验、做法是对工作实践的理性认识，具有规律性，对上级有较高的参考价值，对基层有很重要的指导作用。所以，写总结要从本单位的客观事实出发，从分析研究这些事实入手，发掘出事物的本质，整理出带有规律性的认识。这部分的写作可参考外单位的经验，但绝不是照搬。最主要的是要抓住本单位的特殊矛盾、做法、经验，要有自己的个性和特色。

主要的做法、经验和体会具体有以下三种写法：（1）分条列项式。这是最常见的写法，即把工作中得到的经验，分几方面列成小标题，逐个加以论述。这种写法具有观点鲜明、层次清晰的特点。（2）只标序号，不列小标题，一条一条写到底。这种条文式写法比较灵活，但每条都要求紧紧围绕主题，突出重点。（3）不加序号和小标题，一气呵成地写完。这种全文贯通式的写法，具有内在逻辑性强、结构紧凑的特点。

3. 存在的缺点和问题

一般这部分内容在全面总结里才有，但根据客观事实，也可以没有。在结构安排上，一般将其放在经验、做法之后。在写法上要求有情况、有分析，夹叙夹议，问题要提得中肯、实在，原因要分析得具体、透彻，提出的改进措施要有针对性。一般不列出标题，只标出序号，或根据内在逻辑关系分层次表述，篇幅宜短不宜长。

4. 今后的打算或意见

这部分一般是可有可无的，如果写，也要概括成几句话，以结束全文。如果是向干部群众宣读的总结，常常要写几句号召的话，以鼓励大家；如果是向上级报送的总结，一般不要写概念口号式的、号召性的结尾，而应写得实在一些。专题总结一般不写今后的打算或意见。

5. 具名

总结的正文之后，一般都要写上总结单位或个人的名称及年、月、日。

三、写作应注意的问题

要写好总结，除在主题、结构、材料和语言上都应符合该文种的写作要求外，还需注意以下几点。

（一）上下有别

1. 向上报送的总结

在写法上，要略写成绩和工作过程，而详写经验、体会或教训。因为经验、体会或教训对上级领导最有参考价值，可以从基层的经验中发现有普遍意义的东西，以推动全局工作；也可以从中发现带倾向性的问题，以采取措施加以解决。而基层单位通过向上报送总结，把一个时期的全面工作或某一方面的工作情况，按照一定的制度和工作需要，向上级领导汇报，以求得了解、指导和帮助。

2. 向干部群众宣读的总结

在写法上，要把成绩部分写得丰满些，做到全面、具体。经验体会则要概括些，也可糅在工作做法里。应从领导的角度多做自我批评，所提问题和缺点既要深刻又要易于被群众接受，而不要责备下面。因为这种总结主要是通过肯定成绩，推广成功经验，指出问题与不足，来教育群众、鼓舞士气。

（二）内容实在而具体

总结的目的是总结经验，找出优点，发现不足，以利于今后的工作。所以，工作总结不能缺少实际内容，该具体的应具体，该详细的应详细，该明确的应明确。空洞的议论，概念性的叙述，定义性、印象性的东西，对指导今后的工作毫无意义。

（三）经验体会要有新意

很多总结，总结出的经验一般化，无特点，没有新鲜的内容，没有提炼出观点，对人没有启发。有的甚至形成了固定模式：一是层层发动，提高认识；二是领导重视，率先垂范；三是抓好典型，以点带面；四是健全制度，狠抓落实。几乎所有的工作总结都可套用。撰写者只有在写作前进行深入的调查研究，在占有丰富的事实材料的基础上进行综合分析和提炼，总结出的经验才可能是有新意的。

（四）重点要突出

写总结一定要重点突出，写最有特点、效果最佳、体会最深刻的工作，而不要面面俱到。任何单位和个人，一年中所做的工作都很多，如果件件都列入总结，势必成为流水账，也就失去了总结的价值。突出重点不等于简单地删除次要工作，而是将次要的工作概括一下，点到为止。这样做，可以集中笔墨，使内容具体翔实，避免空泛；还可以集中内容，紧凑全篇结构，避免文稿过于冗长。

例 8－3《×××集团公司 2016 年党建工作总结》，是一篇不可多得的工作总结，无论从格式还是从内容上，都是值得学习的。

【例 8－3】

×××集团公司 2016 年度党建工作总结

2016 年，×××集团公司全面贯彻党的各项方针政策和精神，深入落实公司《2016 年党建目标责任书》《2016 年党的建设和队伍建设工作要点》等各项工作要点，在党委的大力支持和指导下，积极开展“两学一做”学习教育，持续加强党的思想、组织、作风和党风廉政建设，紧紧围绕“三个服务、一个防范”的职能定位，通过一系列扎实有效的党建工作的开展，有力地促进和保障了公司各项经营服务工作顺利开展，公司的经营效益好于预期，未发现任何违法违纪案件，全面完成党建工作目标任务。

一、强化责任抓管理，着力推进全面从严治党建设

公司坚持科学统筹党的建设和企业改革发展，推动全面从严治党主体责任层层落实，形成了主要领导亲自指挥、分管领导直接主抓、班子成员“一岗双责”、党支部狠抓落实的党建工作新格局。

一是强化领导班子建设。公司强化理论武装，扎实开展中心组学习讨论，今年已开展

集体学习×次，专题讨论×次，党组书记带头交流发言×次，带动中心组成员交流心得×篇。通过深入学习讨论新时期我党治国理政的新理念、新思想和新战略，合理转化为做好企业改革发展的新论据、新思想和新要求，切实提升了班子成员自律意识、责任担当和领导能力。

二是强化各级责任落实。公司党组、纪检组深化目标清单指引，层层签订党风廉政建设目标责任书，制定了年度党建工作要点。公司党组切实履行党建主体责任，截至目前，党组会议×次，其中专题研究部署党建和党风廉政建设重点工作×次。贯彻落实全国企业党的建设工作会议精神，将党建工作要求纳入公司章程。制定实施《党建绩效考核实施细则》《党风廉政建设主体责任和监督责任清单》，强化党建绩效考核和结果运用，着力构建完善明责、履责、问责的党建工作责任体系。强化履职担当，扎实推进党组织书记述职评议考核，有效落实各级"第一责任""主体责任"和"一岗双责"。

二、抓思想，严格党员教育管理

公司以"两学一做"学习教育活动为龙头，突出责任落实，强化示范带动，党组书记精心准备讲稿和课件，向公司全体党员做了《学习系列讲话、推进公司健康发展》专题党课学习辅导报告，班子成员及支部书记讲党课×次，累计听课党员达到×人次，覆盖了公司×的党员，有效提升了广大党员的思想认识和行动自觉。组织开展×次党组中心组学习，就"坚定理想信念、明确政治方向"等四个专题进行专题研讨，班子成员联系自身实际，主动谈认识、谈体会，主动查摆问题和不足，谈公司管理发展的想法和思路，达到了进一步统一思想、凝聚共识的目的，进一步提高了班子成员的理论水平、政策水平和认识水平。同时见缝插针，开展党校网络课程等多种形式的学习教育活动。坚持日常教育常态化，各党支部均制定了学习教育任务清单，以个人自学、集中研讨相结合，切实抓好自主学习和自我教育。经过系统的学习教育，党员干部进一步坚定了理想信念，党员意识明显增强。进一步坚定了走中国特色社会主义道路的信心，增强了做强做大做优国有企业的责任感。绝大部分党员的政治纪律和政治规矩意识明显增强，组织纪律性得到进一步加强，党员宗旨意识进一步提高。党员的思想认识水平和作风有了明显的提高，有力地促进了公司各项经营服务等中心工作的开展。

同时，公司党组注重落实"三会一课"、党员党性分析和民主评议党员制度，选送了×名党务干部参加集团青年干部培训，注重"双培养一输送"，严格按照上级要求，发展×名一线优秀骨干员工入党，培养入党积极分子×名，目前公司在职党员×名（其中预备党员×名），占员工人数的×。

三、强化管理抓作风，落实党管干部和党管人才原则

一是以规范制度建设为抓手，扎实推进决策程序化、规范化，对现行需修改、完善、新增的管理制度进行了系统梳理，组织制定、修订制度×项。其中，重点完善"三重一大"决策配套制度，建立"三重一大"决策事项台账，做到责任落实到部门、到个人，严格按照集团公司决策事项台账管理的要求，按季排查并报送相关材料。排查结果表明，公司决策权限清晰，程序规范，执行严格有效。

二是坚持管政策、管标准、管程序，确保按规定选拔干部、按程序任用干部。为解决2015年述职评议考核中调动积极性，营造干事创业良好氛围等方面创新思路不多的问题，同时避免干部长期在一个岗位上工作而可能带来的不廉洁隐患，公司组织提拔任用干部×

人，平级调整×人次，将有能力的人按专长安排到重要工作岗位。对拟提任的干部，在考察环节做到干部档案“凡提必查”，个人有关事项报告“凡提必核”，纪检监察部门意见“凡提必听”，均严格按照相关制度履行程序，未出现“带病提拔”等问题。同时开展选人用人专项检查，结合集团公司部署的干部档案专项检查，对公司管理的所有×名中层干部的档案，特别是对干部的“三龄两历”进行了检查，核查了×名拟提拔干部的个人有关事项报告，加强因私护照管理工作，相关工作均按照公司相关制度执行，未发现违规行为。

同时公司强化奖惩管理，加大奖惩考核力，对个别工作责任心欠缺，工作质量较差的党员干部进行了诫勉谈话，调整了其岗位，同时严格按照修订后的绩效考核管理办法。通过这一系列举措，鞭策和警示党员干部，强化党员干部的监督管理。

四、强化保障抓落实，加强党组织建设

针对公司“三严三实”专题教育以及2015年度述职评议考核中查摆的公司支部建设工作基础薄弱、促进中心工作不明显等问题，以健全党建机构、党组织换届选举、党组清理规范、党费清缴等工作为抓手，着力推进党组织建设。

一是经集团公司批准，×月份公司正式成立了政工部（现党建部），确定了公司党建工作专门的工作机构，配备了×名工作人员，调整公司党组纪律检查组组成人员，设立纪检监察部并配备×名工作人员，明确了党建、监察工作职责任务，严格按照相关要求开展工作。

二是结合干部调整，公司完成党总支的换届选举，优化了支部设置，公司本部党支部由×个增加到×个，公司还独立成立了团支部，选举配齐团干部，在工作中加强党建带团建，共同促进。在这次党团组织的调整中，公司更加注重前、后台业务部门的融合，更加注重增加青年党员在党总支和党支部委员中的比重，推选了优秀青年干部担任支部书记。这些工作举措，为进一步做好党建工作提供了坚实组织保障。

三是贯彻落实《中国共产党党组工作条例（试行）》和《中共中央组织部关于做好党组清理规范工作的通知》要求，根据集团公司的统一部署，公司党组成立了相应的领导机构和工作机构，全面负责完成党组清理规范工作。在集团公司相关部门的指导下，严格按照有关程序完成了相关的筹备工作。根据集团公司批复，公司党组完成“两委”委员选举工作，并正式报送集团直属党委审批。

四是完成党费清缴工作。党费清缴工作是“两学一做”工作中一个重要环节，由于时间跨度长，人员调整情况大，少数同志存在不理解的情况，公司党组多次召开专题会，明确党费清缴的目的要求，做好思想工作。全体党员统一了思想认识，根据××××公司要求，已按时完成在职党员党费补交上缴工作。

五、强化监督抓纪律，推进党风廉政建设

公司党组坚持把党风廉政建设纳入全局工作同部署同落实，召开年度党风建设和反腐败工作会议，编制工作计划，推动公司签订《党风廉政建设责任书》《廉洁从业承诺书》。全体党员根据不同岗位特点做出廉洁从业承诺，强化了主体责任、监督责任、一岗双责的责任共担、逐级负责机制。以明确监督范围为重点，认真贯彻集团公司党风廉政建设和反腐败工作要求，健全制度体系，印发《落实党风廉政建设主体责任措施》《落实党风廉政建设监督责任措施》《党风廉政建设主体责任和监督责任工作任务清单》等，把责任具体化、明晰化，强化公司纪检组的监督执纪问责职能。设置纪律谈话室，开展廉洁纪律谈话，建立纪律谈话台账。坚持每季开展一次反面典型警示教育，组织开展“四风”问题整治情况“回头看”工作。

六、强化中心工作抓服务，经营业务再上新台阶

公司党组坚持围绕中心、服务大局，准确把握“第一要务”和“最大政绩”的关系，科学统筹党的建设和企业改革发展。围绕公司年度总体工作思路，以强化“四种意识”、提升“三种能力”“两个水平”为抓手，引领广大干部职工立足岗位、建功立业，有力助推“提质增效”“转型发展”等中心工作取得实效。2016 年以来，集团公司进一步强化资金集中管理要求，在此形势下，公司各项业务工作量大增，在工作中，党员干部奋发有为，主动担责，发挥了很好的模范带头作用。

七、工作不足及需改进方向

今年以来，公司党组不断加强党员思想政治教育工作，广大党员干部的党规党纪意识明显提高，对全面从严治党的认识有了新的高度，但仍然存在着一些问题：

一是党支部党建工作结合中心工作开展活动不够丰富、缺乏特色。

二是党建制度建设与集团公司党务等相关制度建设的要求还存在差距，需进一步完善加强。

三是面对公司改革发展面临的严峻复杂局面，个别党员及职工还存在精神懈怠、能力不足等问题，还需要进一步提高员工负责担当的意识、干事创业的激情、创新创效的能力。

八、下一步主要工作措施

（一）继续深入贯彻落实党的十八大、十八届历次全会和习近平总书记在全国国有企业党的建设工作会议上的重要讲话精神，全面落实集团公司党组的部署要求，落实好各级党组织抓党建的主体责任、党组书记党建工作第一责任和班子成员的“一岗双责”。认真落实党建工作“四个同步”“四个对接”的要求，发挥好“四个作用”，确保党的领导、党的建设在企业改革发展中得到体现和加强。切实加强领导班子建设、党的基层组织建设和党员队伍建设，持之以恒抓好“四风”整治，深化巡视整改工作。

（二）继续深入开展“两学一做”学习教育。抓好“学”的基础，增强搞好学习教育的责任感、使命感和紧迫感，根据集团公司党建工作要求，制订党建和思想政治工作计划和党组中心组学习计划，落实好每月×次中心组学习，每季度组织×次反腐警示教育的学习教育制度，结合公司实际安排组织好讨论与交流。结合民主生活会，落实述职报告。坚持领导干部带头示范，坚持把党的思想政治建设抓在日常、严在经常，提高全体党员的“四个意识”。抓实“做”的关键，加大经济形势和市场化改革政策的宣传，强化党员示范行动，引导广大党员尽职履责、积极作为，争做“四讲四有”共产党员。

（三）继续抓实抓细党建基础工作。规范和严格执行“三会一课”、民主评议党员、党员党性定期分析和党员领导干部双重组织生活等制度，把全面从严治党要求落到实处。注重联系党员干部思想和工作实际，推进党支部创新实践，开展形式多样的主题实践活动。坚持正面教育与反面警示相结合，以先进典型为镜，以反面典型为戒，提升党员党性修养和纪律意识。大力宣传先进集体和模范人物的事迹，形成学习先进、争当先进的良好风尚。

根据公司党务等相关制度建设的要求，结合公司实际，把党建工作的新思路、新举措、

新办法，贯彻落实到公司党建工作制度的修订之中，从而更好地在制度的规范和约束下，聚焦主业、突出主责，把党建工作推向深入，为公司的健康科学发展保驾护航、提供支撑。

（四）继续加强党风廉政教育。落实好“两个责任”，认真贯彻执行好中央“八项规定”精神，认真落实好公司年度有关党风廉政建设的各项要求。细化工作部署，强化督促检查，主动接受群众监督，确保公司的各级干部在廉洁从业方面不出问题。

（五）强化民主管理，做好思想政治工作。一是注重民主管理，积极发挥群团组织作用。支持群团组织开展工作，落实以职代会为形式的，民主参与、民主监督制度，支持职工参与公司经营管理和监督。二是深入开展思想政治教育。积极宣传党的方针政策，把思想工作渗透到公司各项业务的全过程，倡导清风正气的工作氛围。三是提升企业文化水平。结合公司实际，开展“道德讲堂”、体育竞赛等职工喜闻乐见的文化体育活动，增强团队凝聚力和战斗力。

×××集团公司
2016 年 12 月 20 日

第四节　工作简报

一、定义

工作简报是机关单位编发的一种表现内部事务的应用文书，其特点是简短灵活。它是用来汇报工作，反映、沟通情况，交流经验的。

二、写法

（一）报头

报头一般占首页上方 1/3 的版面，用大字印上简报的名称。名称可以根据机关发文意图和简报内容而定，如“会议简报”“经营动态”等。“简报”二字可有可无。简报报头的多样性，反映了简报涉及内容的广泛性和使用上的灵活性。报头的下面居中印上编号，即简报期号，也就是顺序号。编号下面一行，居左印上编写单位的全称，如“××办公室编印”等；居右印上简报的印发日期。为了眉目清楚，用一条较粗的红线把报头与正文隔开。

（二）简报的结构

简报由标题、正文和报尾三部分组成。

1. 标题

简报的标题，要求简短醒目、提示主旨。标题的多样性是由简报内容的多样性决定的，一般可采用文章标题的写法，例如，“富于爱心，付出爱心——‘主持人爱心团’在行动”。

2. 正文

不论哪种简报，其正文都由开头、主体和结尾三部分组成。

（1）开头。工作简报的开头介绍工作的主要情况，其中包括成绩、经验、问题等。会议简报的开头则要写会议的基本情况，其中包括会议的目的、时间、地点、参加会议的主要领导、主持人、讨论的主要问题以及结果等。

（2）主体。它是简报写作的关键和重心。为突出简报的主题，通常把材料事先进行组织、分析、编排，以使思路明确，搭建写作的框架。为了揭示事物的本质，要用典型材料，可以采用各种比例数字、对比材料来论证；为减少片面性，要注意对材料进行归纳、综合，使读者能看到问题的全貌。

正文的主体，一般可分为纵式结构、横式结构和纵横式结构三种。不管选用哪种结构方式都应考虑表达的需要。

（3）结尾。结尾用言简意赅的一句话或一段话概括主要内容，或指明方向，或发出号召，或提出打算等。有些简报，正文的主体可以自然结束，不另写结尾。

3. 报尾

报尾位于简报最后一页下方，在两条平行横线内注明本期报、送的单位名称或个人姓名。最后注明印发份数。

简报带有普发性，因此收文机关较多。简报常常是在报尾上说明报、送的单位或领导个人。如××市商业局简报的报尾写“报送：市人大、市府办公室、市计委、商业部；抄送：市级有关厅、局、行、社、各区（县）、市财办、各新闻单位；发送：各区（县）商业局”。会议简报若发放给与会代表，不用另加注明。

三、写作应注意的问题

要写好简报，应注意以下问题：

（1）简要性，即简明扼要，篇幅不宜过长。

（2）保密性，即报、送范围应有限制。

（3）时效性，要迅速、及时地反映新近发生的情况和出现的问题。

（4）可读性，即标题、正文均应灵活多样，正文中的材料应该典型、吸引人。

例 8-4 中共天津市人民政府国有资产监督管理委员会《工作简报》第一期，列举了市国资两委采取十项措施、贯彻落实市委十届十一次全会精神的工作情况。该文言简意赅，一目了然，有一定的总结与指导性，值得学习。

【例 8-4】

工作简报

第 1 期

中共天津市人民政府国有资产监督管理委员会　　　　2017 年 1 月 3 日

市国资两委采取十项措施
贯彻落实市委十届十一次全会精神

一是进一步强化机遇意识。牢固树立“相对落后就是绝对落后的理念”，进一步增强机不可失、失不再来的紧迫感和危机感，抓住国企改革最后的时机，按照市委决策部署，统筹规划，明确国企改革的时间表、路线图和责任人，出重拳、使猛药、用狠劲。

二是拿出自我革命的勇气。进一步解放思想、改变思维模式，在深入推进国企改革、全面从严治党上及时下手、敢下手、下狠手，把国企改革的成效、国企党建的成效作为增强“四个意识”的重要表现，作为树大忠、守大德的具体体现。

三是正确看待国有资本控、参、退。坚持宜控则控、宜参则参、控则有为、参则有序，按照有利于国有资本保值增值，有利于提高国有资本竞争力，有利于放大国有资本功能，大胆引入、大胆改革。

四是分层分类、一企一策改革。大胆想、大胆干、大胆出方案，加快形成企业改革方案，完善决策机制和工作程序。因企因业施策，不搞统一政策，给企业自主权，不捆绑企业手脚，不束缚企业积极性。对带有公益性的国企，着眼提高服务效率和融资能力，积极引入社会资本，保持国有资本控制力，保证公益性功能的发挥；完全竞争性国企，引进社会资本进行股权结构改革，国有可以控股也可以不控股，以实现国有资产、资本的增值保值，壮大国有资本的规模和影响力，实现国有企业经营、国有资产经营、国有资本经营三结合。对功能类和政府融资平台企业保持国有资本控制力和主导权。

五是大力解决僵尸企业。痛下决心处置僵尸企业，把削掉的“烂土豆”归集进入平台公司，加快要素剥离和资产资源整合步伐，把健康可用的资产资本业务分解出来，植入运营健康的企业。

六是大力推进混合所有制改革。把混改国企改革的重要突破口，把抓好内部资源整理整合作为企业首要任务，该剥离的剥离，该重组的重组，组合优势产业、优质资源，利用市场化机制和资本市场，培育一批上市企业，把国企做强做大。着力做好“三女都出嫁”的大文章。

七是做好职工稳定工作。以对党和国家、人民高度负责的态度，站在讲政治的高度，以完成政治任务的力度统筹抓好职工安置工作。想方设法做好破产企业、僵尸企业、离散企业职工的安置工作，确保不落一人、不丢一户。

八是加强企业风险防控。以财务、审计“两个中心”建设为重点，完善国企内控机制。对债务风险分类管控，对过度举债造成严重亏损或重大风险的严肃问责。推进规范的董事会建设，加强出资人、外派监事会、审计、巡视等综合监督。

九是规范国有企业领导人员履职用权行为。加强企业领导人员教育管理。严格规范国有企业领导人员履职用权行为，引导他们出于公心，廉洁用权，不谋私利，确保抓改革、守规矩，干成事、不出事。

十是加强国有企业党的建设。坚持在国企改革中同步加强党的建设，把全面从严治党要求体现在党领导经济工作之中，确保国企改革的正确方向。抓好全面从严治党“牛鼻子”四级递进，把管党治党“两个责任”落到实处。抓好基层组织基础建设，把基层党组织建强、把战斗堡垒作用发挥好。

第五节　外事工作文书

一、接待方案

接待方案，属外事文书的范畴。随着改革开放的深入，国际交往日益增多，外宾来访也越来越频繁，无论是洽谈生意、联络感情，还是了解情况，在外宾到来之前，均需要有关部门做好接待的准备工作。要做好准备，就必须事先拟出接待的日程安排、活动内容、参加者、次数、规格等书面材料，呈报给上级单位或相关领导，经审批同意后，即可按此方案安排接待。这种书面文书就是接待方案。

接待方案的写法如下：

(1) 标题。接待方案的标题一般有三种写法。例如："接待×国××公司代表访问方案""对×国××公司代表访问的接待方案""×国××公司代表访问接待方案"。

(2) 主送。主送即审批此方案的上级单位。

(3) 正文。正文的内容包括：

第一，介绍来访事项的缘由。要说明是我方邀请，还是来访者提出的要求；是否已经被有关部门批准。

第二，来访者的国别、身份，一行几个人、负责人，访问时间、目的、对象、任务等。

第三，接待工作的有关原则及具体接待安排（参考外宾接待工作的一般程序，但也不必面面俱到）。

第四，结语。一般以"以上安排妥否，请审批"之类的句子表示。

(4) 附件。附件可根据实际需要而定，可有可无。附件一般包括：一行人员名单、有关来访者与我方友好关系的资料、前次来访与我方的交往实绩、来访者的背景等。

(5) 落款。最后要签上拟制此方案并负责接待的单位名称、人员姓名，以及呈报此方案的时间。

例 8－5 其标题虽然是"关于接待联合会秘书长方案的请示"，但其内容是标准的接待方案。首先介绍来访者；然后写明了接待的各项安排并将日程安排与工作分工分别细化，条理清晰，一目了然；用"妥否，请批示"结尾。全文层次清晰明确，为使领导和有关方面掌握详情，还附上了秘书长简历及预算审批单，内容详尽。

【例 8－5】

关于接待联合会秘书长方案的请示

会领导：

联合会东亚地区代表处来函，告知我会近期联合会高层的访华计划，其中联合会秘书长×××及亚太地区代表处主任×××将途径北京前往朝鲜访问（8 月 28 日—9 月 1 日），亚太地区代表处主任×××将应××智库邀请赴云南出席相关会议（9 月 21 日），联合会秘书长×××途径北京访问蒙古（9 月 25—27 日），随后将正式访华（9 月 27—30 日）。经与联合会东亚地区代表处沟通，我会将负责秘书长两次过境北京的机场礼宾安排及秘书长正式访华的相关安排，现将我会接待×××秘书长的方案请示如下。

代表团成员名单

×××　　联合会秘书长

×××　　联合会秘书长高级行政助理

×××　　联合会亚太地区行动部主任

×××　　联合会东亚地区代表处主任

接待礼遇

鉴于×××秘书长身份较高，建议我会全程接待，安排如下：

秘书长过境北京及正式访问我会时，安排机场贵宾通道，正式访问时由一名会领导到机场迎接。

根据惯例及财务规定，安排代表团入住建国饭店（四星级酒店），秘书长入住套间，其随员住标准间；访问期间租用工作专车一辆；请××领导会见并宴请代表团一行。

初步日程安排

过境北京访问朝鲜

8月28日（周日）

12:50　　×××秘书长抵京（安排贵宾室）

过境北京访问蒙古

9月25日（周日）

12:50　　×××秘书长抵京（安排贵宾室）

正式访华

9月27日（周二）

20:10　　×××秘书长抵京（一名会领导接机）

9月28日（周三）

9:30—11:00　　×××秘书长一行参访××地点

11:30—13:30　　×××领导会见并宴请×××秘书长一行（××领导陪同）

下午　　会见政府相关部门（外交部、商务部、中促会等待定，由我会与联合会共同安排）

9月29日（周四）

全天　　与联合国机构等会见（由联合会安排）

9月30日（周五）

10:30　　从建国饭店出发赴机场

13:30　　离京（贵宾室，一名会领导送机）

经费预算

代表团在华费用包括食宿、租车、宴请、会场租用等，由我××单位外事接待费支付（详细预算附后）。

会领导会见×××秘书长谈话参考及详细接待日程另报。

妥否，请批示。

附件：1. 秘书长简历（略）
　　　2. 外事接待预算审批单（略）

联络部
20××年××月××日

二、出访方案

公司、企业开展对外贸易业务，只靠业务函电往来、外商来访以及阅读国外有关报刊资料是不能满足需要的。要搞好出口、扩大出口，发展海外客户，增强竞争能力，还要采取“走出去”的办法，到国际商品市场亲自调查情况，推销商品，研究供求关系，创造良好条件，才能扩大商品出口。

出国访问考察，首先要事先制定出访问工作方案，然后报请有关领导、单位审批。因此，这就需要拟定出访方案。所谓出访方案，就是指对出国访问考察的对象、目的、任务、要求、做法等事先做出具体安排的书面材料，是一种常用的外事文书。

出访方案的写法如下：

（1）标题。出访方案的标题一般由出访者、出访对象、文种组成。如“中大公司贸易代表小组出访日本方案”。

（2）主送。主送即写明审批的单位名称。

（3）正文。出访方案的正文一般包括以下内容：

第一，出访的国家、地区，有关的团体、企业，出访的目的、原因。

第二，出访任务及保证任务得以完成的措施、方法。这一部分一定要具体、详细。

第三，出访的时间安排和活动方式。

第四，出访的组织领导及人员组成。

第五，出访应遵循的方针、政策、原则和应遵守的纪律。

第六，结语。一般采用“以上妥否，请批示”等句子。

（4）附件。根据需要决定是否写附件。一般可将出访人员情况、被访者过去与我方的贸易情况等作为附件内容。

（5）落款。写明出访团、组、人或所属主管单位及呈报此方案的时间。

例8-6《××公司贸易小组赴日本访问方案》符合出访方案的写作要求。它的标题和主送单位均写得具体明确；正文中将出访原因、出访国家、出访时间和出访任务及完成任务的措施等一一标示清楚；结尾与落款也都写得规范。

【例8-6】

××公司贸易小组赴日本访问方案

对外经济贸易部：

为加强市场调研，开辟新市场，扩大我公司对日本的出口，经上级批准，我公司将派贸易小组访问日本。小组由刘××副总经理带队，共9人，拟于5月3日出发，在日本停留约一个月。

过去中日贸易情况（略）。

这次贸易小组出国的任务是：

一、主要进行市场调研，研究我扩大出口的可能及应采取的对策。

二、积极开展客户工作，主要通过访问客户、了解客户的资信情况及经营能力。

三、在条件许可的情况下，相机组织一些成交项目，以扩大出口。

为此，对有关的几个问题提出以下意见：

一、价格掌握（略）

二、付款条件（略）

三、计价结算的使用货币问题（略）

四、关于商标牌号（略）

五、逾期合同处理（略）

我们在访问日本期间，将本着增进相互了解、促进贸易、加深两国人民间的友谊、有助于两国关系的发展的精神进行工作，力争完成好这次出国访问的任务。

．以上妥否，请批示。

××对外贸易进出口总公司

××××年×月×日

三、邀请函

有合作意愿的双方在经过一系列的书信和传真往来后，需要就许多细节进行面对面的会谈，并对中方的基本条件进行实地考察。这时一份由中方发出的邀请函是十分必要的，因为外方只有有了邀请函，才可以到当地的领事馆签证来华访问。

邀请函一般有两种：一种是向被邀请人表达邀请意愿，只要明确地表达了邀请的意愿和安排访问的目的就行了，这个被邀请人可能是对方单位中的某个人，也可能是几个人。这一类邀请函比较简单，邀请在华的停留时间及具体人名和职务都不一定要写上。另一种是较为详细的邀请函，它不仅包括邀请意愿，还应包括邀请的时间、访问的地点和目的、被邀请人员的姓名和职务等，较前者内容要多，可用作使馆签证。在这类邀请函中，被邀请人如果较多，其名单应放在附页上，以保证邀请函行文简练、清楚，同时也显得整齐。

所附两个邀请函，例8－7的内容较例8－8更为详细，它包括了访问内容，邀请信中没有一一列举人名，而是以附件的方式将人名附后。例8－8明确地表达了邀请的意愿和邀请的目的，但没有具体的安排。实际工作中，不论采用哪种形式，除了看使馆或领事馆在签证时的要求外，还要看被邀请方是否已经对安排有所了解，但正式的、用于签证的邀请函还是按例8－7的标准写为好。

【例 8－7】

×××公司：

在此我们很高兴地邀请和热烈欢迎营销和管理研讨团于××××年 3 月访问中国。邀请信后附有代表团成员名单。贵团将在中国停留 10 天，访问北京、上海、广州、深圳 4 座城市。

按照贵团的建议，我们安排了下述活动：在我公司举行两次关于市场和生产管理的研讨会，参观我公司的生产厂房、一所大学、一家大型百货公司以及一家高科技公司。此外，我们及有关单位祈盼贵团早日到来。贵方若有任何问题或需要任何信息，请与我们联系。

联系人：任××小姐

联系电话：××××××××

地址：中国北京市建国门外大街××大厦

邮编：××××××

名单附后（略）

××工贸有限公司经理办公室

××××年×月×日

【例 8－8】

×××公司：

×××先生通知我们，你们将于 4 月 10 日至 4 月 25 日访问中国，并有意与我公司进行共同投资和开发。我们很高兴地邀请您和××公司的××女士来北京共同探讨具体的合作方法。我们的母公司北京××机械公司在机械行业和在北京组建合营企业方面颇有建树。

盼望你们的到来，以期开发合作的一切可能。

××公司总经理×××

××××年×月×日

四、日程安排

外方代表团到达后，首先应告诉其日程安排，甚至在对方还没有启程时，就要将大致的日程安排提前以信件或传真的形式送达到对方手中，使外方代表团对整个旅程做到心中有数，同时也显示了中方（邀请方）工作的高效率和专业化，给未来的合作打下基础。

现在，国内大公司在接待外商时都向对方提交日程安排，国内一般企业在准备合资、接待外国合伙人时也应向对方提交日程安排，这不仅是外方急于想了解的，也是展现企业能力的机会。

写日程安排根据同外方预先谈判的情况以及外方对中国的了解程度等可简可繁。但对对方而言，比较专业和比较受欢迎的方法是将日程安排写得越详细越好。一般来讲，比较详细的日程安排应包括以下几个要素：

第一，到达时间和航班号，是否有人接机。

第二，下榻地点。

第三，参观、谈判和宴请的安排，包括双方参加人员、时间、地点、谈判主题、宴请的饭店等。

第四，观光安排，包括时间、地点及陪同人员。

第五，旅途安排，包括离开饭店的时间、飞机起飞和到港时间等。

当然，代表团的成员名单和职务也应包括在日程安排中。

其中应该注意的是，在进行日程安排时应考虑被接待对象的宗教信仰问题，以避免临时调整安排所带来的麻烦。

例 8－9《联合会×××秘书长访华日程》结构清晰，使人一目了然，访问团的时间安排较为紧凑，除了会见、演讲之外，还有游览参观的安排，使访问内容更加丰富。

【例 8－9】

联合会×××秘书长访华日程

9 月 27 日（周二）

　20:10　×××秘书长抵京（××副会长接机）

9 月 28 日（周三）

　9:30—11:00　×××秘书长在总会演讲（总会机关各部室及相关直属单位人员出席）

　11:30—13:30　×××会长会见并宴请×××秘书长（××副会长陪同）

　下午　与外交部、中联部领导会见

　（时间待定）　媒体专访（中国国际广播电台、中国日报）

　晚上　联合会副主席×××宴请×××秘书长（联合会东亚地区代表处安排）

9 月 29 日（周四）

　全天访问天津市红十字会，内容包括：

　　参观小学“红十字生命健康安全体验教室”

　　参观社区“红十字博爱家园”

　　观摩天津外国语大学青年同伴教育活动

　　参观天津飞鸽集团有限公司

　（××副会长全程陪同）

9 月 30 日（周五）

　10:30　从建国饭店出发赴机场

　13:30　离京（××副会长送机）

五、谈判方案

商品买卖双方为了达成某项交易而对具体交易条款进行面对面的商洽，即对外贸易谈判。只有事前对谈判的安排和具体做法筹划好，在谈判中才能做到知己知彼，掌握谈判主动权，使谈判成功。这就需要事先制定谈判方案。

谈判方案是外事文书的一种，是买卖中的一方为与对方达成某项交易，事先对洽谈的项目，交易条件，谈判方式、方法、步骤，可能出现的问题和及时应变的措施等，做出具体安排的书面材料。

贸易谈判的核心问题是商品价格问题。因为在一笔交易中，关系着双方实际利益的是交易的各项条款，而各项条款无一不与价格相连，这就决定了为获得合理价格，谈判前除了要熟悉商品的特点以及合同的各项条款外，还要特别留心收集商品的价格资料，注意市场价格的变化趋势，调查分析谈判对象的心理、意图，拟定我方的对策、采取的办法等，将其写入方案中，作为不可缺少的谈判的准备和依据。

谈判方案的写法如下：

（1）标题。谈判方案的标题，由谈判双方的称谓、谈判内容和文种组成；也可由介词“与”和谈判对象、谈判内容、文种组成。标题一般居中写成双行形式。

（2）主送。要写明负责审批的单位名称。

（3）正文。正文应包括以下内容：

第一，写明谈判的缘由。

第二，简要介绍谈判对象的有关情况。

第三，双方贸易谈判所涉及的问题（态度、商品需求量、市场供求情况、价格情况等）及己方的意见和做法。

第四，相持不下的或是难度大的谈判，要对谈判对象的意图、心理做出分析，明确对策。

第五，估计可能出现的问题，提出相应的应变措施，如果需要让步的，应写明让步的限度。

第六，结语。一般用“以上意见妥当否，请批示”等句子。

（4）附件。指除正文外，需将对谈判方案内容有说明补充意义的材料作为附件。

（5）落款。最后要写明制定和执行此方案的单位或主管部门单位，以及制定时间。

【例 8－10】

××谈判方案

卖方：××新易公司

买方：××环保科技有限公司

一、谈判目的

（略）

二、谈判双方所要达到的目标

最高目标：1 500 元/台

中间目标：1 000 元/台

最低目标：700 元/台

三、谈判内容

1. 产品名称、规格、数量、金额。

2. 产品质量与标准。

3. 付款方式和期限。

4. 交货地点、交货方式、运输方式、履行的期限和费用负担。

5. 价格问题商谈、定金数量、给定金的时间。

6. 违约责任。

7. 解决争议的方法。

四、可接受的最低限度

最低限度要根据交货方式、付款方式、送货方式、期限等而定，我们的最低限度不能低于我们的最低目标。

五、谈判期限

20××年6月5—6日，时间两天。

第一天：接机，开场融洽气氛，让谈判对手休息。

第二天：破题，接着摸底、报价，进行实质性磋商，成交，认可签订合同。

六、谈判策略

首先希望建立合作关系，双方在共同理念基础上，为谋求应得的利益而进行协调沟通，理解对方，共同寻找解决问题的方法。如果对方无意寻求共赢，我们就应立刻改变战略以达到这次谈判目的。

（以下略）

六、对外招标书

对外招标投标，是企业的一种经济行为，是企业参与竞争的一种手段。通过招标和投标这种方式，企业可以保证大型工程的施工、大宗商品交易、经营管理等活动卓有成效地进行。

招标、投标工作的基本程序包括招标前的准备工作、投标、开标、评标、决标及中标签约等几项工作。

招标前的准备工作包括发布招标公告、资格预审、编制招标文件等。招标前的准备工作做得好坏，常常决定了招标的成败。

投标包括投标人投标前的准备工作、编制投标文件和提供保函，以及递送投标文件。

开标是指招标人在指定的时间、地点将寄来的投标书中所列的标价和提出的交易条件进行比较后选定中标人。开标有公开开标和不公开开标两种方式。

评标是指招标人组织人员从不同角度对投标进行评审，评审后进行决标。

决标是最后选中中标人的行为。

招标和投标双方达成一致意见后，即可签订正式的合同。

招标书是企业公布招标范围、内容、具体要求，邀请符合条件者来投标的一种应用文书。招标书在内容上应包括四个部分，即标题、开头、正文、结尾。各部分写法如下：

（1）标题。标题通常由招标单位、招标理由、目的和意义构成。

（2）开头。开头包括项目的名称和依据。有的标书上还写有招标的迫切性和重要性。

（3）正文。正文是招标书的核心部分，应详细地表达出招标的内容和要求。如果项目是商品交易，应写明商品的名称、数量、规格、质量等要求；如果项目是工程建设，应写明工程名称、范围、要求等。

（4）结尾。结尾应写明招标单位、地址、电话、传真等，使投标人明确招标人的联系方法和途径。

为了充分吸引投标人的注意，招标书的文字要求简明、扼要、切入主题。

例 8-11 和例 8-12 既有共性也有特性，读者可根据自己的业务对标书的内容自行调整。从示例中我们可以看出，在招标书中应将招标的项目、标的有效期、购买标书的费用、项目要求、资金来源以及对投标人的要求都表达清楚，并要讲明标的的性质，即是否投暗标，否则这份标书就不够完整。

【例 8-11】

中华人民共和国化工建设总公司
(CNCCC)
中国化肥改造项目
淮南化工总厂化肥项目
(贷款号：1245PRC)
编号：CNCADB-951002

中华人民共和国利用亚洲开发银行（ADB）美元贷款用于中国化肥工业的改造项目，淮南化工总厂是其中的一部分。淮南化工总厂从中国银行转贷其中部分款项用于该项目。现对有能力总承包该项目的建设者发布标书。

淮南化工总厂授权中国化工建设总公司（CNCCC）采取国际竞标（ICB）的方式，邀请有资格的投标者对以下标书投标。

包号：HN-1。

项目：尿素厂，日产 900 吨。

包号：HN-2。

项目：日产 1264KNM3，合成煤气煤浆加压汽化厂。

所有愿意参与投标的单位可与 CNCCC 国际投标处联系，时间为××××年 4 月 23 日至××××年 8 月 23 日，每日上午 9:00 至 11:00（星期六、日及节假日除外），标书每套人民币4 500元，概不退款。

截标日期为××××年 8 月 23 日上午 12:00，过时标书概不接受。开标日期为××××年 8 月 24 日上午 10:00，地点在 CNCCC 谈判大楼。

地址：中国北京××××区××号楼　中国化工建设总公司国际投标处

电话：××××××××

传真：××××××××

邮编：××××××

联系人：刘××

【例 8-12】

招标公告

______________________项目招标公告

1. 招标条件

________项目已经批准建设，项目业主（招标人）为________，建设资金已落实，项目已具备招标条件，受招标人委托，________（招标代理）现对该项目的施工进行公开招标，并进行资格后审。

2. 项目概况与招标范围

2.1　项目概况

2.2　招标范围

本项目招标内容为上述路段范围内的路基、路面、桥涵、隧道等施工图范围内所有内容的施工及为实施以上工程所必需的临时工程的施工及工程缺陷修复。

2.3　计划工期：本工程计划于____年____月____日开工，计划于____年____月____日交工验收，计划工期____个月。

2.4　缺陷责任期：24 个月

3. 投标人资格要求

3.1　投标人应具备承担本次招标项目施工的资质条件、能力和信誉要求为：

(1) 资质条件：独立的企业法人，持有有效的营业执照；具备国家建设行政主管部门核发的公路工程施工总承包一级及以上资质；并具有有效的省级及以上建设行政主管部门核发的安全生产许可证，以上证明材料开标时提供原件并将复印件装订在投标文件中。

(2) 业绩要求：投标人近三年（20××年 1 月 1 日至今）至少完成过 1 个单项合同金额不少于 5 亿元的一级及以上新建（或改扩建）公路工程施工业绩。业绩证明材料是合同协议书，并同时提供发包人出具的公路工程（标段）交工验收证书复印件，时间以交工验收证书上的具体时间为准。以上证明材料开标时提供原件并将复印件装订在投标文件中。

(3) 财务要求：投标人基本账户银行出具的结算正常、资金往来状况良好，存款资金不少于 5 000 万元（有效期 30 天）的财务状况证明，投标人基本开户行出具的投标人信用良好、无财产被接管或冻结情况证明。投标人近三年主营业收入累计达到 100 亿元以上，近三年企业净利润累计达到 1 亿元以上，出具近三年经审计的财务报表，开标时提供以上原件并将复印件装订在投标文件中。

(4) 信誉要求：投标人未被交通运输部或××省交通运输厅做出取消投标资格或禁止进入××省公路建设市场且处于有效期内的行政处罚。

(5) 项目经理资格：拟投入本项目的项目经理具有公路工程专业一级注册建造师资格（不含临时建造师执业资格），且在投标人单位注册；具有有效的省级及以上有关行政主管部门核发的《建筑施工企业项目负责人安全生产考核合格证书》（B 证），近五年（20××年 1 月 1 日至今，以交工验收证书上的具体时间为准）内至少有一次在中标合同金额不少于 5 亿元的一级及以上新建（或改扩建）公路工程的施工项目中担任过项目经理（不含项目副经理），且未承担其他在建工程项目的项目经理。以上证明材料开标时提供原件并将复印件装订在投标文件中，开标当天项目经理必须持有效身份证件到场，否则资格审查不通过。企业业绩和项目经理业绩可以相同。

(6) 项目总工资格：拟投入本项目的项目总工具有高级工程师及以上技术职称。

3.2　本次招标不接受联合体投标。

3.3　与招标人存在利害关系可能影响招标公正性的法人、其他组织或者个人，不得参加投标。单位负责人为同一人或者存在控股、管理关系的不同单位，不得参加同一标段投标或者未划分标段的同一招标项目投标。否则相关投标均无效。

3.4　投标人及其法定代表人、拟派项目经理在参加投标活动前三年内无行贿犯罪记录。证明材料开标时提供原件并将复印件装订在投标文件中。

3.5　投标人所属社保机构出具的拟委任的项目经理和项目总工在本单位连续6个月（20××年1月份至6月份）的养老保险缴费证明（需盖有社保机构章或社保机构网站打印的盖有社保机构电子章的证明视为原件）。证明材料开标时提供原件并将复印件装订在投标文件中。

4. 招标文件的获取

4.1　凡符合资格要求的潜在投标人请于公告发布之日起至____年____月____日____时整前从××县公共资源交易服务网下载（获取）招标文件，在规定时间内未完成本项目招标文件费用在线支付或下载（获取）招标文件的。

4.2　招标文件售价：500元/份，在线支付，根据系统提示完成支付、招标文件下载，招标文件售后不退。

5. 投标文件的递交

5.1　递交投标文件及投标截止时间：____年____月____日____时____分（北京时间），递交投标文件及开标地点为________/________。招标人定于投标文件递交截止的同一时间、同一地点举行公开开标。投标人的法定代表人或委托代理人应携带本人身份证准时参加开标会议，否则不予接受其投标文件。

5.2　逾期送达的或者未送达指定地点的投标文件，招标人不予受理。

6. 其他事项说明

（1）资金来源：上级政府补助及地方政府自筹。

（2）招标人不组织踏勘现场，投标人可自行对工程现场进行充分考察。

（3）招标人不组织召开投标预备会。

（4）投标人证明材料开标时提供原件并将复印件装订在投标文件中。证明材料原件请单独包装递交并附清单明细。

（5）本工程的投标保证金金额为人民币捌拾万元整，投标保证金必须由投标人的基本账户一次性汇入招标文件所示账户，并在投标截止时间前到账，否则无效。

（6）招标监督管理机构（略）。

7. 发布公告的媒介

本项目同时在中国采购与招标网、××招标投标信息网、××省建设工程招标投标信息网、×××市公共资源交易中心上发布。

8. 联系方式

招标人：

地址：

联系人：

电话：

招标代理：

地址：

联系人：

电话：

传真：
E-mail：
××县公共资源交易中心
联系人：
电话：
传真：
地址：
注：上述时间均为北京时间。具体事宜请与招标代理联系。

七、项目介绍

企业要想吸引外资，除了向外方表达合营愿望和对企业进行形象方面的介绍之外，还应讲清企业打算合营的项目以及所具备的基本条件。因此，一份项目介绍和企业基本情况介绍是必不可少的。

项目介绍，应该是和企业自我介绍以及基本情况介绍相配套的。这里的企业自我介绍，主要指介绍企业的行政归属、历史、主要变化和发展、经济及技术实力等；而基本情况介绍，是指为组建合营企业所能提供的基本条件。两者相比，前者繁而后者简，前者虚而后者实。在此基础上所做的项目介绍，应该简单、明了、准确，使外方对我方的合作意图一目了然，从而为进一步的考察和谈判奠定基础。

第九章

公文类秘书写作

第一节　总体要求

一、公文的定义与作用

（一）定义

党政机关公文是党政机关实施领导、履行职能、处理公务的具有特定效力和规范体式的文书。

（二）作用

党政机关公文是传达贯彻党和国家的方针政策，公布法规和规章，指导、布置和商洽工作，请示和答复问题，报告、通报和交流情况等的重要工具。

二、公文种类

公文种类主要有：

（1）决议。适用于会议讨论通过的重大决策事项。

（2）决定。适用于对重要事项做出决策和部署、奖惩有关单位和人员、变更或者撤销下级机关不适当的决定事项。

（3）命令（令）。适用于公布行政法规和规章、宣布施行重大强制性措施、批准授予和晋升衔级、嘉奖有关单位和人员。

（4）公报。适用于公布重要决定或者重大事项。

（5）公告。适用于向国内外宣布重要事项或者法定事项。

（6）通告。适用于在一定范围内公布应当遵守或者周知的事项。

（7）意见。适用于对重要问题提出见解和处理办法。

（8）通知。适用于发布、传达要求下级机关执行和有关单位周知或者执行的事项，批转、转发公文。

（9）通报。适用于表彰先进、批评错误、传达重要精神和告知重要情况。

（10）报告。适用于向上级机关汇报工作、反映情况，回复上级机关的询问。

（11）请示。适用于向上级机关请求指示、批准。

（12）批复。适用于答复下级机关请示事项。

（13）议案。适用于各级人民政府按照法律程序向同级人民代表大会或者人民代表大会常务委员会提请审议事项。

（14）函。适用于不相隶属机关之间商洽工作、询问和答复问题、请求批准和答复审批事项。

（15）纪要。适用于记载会议主要情况和议定事项。

三、公文格式

（一）公文用纸标准

采用国际标准 A4 型（297mm×210mm），纸张白度为 80%～90%，从左到右横排，左侧装订。

（1）公文用纸技术标准。一般为 60～80 克的胶版印刷纸或复印纸。

（2）公文版心规格。一般为 225mm×156mm（不含页码）。

（3）公文页边距。一般上边距为 37mm，下边距为 35mm，左边距为 28mm，右边距为 26mm。

（二）公文版头部分

公文版头部分为公文首页版头分割线以上的各要素，按排列顺序依次为：份号、密级和保密期限、紧急程度、发文机关标志、发文字号、签发人。

1. 份号

份号即公文印制份数的顺序号，一般用 6 位阿拉伯数字，使用 3 号半角黑体字，顶格标注在首页左上角第一行，份号须写满 6 位，不足 6 位时编虚位补齐，即从 000001 起编排。份号前不加“NO.”等符号。有密级的公文必须标注份号。

2. 密级和保密期限

秘密公文的秘密等级应按照保密规定准确划分为“绝密”“机密”“秘密”。如只需要标识秘密等级，使用 3 号黑体字，两字之间空 1 字。如需要标识保密期限，使用 3 号黑体字，两字之间不空格，密级与保密期限之间用“★”隔开，如“机密★5 年”。顶格标识在首页左上角、份号下 1 行。

3. 紧急程度

紧急程度即对公文送达和办理的时间要求。文件分为“特急”“加急”。如需要标识紧急程度，使用 3 号黑体字，顶格标识在密级下 1 行，空格与否与密级保持一致。

4. 发文机关标志

居中排列，上边缘至版心上边缘 35mm，用红色大字，以醒目、美观、庄重为原则，字号应不大于上级机关的发文机关标志。发文机关标志有两种形式：一是发文机关全称或规范化简称加“文件”二字，如“中共××市××区委文件”“××市××区人民政府文件”。二是发文机关全称或规范化简称。联合行文，可以用主办机关名称，也可以并用几个机关名称。同时标注联署发文机关名称时，一般应当将主办机关名称排列在前。如有“文件”二字，应当置于发文机关名称右侧，以联署发文机关名称为准上下居中排布。

5. 发文字号

由发文机关代字、年份和发文顺序号组成。位于发文机关标志下空 2 行、版头分隔线之上 4mm，用 3 号仿宋体字。年份和序号用阿拉伯数字标识；年份使用全称，用六角括号“〔〕”括入。序号不编虚位（即 1 不编为 001），不加“第”字，如“国发〔2017〕5 号”。当只有发文字号时应居中排列；有签发人时，发文字号居左空 1 字，签发人居右空 1 字。联合行文时，只标明主办机关的发文字号。

6. 签发人

上报公文应当标识签发人姓名，平行排列在发文字号右侧。“签发人：”用 3 号仿宋体字，全角冒号，冒号后用 3 号楷体字标识签发人姓名。

版头分割线位于发文字号下方 4mm，用 1.5 磅的红色粗线，目前，党的机关公文在横线居中位置加“★”。

（三）公文主体部分

公文主体为首页版头分割线以下到版记以上部分，按排列顺序依次为：标题、主送机关名称、正文、附件说明、发文机关署名、成文日期、印章、附注、附件。

1. 标题

由发文机关名称、事由和文种组成，位于版头分割线下空 2 行，使用 2 号小标宋体字，居中排列，宽度不超过版心。多行标题排列为梯形或菱形，每行词意完整、长度适宜、间距恰当。多个发文机关名称之间空 1 字或换行，不加标点符号。

2. 主送机关名称

指主要收受、办理公文的机关，应当用全称或规范化简称或同类型机关的统称，位于标题下空 1 行，居左顶格用 3 号仿宋体字标识，回行时仍顶格。最后一个主送机关名称后标全角冒号。有多个主送机关时，同级同类机关之间用顿号，同级不同类机关之间用逗号。如主送机关名称过多导致公文首页不能显示正文时，应当将主送机关名称移至版记，置于抄送机关之上一行。

3. 正文

正文是公文的主体，用来表述公文的内容，位于主送机关下 1 行，每自然段左空 2 个字，回行顶格，使用 3 号仿宋体字。公文首页必须显示正文，每个自然段之间不空行。对印发转发类通知，党委文件参照中央和市委文件，通知正文用 3 号楷体字，发布层次用 3 号仿宋体，印发转发文件正文用 3 号仿宋体。转发文件另起一页，标题上空 2 行；政府文件统一用 3 号仿宋体。

4. 附件说明

如有附件，在位于正文和发文机关署名之间，正文下空 1 行，左空 2 字，用 3 号仿宋体字标识“附件”、全角冒号和附件名称。如有两个以上的附件，用阿拉伯数字标注附件顺序号（如“附件：1. ××××”），附件名称后不加标点符号。附件名称较长需回行时，应当与上一行附件名称的首字对齐。

5. 发文机关署名

应当署发文机关全称或规范化简称，使用 3 号仿宋体在正文或附件说明下空 1 行编排发文机关署名。

6. 成文日期

一般署会议通过或领导人签发日期。联合行文，应署最后签发机关领导人的签发日期。特殊情况署印发日期。应当用阿拉伯数字标全年、月、日，年份应标全称，月、日不编虚位，位于发文机关署名下 1 行，使用 3 号仿宋体。决议、决定、意见等不标明主送机关的公文，成文日期用 3 号楷体字加圆括号标注于标题下方居中位置。

加盖印章时发文机关署名和成文日期位置：

单一机关行文时，在正文或附件说明下（空 3～4 行）编排发文机关署名，署名下 1 行编排成文日期，成文日期右空 4 字，发文机关署名以成文日期为准居中排列。

联合行文时，将各发文机关署名按发文机关顺序依次排列，根据印章大小和机关数量确定每排发文机关署名数量，在最后一个发文机关署名下 1 行编排成文日期，成文日期居右空 4 字，最后一个发文机关署名以印章为准居中编排。

不盖印章时发文机关署名和成文日期位置：

单一机关行文时，在正文或附件说明下空 1 行编排发文机关署名，在发文机关署名下 1 行编排成文日期。发文机关署名长于成文日期时，右空 2 字编排发文机关署名，成文日期首字比发文机关署名首字右移 2 字。发文机关署名短于成文日期时，右空 2 字编排成文日期，发文机关署名首字比成文日期首字左移 2 字。发文机关署名过短时，可适当增加字符间距。

联合行文时，先编排主办机关署名，其余发文机关署名依次向下编排，依照最长的发文机关署名长度适当增加其他发文机关的字符间距，确保所有的发文机关署名两端匀齐，在最后一个发文机关署名下 1 行编排成文日期。最长的发文机关署名长于成文日期时，右空 2 字编排发文机关署名，成文日期首字比发文机关署名首字右移 2 字。最长的发文机关署名短于成文日期时，右空 2 字编排成文日期，发文机关署名适当增加右空字数。

7. 印章

除纪要和印制的有特定发文机关标志的普发性公文外，公文应当加盖发文机关印章，印章用红色，且要与发文机关署名一致。

单一机关行文时，印章端正、居中下压发文机关署名和成文日期，使发文机关署名和成文日期居印章中心偏下位置，印章上边缘距正文或附件说明末行 1 行之内。

联合行文时，依次将印章端正、居中下压相对应的发文机关署名之上，最后一个印章端正、居中下压相对应的发文机关署名和成文日期。印章之间排列整齐、互不相交或相切，每排印章两端不得超过版心。

8. 附注

公文印发传达范围等需要说明的事项，下行文一般标注印发传达范围，请示、函等用于请示商洽工作事项的上行、平行公文，应在附注位置标注发文机关联系人及联系电话。用 3 号仿宋体，居左空 2 字加圆括号编排在成文日期下 1 行。

9. 附件

位于正文之后，在版记之前另面编排，与正文一起装订。“附件”两字及附件序号用 3 号黑体顶格编排在版心左上角第一行，附件标题居中编排在版心第三行。如附件不能与正文装订在一起，在附件左上角第一行顶格编排公文的发文字号，并在发文字号后标注“附件”二字及附件序号。附件序号和附件标题应与附件说明表述一致，“附件”两字及附件序号后无标点符号。

（四）公文版记部分

版记部分指公文末页的尾部，主要包括抄送机关、印发机关和印发日期。版记中的分隔线与版心等宽，首条、末条分隔线用 1 磅粗线，中间分隔线用 0.75 磅细线，首条分隔线位于抄送机关之上，末条分隔线与末页版心下边缘重合。

1. 抄送机关

抄送机关即除主送机关外需要执行或知晓公文内容的其他机关。使用机关全称、规范化简称或同类型机关统称。用 4 号仿宋体，编排在印发机关和印发日期之上 1 行，左右各空 1 字。“抄送”二字后标加全角冒号和抄送机关名称，回行时与冒号后首字对齐，每类最后一个抄送机关名称后标句号。

抄送机关的排列顺序按机关性质和隶属关系确定，按先上级机关、再平级机关、后下级机关的次序排列。同级不同类的机关要按党、政、军、群的顺序排列。如需抄送人大、政协、法院、检察院，则另起一行排列。如需抄送各民主党派、工商联，再另起一行排列。对上级、平级、下级机关均用“抄送”。

2. 印发机关和印发日期

印发机关名称与印发日期平行列于一行，使用 4 号仿宋体字，编排在版记末条分隔线之上。印发机关左空 1 字，印发日期右空 1 字，应当用阿拉伯数字标全年、月、日，年份应标全称，月、日不编虚位，后加“印发”二字。

（五）页码部分

页码即公文页数顺序号。用 4 号半角宋体阿拉伯数字编排在版心下边缘之下，数字左右各放一条一字线，一字线距版心下边缘 7mm。公文双面印刷时，用骑马订或左侧装订，单页码居右空 1 字，双页码居左空 1 字。

如版记页和前一页都无正文，空白页和版记页都不标页码。

A4 纸型的表格横排时，页码位置与公文其他页码保持一致，单页码表头在订口一边，双页码表头在切口一边。

（六）公文的特定格式

1. 信函格式

发文机关标识使用发文机关全称或者规范化简称，居中排布，推荐使用红色小标宋体。上边缘至上页边 30mm，左页边为 28mm，右页边为 26mm。

联合行文时，使用主办机关标志。发文机关标识下 4mm 处引一条红色双线（上粗下细），距下页边 20mm 处印一条红色双线（上细下粗），线长均为 170mm，居中排布。

如需标注份号、密级和保密期限、紧急程度，应当顶格居版心右边缘编排在第一条红色双线下，按照份号、密级和保密期限、紧急程度的顺序自上而下分行排列，第一个要素与该线的距离为 3 号汉字高度的 7/8。

发文字号定格居版心右边缘编排在第一条红色双线下，与该线的距离为 3 号汉字高度的 7/8。

标题居中编排，与其上最后一个要素相距 2 行。

第二条红色双线上一行如有文字，与该线的距离为 3 号汉字高度的 7/8。

首页不显示页码，从第二页开始标注。如信函只有 2 页，可不标注页码。

版记不加印发机关和印发日期、分割线，位于公文最后一面版心的最下方。

2. 命令（令）格式

发文机关标志由发文机关全称加“命令”或“令”字组成，居中排布，上边缘至版心上边缘 20mm，推荐使用红色小标宋体。发文机关标志下空 2 行居中编排令号，令号下空 2 行编排正文。

单一机关制发的令加盖签发人签名章时，在正文（或附件说明）下空 2 行右空 4 字加盖签发人签名章，签名章左空 2 字标注签发人职务，用 3 号仿宋体，以签名章为准上下居中排布。在签发人签名章下空 1 行右空 4 字排成文日期。

联合行文时，应当先排主办机关签发人职务、签名章，其余机关签发人职务、签名章依次向下编排，与主办机关签发人职务、签名章上下对齐。每行只编排一个机关的签发人职务、签名章。签发人职务应当标注全称。签名章一般用红色。

3. 纪要格式

纪要标志由“×××××纪要”组成，居中排布，上边缘至版心上边缘 35mm，推荐使用红色小标宋体。标注出席人员名单，在正文或附件说明下空 1 行左空 2 字排齐“出席”二字，一般用 3 号黑体字，后标全角冒号，冒号后用 3 号仿宋体标注出席人单位、姓名，回行时与冒号后的首字对齐。

标注请假和列席人员名单，除依次另起一行将“出席”二字改为“请假”或“列席”外，编排方法同“出席”人员名单。

（七）标点符号

按照国家标准《标点符号用法》标引。需要注意：

（1）文件标题中尽量不用标点符号（书名号除外）。

（2）正文中的标题，如单独一段，在末尾不用句号、冒号等标点符号。

（3）附件标题末尾不用标点符号。

（八）数字用法

按照国家标准《出版物上数字用法》的要求使用。需要注意：

（1）除部分序数、词组、惯用语、缩略语、具有修辞色彩语句中作词素的数字以及其他必须使用的外，一般使用阿拉伯数字。

（2）结构层次序数，第一层为“一、”，第二层为“（一）”，第三层为“1.”，第四层为“(1)”。第一层序号及小标题用 3 号黑体，第二层用 3 号楷体，第三层及以下均用 3 号仿宋体。公文层次的使用不应过于复杂，如只有一层标题时，使用“一、”标注；如只有两层标题时，使用“一、”“1.”标注。

（3）成文日期用阿拉伯数字。

四、行文规则

（一）一般规则

行文应当确有必要，讲求实效，注重针对性和可操作性。行文关系根据隶属关系和职权范围确定。一般不得越级行文，特殊情况需要越级行文的，应当同时抄送被越过的机关。

（二）向上级机关行文规则

（1）原则上主送一个上级机关，根据需要同时抄送相关上级机关和同级机关，不抄送下级机关。

（2）党委、政府的部门向上级主管部门请示、报告重大事项，应当经本级党委、政府同意或者授权；属于部门职权范围内的事项应当直接报送上级主管部门。

（3）下级机关的请示事项，如需以本机关名义向上级机关请示，应当提出倾向性意见后上报，不得原文转报上级机关。

（4）请示应当一文一事。不得在报告等非请示性公文中夹带请示事项。

（5）除上级机关负责人直接交办事项外，不得以本机关名义向上级机关负责人报送公文，不得以本机关负责人名义向上级机关报送公文。

（6）受双重领导的机关向一个上级机关行文，必要时抄送另一个上级机关。

（三）向下级机关行文规则

（1）主送受理机关，根据需要抄送相关机关。重要行文应当同时抄送发文机关的直接上级机关。

（2）党委、政府的办公厅（室）根据本级党委、政府授权，可以向下级党委、政府行文，其他部门和单位不得向下级党委、政府发布指令性公文或者在公文中向下级党委、政府提出指令性要求。需经政府审批的具体事项，经政府同意后可以由政府职能部门行文，文中须注明已经政府同意。

（3）党委、政府的部门在各自职权范围内可以向下级党委、政府的相关部门行文。

（4）涉及多个部门职权范围内的事务，部门之间未协商一致的，不得向下行文；擅自行文的，上级机关应当责令其纠正或者撤销。

（5）上级机关向受双重领导的下级机关行文，必要时抄送该下级机关的另一个上级机关。

（四）向同级机关行文规则

同级党政机关、党政机关与其他同级机关必要时可以联合行文。属于党委、政府各自职权范围内的工作，不得联合行文。党委、政府的部门依据职权可以相互行文。部门内设机构除办公厅（室）外不得对外正式行文。

五、公文拟制

（一）公文起草

（1）符合党的理论路线方针政策和国家法律法规，完整准确体现发文机关意图，并同现行有关公文相衔接。

（2）一切从实际出发，分析问题实事求是，所提政策措施和办法切实可行。

（3）内容简洁，主题突出，观点鲜明，结构严谨，表述准确，文字精练。

（4）文种正确，格式规范。

（5）深入调查研究，充分进行论证，广泛听取意见。

（6）公文涉及其他地区或者部门职权范围内的事项，起草单位必须征求相关地区或者部门意见，力求达成一致。

（7）机关负责人应当主持、指导重要公文起草工作。

（二）公文审核

公文文稿签发前，应当由发文机关办公厅（室）进行审核。审核的重点是：

(1) 行文理由是否充分，行文依据是否准确。

(2) 内容是否符合党的理论路线方针政策和国家法律法规，是否完整准确体现发文机关意图，是否同现行有关公文相衔接，所提政策措施和办法是否切实可行。

(3) 涉及有关地区或者部门职权范围内的事项是否经过充分协商并达成一致意见。

(4) 文种是否正确，格式是否规范；人名、地名、时间、数字、段落顺序、引文等是否准确；文字、数字、计量单位和标点符号等用法是否规范。

(5) 其他内容是否符合公文起草的有关要求。

需要发文机关审议的重要公文文稿，审议前由发文机关办公厅（室）进行初核。

经审核不宜发文的公文文稿，应当退回起草单位并说明理由；符合发文条件但内容需做进一步研究和修改的，由起草单位修改后重新报送。

（三）公文签发

公文应当经本机关负责人审批签发。重要公文和上行文由机关主要负责人签发。党委、政府的办公厅（室）根据党委、政府授权制发的公文，由受权机关主要负责人签发或者按照有关规定签发。签发人签发公文，应当签署意见、姓名和完整日期。圈阅或者签名的，视为同意。联合发文由所有联署机关的负责人会签。

第二节　命令（令）、决定

一、命令（令）

（一）定义和种类

1. 定义

命令（令）是依照有关法律公布的行政法规和规章，宣布施行重大强制性行政措施，嘉奖有关单位及人员的公文。它是国家党政机关及领导人发布的具有法定权威性和强制性的公文。命令（令）是一种典型的下行文。它具有以下特点：

(1) 权威性。命令（令）的权威性主要体现在两个方面：

一是发令机关权威。根据《中华人民共和国宪法》和其他有关法律的规定，只有中华人民共和国主席，全国代表大会及其常务委员会、委员长，国务院、国务院总理、国务院各部部长、各委员会、各委员会主任，县级以上地方各级人民政府及其主要领导人，才有权发布命令。

二是命令（令）的令文本身权威。命令（令）的令文本身虽然不是法律、法规，但它在某些情况下与法律、法规具有同等的效力。尤其是一些重要的法律、法规常常随令发出，因此，命令（令）对所发法律、法规及其措施生效时间、施行范围的规定，都具有法律的效力。

(2) 强制性。命令（令）一经公布，对相关的下级具有明确的制约力。无论是机关，还是级别较高的人员，凡违抗命令或延误执行者，都将受到严肃的处理和惩罚。

2. 种类

命令（令）主要有以下几种：

（1）发布令。它是发布行政法规和规章的令文。

（2）行政令。它是宣布重大强制性行政措施的令文。

（3）嘉奖令。它是发布嘉奖有关单位及人员的命令。

（4）任免令。它是任命或免去重要领导人职务的令文。

（二）写法

1. 结构

命令（令）的基本形式由以下几项组成：标题、令号（主送机关）、正文、签署、成文日期。其中，发布令有其特殊性，一般都带有附件，成为“复体行文”。也有极个别情况，将发布对象直接写入正文。

2. 标题

命令（令）的标题应居中书写。命令（令）的标题有几种形式：事由＋文种，多用于行政令；发文机关（领导人职务）＋文种，多用于发布令、任免令或嘉奖令；发文机关＋事由＋文种，多用于行政令、嘉奖令。

3. 令号

用于以常规公文形式发布的命令。令号以发文字号的形式出现，用于以领导人签署的命令，其形式是：第×号。

4. 主送机关

普发命令无须标明主送机关；送达特定单位的命令必须标明主送机关。

5. 正文

命令（令）的正文应层次分明、表述明确，语言严谨庄重、简洁肯定。

6. 签署

正文下1行右空4字书写签署人姓名；签署人姓名左空2字书写签署人职务；签署人姓名为2个字时，中间空1字，名字在3个字及以上时，依次连写。

7. 成文日期

签署人姓名下1行右空2字书写成文日期。

例9-1《仙桃市人民政府对市商务局的嘉奖令》是一篇典型的嘉奖令，此令文的题目完整地写出了发文机关、事由及文种，正文介绍嘉奖有关单位的原因并提出希望。

【例9-1】

仙桃市人民政府对市商务局的嘉奖令

仙政发〔2016〕20号

各镇人民政府，各街道办事处，沙湖、九合垸原种场，高新技术产业开发区，仙桃工业园，排湖风景区，市政府各部门：

2015年，市商务局紧紧围绕市委、市政府工作部署，凝心聚力，主动作为，攻坚克难，全市商务工作亮点纷呈、捷报频传。2015年3月，武汉海关驻仙桃办事处正式揭牌开关；4 月，首届沔阳三蒸文化节及沔街庙会成功举行；7 月，仙桃市被省商务厅确定为 2015 年电子商务进农村省级综合示范试点市，同时仙桃至武汉阳逻港直通式通关成功启动；全年实现外贸出口 6 8943.8 万美元，同比增长 32.3%，增速居全省第二位；实现社会消费品零售总额 266.17 亿元，同比增长 14%，增速居全省首位。为表扬市商务局对全市经济社会发展做出的突出贡献，市人民政府决定对市商务局予以通令嘉奖。

希望市商务局珍惜荣誉，戒骄戒躁，不断完善大开放、大招商、大市场、大流通的商务发展新格局，推动我市商务工作再上新台阶。各地、各部门要向市商务局学习，不断强化大局意识、责任意识和纪律意识，奋力拼搏，开拓创新，为打造仙桃发展升级版做出新的更大贡献。

仙桃市人民政府

2016 年 6 月 16 日

二、决定

（一）定义和种类

1. 定义

决定是各级党政机关普遍使用的一种下行公文，是一种重要的规定性、领导性公文。它适用于对重要事项或者重大行动做出安排，奖惩有关单位及人员，变更或者撤销下级机关不适当的决定事项。

这里所说的重要事项，是指带有全局性或具有重大意义和影响的事项，重大行动是指对社会产生巨大影响的行动。

各级党政机关、企事业单位经常使用决定，比如奖惩有关单位及人员，变更或者撤销下级机关不适当的决定事项，以及决定机构编制、人事安排等事项。它要求下级机关及所属个人必须认真贯彻执行。

决定一般由会议做出，也可以由领导机关制发。

由于决定的内容是“对重要事项或重大行动做出安排”，所以决定具有如下两方面的特点：

一是制约性和强制性。决定比较集中地体现发文机关对重要事项或重大行动的指挥和处置意图，因此要求下级机关无条件执行。决定的制约性和强制性虽然没有命令那么严格，但比其他公文都要强，有些决定还有法规作用。在某些方面，决定往往是法规的延伸和补充，具有较大的强制性和行政约束力。

二是指挥性和指导性。决定是对重要事项或重大行动做出的安排，因此对下级机关就具有了指挥性和指导性。决定的内容要求有关单位及所属个人必须遵守，不得违反。

2. 种类

决定按内容和性质分主要有两大类：

（1）对重要事项的安排和处理的决定。对重要事项的安排，如《国务院关于严肃税收法纪加强税收工作的决定》《中共中央关于严厉打击刑事犯罪活动的决定》；对重大问题做出处理的决定，如《××公司关于对销售部予以重奖的决定》。

（2）对于设置机构、任免人员、召开会议或表彰、处分等重要事项做出具体安排的决定，如《××公司关于“东方希望小学工程”于2017年8月2日开工的决定》。

（二）写法

决定一般由标题和日期、正文、结尾三部分组成。

1. 标题和日期

（1）决定的标题一般要完整地写出发文单位、决定事由和文种三项内容。在决定事由前一般用“关于”连接。

（2）决定的日期即会议通过或领导签发此项决定的日期。它写在标题之下，用圆括号括起。重大法规性的决定，还需注明通过该决定的机关、日期或生效日期。文末可不再注明。

2. 正文

决定的主体部分是正文。其篇幅长短，由内容多少决定。内容简单则篇幅短小，内容丰富则篇幅较长。一个篇幅较长的决定，其内容通常包括两层意思：一层是说明形势和有关情况，以及做出决定的目的与意义；另一层是说明决定的具体事项，落实决定的政策、措施和要求等。

篇幅较长的决定，在结构上可分为开头、主体、结语三部分。

（1）开头。这一部分一般用一个自然段落，用“特决定如下”或“特作如下决定”与主体部分衔接。“开头”主要用以说明当前形势，分析或阐述做出此决定的原因及目的，讲清做出此决定的意义。其语言要求简练、概括性强。

（2）主体。主体表达决定的具体内容。因为它是下级机关、相关单位及所属个人必须执行的准则，所以要求写得明确、具体、详尽。这一部分的表达方式常采用分条列项的写法。在这些表现具体内容的“条”“项”之间可以是明显的并列关系，也可以是明显的递进关系，但无论何种关系，都一定要形成完整、严谨、清晰的整体。主体部分也可用简述式写法，对所决定的事项进行直接公布。

（3）结语。在这一部分中提出希望、号召和要求。

此外，由于决定的类型不同，其正文的内容侧重点也有不同，写法也不尽相同。

对某项工作或重大行动做出安排的决定具有很强的规定性和指挥效能，既要提出工作任务或重大行动，又要阐述完成工作任务或重大行动的政策规定、方法措施等，内容丰富，行文较复杂，其正文通常由决定缘由和决定事项两部分构成。

决定缘由是指对某项工作或重大行动做出安排的依据。行文要求简明扼要，依据要恰当充分，令人信服。

决定事项是全文的主体内容，主要包括开展工作的有关政策原则、执行的事项及有关规定要求等。涉及材料较多的，一般采用分条式或分题式表述。行文要眉目清楚，用语要确切明了，易于有关人员把握和执行。

3. 结尾

在决定的正文之后，可写“本决定自发布之日起施行”。文头如已标明发文单位和成文日期，则结尾不再注明。见诸报刊时，可在文末署发文机关名。

（三）应注意的问题

1. 不能滥用“决定”行文

决定的内容要与“决定”文种相符，不能滥发决定。有些单位以为用“决定”才能引起注意，把该用“通知”行文的内容，用“决定”行文。这种滥用“决定”的情况应当尽量避免。

2. 决定缘由要充分、准确、合理

决定缘由是决定事项的依据、理由，要注意交代清楚，做到既简明扼要，又有理有据，令人信服。

3. 决定事项要具体、明确、清楚

决定事项是决定的主要内容，有关单位要据此贯彻执行。因此，决定事项要求具体、明确，明明白白地讲清应当如何贯彻执行。内容比较复杂的决定，事项部分要分条列项表述，把主要的、重要的放在前面，次要的放在后面。结构要合理，层次要分明，内容要合乎逻辑。

4. 标题要完整，时间标注要准确

决定的标题，一般应写明发文机关、事由、文种，而且要规范、准确，特别是事由要能准确概括决定的主要内容。决定的时间标注要注意两个问题：一是成文时间要以会议通过的日期或领导人签发的日期为准；二是决定的时间一般要标注在标题下方，可用小括号括起来。

（四）与其他文种的区别

1. 决定与决议的区别

决定与决议都能反映重大的事件或重要的问题，都具有较强的法规性，但两者又有以下区别：

（1）形成的方式不同。决议必须是某一级领导机关或组织的正式会议表决通过，才能形成文件，并以会议名义发布。决定则不同，它既可以经某种会议讨论通过，以机关的名义下发，也可以由某一级领导机关直接制定并发布。

（2）行文用语不同。决议的行文中常用“会议认为”“会议指出”“会议号召”等惯用语领起下文。决定的缘由和事项两部分之间常用“为此，特做如下决定”之类的惯用语过渡。

2. 决定与通知、指示的区别

一般事关全局、政策性强、任务艰巨、执行时间长的重大工作，才适宜使用“决定”这一文种，它的使用范围与“通知”比较要窄一些。“指示”虽也是指导性的文件，但它是针对某一时期全面的、原则性的问题，且偏重于步骤、方法和原则上的指导，在使用时要加以区分。

【例 9－2】

国务院关于整合调整餐饮服务场所的公共场所卫生许可证和食品经营许可证的决定

国发〔2016〕12 号

各省、自治区、直辖市人民政府，国务院各部委、各直属机构：

为贯彻落实简政放权、放管结合、优化服务协同推进的部署，减少对餐饮企业重复发证、重复监管，切实减轻企业负担，同时进一步明确和强化监管责任，保障食品安全，现做出如下决定：

一、取消餐饮服务场所公共场所卫生许可证

取消地方卫生部门对饭馆、咖啡馆、酒吧、茶座4类公共场所核发的卫生许可证，有关食品安全许可内容整合进食品药品监管部门核发的食品经营许可证，由食品药品监管部门一家许可、统一监管。

二、规范和改进食品经营许可证管理

取消餐饮服务场所的公共场所卫生许可证后，各级食品药品监管部门要切实落实对餐饮企业的监管责任，进一步规范食品经营许可证审批和发放行为，依法依规依标准进行事前审查，编制服务指南，制定内部审查细则，优化审批流程，缩短审批时限，实行办理时限承诺制，着力提高办证效率。

三、加强对餐饮服务场所的事中事后监管

地方食品药品监管部门要加强对餐饮服务场所的监管，改进监管方式，建立信用体系，完善科学的抽查制度、责任追溯制度、黑名单制度和市场退出机制等，确保餐饮服务场所食品安全。食品药品监管部门接到传染病疫情及隐患的报告后，要及时向卫生部门通报。卫生部门要主动监测、收集、分析、调查、核实相关传染病疫情，依据传染病防治法等法律法规指导采取预防和应对措施。

卫生计生委、食品药品监管总局要联合制定具体实施办法，明确各地整合调整工作具体完成时限，对涉及的部门规章等进行清理修订。国务院办公厅将适时组织督查，督促各地在规定时限内落实改革要求。

本决定自印发之日起施行，已有规定与本决定不一致的，按照本决定执行。

国务院

2016年2月3日

第三节 议案、意见

一、议案

（一）定义和特点

议案是各级人民政府按照法律程序向同级人民代表大会或人民代表大会常务委员会提请审议事项时所使用的公文。法定人数的人大代表及人大有关机构也可提出议案。

议案一般涉及重大问题，具有建议性、可行性的特点。《中华人民共和国宪法》第72条规定：全国人民代表大会代表和全国人民代表大会常务委员会组成人员，有权依照法律规定的程序分别提出属于全国人民代表大会和全国人民代表大会常务委员会职权范围内的议案。

（二）内容

可以作为议案的内容很多。例如：宪法、法律、行政法规、地方性法规的遵守和贯彻执行情况；全国人大及其常委会、市人大及其常委会的决议、决定的贯彻执行情况；地方性法规的制定；国民经济、社会发展规划和年度计划、财政预算的执行情况及其部分变更；城市规划、建设、管理和环境与资源保护的重大事项；教育、科学、文化、卫生、体育事业及人口问题的重大事项；民族、宗教、民政、侨务、台务工作的重大事项；社会稳定和治安工作的重大事项；与外国城市缔结友好城市关系以及重大外事活动；人民群众普遍关心的重大事项；授予地方荣誉称号；人事任免事项；依法决定撤销有关人员的职务；等等。

（三）写法

议案由标题、主送机关、正文、落款组成。正文包括提出议案的案由、案据和方案三部分，也可直截了当地提出需要审议的事项。撰写议案要目的明确，理由充分，文字简洁，忌用命令的口气。

（四）议案与建议的区别

议案与建议的区别是，议案涉及重大问题并且有一定的呈文程序；建议适用范围较广，事无巨细，均可提出建议。

例 9－3 给出的议案包括：标题、主送机关、正文、落款。其格式规范，涉及问题重大，撰写目的明确，内容简洁明了，语言平和，是一份标准简要的议案。

【例 9－3】

河北省人民政府关于提请审议 2016 年省级预算调整方案（草案）的议案

冀政函〔2016〕19 号

省人大常委会：

经国务院批准，财政部核定我省 2016 年地方政府债务新增限额 538 亿元，其中：一般债务 235 亿元，专项债务 303 亿元。上述新增债务限额，通过发行地方政府债券举借 5 357亿元，通过中央转贷地方国际金融组织和外国政府贷款 23 亿元。经研究，发行地方政府债券举借的 5 357 亿元中，省级使用一般债券 62 亿元；转贷各市、县（市）4 737 亿元，包括一般债券 1 707 亿元，专项债券 303 亿元。根据《中华人民共和国预算法》和《河北省预算审查监督条例》等法律法规规定，需相应调整 2016 年省级收支预算。现将《2016 年省级预算调整方案（草案）》提交省十二届人大常委会第二十次会议审议。

河北省人民政府

2016 年 3 月 25 日

二、意见

（一）定义

意见是党的领导机关和国家行政机关常用的公文之一，用于对重要问题提出见解和处理办法。

意见是上级领导机关对下级机关部署工作，指导下级机关工作活动的原则、步骤和方法的一种文体。意见的指导性很强，有时是针对当时带有普遍性的问题而发布的，有时则是针对局部性的问题而发布的，意见往往在特定的时间内发生效力。

（二）种类

按行文方式分，意见有直接发文和随通知转发或批转两类。按性质和内容分，有规划性意见、实施意见和具体工作的意见。

（1）规划性意见是就某一时期或某一方面的工作提出大体构想的意见，类似于“计划”中的规划、纲要等。计划有较强的约束力，一经会议通过或由上级批准，在其所涉及的范围内是开展工作和进行监督、检查的依据。而意见只是参考性意见，具体执行时有较大的灵活性。

（2）实施意见是指在实施政策、法规性文件时，就如何贯彻会议或上级文件精神提出的原则性要求。

（3）具体工作意见是较多应用的意见文稿，它对某项具体工作、某个专项任务等的完成提出切实可行的见解与方法。

（三）写法

意见通常由首部、正文两部分组成，有的还有附件。

1. 首部

首部一般包括标题和成文时间两项内容。有时在成文时间前注明发文机关名称。如果以文件的形式行文下发，还应有主送机关。

（1）标题，由发文机关、事由和文种构成，如“××市关于职工医疗保障制度改革扩大试点的意见”。

（2）成文时间，可在标题之下或正文之后注明。

2. 正文

正文一般包括发文事由和具体意见两部分，有时还有贯彻执行的要求。

例 9－4《国务院办公厅关于进一步加强“地沟油”治理工作的意见》正文开头叙述了发文目的，之后分条目列出了意见的具体内容。全文从七个方面强调治理“地沟油”的态势与措施，语言简洁，表述清晰，是一篇典型的意见。

【例 9－4】

国务院办公厅关于进一步
加强“地沟油”治理工作的意见

国办发〔2017〕30 号

各省、自治区、直辖市人民政府，国务院各部委、各直属机构：

“地沟油”一般是指用餐厨废弃物、肉类加工废弃物和检验检疫不合格畜禽产品等非食品原料生产、加工的油脂。近年来，各地区、各有关部门按照《国务院办公厅关于加强地沟油整治和餐厨废弃物管理的意见》（国办发〔2010〕36 号）要求，不断加大打击力度、强化源头治理，以餐厨废弃物为原料制售“地沟油”的违法犯罪活动得到遏制。但“地沟油”综合整治长效机制尚未完全建立，制售“地沟油”的违法犯罪问题仍时有发生。经国务院同意，现就进一步加强“地沟油”治理工作提出如下意见。

一、高度重视“地沟油”治理工作

各地区、各有关部门要认真贯彻落实《中华人民共和国食品安全法》《中华人民共和国农产品质量安全法》《中华人民共和国动物防疫法》《生猪屠宰管理条例》《城市生活垃圾管理办法》等要求，以原料来源控制和油脂加工监管为重点，既要从严监管执法，加强源头治理，杜绝“地沟油”流向餐桌；也要加大政策扶持力度，建立长效机制，合力推动餐厨废弃物、肉类加工废弃物和检验检疫不合格畜禽产品的无害化处理和资源化利用。要把“地沟油”治理作为“十三五”期间食品安全重点工作任务，力争取得突破。（各省级人民政府、各有关部门按照职责分工负责）

二、强化企业主体责任

餐饮企业、行政企事业单位食堂以及屠宰企业、肉类加工企业等单位应当按照规定单独收集、存放本单位产生的餐厨废弃物、肉类加工废弃物或检验检疫不合格畜禽产品，建立相关制度及台账。有条件的单位要自建无害化处理设施，按照处理规范进行无害化处理并如实记录。不具备条件的单位，其产生的餐厨废弃物，由符合要求的城市生活垃圾收集、运输企业运至规定的城市生活垃圾处理场所处理；对肉类加工废弃物、检验检疫不合格畜禽产品，要委托防疫条件合格的无害化处理企业处理，签订委托处理协议，明确双方权利义务，建立健全无害化处理台账，无害化处理记录和凭证保存期限不得少于两年。（农业部、国家发展改革委、住房城乡建设部、食品药品监管总局负责）

三、培育无害化处理和资源化利用企业

总结餐厨废弃物资源化利用试点经验，推动培育与城市规模相适应的废弃物无害化处理和资源化利用企业。（国家发展改革委、住房城乡建设部、农业部负责）引导废弃物无害化处理和资源化利用企业适度规模经营，符合条件的按规定享受税收优惠政策。（财政部、国家发展改革委、工业和信息化部、住房城乡建设部、农业部、税务总局负责）兴办动物和动物产品无害化处理场所应当取得动物防疫条件合格证，从事城市生活垃圾经营性处置服务应当取得城市生活垃圾经营性处置服务许可证。（农业部、住房城乡建设部负责）

四、进一步完善配套政策措施

健全餐厨废弃物、肉类加工废弃物和检验检疫不合格畜禽产品处理办法，指导地方做好屠宰环节病害猪无害化处理工作，推广无害化处理技术，规范处置行为，防止环境污染。（农业部、环境保护部负责）鼓励企业探索在餐饮企业厨房、屠宰车间、肉类加工车间和无害化处理车间等关键环节安装摄像装备，追溯废弃物流向，试点在居民家庭厨房开展厨余垃圾粉碎处理。（农业部、食品药品监管总局、住房城乡建设部负责）抓紧研究无害化处理和资源化利用实用技术，加快制定“地沟油”的科学鉴定方法。（科技部、食品药品监管总局、国家卫生计生委负责）合理布局无害化处理和资源化利用体系，组织建设无害化处理场所。（各省级人民政府负责）

五、落实监督管理责任

加大对农村地区、城乡结合部以及农贸市场、小餐饮、小作坊等的巡查力度，加强对屠宰企业、肉类加工企业、食用油生产经营企业、餐饮企业的监管，督促企业建立健全追溯体系，严格执行索证索票和进货查验制度。（农业部、质检总局、食品药品监管总局负责）查处利用网络销售假冒品牌食用油的违法行为，对监管部门认定的境内制假售假网站依法进行处置。（食品药品监管总局、工商总局、工业和信息化部负责）落实有奖举报制度，动员社会力量进行监督。（各省级人民政府负责）

六、严厉打击“地沟油”违法犯罪

进一步加强行政执法和刑事司法的衔接，健全涉嫌犯罪案件的移送通报机制，加大对制售“地沟油”违法犯罪行为的打击力度。（公安部、农业部、食品药品监管总局、住房城乡建设部、工业和信息化部、国务院食品安全办负责）

七、落实地方属地管理责任

各地区要坚持统筹规划与属地负责相结合、政府监管与市场运作相结合、集中处理与分散处理相结合，加强对“地沟油”治理工作的组织领导，进一步健全工作机制，加大督查力度，落实各方面责任和各项政策措施。县级以上地方人民政府要对本地区餐厨废弃物、肉类加工废弃物和检验检疫不合格畜禽产品的处理负总责。（各省级人民政府负责）

国务院办公厅
2017年4月15日

（此件公开发布）

第四节　公告、通告

一、公告

（一）定义、种类和特点

1. 定义

公告是向国内外宣布重要事项或者法定事项的文告。

它具有告晓性、庄严性、权威性，不同于其他告晓一般事件的“通知”和用于表扬、批评和传达重要情况的“通报”。

公告与布告相比，宣布的事项更重要，告知的范围更广泛，发文机关的级别也比较高，法定的职权范围也比较大。

2. 种类

公告一般可分为两类：

（1）政府机关面向国内外发布法定事项的公告，如公布宪法的实施、公布国家领导人选举结果、公布国家领导人出访、公布重大科研成果等。

（2）公布重大事项的公告，一般是由政府的有关职能部门按程序发布，如涉外部门的专项公告；还有由政府依法规定的专业性公告，如依据专利法公布的申请专利的公告等。

3. 特点

行政机关公文中的公告，具有如下特点：

（1）内容重要。公告宣布的内容是重要事项或法定事项。如公布宪法等。

（2）对象广泛。一般公文发送对象都是特定的地区、单位或个人，而公告的对象则是国内外，有时甚至通过新华社用登报、广播的形式向全国、全世界发布。

（3）制发机关级别高。公告一般是由较高级别的国家领导机关，或者授权新华社制发的。基层单位不能滥用公告。报纸上常见到××单位迁移地址、××公司聘请×××为法律顾问，也用“公告”，这都是滥用“公告”。

（二）写法

公告是一种严肃庄重的公文，它内容单一，篇幅较短，或篇段合一，或分条列点，表达直截了当，语言简洁明快。

公告一般由标题、正文、落款和日期构成。

（1）标题。公告的标题有三种：一是完全式标题，包括发文机关、事由和文种；二是省去事由，只写发文机关和文种；三是只有文种，标题之下写发文编号，正文后写发文机关名称。

（2）正文。公告的正文一般由依据、事项和结语组成。开头一般要简明扼要地写出公告的依据，有时也可以不写。

告知性公告事项简单，篇段合一。规定性公告，事项较多，可分条列点写出。

公告的结尾一般用“现予公告”“特此公告”作结语，可以提出要求作结尾，也可不写结语。

（3）落款和日期。公告日期有的注在标题下方，也可注在正文末尾落款处。重要的公告落款处除注明发文机关和日期外，还标明发布地点。

（三）应注意的问题

目前，公告的使用比较混乱，主要有两种情况：

一是把公告当作“启事”“声明”“广告”用，望文生义，以为“公告”就是公开告知有关事项，如声明某业务与本单位无关或揭露有人冒充某报记者行骗用“公告”。

二是“公告”代行“通告”，凡公布性事项，事无巨细都用“公告”，甚至街道告知居民领取物价补贴也用“公告”。

使用公告必须符合“公告适用于向国内外宣布重要事项或者法定事项”的有关规定，应避免滥用公告。

公告语言应做到庄严、简明、精确。

例 9－5 公告的标题是省略主要内容的写法，由发文机关加文种组成。开头写了发此公告的缘由，主体分条列出重要事项，整篇公告条理清晰、重点突出，简要明确地阐述了所要对外告知的信息。

【例 9－5】

海关总署公告

2016 年第 76 号

关于厄立特里亚、柬埔寨王国适用 97%税目产品

特别优惠关税待遇措施的公告

经国务院批准，对厄立特里亚和柬埔寨王国等 2 个完成换文手续的最不发达国家，适用 97%税目产品特别优惠关税待遇措施。现将有关事宜公告如下：

一、自 2016 年 12 月 10 日起，对进口原产于厄立特里亚和柬埔寨王国的 8 047 个税目产品实施特惠税率。具体产品清单见海关总署公告 2015 年第 69 号附件 7 特惠税率表中“最不发达国家”LDC②栏。

二、收发货人申报进口原产于上述 2 个国家并申请享受特惠税率的货物时，应按照海关总署公告 2016 年第 20 号和 2016 年第 51 号的有关规定填制《中华人民共和国海关进（出）口货物报关单》或《中华人民共和国海关进（出）境货物备案清单》，并按照《海关总署关于修改〈中华人民共和国海关最不发达国家特别优惠关税待遇进口货物原产地管理办法〉的决定》（海关总署令第 210 号）向海关提交有关单证。

特此公告。

中华人民共和国海关总署

2016 年 12 月 7 日

二、通告

（一）定义和种类

1. 定义

通告是在一定的范围内公布应当遵守或者周知的事项的文告。它具有行政约束力，在某种情况下具有法律效力。它不仅限于政府机关使用，一般单位或有一定指挥权的临时机构也可依法发布。

2. 种类

通告一般分为两类：

（1）公布周知性事项的通告，如城市停水、停电的通告。

（2）公布在一定范围内有关人员或单位应遵守的通告，如施工单位发布的通告。

（二）写法

通告一般由标题、正文及结语构成。

1. 标题

通告的标题有两种：

（1）由发文机关、事由、文种组成。

（2）一般性通告（单位内部张贴）的标题可只写“通告”两个字，标题下要写主管部门通过日期。

2. 正文及结语

通告的正文和结语与公告基本相同。第一层次阐明通告的依据和目的；第二层次将通告的事项分项写出；第三层次是结语，多用“此告”“特此通告”等习惯用语作结。也可正文结束即结束，不再另写结语。

（三）写作要求

通告的语言要求是庄严、确切、严谨。

（四）通告与公告的区别

通告与公告同属于周知性公文，但它们之间是有区别的。

（1）内容不同。通告所宣告的事项多属于专业性或业务性的，多涉及公安、交通、金融方面；公告用于重大事项的发布。

（2）适用范围不同。从适用范围看，公告大于通告。通告的发布常常面向国内社会某些方面，对其他范围无效；而公告则面向国内外。

(3) 发布形式不同。通告发布的形式较多，可登报、可广播、可张贴；公告多以广播、登报来发布。

【例 9-6】

食品药品监管总局关于 8 批次食品不合格情况的通告

2016 年第 168 号

近期，国家食品药品监督管理总局组织抽检蜂产品、淀粉及淀粉制品、食糖、酒类、水产制品等 5 类食品 447 批次样品，抽样检验项目合格样品 439 批次，不合格样品 8 批次。检测项目见附件。根据食品安全国家标准，个别项目不合格，其产品即判定为不合格产品。具体情况通告如下：

一、总体情况：蜂产品 133 批次，不合格样品 3 批次；淀粉及淀粉制品 67 批次，不合格样品 2 批次；食糖 28 批次，不合格样品 3 批次。酒类 173 批次，水产制品 46 批次。

二、不合格产品情况如下：

（一）梅蜂源旗舰店在天猫（网站）销售的标称蓝田县颐蜂堂生态蜜蜂园有限公司生产的土蜂蜜，氯霉素检出值为 1.13μg/kg。标准规定为不得检出。检验机构为哈尔滨市产品质量监督检验院。

（二）土包子专营店在 1 号店（网站）销售的标称湖南土包子蜂业有限公司生产的椴树蜜，氯霉素检出值为 0.33μg/kg。标准规定为不得检出。检验机构为哈尔滨市产品质量监督检验院。

（三）纽海电子商务（上海）有限公司在 1 号店（网站）销售的标称福建塞翁福食品股份有限公司监制、上海塞翁福农业发展有限公司分装的小麦淀粉，霉菌检出值为 290CFU/g。比标准规定（不超过 100CFU/g）高 1.9 倍。检验机构为国家食品质量安全监督检验中心。

（四）纽海电子商务（上海）有限公司在 1 号店（网站）销售的标称太原森泰食品有限公司晋中分公司生产的雪逸牌澄面（小麦淀粉），霉菌检出值为 230CFU/g。比标准规定（不超过 100CFU/g）高 1.3 倍。检验机构为国家食品质量安全监督检验中心。

（五）石家庄市桥西区旭东知蜂堂食品商行销售的标称北京知蜂堂蜂产品有限公司委托北京颐和蜂食品有限公司石楼分公司生产的山花蜜，菌落总数检出值为 2 400CFU/g。比标准规定（不超过 1 000CFU/g）高 1.4 倍。检验机构为河北省食品质量监督检验研究院。

（六）大润发网上商城在飞牛网销售的标称珠海市金迪潮食品有限公司生产的单晶冰糖，蔗糖分检出值为 99.5%。比标准规定（不低于 99.7%）低 0.2%；还原糖分检出值为 0.15%。比标准规定（不超过 0.08%）高出 87.5%。检验机构为广州甘蔗糖业研究所（国家糖业质量监督检验中心）。

（七）弗格食品专营店在京东（网站）商城销售的标称潮州市潮安区阿福仔食品有限公司生产的烘焙专用优质糖粉，蔗糖分检出值为 93.6%，比标准规定（不低于 99.5%）低 5.9%；不溶于水杂质检出值为 8 127mg/kg，比标准规定（不超过 60mg/kg）高 134.5 倍。检验机构为广州甘蔗糖业研究所（国家糖业质量监督检验中心）。

（八）乐众食品专营店在京东（网站）销售的标称新乡良润全谷物食品有限公司总代

理、山东蜜福堂食品有限公司出品、南京忠来果品食杂有限公司生产的烘焙幼砂糖，色值检出值为55IU。比标准规定（不超过45IU）高出22.2%。检验机构为广州甘蔗糖业研究所（国家糖业质量监督检验中心）。

三、对上述抽检中发现的不合格产品，生产企业所在地北京、山西、上海、江苏、湖南、广东、陕西等省（市）食品药品监管部门已责令企业查清产品流向，召回不合格产品，并分析原因进行整改；经营单位所在地北京、河北、上海、浙江等省（市）食品药品监管部门已要求有关单位立即采取下架等措施，控制风险，并依法予以查处。涉及非法添加等严重违法行为，属地食品药品监管部门务必追根溯源，一查到底；涉嫌犯罪的，要按程序移送有关部门追究刑事责任。查处情况于2017年2月28日前报国家食品药品监督管理总局并向社会公布。

特此通告。

附件：1. 本次检验项目

2. 蜂产品监督抽检不合格产品信息

3. 淀粉及淀粉制品监督抽检不合格产品信息

4. 食糖监督抽检不合格产品信息

5. 蜂产品监督抽检产品合格信息

6. 淀粉及淀粉制品监督抽检产品合格信息

7. 食糖监督抽检产品合格信息

8. 酒类监督抽检产品合格信息

9. 水产制品监督抽检产品合格信息

10. 关于部分检验项目的说明

食品药品监管总局

2016年12月20日

第五节　通知、通报

一、通知

（一）定义和种类

1. 定义

通知是传达上级指示，公布、颁布、批转、转发有关文件，部署工作任务，告知某些事项所用的公文文种。它适用于批转下级机关的公文，转发上级机关和不相隶属机关的公文，传达要求下级机关办理和需要有关单位周知或者执行的事项，以及任免人员。它的使用频率高，是常用公文。

2. 种类

通知主要有四种类型：指示性通知、事项性通知、批转性通知和会议通知。

（1）指示性通知，多用于上级对下级部署工作任务。如《国家经贸委关于典当业清理整顿的通知》。

（2）事项性通知，通常仅用于对某一具体事务提出要求。如《关于国庆节调课的通知》。

（3）批转性通知，一般用于公布、发布、颁布、批发、转发有关条例、法规和各种文件。它具有批示性或批转性。如《教育部关于印发〈关于加强高等学校本科教学工作提高教学质量的若干意见〉的通知》。

（4）会议通知，不属于正式公文，是通知单位或个人召开会议的有关事项。如《××公司关于举行第三次董事会的通知》。

（二）写法

1. 标题

规范的通知标题包括发文机关、事由和文种三部分。如“国务院批转《国家统计局关于建立国家普查制度改革统计调查体系的请示》的通知”“教育部关于印发《关于加强高等学校本科教学工作提高教学质量的若干意见》的通知”。

从上述例子不难看出，在各种公文中通知的标题是较复杂的，尤其是颁布、转发、批转性通知，在这些通知的标题中要有颁布、批转、转发文体的内容或标题，即要高度概括转发文件的内容。通知的事由部分可以是原文件的标题，但要注意正确使用书名号。标题较长的转发文件，可以不抄原题而用简洁的语言概括，同时去掉书名号，这时通知的题目则简短醒目。

2. 收文机关

通知的收文机关的写法既不同于请示、批复一类文件只写主送机关，也不同于决定、布告、公告等周知性文件不注明收文机关。它需要酌情而定：

（1）如果是周知性通知，因其具有普发性，可不注明具体收文机关。如《中共中央国务院关于在全国范围内实行××的通知》。

（2）如果是上级对所属下级发出的通知，就一定要注明收文机关。如《××公司关于进一步开展融资活动的通知》，就要明确写上收文单位：“公司本部直属部门、各分公司……”

3. 正文

不同类型的通知在正文的写法上也有不同的要求。

（1）事项性通知、指示性通知和会议通知。这三种通知，其正文主要包括三部分，即导语、主体和结语。

第一，导语主要写通知的目的，即缘由。要求内容简明扼要，突出基本情况。导语对主体有铺垫作用。

第二，通知的详细内容在主体部分表述。因此主体是通知的主干，一定要层次分明、段落清晰。写主体部分可以用分条列项的方法，也可以用分段来表达不同的意思。无论采取哪种方法，通知的内容都必须写得准确、明白、有条理，让收文单位清楚地了解需要知道或办理的事情。

第三，结语写执行要求或“特此通知”等习惯用语。

（2）批转性通知。分为两种情况：转发同级单位的重要文件或上级来文；上级将有普遍性内容的下级来文向所属各下级单位批转。这类通知的正文是对批转和转发的文件所加的按语，而批转和转发的文件是通知的附件。

在批转性通知中要对所转文件有明确的态度：

第一，只是表明态度，不做引申，对原文件照批照转。一般写“现将××××转发给你们，请组织有关部门认真执行”。

第二，不仅用一句话说明转发文件名称，还要对所转文件有简单的评价，帮助下级单位提高认识，或者结合本地区或本单位的实际情况，进一步提出某些要求和注意事项。

第三，一般用“特此通知”等习惯用语结尾。

4. 发文机关

在通知的落款处要注明发文机关，而且一定要写全称。若是多个单位联合发文，应按顺序将它们排列好，并加盖公章。

5. 发文日期

在发文机关之下，应注明发文的年、月、日。

（三）写作应注意的问题

（1）不同类别的通知写作要求不同。因此，要准确判断通知的类型，了解不同通知的写作要求。在任何通知中都必须写清缘由和事项。

（2）合理安排通知的结构。对于事项较多、内容纷杂的通知，要详加分析，合理归纳，使之层次分明，分段合理。可以用加序号或小标题的方法帮助安排结构。

（3）内容不能违反国家的方针、政策和法令，对转发文件的解释、说明、要求部分要符合实际情况。

例 9－7 是一篇会议通知，本通知目的明确、层次清晰、格式规范。从内容看：通知的题目就把通知的性质列出；在正文的部分，简明扼要地写出通知的时间、地点；然后采用分条列项的方法详细地介绍了通知的内容；在文末标明了发文机构及时间，并附上附件。从行文上看：本通知的格式规范，语言通顺、流畅。例 9－8 是指示性通知与事项性通知的结合，强调扩大改革开放积极利用外资，从三个大的方面详细阐述了措施与开展此项工作的要求，目标明确，措施得力，体式规范，明理适用，是一篇典型的通知。

【例 9－7】

关于召开全国测绘地理信息工作会议的通知

测办〔2016〕96 号

各省、自治区、直辖市、计划单列市测绘地理信息行政主管部门，新疆生产建设兵团测绘地理信息主管部门，局所属各单位，机关各司室，各有关单位：

经国务院批准，国家测绘地理信息局定于 2016 年 12 月 27 日至 28 日在北京召开全国测绘地理信息工作会议。现将有关事项通知如下：

一、会议主题

认真贯彻落实党的十八大和十八届三中、四中、五中、六中全会精神及中央经济工作会议精神，深入学习贯彻习近平总书记系列重要讲话和给国测一大队老队员老党员回信重要指示精神，全面贯彻落实国务院对测绘地理信息工作的部署要求和张高丽副总理在第一次全国地理国情普查领导小组全体会议上的重要讲话精神，总结2016年测绘地理信息工作，部署2017年测绘地理信息工作主要任务，统一思想、凝聚力量、奋发有为，加快推动测绘地理信息事业改革创新发展。

二、参加会议人员

国家测绘地理信息局领导班子成员、总工程师；各省、自治区、直辖市测绘地理信息行政主管部门党政主要负责同志（党政不分设的可带一名助手）；计划单列市测绘地理信息行政主管部门主要负责同志；新疆生产建设兵团测绘地理信息主管部门负责同志；国家测绘地理信息局直属单位、局机关各司室主要负责同志（直属单位党政分设的参加2人）；中国测绘地理信息学会、中国地理信息产业协会、中国卫星导航定位协会秘书长；北京市测绘设计研究院、上海市测绘院、天津市测绘院、内蒙古自治区测绘地理信息局、安徽省测绘局、山东省国土测绘院主要负责同志；武汉大学、解放军信息工程大学、郑州测绘学校负责同志；部分地理信息企业负责人。

三、会议时间和地点

（一）会议时间：12月27日至28日上午（26日报到）

（二）会议地点：中国测绘创新基地

（三）报到地点：

1. 北京市丰台区大成路9号宾馆（京外代表）

2. 国家测绘地理信息局办公室秘书处（2505房间）（京内代表）

四、有关要求

（一）请各单位、各部门将参会人员名单回执（见附件）于12月19日前传真至国家测绘地理信息局办公室，并同时传真至国家测绘地理信息局机关服务中心，以便安排接送站（机）。

（二）请国家局京外各直属局和重庆测绘院组织干部职工，通过国家局视频会议系统收看27日上午大会。

五、联系方式

国家测绘地理信息局办公室秘书处

联 系 人：宋××　张××

联系电话：(010) 6388××××/××××，6388××××（传真）

手　　机：1362123××××，1381146××××

国家测绘地理信息局机关服务中心

联 系 人：李××　　金××

联系电话：(010) 6388××××/××××，6388××××（传真）

手　　机：1391123××××，1368131××××

附件：会议回执

国家测绘地理信息局办公室

2016年12月14日

【例 9-8】

国务院关于扩大对外开放积极利用外资若干措施的通知

国发〔2017〕5号

各省、自治区、直辖市人民政府，国务院各部委、各直属机构：

利用外资是我国对外开放基本国策和开放型经济体制的重要组成部分，在经济发展和深化改革进程中发挥了积极作用。当前，全球跨国投资和产业转移呈现新趋势，我国经济深度融入世界经济，经济发展进入新常态，利用外资面临新形势新任务。为深入贯彻落实《中共中央 国务院关于构建开放型经济新体制的若干意见》，进一步积极利用外资，营造优良营商环境，继续深化简政放权、放管结合、优化服务改革，降低制度性交易成本，实现互利共赢，现将有关事宜通知如下：

一、进一步扩大对外开放

（一）以开放发展理念为指导，推动新一轮高水平对外开放。修订《外商投资产业指导目录》及相关政策法规，放宽服务业、制造业、采矿业等领域外资准入限制。支持外资参与创新驱动发展战略实施、制造业转型升级和海外人才在华创业发展。（国家发展改革委、商务部牵头）

（二）服务业重点放宽银行类金融机构、证券公司、证券投资基金管理公司、期货公司、保险机构、保险中介机构外资准入限制，放开会计审计、建筑设计、评级服务等领域外资准入限制，推进电信、互联网、文化、教育、交通运输等领域有序开放。（国家发展改革委、商务部牵头，教育部、工业和信息化部、财政部、人力资源社会保障部、住房城乡建设部、交通运输部、文化部、人民银行、新闻出版广电总局、国家网信办、银监会、证监会、保监会等按职责分工负责）

（三）制造业重点取消轨道交通设备制造、摩托车制造、燃料乙醇生产、油脂加工等领域外资准入限制。采矿业放宽油页岩、油砂、页岩气等非常规油气以及矿产资源领域外资准入限制。石油、天然气领域对外合作项目由审批制改为备案制。（国家发展改革委、商务部牵头，工业和信息化部、国土资源部、国家粮食局、国家能源局等按职责分工负责）

（四）外商投资企业和内资企业同等适用“中国制造 2025”战略政策措施。鼓励外商投资高端制造、智能制造、绿色制造等，以及工业设计和创意、工程咨询、现代物流、检验检测认证等生产性服务业，改造提升传统产业。（国家发展改革委、工业和信息化部、商务部、质检总局等按职责分工负责）

（五）支持外资依法依规以特许经营方式参与基础设施建设，包括能源、交通、水利、环保、市政公用工程等。相关支持政策同等适用于外资特许经营项目建设运营。（国家发展改革委、财政部、住房城乡建设部、交通运输部、水利部、人民银行等按职责分工负责）

（六）支持内外资企业、科研机构开展研发合作。支持外商投资企业建设研发中心、企业技术中心，申报设立博士后科研工作站。根据对等原则，允许外商投资企业参与承担国家科技计划项目。外商投资企业同等适用研发费用加计扣除、高新技术企业、研发中心等优惠政策。（国家发展改革委、科技部、财政部、人力资源社会保障部、商务部、税务总局等按职责分工负责）

（七）支持海外高层次人才在华创业发展。对持有外国人永久居留证的外籍高层次人才创办科技型企业，给予中国籍公民同等待遇。对外籍高层次人才及其外籍配偶、子女申请办理多次签证或者居留证件的，依法依规提供便利。（科技部、公安部、人力资源社会保障部、国家外专局等按职责分工负责）

二、进一步创造公平竞争环境

（八）各部门制定外资政策，要按照《国务院关于在市场体系建设中建立公平竞争审查制度的意见》（国发〔2016〕34 号）规定进行公平竞争审查，原则上应公开征求意见，重要事项要报请国务院批准。各地区各部门要严格贯彻执行国家政策法规，确保政策法规执行的一致性，不得擅自增加对外商投资企业的限制。（各省、自治区、直辖市人民政府和国务院部门按职责分工负责）

（九）除法律法规有明确规定或确需境外投资者提供信息外，有关部门要按照内外资企业统一标准、统一时限的原则，审核外商投资企业业务牌照和资质申请，促进内外资企业一视同仁、公平竞争。（各省、自治区、直辖市人民政府和国务院有关部门按职责分工负责）

（十）促进内外资企业公平参与我国标准化工作。进一步深化标准化工作改革，提高标准制修订的透明度和开放度。推进标准制修订全过程信息公开，强化标准制修订过程中的信息共享和社会监督。（国家标准委牵头）

（十一）深化政府采购改革，坚持公开透明、公平竞争原则，依法依规对外商投资企业在我国境内生产的产品一视同仁、平等对待，促进内外资企业公平参与政府采购招投标。（财政部牵头）

（十二）依法依规严格保护外商投资企业知识产权。健全知识产权执法机制，加强知识产权执法、维权援助和仲裁调解工作。加强知识产权对外合作机制建设，推动相关国际组织在我国设立知识产权仲裁和调解分中心。（商务部、工商总局、国家知识产权局、国家版权局等按职责分工负责）

（十三）支持外商投资企业拓宽融资渠道。外商投资企业可以依法依规在主板、中小企业板、创业板上市，在新三板挂牌，以及发行企业债券、公司债券、可转换债券和运用非金融企业债务融资工具进行融资。（国家发展改革委、商务部、人民银行、证监会等按职责分工负责）

（十四）深化外商投资企业注册资本制度改革。除法律、行政法规另有规定外，取消外商投资公司的最低注册资本要求，落实内外资企业统一的注册资本制度。（国家发展改革委、商务部、工商总局等按职责分工负责）

三、进一步加强吸引外资工作

（十五）各地区要按照创新、协调、绿色、开放、共享的发展理念，结合地方实际，积极开展投资促进活动。允许地方政府在法定权限范围内制定出台招商引资优惠政策，支持对就业、经济发展、技术创新贡献大的项目，降低企业投资和运营成本，依法保护外商投资企业及其投资者权益，营造良好的投资环境。（各省、自治区、直辖市人民政府按职责分工负责）

（十六）支持中西部地区、东北地区承接外资产业转移。修订《中西部地区外商投资优势产业目录》，扩大中西部地区、东北地区鼓励外商投资产业范围。对符合条件的西部地区鼓励类产业外商投资企业实行企业所得税优惠政策。向中西部地区、东北地区转移的外商投资企业享受国家支持产业转移与加工贸易的资金、土地等优惠政策。对东部地区外商投资企业转移到中西部地区、东北地区的，人力资源社会保障部门要依申请及时办理社会保险异地转移接续。（国家发展改革委、商务部牵头，工业和信息化部、财政部、人力资源社会保障部、国土资源部、税务总局等按职责分工负责）

（十七）支持外商投资项目用地。外商投资企业与内资企业同等适用相关用地政策。继续对集约用地的鼓励类外商投资工业项目优先供应土地，在确定土地出让底价时可按不低于所在地土地等别相对应全国工业用地出让最低价标准的70%执行。（国土资源部牵头）

（十八）推进外资跨国公司本外币资金集中运营管理改革。积极吸引跨国公司在我国设立地区总部和采购中心、结算中心等功能性机构，允许外资跨国公司开展本外币资金集中运营，促进资金双向流动，提高资金使用效率和投资便利化水平。（人民银行、国家外汇局等按职责分工负责）

（十九）完善外商投资企业外债管理制度。统一内外资企业外债管理，改进企业外汇管理，提高外商投资企业境外融资能力和便利度。（国家发展改革委、商务部、人民银行、国家外汇局等按职责分工负责）

（二十）深化外商投资管理体制改革。推进对外商投资全面实施准入前国民待遇加负面清单管理模式，简化外商投资项目管理程序和外商投资企业设立、变更管理程序。推进审批环节并联办理，缩短海关登记、申领发票等环节办理时间。加大电子政务建设力度，推行一口受理、限时办结、进度可查询，提升外商投资管理信息化水平。推进自由贸易试验区建设，在更大范围推广复制经验。（国家发展改革委、商务部、海关总署、税务总局、工商总局等按职责分工负责）

各地区、各部门要充分认识新形势下做好利用外资工作的重要意义，高度重视，主动作为，强化责任，密切协作，国家发展改革委、商务部要会同有关部门加强督促检查，确保各项政策措施落到实处。结合各项政策措施实施，大力创造更加开放、便利、透明的营商环境，积极吸引外商投资以及先进技术和管理经验，稳定外商投资规模和速度，提高利用外资水平和质量，着力推动新一轮高水平对外开放，以开放促改革、促发展。

国务院
2017年1月12日

（此件公开发布）

二、通报

（一）定义

通报是一种告知性公文，主要用来传达重要精神或者情况，表彰先进、批评错误和交流经验。

通报的内容既可以是传达重要情况，也可以是表扬先进或批评错误，如《××公司关于对公关部全体职员晋升工资奖励的通报》。通报可以是上级对下级，也可以是下级报送给上级，还可以左右传文。可见，通报的使用范围很广。

通报的使用要注意几个问题：一是通报既能批评错误，也能表彰先进；二是通报的内容要有一定的典型性，不要将所有错误或好人好事都写成通报；三是通报以对群众有教育启发作用为主，所以写进通报的人或单位要突出一二点事迹，不追求“高、大、全”。

（二）特点

1. 告知性

通报的内容，常常是把现实生活当中一些正反面的典型或某些带倾向性的重要问题告诉人们，让人们知晓、了解。

2. 教育性

通报的目的，不仅仅是让人们知晓内容，它的主要任务是让人们从中接受先进思想的教育，或警戒错误、引起注意、接受教训。这一目的，不是靠指示和命令方式达到的，靠的是正面典型的带动、反面典型的警示，靠的是殷切的希望和感人的号召力量，使人真正从思想上确立正确的认识，知道应该怎样做、不应该怎样做。

3. 政策性

政策性并不是通报独具的特点，其他公文也同样具有这一特点。可是，作为通报，尤其是对表扬性通报和批评性通报来说，在这方面更显得突出一些。因为通报中的决定（即处理意见），直接涉及具体单位、个人或事情的处理，同时，也涉及其他单位、部门效仿执行的问题。其决定正确与否，影响颇大。因此，必须讲究政策依据，体现党的政策。

（三）种类

按内容性质，通常把通报分为三类：表彰性通报、批评性通报和情况通报。

1. 表彰性通报

表彰性通报，就是表彰先进个人或先进单位的通报。这类通报，着重介绍人物或单位的先进事迹，点明实质，提出希望、要求，然后发出学习的号召。

2. 批评性通报

批评性通报是批评典型人物或单位的错误行为、不良倾向、丑恶现象和违章事故等的通报。这类通报，通过摆情况，找根源，阐明处理决定，使人从中吸取教训，以免重蹈覆辙。其应用面广，数量大，惩戒性突出。

3. 情况通报

上级机关通过情况通报，把现实社会生活中出现的重要情况告知所属单位和群众，使其了解全局，与上级协调一致，统一认识，统一步调，克服存在的问题，开创新的局面。这类通报具有沟通和知照双重作用。

（四）写法

1. 标题

通报的标题有完全标题和不完全标题之分。完全标题包括发文单位名称、通报的事由和文种，如“销售部关于对倒卖××劣质材料直接责任者开除公职的通报”；不完全标题一般由通报事由和文种组成，如“关于搞好银水湖旅游度假村选址工作的情况通报”，这种标题经常用在有版头的文件上。

2. 主送单位

一般通报都注明主送单位，少数普发性的通报也可以不写主送单位。

3. 正文

通报的正文由前言、主体和结语组成。

（1）前言。前言是对通报基本内容的概括，表明发文单位的态度。作为主体的铺垫，有的前言也介绍背景、状况。写前言要简明扼要，突出主题。如《关于搞好银水湖旅游度假村选址工作的情况通报》的前言："公司组织的专家小组，近日完成对银水湖旅游度假村村址的选择和勘测工作，村址选定在山清水秀、风景宜人的××县郊的银水湖"。

(2) 主体。在主体部分要写出具体事实，分析它的典型意义，并对相关问题做出符合政策的、适当的决定。通报的主干，一般要分成三层来写：

第一层，着重写具体事实，包括事件发生的时间、地点、起因和结果以及涉及的人物。

第二层，对具体事实进行分析归纳。不同性质和类别的通报，采用不同的写法。批评性通报要总结教训，指出存在的问题，唤起人们的警觉。表扬性通报要注重指出意义和经验，以便起到更好的宣传作用。无论是哪一种性质的通报，均需实事求是。

第三层，根据具体事实提出意见或表扬决定，要掌握分寸，分清不同性质的矛盾。

(3) 结语。结语通常是写些希望或号召，也可以再次强调通报的主题，发挥其最佳宣传作用。

4. 发文单位

要用全称注明发文单位，切忌简称。

5. 发文日期

通报的最后要写清年、月、日，年份要写全4位数字。

(五) 写作应注意的问题

(1) 要认真核对材料，使其真实可靠，以使用亲自调查得到的第一手材料为好。对间接材料，更应注意核实，切忌将未核实的材料写进文件。

(2) 要注意使用的材料要有代表性。也就是说，要对大量的材料进行筛选，删去不适宜的，少用或不用与主题联系不大的材料，而对重要的、能揭示事件性质和人物思想品质的素材，要着力写好。

(3) 要仔细斟酌层次、段落的安排，对意义段、过渡段不可马虎，以使通报的结构完整。同时，要注意将重要的材料放在明显而重要的位置，并且要详略得当，剪裁合理。

(4) 通报中所提意见、所表态度要合乎情理，符合社会通用提法。要掌握好分寸，依政策区分不同性质的问题。

(5) 提出的改进措施要切实可行，提出的原则、意义要能给人以启迪，而且经得住时间的考验。

例9-9的通报属于批评性通报，标题由公文机关、事由、文种组成。正文前两段写了违规组织学生顶岗实习的有关情况，并对职业学校学生实习管理提出更具体的要求。

【例9-9】

教育部办公厅

关于违规组织学生顶岗实习有关问题的通报

教职成厅〔2016〕3号

各省、自治区、直辖市教育厅（教委），各计划单列市教育局，新疆生产建设兵团教育局：

职业学校学生实习，是实现职业教育培养目标，增强学生综合能力的基本环节，是教育教学的核心部分。2016 年 4 月，教育部、财政部、人力资源社会保障部、安监总局和保监会联合印发了《职业学校学生实习管理规定》（以下简称《规定》），进一步规范和强化了实习全过程管理，对长期以来存在的突出问题予以规范。文件印发后，各地各校积极贯彻落实，推动了职业学校学生实习工作有序开展。但是，也有个别学校和地区认识不到位，管理不规范，违规组织学生实习的问题时有发生。如：陕西交通职业技术学院因监管不力致使实习企业擅自调整实习内容，存在学生劳动时间长，专业不对口，企业未向学生支付相应劳动报酬等问题。广西经济职业学院顶岗实习岗位存在专业不对口情况。西安建设职业学院在实习合同未正式签订的情况下安排学生实习。山东圣翰财贸职业学院实习三方协议缺乏保护学生合法权益，出现顶岗实习学生每天工作 10 小时等违规条款。兰州外语职业学院违规通过中介机构组织安排学生实习。现予以通报。

五所学校的违规行为，损害了职业学校学生的合法权益，社会影响较大。这些违规行为暴露出长期以来部分职业学校对国家有关管理制度和要求执行不到位，一些学校校长履行实习管理第一责任人职责不到位，一些基层教育行政部门对加强实习管理重视程度不够，监督责任落实不力。为进一步规范和加强职业学校学生实习管理，防止类似事件再次发生，现提出如下工作要求。

1. 全面深入贯彻执行《规定》。各职业学校要从上述五所学校的违规行为中吸取深刻教训，举一反三，切实按照《规定》要求，做好学生实习的组织管理工作，确保将实习安排纳入人才培养方案和教学计划。各地教育行政部门要加强对各层次各类型职业学校实习工作的指导和监管，做到不留死角，不存盲点。

2. 深入开展“实习管理规范活动”。按照《职业院校管理水平提升行动计划（2015—2018 年）》要求，各地要在本学期继续深入开展以“实习管理规范活动”为主题的专项治理，推动各校切实改变实习管理松散的状况。各地要以省为单位将专项治理情况于 2017 年 1 月 15 日前以正式函件形式报送教育部职成司（联系人：××，电话：010－6609××××，传真：010－6602××××，邮箱：zzxxc@moe. edu. cn。）

3. 始终保持治理实习违规问题的高压态势。各地教育行政部门要把治理实习违规问题作为加强职业学校规范管理的重点，对违规行为发现一起、查处一起。对监管不力、问题频发、社会反响强烈的学校和地方，进行通报批评。各地要建立重点约谈机制，对敷衍塞责、屡推不动、治理不力的地区和学校，约谈有关负责人，督促落实主体责任。

4. 因地制宜完善政策措施。针对学生顶岗实习中易出现问题的重点环节，如学生报酬是否合理、专业是否对口、安全防护是否到位、“六不得”是否落实到位等，各地教育行政部门要开展一次深入摸底调研，切实做到心中有数。在摸底基础上，各地要结合实际，坚持问题导向，进一步建立健全本地区职业学校学生实习管理细则或管理制度，加强实习工作的有效监管。

教育部办公厅
2016 年 11 月 22 日

第六节 报告、请示

一、报告

（一）定义和种类

1. 定义

报告是下级对上级汇报工作、反映情况、提出建议等所使用的上行公文。

报告适用于各类机关、企事业单位向上级汇报工作、反映情况、提出建议、答复上级的提问及要求、报送物品和文件。

2. 种类

报告的分类方法有两种：

（1）按报告的性质不同来分，有呈转性和呈报性两类。下级向上级单位呈报自己的情况、建议、计划、意见，并要求批转有关部门参考或执行的报告称为呈转性报告，如《××市商业局关于转发“××农贸市场平抑价格措施”的报告》。不要求转发，在结尾不提出批转要求的报告，是呈报性报告。

（2）按报告的内容分，主要有：汇报性报告、答复性报告、呈报性报告和例行工作报告。

（二）写法

报告的结构一般由标题、主送机关、正文、落款和成文时间组成。下面分别介绍几种报告的写法。

1. 汇报性报告

汇报性报告主要是下级机关向上级机关、执行机关向权力机关汇报工作、反映情况的报告。这种报告一般可分为两种类型：

（1）综合报告。这种报告是本单位、本部门或本地区、本系统工作到一定的阶段，就工作的全面情况向上级写的汇报性的报告。其内容大体包括工作的进展情况、成绩或问题、经验或教训以及对今后工作的意见。其特点是全面、概括、精练。所谓“全面”，是指报告的内容要体现一个地区、一个部门在某一段期间内的全面工作情况；所谓“概括、精练”，是指表述内容的时候，少写或不写烦琐的工作过程，要用结论性、要求性的语言，表述出某项工作的结果，表达出希望或要求。

（2）专题报告。这种报告是本单位、本部门或本地区、本系统就某项工作或某个问题，向上级领导部门所写的汇报性报告。其内容与综合性报告差不多，但也有自身的特点：

一是内容专一。即一份专题报告只反映某一方面的情况和问题。除了写出事件的结果以外，常常把重点放在情况的阐述、事情的原委、性质的分析和自己的看法上。如果是反映成绩的报告，则应把重点放在做法、成绩、经验和总结上。也可就某一问题专门提出建议。

二是针对性强。这主要反映在两个方面：一方面，日常工作中出现的新情况、新问题，向上级汇报以后可以及时得到支持或指示；另一方面，上级部门在安排部署某项工作任务时，就要求下级单位在一定期间把工作进展情况按期向领导汇报，领导要求什么，就汇报什么。

汇报性报告主要便于领导掌握情况，为决策提供信息，除其中少数领导批转下发外，一般只予呈送，并不要求领导回答或批准什么问题。

2. 答复性报告

答复性报告是针对上级领导部门或业务管理部门所提出的问题或某些要求而写出的报告。这种报告要求问什么答什么，不要涉及询问以外的问题或情况。

3. 呈报性报告

呈报性报告是下级向上级报送文件、物件时呈报的一种报告。一般是一两句话说明报送文件或物件的根据或目的以及与文件、物件有关的事宜。

4. 例行工作报告

例行工作报告是下级机关或企事业单位，因工作需要定期向上级领导机关或业务主管部门所写的报告。如财务部门定期向业务主管部门和财政、税收、银行等业务指导机关所呈送的财务报表，包括月报、季报、年报等。

带有附件的报告，在正文左下方空 2 格注明“附件:”及附件名称。

在正文右下方，留出几行空白，写发文单位名称，这是不可省略的部分，必须使用全称或通用的简称。

在发文单位下方，书写发文的年、月、日。除红头铅印文件外，均应加盖单位印章。

（三）写作应注意的问题

1. 报告的格式要规范

签发人和发文单位要注明，要盖印，恰当安排发文字号标注的位置，不要写成多头报告。

2. 对报告内容的要求

（1）要反映实际情况，报告的生命力就在于实事求是。要做到这一点，不仅要有正确的指导思想和认真的调查研究，还应注意：第一，报告中的事件、数字、人名、地名都应是准确、真实的；第二，切忌以偏概全，要选取能反映事物的主流和本质及整体面貌的材料；第三，要客观地反映情况，不能报喜不报忧。

（2）报告的内容要有重点、有特色，即有代表性，能反映代表发展方向的事物。报告要求内容全面，但并非面面俱到、不得要领。

（3）要用事实说话，言之有物，以陈述为主，不要把领导的指示又重复一次。因为报告是上行文，领导需要了解基层的具体情况和做法以及群众的认识和想法。

（4）内容要简洁概括，短小精悍，以千字文为好。所以，要明确主题，适当选材，表达简练。

【例 9－10】

××市旅游局关于旅游系统行风评议工作的报告

××省旅游局：

我局自 4 月初以来，扎实落实市纠风办《关于 20××年民主评议行风工作的实施意见》，结合我市旅游行风建设的实际情况认真开展行风评议工作，取得了一定成效，现将前阶段行风评议工作报告如下：

一、组织干部职工认真学习、领会《暂行规定》，省政府纠风办《关于20××年民主评议行风工作意见》和上级主管部门的有关文件精神，广泛开展动员工作。

（略）

二、制定工作方案，建立健全机构，加强领导，从组织上保障行风评议工作有序开展。

（略）

三、通过多种方式，深入实际，广泛听取和征求意见。

（略）

四、结合群众意见，对照评议内容，认真开展自查自评和整改工作。

1. 在贯彻落实中央、省委、市委关于党风廉政建设和反腐败工作方面，我局党组专门开会，要求全体党员干部要严格执行党的有关方针政策，廉洁自律，局领导班子要带头遵守和执行各项规章。局长负总责，亲自抓，要求局办公室将汇编成册的《××市旅游局内部管理制度汇编》发给每一位干部，全体工作人员要认真学习并遵照执行。要尽快配齐领导班子。多年来，我局未发现一起违纪违规案件，党风廉政建设一直开展得较好。

2. 我局于5月份及时制定并实施了《××市旅游系统20××年行风评议工作方案》，对全系统开展行风评议工作提出了具体的计划和要求，并将有关工作责任到人。……局领导在此后两个月内多次深入到……现场办公，以实际行动体现了服务基层、服务企业的决心。管理科几乎两天一次，深入到……企业，提供现场服务，指导酒店星评工作和旅行社工作。这些深入基层、现场办公的工作作风受到了广大企业的欢迎和好评。

3. 旅游招商引资是今年我局工作的重中之重，局领导亲自出马，历经半年时间，以诚意和良好的服务意识服务投资商，终于引进了港中旅这一国内旅游第一品牌公司进驻××市，斥资15亿元建造世界一流的度假、疗养大型项目。（略）

4. （略）

5. （略）

6. （略）

7. （略）

8. 加强对机关工作人员的教育，切实改进局机关在作风建设过程中存在的问题。（略）

9. 提高导游人员的素质，加强对导游的职业道德教育和业务培训。（略）

五、自我评价。

（略）

六、存在的问题和进一步整改措施。

具体而言，我们认为我市旅游系统行风建设方面尚存在如下问题：

1. 在政治理论学习，尤其是在党风廉政方面的学习上局限于局机关；广大旅游企业员工的思想教育，尤其是旅行社从业人员的思想教育工作做得不够，需要加强，要形成制度化。

2. 对旅游市场秩序的治理和规范工作，只取得阶段性成绩。（略）

3. 我局行政审批制度及公开办事程序尚需进一步清理和简化。

针对上述问题，经我局党组研究决定，准备采取下列措施加以整改：

1. 加强对全行业旅游从业人员政治思想教育的指导工作，旅游协会培训中心将在全市导游人员年审培训课程安排上专门加入思想、道德教育方面的内容。

2. 由我局管理科、资源科负责在9月底之前全面清理我局行政审批制度，进一步简化办事程序。

我局的行风评议工作得到了市纠风办和全体行评代表的有力指导和帮助，使我们的工作取得了一定成绩，同时我们也在行风评议中看到了我们工作中的不足和存在的问题。今后我们一定要在市纠风办的指导下，按照市委市政府的统一要求，进一步把我市行风评议工作做实做好，努力营造一个良好的旅游环境，争创中国最佳旅游城市。

特此报告。

××市旅游局

20××年8月6日

二、请示

（一）定义和种类

1. 定义

请示是上行公文，是下级单位就某一工作或事项向上级机关请求做出指示、给予答复和审核与批准时使用的。下级单位在请求上级领导就某项方针、政策或重要工作的开展给以指导和肯定时，也可使用此文种。

请示、报告同属上行文，但在写作内容、应用范围、处理结果上却是不同的。所以不能将两种文体合写为“请示报告”。凡是下级机关无权或无力决定、解决或阐释的问题，都要向上级提前请示。这既是对上级的尊重，也是减少工作失误的保证。

请示使用的范围如下：

（1）上级规定一定要经过请示批准才能办理的事项，必须请示。

（2）本部门无权处理的事项，要向上级请示。

（3）有明文规定，又要求上级主管部门在执行中有所变通，在政策允许范围中可以“具体情况具体分析”的，可向上级做变通请示，它要求说明缘由，从实际出发，且注明变通的幅度。

（4）涉及面广、有重大内容的事项，即使上级明确规定或按惯例可以办理的，也应向上级请示。

（5）对某项工作或事项，领导层认识不同，又无法统一时，可向上级请示，以便统一认识，正确执行。

（6）要求有关上级主管部门对现行政策、法令及当前形势下变化快的问题做出明确答复、指示时，写请示可得到上级的阐释。

（7）对工作中出现的新情况、新问题，本单位或部门无力判断或判断不准的，应该请示。在当前社会主义市场经济中，这种请示具有特殊的意义。

2. 种类

从行文目的看，“请示”主要有请求指示和请求批准两类。

(1) 请求指示。下级机关在执行政策时遇到困难或出现新的情况，需要变通，或执行政策时尚有不太清楚明了的地方，或对上级机关某个决定有看法，可以向上级机关请求指示。

(2) 请求批准。下级机关就某项工作、某个问题请求上级机关给予审定、核准、认可；或在人、财、物方面有困难，需要上级给予帮助解决的，都必须请示。比如，机构设置、人事变动、项目安排、经费增拨和设施改善等，都属请求批准请示的内容。

(二) 写法

1. 标题

完全标题由发文机关、请示事由和文种三部分构成，这是规范的标题。如“宏大公司关于所属燕奇国际文化交流公司设立广告部的请示”。

不完全标题只有请示事由和文种，如“关于为秘书处增加办公经费的请示”。一般习惯在下述情况中使用此类标题：一是单位内部的请示，不完全标题可避免语气的生硬；二是印有红头的文件，请示时可不用完全标题。

2. 主送机关

主送机关即需要直接送达的主管部门。请示的主送机关只能有一个，即有权批示的机关，不能并写多个机关，以免延误工作。

3. 正文

正文是请示的关键，需仔细推敲。请示的正文通常包括三部分内容。

(1) 请示缘由。请示的开头要写明原因和理由，有的请示事项较重大、较复杂，往往会用稍长的篇幅，可分几个层次或从不同角度加以说明。不论篇幅长短，都必须把原因说清楚，为请示事项提出充足的事实依据。

(2) 请示事项。应对需要上级审批的问题做出具体明确的说明，提出切实可行的意见。比如：在请示中提出两种不同方案供上级选择，应说明本机关认为哪一方案较好，否则就是矛盾上交。

(3) 请求批复。请示的结尾一般用“以上请示，当否，请批复”，或“以上请示，请批复”收束。请求批复要写得谦和得体，不宜用“请从速批复”“请尽快解决”之类的请求语。

上述写法只是就一般情况而言，实际情况多种多样，尚需在掌握基本结构的基础上灵活运用。

4. 发文单位

发文单位是指落款中的制发文件单位或部门。无论标题中是否已有发文单位，在正文之后都要写上发文单位名称并加盖公章，并且一定要注明全称。

5. 发文日期

发文日期即文件发出日期，用汉语数字写清年、月、日。

(三) 写作要注意的问题

1. 请示与报告的区别

请示与报告同属上行公文，经常混淆，必须要注意它们的区别：

（1）在行文时间上不同。请示写在事前或工作过程中，不能在事后请示；报告写于事后，情况发生在前，也可事中报告。

（2）在行文目的上不同。报告是下情上达，不要求上级批准；请示要求上级给予批准。

（3）在行文内容上不同。请示要求上级尽快答复，带有解决问题的迫切性；而报告是以向上级汇报、反映情况为主要内容。

（4）在写法上不同。请示需注明缘由和事项；报告则主要汇报工作，陈述情况，分析问题，提出看法。

（5）在处理文件上不同。有请示，上级机关就一定要在短时期内给予答复，即有请示就有批复；而报告无须上级给予答复，可根据需要予以转发。

2. 请示常见的毛病

（1）将请示、报告杂糅在一起写，文章和标题不相符。

（2）提出的解决方案没有以政策为依据，造成偏颇，使上级无法批复。

（3）重叠使用祈使句，语气过于迫切。

（4）行文请示过多，不太重要的问题也进行请示。

（5）一份请示却请示多件事。

（6）多头主送，造成工作延误。

（7）请示擅自越级。遇有特殊情况，应抄报被越过的机关。请示是公文，要由文件处理部门按规定程序处理，不要当作私人文件直送某领导。

例 9－11 标题由发文事由和文种组成，是一篇请求批准的请示，首先提出请示的目的，然后逐条提出请示事由，层次清晰，结语规范。

【例 9－11】

关于下拨 2015—2016 年冬春救助资金的请示

民政字〔2016〕2 号

县政府：

近日，甘肃省财政厅、甘肃省民政厅下发《关于下达 2015—2016 年度冬春生活困难救助补助资金的通知》（甘财社〔2016〕3 号），下达我县冬春救助资金 131 万元。根据 2015—2016 年度全国冬春救助工作视频会议精神，为切实保障困难群众冬春期间基本生活，结合我县自然灾害发生和各乡镇上报灾情及冬春需救助调查情况，拟下拨救助资金 131 万元，其中：取暖煤款 10 万元（用于五保户，已发放），困难群众生活救助金 121 万元，用于冬春期间因灾（自然灾害）生活困难群众救助。现就有关事宜请示如下：

一、救助原则

1. 坚持政府主导、社会互助、生产自救的原则；

2. 坚持分类救助、突出重点的原则；

3. 坚持公开、公平、公正、透明的原则；

4. 坚持分级负责、管理规范的原则。

二、救助对象

此次下拨的救助资金，主要用于冬春期间因灾（自然灾害）困难群众口粮、衣被和取暖救助。

三、救助方式和救助标准

本次救助采取现金救助方式。按照各乡镇受灾情况和需救助困难人口数量进行分配，侧重移民乡镇和受灾严重的乡镇。救助标准原则上控制在每户300～500元，受灾严重造成家庭特别困难的可适当提高救助标准。

四、发放程序和发放形式

严格按照本人申请或村民小组会议提名、村委会民主评议、登记造册、张榜公示、乡镇政府审核的程序，确定救助对象上报县民政局审批后，由县财政通过惠农专户或“一折统”直接发放到户。

妥否，请批示。

附件：瓜州县2015—2016年冬春救助资金分配表（略）

瓜州县民政局

2016年1月27日

第七节 批复、函

一、批复

（一）定义和特点

1. 定义

批复是对下级请示的答复，属下行文。它是上级机关答复下级机关请示事项时使用的公文。

2. 特点

批复具有以下特点：

（1）批复的针对性。它只对请示的事项进行批复，不像批示针对的文种较多，如报告、计划、总结、意见等。

（2）行文具有被动性。批复的写作以下级的请示为前提，先有上报的请示，后有下发的批复，一来一往，被动行文，这一点与其他公文有所不同。

（3）效用的权威性。批复表示的是上级机关的结论性意见，下级机关对上级机关的答复必须认真贯彻执行，不得违背。批复的效用在这方面类似命令、决定，带有很强的权威性。

（4）内容具有针对性。批复要针对请示事项表明是否同意或是否可行的态度，批复事项必须针对请示内容来答复，而不能另找与请示内容不相关的话题。因此批复的内容必须明确、简洁，以利下级机关贯彻执行。

（二）写法

1. 标题

标题由批复机关、批复事项和批复文种三部分组成。如“××公司对《××的请示》的批复”。也可只写批复机关及文种两部分。

2. 主送单位

主送单位即来文请示的单位。其位置在标题之下，正文之上。批复是有针对性的，所以不可缺少主送单位。

3. 正文

正文分为开头、内容和结语三部分。

（1）开头一般注明批复的依据，用以说明是针对哪个请示所做的批复，要求写得完整、严谨、明确。注意不可简单写成“××年×月×日来文收悉”，因为上级机关的来文很多，若不写清，容易出现差错。

（2）请示的内容决定批复的写法。下级机关只就某个具体事项请示，则批复的内容亦简单明了，可直接表态，同意的就写上肯定意见，不同意的要提出有根据的、有针对性的缘由。有的批复具有一定的普遍性，则需上级机关较为详细地写明批复态度，充分阐明理由。还有些批复可在同意的前提下，原则性地提出希望。如“希望在弘扬民族文化、促进民族文化与国际文化交流方面，在发扬我公司企业文化传统方面，做出努力”。

（3）结语使用的语言要简短，语气要坚决，态度要鲜明。对请示的批复一般分三种意见：完全同意、不完全同意、完全不同意。意见不同写法也不同。

其一，对完全同意的批复，可以不写同意的事由，只表明态度。例如：“你指挥部银水字〔2017〕4号请示收悉，经董事会研究，同意黑龙潭旅游度假村提前开工（日期为2017年2月6日）。”

其二，对不完全同意的批复，应先说明同意部分，再讲清不同意部分及其原因。例如：“你部公关字〔2016〕12号请示收悉，经研究，同意购置电脑一台，但囿于经费所限，暂不同意购置轻型印刷设备。”对于同意的部分，应注明批准的范围，尤其是对经济建设项目的审批，更要限定范围，不能笼统。

其三，对完全不同意的批复，一定要讲明不同意的理由和根据。因为对下级的请示会有完全不同的理解，所以要在周密的思考和研究后，清楚、肯定、有针对性地答复下级请示，不能使用有歧义的词语。可以在发文之前，先向下级单位讲明理由和依据，然后一次性批复清楚，防止下级再次请示。

批复的结尾多用“此复”“特此批复”等习惯用语。

4. 发文机关与发文日期

发文机关、发文日期也是不可遗漏和忽视的部分，并且要书写完整。

（三）写作应注意的问题

（1）要针对一件事进行批复，不能一文多项批复。掌握好批复的使用范围，不要凡事都用这一文种。

（2）要针对下级请示的内容批复。

（3）态度明确、观点鲜明，切忌模棱两可。

（4）内容要准确、简明，既要符合政策，也要平衡横向关系，避免引起矛盾。

（5）准确引用来文请示的标题、文号，并概括写出对原文的主要内容。

（6）标题明确，最好能概括批复的基本内容。

【例 9－12】

国务院关于大连市城市总体规划的批复

国函〔2017〕45 号

辽宁省人民政府：

你省关于报请审批大连市城市总体规划的请示收悉。现批复如下：

一、原则同意《大连市城市总体规划（2001—2020 年）（2017 年修订）》（以下简称《总体规划》）。

大连是北方沿海重要的中心城市、港口及风景旅游城市。《总体规划》实施要深入贯彻党的十八大和十八届三中、四中、五中、六中全会及中央城镇化工作会议、中央城市工作会议精神，认真落实创新、协调、绿色、开放、共享的发展理念，认识、尊重和顺应城市发展规律，坚持经济、社会、人口、环境和资源相协调的可持续发展战略，提高新型城镇化质量和水平，统筹做好大连市城乡规划、建设和管理的各项工作，逐步把大连市建设成为经济繁荣、和谐宜居、生态良好、富有活力、特色鲜明的现代化城市和东北亚国际航运中心、国际物流中心。

二、重视城乡区域统筹发展。在《总体规划》确定的 5 558 平方公里城市规划区范围内，实行城乡统一规划管理。加强城中村和城乡结合部地区的规划建设管理，城镇基础设施、公共服务设施的建设应当统筹考虑为周边农村提供服务。根据市域内不同地区的条件，重点发展县城和基础条件好、发展潜力大的重点镇，优化村镇布局，加强对村镇建设的指导，推进城乡基本公共服务均等化。

三、合理控制城市规模。到 2020 年，中心城区常住人口控制在 500 万人以内，城市建设用地控制在 496 平方公里以内。要贯彻落实城乡规划法关于先规划后建设的原则，禁止在《总体规划》确定的建设用地范围之外设立各类开发区和城市新区。要根据大连市资源、环境的实际条件以及《总体规划》确定的城市空间布局，划定城市开发边界，加强边界管控，促进城市紧凑布局。增强城市内部布局的合理性，提升城市的通透性和微循环能力。坚持节约和集约利用土地，严格控制新增建设用地，加大存量用地挖潜力度，合理开发利用城市地下空间资源，提高土地利用效率，切实保护好耕地特别是基本农田。

四、做好大连金普新区规划建设。要按照《国务院关于同意设立大连金普新区的批复》（国函〔2014〕76 号）要求，不断提升产业层次，完善服务功能，提高国际竞争力，努力将大连金普新区建设成为我国面向东北亚区域开放合作的战略高地、引领东北地区全面振兴的重要增长极、老工业基地转变发展方式的先导区、体制机制创新与自主创新的示范区、新型城镇化和城乡统筹的先行区。

五、完善城市基础设施体系。要按照绿色循环低碳的理念规划建设城市基础设施。进一步完善公路、铁路、机场、港口等交通基础设施，改善城市与周边地区交通运输条件，加强城市内外交通衔接。发展轨道交通，建立以公共交通为主体，各种交通方式相结合的多层次、多类型的城市综合交通体系，方便不同交通方式的换乘。做好停车场规划布局，推动城市停车场建设。坚持先地下、后地上的原则，统筹规划建设城市供水水源和给排水、垃圾处理等基础设施，积极有序地开展地下综合管廊建设。划定基础设施黄线保护范围，加强对各类设施用地的规划控制和预留。高度重视城市防灾减灾工作，加强灾害监测预警系统和重点防灾设施的建设，建立健全包括消防、人防、防洪、防震和防地质灾害等在内的城市综合防灾体系。

六、建设资源节约型和环境友好型城市。要按照促进生产空间集约高效、生活空间宜居适度、生态空间山清水秀的总体要求，形成合理的城市空间结构，促进经济建设、城乡建设和环境建设同步发展。要切实做好节能减排工作，加快淘汰落后产能，严格控制污染物排放总量，积极发展绿色建筑。加强城市环境综合治理，提高污水处理率和垃圾无害化处理率，限期达到《总体规划》提出的各类环境保护目标。划定城市蓝线保护范围，结合水域自然形态进行保护和整治，提高水资源利用效率和效益，建设节水型城市。积极推行低影响开发模式，推进海绵城市建设。加强绿化工作，划定城市绿地系统的绿线保护范围。要加强对金石滩等风景名胜区、自然保护区以及湿地、水源地等特殊生态功能区的保护，制定并严格实施有关保护措施。

七、创造优良的人居环境。要坚持以人为本，统筹安排关系人民群众切身利益的教育、医疗、市政等公共服务设施的规划布局和建设。将城市保障性住房的建设目标纳入近期建设规划，确保保障性住房用地的分期供给规模、区位布局和资金投入。加快棚户区、城中村、城乡危房改造及配套基础设施建设，根据城市的实际需要与可能，稳步推进城市有机更新。不断完善城市管理和服务，提高城市发展的宜居性，努力把城市建设成为人与人、人与自然和谐共处的美丽家园。

八、重视历史文化和风貌特色保护。要统筹协调发展与保护的关系，按照整体保护的原则，切实保护好城市传统风貌和格局。要落实历史文化遗产保护和紫线管理要求，重点保护好历史城区、历史文化街区、各级文物保护单位及其周围环境。要加强对重要地段建筑高度、体量和样式的规划引导和控制，做好城市整体设计，延续城市文脉，突出山、海、岛、城有机交融的城市风貌特色。

九、严格实施《总体规划》。城市建设要实现经济社会协调发展，物质文明和精神文明共同进步。城市管理要健全民主法治，坚持依法治市，构建和谐社会。《总体规划》是大连市城市发展、建设和管理的基本依据，城市规划区内的一切建设活动都必须符合《总体规划》的要求。要结合国民经济和社会发展规划，明确实施《总体规划》的重点和建设时序。城市规划行政主管部门要依法对城市规划区范围内（包括各类开发区）的一切建设用地与建设活动实行统一、严格的规划管理，市级城市规划管理权不得下放，切实保障规划的实施。要加强公众和社会监督，提高全社会遵守城市规划的意识。驻大连市各单位都要遵守有关法规及《总体规划》，支持大连市人民政府的工作，共同努力，把大连市规划好、建设好、管理好。

大连市人民政府要根据本批复精神，认真组织实施《总体规划》，任何单位和个人不得随意改变。你省和住房城乡建设部要加强对《总体规划》实施工作的指导、监督和检查。

国务院
2017 年 4 月 9 日

二、函

（一）定义和种类

1. 定义

平行机关或不相隶属机关之间，互相联系和洽谈工作，或咨询、答复问题时，或向有关主管部门请求批准时所使用的平行公文称为函。

因函具有平等性和商洽性，在各级单位中普遍使用。它既可用于平级单位或无隶属关系的单位，也可用于上下级之间。对不宜使用“请示”的文种，但又需报请有关主管部门批准事项或问题的，也可使用函。

2. 种类

依据行文内容，函可分为四种：

（1）便函。便函一般采用书信格式，不拟文件标题，只有上下款和日期，不编文件号，发出时可盖公章，也可签个人姓名。

（2）商洽函。商洽函主要用于不相隶属机关之间商量洽谈办理某一事情，如联系参观、学习，商洽干部调动、请求帮助支持等。

（3）问答函。问答函主要用于向对方询问或答复某一事项。问答函包括询问函和复函两种类型。复函与批复和答复性报告都属答复性公文，但三者又有所区别。复函的对象，一般是不相隶属的机关，属平行文；批复的对象是下级机关，属下行文；答复性报告的对象是上级机关，属上行文。

（4）请批函。请批函用于向有关主管部门请求批准某一事项。所谓有关主管部门，指对请批的事项有决定权和批准权的部门。主管部门多是职能部门。请批函与请示都有“请求批准”的意愿，但二者适用对象不同。请示的对象是有隶属关系的直接上级，属上行文；请批函的对象是无隶属关系的主管部门，属平行文。

（二）写法

函虽是公文的一种，但有时不受公文格式的严格限制，可不使用公文文头，不编公文的文号，甚至可以不拟正式标题，所以其写法简便灵活。

1. 标题

规范的标题包括发函机关、事由和文种名称，如“××公司关于为房地产开发部使用××银行低息贷款的担保函”。也可用不完全标题，如“关于商洽保密问题的函”。

2. 收文机关

收文机关要写在正文之前，注明该单位的全称，以示尊重。它是不可缺少的部分。

3. 正文

函的正文主要由缘由和事项两部分构成，有的附加结尾。

（1）缘由。正文要写明发函的原因、依据。缘由的写法，除问答函（指复函）有一定模式可循外，商洽函、请批函均无模式可循。不同内容有不同写法。复函的缘由常见写法是：“××日来函收悉”，或“关于……的函收悉”。商洽函、请批函的缘由写明商洽、请批某事的原因理由即可。

（2）事项。正文要写明商洽、请批、答复的具体内容。常见写法有两种：第一种写法是一段到底，把事项与缘由融合起来。第二种写法是事项与缘由分开，事项部分依据内容分条来写。

（3）结尾。有的函意完即止，无特殊的结尾标志；有的函在结尾处写上“特此函告”或“盼复”“请函复”；若是复函，则写上“特此函复”。

4. 发函单位

发函单位要写全称，并加盖单位公章。

5. 发函日期

发函日期位于印章下方，写明年、月、日。

（三）写作应注意的问题

（1）以内容为主要衡量依据，正确区分公函和便函。

（2）因为函多用于平行机关之间和无隶属关系的机关间，不是上下级关系，所以语气要缓和、平等，行文语言要朴实。

（3）发函要把函件内容写清楚，内容多的要分条列项来写，以保证整体结构清晰。复函时的回答要有针对性，要实事求是，具体明确。

例 9－13 属于不相隶属机关的联合发文，标题由发文机关、事由和文种构成。全文语言朴实，文章简洁地介绍了发函的原因和事项。结构清晰易懂，文末标明了发文机关和日期，符合函的写作要求。

【例 9－13】

国家发展改革委办公厅 住房城乡建设部办公厅
关于征求对《垃圾强制分类制度方案
（征求意见稿）》意见的函

发改办环资〔2016〕1467 号

中央财经领导小组办公室，教育部、科技部、工业和信息化部、财政部、国土资源部、环境保护部、农业部、商务部、卫生计生委、税务总局、质检总局、旅游局、全国爱卫会办公厅（室），各省、自治区、直辖市及计划单列市、省会城市人民政府办公厅：

根据《中共中央国务院关于加快推进生态文明建设的意见》和《生态文明体制改革总体方案》的要求，国家发展改革委会同住房和城乡建设部组织起草了《垃圾强制分类制度方案（征求意见稿）》。现印送你们，请结合工作研提意见，并将书面意见于 6 月 30 日前反馈国家发展改革委（环资司）和住房和城乡建设部（城建司）。请相关省、自治区同时征求确定为第一批生活垃圾分类示范城市（区）人民政府的意见，并将意见一并反馈。

发展改革委资源节约和环境保护司联系人：陈××

电话：（010）6850×××× 传真：（010）6850××××

住房城乡建设部城市建设司联系人：李××

电话：（010）5893×××× 传真：（010）5893××××

附件：《垃圾强制分类制度方案（征求意见稿）》

国家发展改革委办公厅
住房和城乡建设部办公厅
2016 年 6 月 15 日

第八节　纪要

一、定义和特点

（一）定义

纪要是在会议记录的基础上，对会议的主要内容及议定的事项，综合概括后形成的具有纪实性和指导性的文种。它适用于记载、传达会议情况和议定事项。其主要用于例会（如各种办公会）、座谈会、专题会及工作会议。纪要可使上级了解会议情况，便于及时指导，也可向与会机关、单位或个人传达会议精神及议定的事项，以便贯彻执行。会议议定事项是本单位、本地区、本系统开展工作的依据。有的纪要的精神也可供别的单位、别的系统参考。

纪要与会议记录是有区别的。二者的主要区别是：首先是性质不同。会议记录是讨论发言的实录，属事务文书；会议纪要只记要点，是法定行政公文。其次是功能不同。会议记录一般不公开，无须传达或传阅，只作资料存档；会议纪要通常要在一定范围内传达或传阅，要求贯彻执行。

（二）特点

1. 内容的纪实性

纪要如实地反映会议内容，它不能离开会议实际进行再创作，不能人为地拔高、深化和填平补齐。否则，就会失去其内容的客观真实性，违反了纪实性的要求。

2. 表达的要点性

纪要是依据会议情况综合而成的。撰写纪要应围绕会议主旨及主要成果来整理、提炼和概括。重点应放在介绍会议成果上，而不是叙述会议的过程，切忌记流水账。

3. 称谓的特殊性

纪要一般采用第三人称写法。由于会议纪要反映的是与会人员的集体意志和意向，常以“会议”作为表述主体，“会议决定”“会议认为”“会议要求”“会议指出”“会议号召”等就是称谓特殊性的表现。

二、写法

（一）标题

纪要的标题有单标题和双标题两种形式。

（1）单标题由“会议名称＋文种”构成。

（2）双标题由“正标题＋副标题”构成。正标题揭示会议主旨，副标题标示会议名称和文种。

（二）成文日期

成文日期通常写在标题之下，位置居中，并用括号括起。

（三）正文

纪要的正文大多由导言和主体构成。具体写法依会议内容和类型而定。

1. 导言

导言主要用于概述会议基本情况。其内容一般包括会议名称、会期会址、参加人员、主持人和会议议程等。具体写法常见的有两种：

(1) 平列式。将会议的时间、地点、参加人员和主持人以及会议议程等基本情况分条列出。这种写法多见于办公会议纪要。

(2) 鱼贯式。将会议的基本情况作为一段概述，使人看后对会议有个整体的了解。

2. 主体

主体是纪要的核心部分，主要介绍会议议定事项。常见的写法有三种：

(1) 条文式。就是把会议议定的事项分条写出来。办公会议纪要、工作会议纪要多用这种写法。

(2) 综述式。就是将会议所讨论、研究的问题综合成若干部分，每个部分谈一个方面的内容。较复杂的工作会议或经验交流会议纪要多用这种写法。

(3) 摘记式。就是把与会人员的发言要点记录下来。一般在记录发言人首次发言时，在其姓名后用括号注明发言人所在单位和职务。为了便于把握发言内容，有时根据会议议题，在发言人前面冠以小标题，在小标题下写发言人的名字。一些重要的座谈会纪要，常用这种写法。

总之，无论是哪种写法，都要围绕会议的中心和目的来选材、剪裁，突出重点。

(四) 结尾

结尾通常提出希望、号召，要求有关单位认真贯彻会议精神。也可以只写主体部分，其最后一项即为全文结尾。

三、写作应注意的问题

(1) 防止脱离会议内容。写作这一类公文时，不能随意增删会议内容，也不应擅加评论，要客观地记录。会议纪要要求忠实于会议，正确反映会议的实际情况。

(2) 切忌事无巨细，主次不分。这就要求紧紧把握会议宗旨，有重点地综合与会者的发言，简洁、准确地表达会议议定的事项。

(3) 写作纪要应注意口气。通常在每一问题或段落的开头，用“会议认为”“会议提出”等用语，或直接写出单位或人员名称，如“×××表示”等，也可直叙其事。

例 9－14 为单标题纪要，标题由会议名称和文种组成。本文采用综述式的写法将会议所讨论研究的问题综合成若干部分，每个部分谈论一个方面的问题。全文条理清楚、用语准确。

【例 9－14】

内地高等学校支援新疆第七次协作计划工作部署会议纪要

一

2016 年 1 月 9 日，教育部、国家民委、新疆维吾尔自治区人民政府联合召开内地高等学校支援新疆第七次协作计划工作部署会议。教育部副部长朱之文，国家民委副主任陈改户，新疆维吾尔自治区党委常委、人民政府副主席艾尔肯·吐尼亚孜出席会议并讲话。山东省教育厅、广州大学、厦门大学、中南民族大学、哈尔滨工程大学以及协作计划优秀毕业生代表做了大会交流发言。教育部、国家民委、工业和信息化部、公安部、外交部、国家体育总局、中国民用航空局、中国科学院有关司局，北京、天津、河北、山西、辽宁、吉林、黑龙江、上海、江苏、浙江、安徽、福建、江西、山东、河南、湖北、湖南、广东、重庆、四川、云南、陕西、甘肃、宁夏、新疆等25个省（区、市）教育行政部门，中央部门和地方所属有关高校的有关负责同志参加会议。

会议指出，党的十八大以来，中央先后召开了第二次新疆工作座谈会、中央民族工作会议等重要会议，习近平总书记、李克强总理、俞正声主席等中央领导同志发表了重要讲话，做出了一系列重要指示，明确了当前和今后一个时期新疆工作的指导思想、目标任务和政策措施，为进一步做好内地高校支援新疆协作计划工作指明了方向。我们要认真学习，深刻领会，切实把思想和行动统一到中央精神上来，深刻认识新疆工作的特殊性重要性，准确把握中央关于新疆工作的总体要求，全面落实中央关于新疆教育工作的决策部署，系统谋划和推进内地高校支援新疆协作计划工作。

会议强调，实施内地高校支援新疆协作计划，是党中央、国务院做出的重要决策，充分体现了中央对新疆少数民族人才培养的高度重视。自1989年以来，在有关部门的大力支持下，各地党委政府和各高校加强组织领导，强化思想政治教育，加强工作队伍建设，不断提升培养能力，成效十分显著。协作计划已顺利实施6期，招生学校达300余所，累计招生6.4万人，为新疆输送了2.9万余名毕业生，为促进新疆经济社会发展，维护祖国统一和民族团结，实现国家长治久安做出了积极贡献。实践证明，协作计划在保障新疆少数民族受教育权利，提高新疆各民族科学文化素质，传承中华民族优秀传统文化，增强中华民族凝聚力和向心力等方面发挥了重要作用。

会议部署了2016—2020年内地高校支援新疆协作计划招生培养任务。“十三五”期间，协作计划共计招收4.5万人，重点培养丝绸之路经济带核心区建设和新疆产业结构调整升级所急需的农牧、能源、纺织、水利、建筑、商贸等行业的专门人才以及南疆农村中小学双语教师。承担任务的25个省（区、市）教育行政部门和部委属高校，分别与新疆维吾尔自治区教育厅签署了第七期协作计划培养协议。

二

会议指出，今后五年，是全面建成小康社会的决胜阶段，是精准扶贫、精准脱贫的攻坚阶段，也是推进新疆经济发展、社会稳定和实现国家长治久安的关键时期。各地、各部门和高校要把落实好第七期协作计划作为重要的政治任务，全力以赴，抓紧抓好。

一是确保社会主义办学方向。坚持立德树人，把学生培养成为维护民族团结和国家统一的中坚力量。深入开展社会主义核心价值观教育，坚持不懈开展爱国主义和民族团结教育，使学生牢固树立“五个认同”“三个离不开”思想。深入推进交往交流交融，搭建各族学生交往交流平台，推进各族学生混合住宿、混班教学全覆盖。引导学生正确认识和看待宗教问题，坚决抵制宗教极端思想渗透。

二是落实好协议招生任务。各高校要按照协议规定，逐步扩大招生规模，优化招生结构，提高理工类特别是应用型、技术型学科专业招生比例。多渠道扩大师范生招生规模，满足新疆特别是南疆对合格双语教师的迫切需求。新疆要充分发挥招生政策对双语教育发展的引领作用，合理安排民考汉、双语班、民考民招生计划比例。

三是提高人才培养质量。把提高培养质量作为核心工作来抓，夯实学生基础知识，深化预科教育教学改革，探索预科与本科阶段的有机衔接，完善预科结业会考等制度和淘汰机制，确保预科培养质量。抓好学生专业学习，加强课堂教学，强化课后辅导，严把考核、评价关，不随意降低学业合格标准。提高学生综合素质，强化实践教学环节，全面提高学生的社会责任感、创新精神和实践能力。

四是强化管理服务。严格管理，按照统一标准、统一要求、统一管理的原则，加强学生的学籍管理、教学管理、安全管理和校园网络管理。细化服务，尊重少数民族学生饮食习惯，办好清真食堂。加大助学工作力度，落实好国家助学政策，并向少数民族家庭经济困难学生倾斜，确保应助尽助，帮助学生解决好学习生活、交往、交流等困难和问题。

五是加强队伍建设。配好专业课教师，安排教学经验丰富、教学能力强、有敬业奉献精神的教师承担教学任务。配齐少数民族管理教师，新疆少数民族学生集中的学校，要按规定要求，配齐政治素质高、懂双语、会管理的少数民族辅导员，并推广设立少数民族学生工作室。新疆少数民族学生集中的省市，要逐步推广设立工作站，统筹协调当地少数民族学生教育管理服务。重视培养学生骨干，积极发展优秀少数民族学生入党，鼓励少数民族学生参加学校社团组织，发挥少数民族学生骨干的自我管理作用。

六是抓好就业创业教育和指导服务。加强就业创业教育，抓好就业指导课程建设，提升教学效果，强化创新创业实践，推进协同育人，提高学生就业创业能力，鼓励毕业生到企业就业、到基层就业、在内地就业和自主创业。落实好就业扶助政策，对就业困难的少数民族学生要安排就业补助资金、优先推荐就业单位、提供便利条件。新疆要进一步加强就业指导服务平台建设，充分利用移动互联网平台向学生发布就业信息，组织在疆企事业单位分片区到内地高校召开专场招聘会，协调在疆中央企业定向招录内地高校少数民族毕业生。要抓好毕业生的培养使用，帮助他们尽快成长。

七是切实加强组织领导和保障。充分发挥党组织领导核心作用，党组织主要负责同志要亲自抓，分管负责同志要重点抓，有关部门要分工负责、密切合作，及时研究解决难点、热点问题。要健全工作机制，明确职责分工，加强沟通协调，形成工作合力。要高度重视做好舆论宣传工作，形成良好的工作环境和舆论氛围。

三

会议明确了各有关方面的工作职责。

（一）教育部负责协作计划的宏观管理和综合协调，制定招生、教育教学和学生管理等方面的政策措施，监督检查协作计划执行情况。

（二）国家民委负责指导协助有关省（区、市）教育行政部门和有关高校处理涉及民族方面的特殊性工作。

（三）有关部门（单位）教育司（局）和有关省（区、市）教育行政部门确定专人负责协调落实年度招生计划，帮助解决学校招生培养工作中出现的困难和问题。

（四）各高校根据新疆实际需求，合理安排招生专业，按新疆维吾尔自治区招委会确定的各批次录取最低控制分数线，根据考生高考成绩、志愿从高分到低分录取。加强学生的思想政治教育和教育管理服务工作，不断提高学生培养质量。

（五）新疆维吾尔自治区做好人才需求预测，加强与各高校的协调，负责提出分年度专业需求并与招生学校对接；负责认定家庭经济困难学生资格；选派管理干部和教师到内地高校协助做好学生思想政治教育和管理工作；配合有关部门和学校处理突发事情；负责制定并组织实施有利于毕业生就业的政策措施。

教育部办公厅
国家民委办公厅
新疆维吾尔自治区人民政府办公厅
2016 年 1 月 9 日

第九节　决策信息

一、定义、特点和分类

（一）定义

信息工作是一项重要工作，信息文体也成为企业、事业、行政机关等单位的一种常用文书。信息的数量在各种文件中独占首位，成为一种独立的文体。

（二）特点

1. 内部性

信息的内容与简报、调查报告等反映情况文体的内容相比，带有一定的机密性，具有较强的内部性，不宜向外界公开。它主要是反映情况，而且是比较“尖锐”的情况。但也有信息是可公开的，甚至可在报刊上及时刊登。

2. 专用性

信息的服务对象很明确，它是供领导进行科学决策的重要依据，所以本节所讲的信息是专指决策信息。信息的层次越高，它的专用性就越强，所以，有的信息材料只供领导层的少数人阅读。但是，公开的信息可供许多有关人员阅读。

3. 独特性

信息的写法简明扼要，很少受束缚；内容非常广泛；在时效上非常及时。

这三个特点使信息在各种文体中独树一帜。另外，信息工作有自己独立的机构、刊物和庞大的信息网络，因此，信息文体是其他任何常用文体所无法比拟的。

（三）分类

信息文体从内容和篇幅上可分为三类：

1. 综合型信息

这类信息包括对经验的总结、对问题的分析和对对策的研究等方面。它反映的情况较全面、完整，所以层次多、篇幅长，一般在 500～1 000 字。例如，中央或上级的政策措施、工作部署、在执行中出现的有推广价值的做法或带有倾向性的问题。这种类型的信息对领导层做决策有很大的参考价值。

2. 动态型信息

这类信息内容单一、简要，结构简单，一段成篇，一般在 300 字左右。例如，各行各业的工作动态、工作部署的进展情况、重大社情灾情以及诸多的商务信息（新产品、价格、商品供求、国际商情）等。这种类型的信息有助于领导指导工作，有助于有关人员进行决策。

3. 短讯型信息

这种类型的信息内容高度概括，只粗略地反映事态，一般两三句即可成篇，类似报纸上的新闻简讯。这种信息起到了很好的沟通情况的作用。

二、写法

信息文体的特点是篇幅小、内容集中、文字简练，这也是它在写作上的一般要求。在写法上，信息文体较灵活，虽然没有法定公文的固定格式，但也不是没有规律可循。一篇质量上乘的信息材料，应符合以下要求。

（一）主题集中突出

主题就是主要意思。要使信息起到为决策服务的作用，其所表达的中心意思就一定要集中、鲜明。要使主题鲜明，应做到以下两点。

1. 一文一事

一篇信息只表达一个主题。如果是将好的经验和重要的问题概括在一起，而这些经验或问题又需要深入分析，就应分门别类，将经验、问题分写成两篇信息，以使内容集中。

2. 剔除多余

一篇信息，要使主题鲜明，就要将那些与主题无关的东西删掉。信息中的多余成分主要是：对说明主题作用不大的事例、无新意和启发性的经验做法、工作中极次要的问题、产生问题的极次要的原因、不合实际的建议等。

（二）标题准确简明

一篇信息给人的第一印象往往是标题，好的标题可以提示全文的主题或主要内容，引发读者的阅读兴趣。否则，很容易由于信息文件太多，而使领导忽略掉内容很重要的一些信息文件。一般而言，信息的标题应符合以下要求：

1. 题文一致

标题应当准确地表现信息的主题，不能为了某种需要而突出信息中的次要内容，也不能为吸引读者而故作惊人之语。

2. 概括适度

标题要有一定的概括性，但也不能过于高度概括，以免使标题太抽象，不具体。例如，“人造革滞销”与“晋江人造革旅游鞋滞销俄罗斯市场”相比，前者就显得太抽象。

3. 一语破的

要做到这一点，就要抓住信息中最主要的事实，使标题更醒目。例如，“兔肉出口前景广阔”。

4. 凝练简洁

信息文体的突出特点就是短小，所以标题也应尽可能简短些。如果标题太长，不仅阅读起来很不方便，而且容易淹没全文的中心内容。

（三）内容表述精当、新颖

信息内容叙述要做到概括与具体相结合。概括叙述就是用高度概括的语言和数字，从客观上、整体上全面反映情况；具体叙述，就是对事物、对工作的某一方面的详细叙述，通过具体的事例和数据来说明某种观点。恰当地运用这两种方法，就能使信息的内容既全面又具体。要做到虚实结合，就要注意运用以下几种方法。

1. 大题小做

一个事物往往包括几个方面，而信息篇幅有限，如果面面俱到，势必容易大而空，问题也谈不透。所以，选题要从大处着眼小处入手，使信息的内容集中、具体，收到以小见大的效果。

2. 定量分析

对某一事物或社会现象进行总量分析，这是一种反映事物全貌的有效手段，也是提高信息综合水平的一个重要方面。有时，一个数字胜过一大段的论述，这就是人们常说的“事实胜于雄辩”。

3. 角度新颖

一个事实，从不同角度可以反映出不同的问题，只有选择好角度，才能使信息内容新颖，引起领导的重视。

改变写作角度，不是人为地强换角度、标新立异，而是要在科学分析的基础上，找出事物的特点，抓住事物的本质。抓本质的方法很多，简要地讲：一是从事物发展各阶段的特点中找出它这样发展的道理；二是从各个不同事物的成功经验中找出共同的因果关系，从而发现其成因；三是从许多典型的差异中，找出共同点，用于解决实际问题。

（四）语言洗练、顺当

信息的语言是很重要的，应符合以下要求。

1. 文辞简洁

（1）删减一切可有可无的话，空话、套话一概不要。

（2）尽量少引用上级的精神。这是因为，信息是给有关领导看的，对上级精神，领导是清楚的。确有必要时，也要少而精。

（3）不要过多地强调某件事的重要意义，因为即便不说，领导也会领悟得到，最多点到为止。

（4）不用过渡句，可硬接硬转。因为领导每天阅读大量的文书材料，对文件的理解力很强，所以硬接硬转不会造成理解上的困难，而且还会收到精简文字的效果。

（5）多用省略句和简称。

2. 语序顺当

信息通常一段成篇，靠内在逻辑衔接，所以要十分讲究语序。信息语言的顺序，大致可分为三种：一是按时间顺序；二是按事物发展的顺序；三是按逻辑顺序，如意义的轻重、事物的大小。

这三种顺序都应采取“顺叙”的写法，要避免“倒叙”的写法。

3. 写好导语

一条信息开头的第一句话就是导语。一条好的导语，将对信息的主要内容起到提示的作用。在短讯型、动态型信息中，常用导语来代替标题。所以，导语写得有新意，才能使读者有继续阅读的欲望。

4. 改变文风

信息语言不同于公文语言，不必强调端庄和得体，而应注意灵活和生动。特别应除去八股腔，代之以清新、简练的语言。方法有：一是使长句变短句；二是改正倒装句；三是少用定型化的语言，即一些固定的程式化语言。

第十章 经济类秘书写作

第一节 合同

一、定义与作用

（一）定义

合同是平等主体的自然人、法人、其他组织之间设立、变更、终止民事权利义务关系的协议。

所谓“法人”，是指依照一定的法律程序成立的或经过国家有关机关登记、批准的社会组织，它有独立支配和依法经营管理财产的权利和偿还债务的义务，并能以自己的名义在法院或调解仲裁机关起诉应诉。比如工厂、公司、商店、机关、学校等，均是法人。

（二）作用

（1）订立合同有利于保护当事人的合法权益，维护社会经济秩序。

（2）订立合同有利于加强经济核算，提高管理水平。

（3）订立合同有利于主管部门的监督管理。

（4）订立合同有利于促进和加强社会生产的专业化协作和经济联合。

二、种类和签订原则

（一）种类

合同按不同的分类标准可以划分出很多种。我国《合同法》列举了如下 15 种：买卖合同，供用电、水、气、热力合同，赠予合同，借款合同，租赁合同，融资租赁合同，承揽合同，建设工程合同，运输合同，技术合同，保管合同，仓储合同，委托合同，行纪合同和居间合同。

如果按时间为划分标准，合同又可分为长期合同、中期合同与短期合同。按形式分，有条款式合同、表格式合同等。

（二）签订原则

1. 协商一致的原则

正式的合同签订之前，必须经过双方的充分酝酿、协商，并且达成均能接受的意见。

2. 平等互利的原则

签订合同的双方，经济、法律地位相等，双方都平等地享受权利和平等地承担义务。不应存在以大欺小、以“强”凌“弱”的情况。

3. 诚实守信的原则

这一原则是指合同当事人按照社会生活中具有普遍意义的公平、真诚与恪守信用的规则进行交易活动，订立和履行合同，即当事人间要诚实协商，不诈不霸，重承诺，重信用。

三、内容、结构及写作要求

（一）内容

我们这里所讲的内容是指《合同法》规定的合同的基本内容。

（1）当事人的名称或者姓名和住所。

（2）标的，是指经济活动要达到的目的，同时也是双方当事人权利与义务所指向的对象。具体地说，合同的标的指货物、劳务、工程项目、货币、劳务和脑力劳动成果等。

（3）数量和质量，是指合同标的数量和质量。任何一个合法的、可执行的合同，都必须在有关条款中明确无误地规定标的数量（也要写明计量单位）和质量，这是衡量标的指标、计算价款或报酬的依据，是确立权利和义务的尺度。

（4）价款或者报酬。合同中的价款是指购买产品或商品的一方向对方所支付的按一定价格计算的货币金额；报酬是指为设计、施工、承揽加工、运输货物、保管货物等进行劳动服务（即劳务）的一方应得到的对方支付的报酬金额。

（5）履行期限、地点和方式。履行期限是指双方当事人在何时履行各自所承担的义务，也是享有请求权的一方要求对方履行合同的时间依据，是判断合同是否按时履行的标准。履行地点是指双方当事人在什么地方履行各自所应承担的义务，它直接关系到履行的义务和费用。履行的方式是指双方当事人履行各自承担的任务所采取的方式，它因各种合同的不同内容而有所差异。

（6）违约责任，是指合同签订者中的任何一方，没有履行合同所规定的义务而应承担的责任。这是合同签订中的关键内容之一，也是对违约者规定的制裁措施，更是保证合同按规定的期限、地点、方式履行的重要措施。签订合同，必须明确规定违约责任，这样才能保证合同的顺利执行。

（7）解决争议的方法，是指在履行合同中，当事人产生争议时所采用的协调方法，如争议解决的方式、调解仲裁的机构等。

（二）结构及写作要求

1. 结构

上面讲到合同的种类很多，但如果从写作形式来划分，不外乎表格式和条文式两种。其结构一般由标题、当事人、正文及落款组成。

（1）标题。标题书写在合同第一行居中的位置，主要起醒目标明合同性质的作用。如“租赁合同”“水泥销售合同”“拒水粉技术成果转让合同”等。如果是从字面上一看即一目了然的合同，也可直接写“合同”二字。

（2）当事人。要写明签订合同当事人的名称（要写全称）或者姓名。如果是单位委托代表出面的，要在各自单位名称后面写上代表的姓名。双方当事人可分别由“甲”“乙”方来代表，并分别注明在合同双方当事人名称的后面，在括弧里写上“以下简称甲方”“以下简称乙方”；也可注明“甲方”或“供方”，“乙方”或“需方”。在对外贸易的合同中，有的也称一方为“卖方”，另一方为“买方”。但是，无论签订何种合同，都不能写为“我方”与“你方”。

（3）正文。正文是合同的主体部分，由序言和主体组成。主体包括标的、数量与质量、价款或报酬、履行合同的期限和地点、违约责任、解决争议的方法以及其他条款。

1）序言。序言中要写明双方签订合同的依据或目的。例如，“为了……经双方协议，签订本合同，共同遵照执行”等；也有的合同在双方单位名称之后紧接着就写订立合同的依据、目的。表格式合同往往省略了这一点。

2）标的。标的在不同的合同中有不同的表现形式。在拟定标的时一定要把标的名称、型号、规格写清楚。例如：建筑安装工程设计合同中的标的是所设计的图纸等设计文件；租赁合同中的标的是租赁物；借贷合同中的标的是一定的资金等。

3）数量与质量。在签订合同时，对数量规定要准确、可靠，计量单位要明确，有些产品要规定合理的磅差和正负尾数。对质量要求要详细、明确、严谨。如果采用上级颁布的质量标准，应具体标出何年何月的国家标准或部颁标准以及省市标准，如果是双方协商的质量标准，要注明质量规格及技术要求，并另附样品等。

4）价款或报酬。这一条款要求写明三项内容：一是标的价款或报酬的多少和计算标准；二是结算方式和程序；三是在签订外贸合同时，要特别注意写明用何种货币计价和结算。

5）履行合同的期限和地点。合同双方当事人要履行合同，必须确定严格的时间和明确的空间要求，一定要写明履行该合同义务的具体期限和地点，作为当事人履行义务或接受对方履行义务的时间、空间依据。此款绝不能遗漏或有丝毫含糊。

6）违约责任。违约责任也叫“罚则”，它一般包括：供方未能履行合同应负的具体责任；需方未能履行合同应负的具体责任；罚金的结算办法和逾期的罚则。

7）解决争议的方法。

8）其他条款。除以上基本条款外，合同当事人还可就有关事项规定一些条款。

（4）落款。落款包括如下四项内容：

1）当事人双方单位的全称或姓名、法人代表姓名，并签字和加盖印章。合同中如有涉及中介方（即第三方）的，中介方单位和代表也应签字盖章。

2）双方或三方单位的开户银行和账号。

3）签证机关的审证意见和盖章。

4）合同的签署日期。

2. 写作要求

（1）合同的内容必须符合国家的政策、法律和法规。

（2）签订合同必须贯彻协商一致、平等互利、等价交换的原则。

（3）合同的履行要由当事人双方单位负责人负责，因此，一般的合同必须经当事人双方单位负责人认可；重要的合同须由双方单位负责人直接签订。

（4）合同的订立必须符合合同的固有条款格式。

（5）要注意合同应内容明确、具体，用语准确、简明，要防止语意含糊或有歧义的情况发生。

第二节 市场调查报告

一、定义和作用

（一）定义

市场调查报告是在市场调查的基础上，记述、反映调查成果的一种应用文书。它是根据市场调查所取得的有关资料，运用科学的方法，进行整理、分析，对市场的顾客、购买力、购买对象和购买习惯以及本单位在市场竞争中所处位置等做出恰当结论的报告。

（二）作用

（1）通过市场调查，可以了解消费者多种多样的需要，有利于企业按消费者的需要生产、研制适销对路的产品，提高产品在市场上的占有率，顺利完成商品从生产到消费的转移。

（2）通过市场调查，可以了解市场供需情况，对商品供需进行预测，制订供应总量计划和品种计划，这对于合理、均衡地组织市场供应，使供给和需求的关系达到平衡具有重要作用。

（3）通过市场调查，可以充分了解同类产品的价格，有利于企业在保证经济效益的基础上，确定自己产品的合适价格，使产品具有较强的竞争力。

（4）通过市场调查，可以充分了解同行业的经营情况，学习先进单位的管理经验，有利于提高企业的经营管理水平，求得以最小的劳动消耗取得最大的经济效益。

（5）做好市场调查是写好市场调查报告的必要条件。

二、写作准备

（一）市场调查的内容

1. 市场商品调查

该项调查主要是从商品的使用价值和消费的角度所进行的调查，目的是促进生产、改进生产，革新改造老产品、研制新产品，使之适应消费需要。

2. 市场经营条件调查

此项调查的主要对象是：商品资源情况，同类企业的经营情况，本企业与同类企业的比较，诸如资源条件、生产条件、经营管理条件、市场知名度等。

3. 消费需求调查

为了了解消费者需求的商品结构、品种、数量、质量和时间而进行的调查。

（二）市场调查的方法

（1）定好调查专题，划清调查范围。

（2）选取恰当的调查方法。调查方法有以下几种：

1）重点调查，是在一定的调查总体范围内，选取重点样本为对象进行调查。它的关键是要选好重点样本，一般采用系统分析、综合比较的方法，将总体中各单位或因素进行全面分析，逐一比较，其中对总体能起主要或决定作用的，便是可选择的重点。

2）典型调查，是在一定的调查总体范围内，选择有代表性的典型样本为对象进行的调查。它的特点是范围小、单位少，能够对被调查的对象做深入、细致的了解，同时又节省人力、物力和时间，能以较小的代价获取较大的成果。

3）抽样调查，是在一定的总体调查范围内，抽出部分样本作为调查对象进行调查。

4）开调查会，即召集知情人开调查会了解情况，是进行实地调查常用的一种方法。

5）现场调查，是指深入到有关现场进行实地调查。

6）问卷，是以卷面形式，通过提出若干问题，让调查对象填写答案来搜集资料的一种方法。

三、写作

（一）结构及表述

1. 标题

市场调查报告的标题可只写正题，也可根据需要再加副题。正题一般包括：调查的单位、调查内容和范围，也可概括写出调查的对象和事由，还可以直接指出或用提问的方式提示调查对象的状况。对标题的要求是：简洁、生动、新颖、醒目，与内容相符，并高度概括报告内容。

2. 前言

前言部分主要应写清调查的目的、对象（或范围），采取的调查方法和调查的时间、地点等。

3. 正文

正文是市场调查报告的关键部分。一般分为三个部分：

（1）情况部分。情况可分为一般情况和具体情况：一般情况要用简洁的语言加以介绍；具体情况要详尽地阐明，并可利用数字、图表等加以说明。

（2）预测部分。为了使这部分内容层次清晰，一般采用小标题的形式，划分若干小部分，通过对资料的分析研究，预测市场今后的发展变化趋势。

（3）建议部分。根据调查和预测提出相应的建议或对策，即准备采取的措施，这是全文的落脚点。建议或对策要写得切实可行。

4. 结尾

在这里或是重申观点，或是加深认识。当然，也有些市场调查报告正文完结，全文也就结束，没有必要再“画蛇添足”地加上一个结尾。

5. 落款

为了对调查的内容负责，参加调查的组织或人员应在调查报告结尾处署名，并注明报告完成的日期。

6. 附件

附件根据情况可有可无。它主要是列示反映重要调查数据的统计图表，或典型地点、单位、人物的调查记录。如果调查报告的正文部分已将此项内容标示清楚，便无须再加附件。

（二）写作应注意的几个问题

（1）对文体特点的把握。市场调查报告是一种应用文体，它往往是将叙述、说明、议论三种表达方式结合起来运用。但因它的重点在于通过报告表示作者的一些观点，所以，其基本上属于议论性文体。应在把握文体的基础上，按“体”行文。

（2）内容侧重，突出主题。写市场调查报告，涉及的问题往往比较复杂，可写的内容相应较多，因此，在撰写时，要特别注意突出主题，一份报告最好只回答一个到两个问题，千万不要面面俱到、蜻蜓点水。

（3）坚持实事求是的原则。

（4）语言要准确、质朴、明快、简洁。

（5）讲求时效。市场的形势是瞬息万变的，所以写市场调查报告贵在及时，这就要求对报告的撰写一定要讲求时效，否则就会因为事过境迁而成为废纸。

第三节　市场预测报告

一、市场预测报告的定义与作用

（一）定义

用书面形式反映商品市场预测的分析研究过程及其成果和规律的报告，称为市场预测报告。

（二）作用

（1）搞好市场预测，可以帮助工商企业了解国际市场的情况，掌握国际市场的社会经济因素，更好地组织商品出口，力求多创外汇，为建设中国特色社会主义服务，为本企业的发展做出贡献。

（2）通过市场预测，可以促进工商企业加强管理，不断改进产品质量，提高经济效益。

（3）搞好市场预测，可以使工商企业厂长、经理及相关人员认识科学技术的发展趋势，促进工商企业发展新技术、采用新工艺、使用新材料、开发新产品。

（4）通过市场预测，可以预见未来国内市场需求总额和供应总额平衡与否以及商品构成和主要商品供求平衡与否的变动趋势，为调整国民收入的积累与消费比例、调整生产结构和投资结构等提供依据。

二、市场预测的原理和方法

（一）原理

1. 可控制性原理

它是指人们对所预测的客观社会经济事件的未来发展趋向，在一定程度上是可以控制的。认识了客观事物发展的规律性，就可以据此从主观上努力创造各种条件，使预测对象在人们的控制之下朝着有利的方向发展。

2. 连贯性原理

它是指客观事物的发展具有合乎规律的连贯性。依照这个原理，就可以根据市场的有关事物现阶段发展的情况以及它过去的情况，有预见性地推测事物的未来。

3. 系统性原理

根据系统论的理论观点，市场预测活动不可能是孤立的，更不能神秘地把它封闭起来，必须将其和其他预测系统紧密结合起来，使各种信息互相交流，与市场预测相辅相成。

4. 相关性与类推性原理

相关性原理也可叫作因果性原理，它是指客观事物、各种现象之间均存在一定的因果关系，可以从已知的市场中的某些原因来推测市场未来的结果。类推性原理是指客观事物之间存在着某种类似的结构和发展模式，可以根据已知事物的某种类似的结构和发展模式，来类比推论出未来某个市场预测目标的结构和发展模式。

（二）方法

1. 调查法

调查法包括购买意向调查和专家调查两种。购买意向调查也叫预期购买调查，是在调查消费者、用户、经营者未来某个时期购买商品意向的基础上，对商品需求或商品销售做出定量推测的一种调查法。专家调查法主要侧重对专家意见的征询，它要求用匿名的方式，轮番征询经选定的有关专家的意见，最终得到市场预测结果。

2. 对比法

对比法可细分为不同地区间对比法和不同产品间对比法两种。不同地区间对比法是把所在地区要进行市场预测的事物、商品经济指标，同其他地区的同类事物和同类商品经济指标相对比，从而找出某些共同的类似的变化规律，主要侧重在发展过程或变动趋向方面，这样就可以对商品市场预测的目标做出一些比较准确的判断。不同产品间对比法是从其他相近产品的发展变化情况，来对比推测某种新产品的发展方向和变化趋向，常常用于对新产品的开发预测。

三、市场预测的种类

市场预测可按不同的标准进行分类。

（一）以市场预测的内容为标准划分

以市场预测的内容为标准划分，可分为社会需要预测、价格变动率预测、资金预测、新产品发展预测、资源预测、市场占有率预测、产品寿命周期预测、投资方向预测、库存预测、技术发展预测等。

（二）以市场预测的时间为标准划分

以市场预测的时间为标准划分，可分为短期、中期、长期预测三种。1 年以内为短期预测，1 年至 5 年为中期预测，6 年以上为长期预测。应该注意，产销变化大的宜做短期预测，比如服装、鞋帽等；耐用商品宜做中期预测，比如山地车、钟表、眼镜等；建设投资大的商品宜做长期预测，比如机械、钢铁等。

（三）以市场预测的方法为标准划分

以市场预测的方法为标准划分，可分为定量预测和定性预测两种。定量预测一般采用两种方法：一种是数字预测法。它是对某一产品已有的大量的数据进行分析研究，用统计数字表达，从中找出产品的发展趋势。另一种是经济计量法。它主要根据各种因素的制约关系用数学方法加以预测。定性预测则是对影响需求量的各种因素如质量、价格、消费对象、销售点、用途等进行调查、分析、判断。

（四）以市场预测的范围为标准划分

以市场预测的范围为标准划分，有宏观预测和微观预测两种。宏观预测是指对某一类产品或商品在国内外市场上总需求量的预测；微观预测则是指对某一种品牌的商品在国内外市场上总需求量的预测。

（五）以市场预测的空间层次为标准划分

以市场预测的空间层次为标准划分，可以分为国际市场预测和国内市场预测两种。国内市场预测又可分为全国性预测或某个行政区、某个经济区域的商品市场预测，还可分为城市商品市场预测和农村商品市场预测。

四、市场预测报告的写作

（一）写作要求

（1）目标明确，程序清楚。

（2）语言准确，有说服力。

（3）资料全面，数据完整。

（二）结构与写法

市场预测报告一般由标题和正文两部分构成。

1. 标题

市场预测报告的标题一般由预测对象、预测时限、预测区域和文种四个要素组成。可根据预测报告的实际内容灵活掌握。下面列举三种标题：

（1）完整式标题。又称为全题，包括预测时限、预测区域、预测对象和文种四个要素。如《2018 年北京市自动挡中高档轿车产销趋势预测报告》。其中“2018 年”为预测时限；“北京市”为预测区域；“自动挡中高档轿车产销趋势”为预测对象；“预测报告”为文种（有时可省略“报告”二字）。

（2）泛指式标题。这种标题并不要求四要素齐全，预测时限和预测区域都是泛指性的。这种标题往往只有预测对象和文种两项内容。如“奥运标志运动衣产销趋势预测”“运动饮料消费的预测”等。

（3）消息式标题。这种标题类似新闻写作中消息的标题写法，一般在题目中并不出现

“预测”二字，而是在标题中蕴含“预测”之意。有的只有正题，如“数字彩电发展前景”；有的有正题和副题，如“保健茶走红（正题）——2018 年茶叶市场走势一瞥（副题）”；有的有引题和正题，如“中国消费者协会调查显示（引题）：电子游戏机应增加或加强教育功能（正题）”。

2. 正文

市场预测报告的正文由前言和主体两部分组成。

（1）前言。前言是市场预测报告的开头，它没有固定的模式，形式多种多样（或提示全篇主旨，或交代写作目的与动机，或介绍预测方法与过程，或开门见山直陈其事）。前言部分要介绍预测的时间、对象、范围、目的和结果，一般以介绍预测对象的性质、特点和用途者为多。

（2）主体。主体由情况部分、预测部分、建议部分组成。

1）情况部分。运用资料和数据，对市场营销活动的历史和现状做出简要的回顾和说明。

2）预测部分。这是市场预测报告的核心部分。要对资金的运用、消费者的心理、产销变化的原因等做出分析。在此基础上做出来的判断，才有可能是正确的，才有可能从中找出发展变化的趋势和规律。

3）建议部分。进行市场预测后应注意如下问题：市场的发展变化对本企业和生产经营将产生什么影响？应该采取什么决策、措施去适应这种新变化？其经济效益如何？等等。要根据预测分析，提出切实可行的建议。

第四节　可行性研究报告

一、定义和作用

（一）定义

可行性研究报告是在对拟行的建设工程、学科研究、商务活动进行可行性研究后形成的书面材料（主要用于建设工程）。

（二）作用

为上级、主管部门是否审批该项目提供决策依据；为本单位确定该项目是否上马提供科学依据；为金融机构确定对该项目是否准予投资提供准确依据。

二、写作

（一）格式和内容

可行性研究报告一般由标题、导言、正文组成。

1. 标题

可行性研究报告的标题有两种形式：一种是省略报告单位，而突出项目名称，文种可简化成“可行性报告”，如“关于扩建上海浦东商业区的可行性报告”；另一种是写明报告单位、何种项目和“可行性研究报告”的文种名称，如“北京宏大公司关于开发建设银水湖旅游度假村的可行性研究报告”。

2. 导言

导言部分简要地介绍项目的名称、建设单位，项目提出的背景、依据和经济意义，承担可行性研究的单位、研究的方法和简要过程。

3. 正文

正文的内容可概括为如下 9 项：

（1）工程设想。工程设想主要交代清楚此项目的有关建设背景、具体的建设规模、资源、市场和销售方向，以及国家支持这种工程项目的经济政策和工业政策。

（2）动力来源。动力来源包括原材料、燃料和一切动力来源。

（3）产品、市场。产品、市场包括将要生产的产品的市场需求量和销售量，国内现有企业生产同类产品的能力和市场占有情况，拟建企业的产品价格和竞争能力及出口前景，企业的产品介绍大纲和生产规模。

（4）工程设计。工程设计包括工程项目布置和范围，生产拟产产品所采用的技术和工艺方案的比较和论述，说明最终选定的工艺、设备和所需要的土建工程。

（5）选址条件。选址条件主要指建厂地区和厂址的选择，包括建厂地区条件、厂址情况和环境影响等项内容。

（6）组织管理。组织管理包括工厂组织机构和费用管理，劳动构成，即选用工人、职员的条件和人数，实施进度，即工厂建设和设备安装期，试运转和生产开工期。

（7）有关评价。有关评价是指对项目进行的财务评价和国民经济评价。

（8）报告结论。此项内容主要写明三点：深入、细致研究各种有关数据，从技术、财务、经济方面论述建设项目的可能性；指出尚存在的问题；正面提出自己的建议。

（9）附件。可行性研究报告的附件主要有：统计表、设计图纸、明细清单，以及较长的专题性文字材料等。

（二）写作要求

1. 以大局为重

在拟定可行性研究报告时要注意以大局为重，要把微观经济效益和宏观经济效益结合起来。

2. 勿带主观偏见

可行性研究报告既要分析回答拟建项目是否可行的问题，还要回答可行的项目如何进行的问题。要以严肃的、客观的科学态度，以实事求是的精神，进行可行性研究报告的准备和写作。

3. 数据详备精确

写作可行性研究报告，需要各有关部门协调一致，大量收集、掌握各种数据、资料，征求、综合、归纳参加研究的各方面人士的意见和建议，并对所获得的宝贵的第一手资料进行科学的定性、定量的分析，以便得出精确的结论。

第五节 经济活动分析报告

一、定义与作用

（一）定义

经济活动分析报告，是反映经济活动分析过程和结果的书面材料。它又可叫作“经济活动分析”。

（二）作用

（1）有助于工商企业制订符合市场经济规律的计划。

（2）有利于工商企业改善经营管理。

（3）有助于发挥对经济计划执行情况的监督、检查作用。

（4）有助于政府经济管理部门更好地发挥其职能作用。

二、分类与特点

（一）分类

1. 简要分析报告

一般是围绕几个财务指标、计划指标或抓住一两个重点问题进行分析，目的在于及时观察经济活动的趋势和工作改进程度。它是一种定期分析报告，写法较灵活，形式也较自由，能说明问题即可，但要注意时限。

2. 专题分析报告

它是针对经济活动中某项专门问题（重大问题或关键性问题）进行深入细致分析研究后所写出的一种书面报告。这种报告一般结合当前国民经济或有关部门的中心工作，或是对工作中存在的某些薄弱环节，或是对某些重大经济措施和业务方面的重大变化，单独进行专项分析。

3. 全面分析报告

它又称综合分析报告，是对某一部门或单位在一定时期的经济活动，根据各项主要经济指标，做全面系统分析的报告。它要求在全面分析的基础上，抓住关键的问题来考核经济活动的结果。它主要用于年度和季度分析报告。

（二）特点

1. 真实性

真实是经济活动分析报告的生命，是使经济活动分析报告具有现实意义和重要指导作用的基础。

2. 灵活性

经济活动分析报告的灵活性表现在时间和形式上，有定期分析、不定期分析；专业人员分析、非专业人员分析；事前分析、事中分析、事后分析；综合分析、专题分析；等等。在篇幅上可长可短，根据内容不同，既可以写成大型的分析报告，也可以写成简要的分析说明。从写作方法上看，既可以边分析、边引用数字说明，或边引数字、边对数字进行具体分析；也可以主要运用统计数字，辅以情况说明；还可以不用更多的数据，只着重因果联系的分析。总之，经济活动分析报告的具体写作是灵活的，不必刻板、僵化。

3. 指导性

经济活动分析报告能及时地对经济活动情况、问题做出评价，有关部门根据存在的问题，迅速采取措施，调整薄弱环节，及时改进工作。它能为工商企业的生产经营发展指出明确方向，为制订新的计划提供可以依照、参考的真实可靠的根据。

4. 时效性

时效性体现在计划制订之前、计划执行之中或计划完成之后。如果不是在这样的时机适时地进行分析，那么，分析也便失去了意义，不再具有应用价值。一旦时机选好，就不要拖延时间。

三、经济活动分析的方法

（一）动态分析法

它一般分为基期指数与环比指数两种。基期指数就是以某一时间为基期，然后求出以后各期与基期相比的上升或下降的比例。环比指数则是与上期相比上升或下降的比例。

运用动态分析法，可以研究经济活动在时间上的变动情况，从发展的观点来研究其变化及其趋势。通过动态分析，可以展示经济活动的过程及其发展规律。

（二）调查分析法

调查分析法一般被用于非数字所能分析清楚的事项，或某些重大专题的分析。它要求通过个别交谈、开班组会、各种座谈会、集体讨论等方式，深入实际，深入群众，深入经济活动第一线，广泛收集听取方方面面的意见，掌握真实可靠的实际情况和重要的、必要的数字资料，并在此基础上进行多角度、多层次的分析研究，对指标数字分析的结果加以验证，适当进行一定的补充和纠正。

（三）因素分析法

因素分析法是用来分析各种与经济活动有关的因素对经济活动指标总体变动影响程度的一种方法。运用这种方法，可以具体地分析某项计划指标完成或没有完成究竟受哪些因素的影响，这些因素按照同一方向或不同方向对计划起着什么样的作用，它们怎样相互联系、相互制约地影响了计划指标的最终完成情况。

（四）比较分析法

比较分析法是将在同一基础上（时间、内容、项目、条件等）可比数字资料进行比较，根据比较的结果来研究经济活动的情况和分析问题形成原因的一种方法。

运用这种方法，一般可从下述三个方面进行：一是比历史，这是纵向比较。二是比计划，将本期的实际指标与计划指标进行比较。三是比先进，这是横向比较，用来找差距、挖潜力，为赶超先进水平指明方向。

四、写作前的准备

（一）明确目的、要求，拟定分析计划

拟定分析目的、内容和要求，分析的时间和地点，以及组织分工等。

（二）搜集资料，掌握数据

分析资料主要有：计划资料，它反映经济活动各个方面的计划指标，以及实现这些指标应该采取的措施；统计资料，它是对计划指标实际执行情况的统计，反映企业或部门完成各项任务的具体情况；会计核算资料，它反映企业或部门资金、成本、利润等任务完成情况；其他资料，除上述资料外，还要注意一些不能或不易从报表中反映出来的资料，如某些基层单位的原始记录和有关生产技术资料等。

（三）认真计算经济效益，开展正确分析研究

在掌握了足够数量资料的基础上，要针对研究的问题，计算经济效益。因为各项经济指标的计划完成情况，均会反映出经济活动成果的好坏。开展分析研究，必须尊重客观事实，坚持实事求是的原则，切忌主观片面，更不能凭主观愿望取舍材料，甚至拼凑材料。开展分析研究，必须坚持历史唯物主义和辩证唯物主义的观点，要防止孤立地、形而上学地看问题，避免出现肯定一切或否定一切的现象。

五、结构和写法

（一）标题

常见的经济活动分析报告的标题，一般由单位、时间、事由和文种组成，如“××公司2008年第二季度成本分析”；有时可省略单位名称，只标明时间、事由和文种，如“9月上旬购销情况分析”；有时也可以用分析报告的建议或意见作为标题，如“关于尽快采购和田玉石的建议”；也有的标题用提问的方式来揭示主旨，如“××型摄像手机为何畅销”；还有的可用正副标题的形式，如“绿色环保诚信待客——××超市连锁店菜蔬果品畅销”。

无论采用哪种形式的标题，都要注意“题”“文”相符，并且标题要写得简明、醒目，因为“题好半篇文”。

（二）正文

经济活动分析报告的正文由开头和主体构成。

1. 开头

经济活动分析报告的开头，通常分为直叙式、评论式、对比式、结论式、提问式等。直叙式侧重概括地介绍分析对象的基本情况，给人一个总的印象；评论式主要是对分析内容先做简要评论，表明观点，作为正文将要展开的分析内容的先导；对比式主要是先用数字材料进行对比，以加深读者印象，为正文要展开的分析内容做好铺垫；结论式主要是在分析报告的开头先提出结论，再围绕结论展开具体分析；提问式开头主要是用疑问句概括分析内容的主题，引发读者的兴趣与思考，表达方式上既可正面提问，也可采用反问句式。

2. 主体

主体是经济活动分析报告的核心。分析报告是否成功，关键在主体。主体部分又可再细分为三个层次：情况、分析、建议。

（1）情况。情况是指分析对象的全貌和活动背景，包括该项经济活动主要经济指标的完成情况，说明取得成绩或存在差距的具体事实，以及经济技术、措施的实施情况，业务活动的开展情况等。

（2）分析。这一层次是指各项经济指标的分析及结果，如企业的产值指标、成本指标、资金指标、销售指标、利润指标等。没有合情合理、精辟中肯的分析，就不能称之为分析报告。

分析的途径和具体内容是根据分析报告的种类和分析目的来确定的：或解剖某些现象、某些指标的构成因素，查明其原因所在；或比较同类经济活动彼此情况、结果的异同，为对该项经济活动做出恰如其分的评价、确定切实可行的对策找到根据。全面分析报告必须对各项主要经济指标逐项进行深入分析，专题分析报告则是对一两个主要指标或重点问题进行深入分析。

（3）建议。通过分析，应在分析报告中对在经济工作中取得的成绩和存在的问题，分别做出评价，并提出解决问题、改进工作的建议。这一部分应当写得具体可行或可供参考，切忌空泛不着边际。

第十一章

电子类秘书写作

第一节 网络语言

一、网络语言的定义

所谓网络语言，是指在网络这种特殊环境中产生的一种新生的语体形式。它是网民的习惯用法，有的是一种另类表达。它是由数字、符号、拼音、汉字、英文字母等表达方式组成的。

二、网络语言的实质和特点

（一）实质

网络语言的实质是一种社会方言，是特定社会群体之间约定俗成的交际工具。

（二）特点

网络语言主要是一种通过文字进行口语式沟通的工具，它保留了人际传播口语化的许多特点，表达比较随意，不像写文章那样注意语法、逻辑关系，甚至字斟句酌。在网络语言中，谐音词特别多，这也符合口语传播重发音、不重文字的规律。另外，口语中常用的象声词、方言等，在网络语言中也被大量应用。网络语言的口语特征营造了一种轻松、随意的交流氛围。

三、运用网络语言应注意的问题

（1）其最基本的要求是，应按照规范的现代汉语的文字、语法等进行写作。如电子邮件、电子短信、电子贺卡等，许多都具有一定的文学性，具有准确、简洁、生动、形象的特点。

（2）应深入了解和熟知网络语言，为了表意的需要，可在一定的范围内、特殊的情况下，适当地运用网络语言。

（3）网络语言应在网络这种特殊的载体中存在，不应将其不合理地扩大到各种书面写作形式中，尤其是对其中的一些粗俗的用语等更要加以剔除。

四、网络语言的种类

（一）昵称

昵称，即网上笔名（网上绰号、网名）。它是网络语言的一种形式。因为网络是虚拟世界，所以网民基本以昵称代替真名实姓。昵称有不同的形式：有普通人名（小名，一般多带"儿化"）式，如婉儿、香儿、小新、小亮、萍萍、伟伟等；有假借植物、动物名式，如莲、枫、树、藏羚、野兔等；有小说大侠式，如游侠、笑傲江湖、降龙十八掌、黯然销魂掌、三分剑法、百花错拳、独孤九剑等；有成语或诗句式，如花好月圆、云淡风轻、桃花依旧笑春风等；有字母数字式，如 too586、庐山 song、谍儿 tang78、green2956 等；更多的是幽默诙谐式，如上酸菜、卖大米、宁屈不死等；还有一些占人便宜、比较另类甚至是黄色的，这类语言应不用。

（二）字母

这类语言是利用汉语拼音或英语字母两种来表现的。

1. 英语字母

例如：BRB（be right back：马上回来）；lecher（吸血鬼，指只知道索取不懂得分享回报的家伙，被严重鄙视的人）；LOL（laugh out loudly：大笑）；TTYL（talk to you later：再见，下次再谈）；IC（I see：我明白了）；IDK（I don't know：我不知道）；TKS（thanks：谢谢）；TYVM（thank you very much：太感谢你了）；KISS（keep it simple，stupid：不是吻，而是"简单一些，傻瓜"）；KOOL（酷，是 cool 的变体，显得更酷）；YOYOW 或 YOYW（you own your own words 或 you own your words：你得为自己的话负责）；VC（venture capital：不是维生素 C，而是风险投资）；f2f（face to face：面对面。to 因为读音与 two 相同而简称为 2，这种与其说是简称，倒不如说是一种网络时尚，如 B2B，B2C，C2C）；B4（before：以前）；L8R（later 的变体，或写为 L8TR，意为"以后"）；BB（再见）；CEO（首席执行官）；CKO（首席知识长官）；等等。

2. 汉语拼音字母

例如：BXCM（冰雪聪明）；DX（大侠，大虾：在某方面值得佩服的人）；LP（老婆，有时也指个人的心爱之物）；LG（老公）；PFPF（佩服佩服）；MM（妹妹）；JJ（姐姐）；GG（哥哥）；DD（弟弟）；等等。

（三）数字

例如：04551（你是我唯一）；065（原谅我）；078（你去吧）；08376（你别生气了）；095（你找我）；08056（你不理我了）；1573（一往情深）；2010000（爱你一万年）；246（饿死了）；286（反应慢，智商低，落伍了）；360（想念你）；4242（是啊是啊）；456（是我啦）；51396（我要睡觉了）；5196（我要走了）；5366（我想聊聊）；56（无聊）；584（我发誓）；5871（我不介意）；596（我走了）；687（对不起）；7456（气死我了）；7998（去走走吧）；809（保龄球）；886（拜拜了）；9494（就是就是，表示同意）；987（就不去）；918（加油吧）；995（救救我）；5555555（哭声，呜呜呜……）；5203344587（我爱你生生世世不变心）；等等。

（四）符号

例如：

：—）这是最普通的笑脸，通常加在句尾或文章结束的地方，表示开玩笑的意思，或表示微笑。

：—D 表示非常高兴地张嘴大笑。

：—O 表示“哇!”，吃惊或恍然大悟。

|—D 表示呵呵笑。

：—{表示抿着嘴，一副如泣如诉的神情。

(：—＊表示这个人在生病、反胃。

(：—& 表示这个人正在生气。

(：—（表示紧皱眉头，愁眉苦脸，不知道发生了什么事。

(：—）表示一张大笑脸，也有人说是一个大光头。

(：—……表示心碎。

（——）表示神秘的笑。

：—表示平淡无味的笑。

^—^ 表示眯着眼睛笑。

|—P 表示捧腹大笑。

：—）表示咧着嘴笑。

:）——表示大笑。

：—（ 表示不高兴。

：—（＊）表示恶心，想吐。

：—P 表示吐舌头。

；—）表示使眼色，抛媚眼。

＊<|：—）表示圣诞老人，“圣诞快乐”。

<@—@>表示醉了。

Zzzzz……表示睡觉的样子。

(^—^）表示微笑。

(^o^）表示欢笑。

(^0^）表示大笑。

（＊^0^＊）表示一笑有两个酒窝的“灿烂”的笑。

（五）汉语

例如：拍砖（批评、点评等）；油墨（幽默）；驴友（“旅友”的谐音，喜欢旅游的人，一般指背包一族）；偶（我）；稀饭（喜欢）；果酱（过奖）；酱紫（这样子）；恐龙（丑女）；抓狂（受不了刺激而行为失常）；包子（某人长得难看或者笨）；粉（很，非常）；木油（没有）；倒（晕倒，厥倒）；寒（“寒心”的缩写，表示自己对某事失望）；共眠（共勉）；幽香（邮箱）；竹叶（主页）；偶来乐（我来了）；版猪（版主，电子公告版管理员）；准网虫（见习网虫，网络新手）；爬虫（初级网虫，有点水平的网络新手）；小虫（中级网虫）；大虫（副高级网虫）；飞虫（高级网虫）；大虾（超级网虫）；菜鸟（网络新手）；飞鸟或老鸟（超级网虫，网络高手）；青蛙（丑男）；密马（密码）；坛子（论坛）；打铁（贴帖子，在 BBS 上发表文章）；机车（不上道、自以为是）；孔雀（自作多情）；隔壁（相邻的论坛）；伊妹儿（电子邮件）；美眉（妹妹、美女）；写手（网络文学的作者）；灌水（随意写，内容空洞无物，言之无物）；造砖（指认真精心地写）；等等。

（六）其他

例如：ATOS（会吐死）；AKS（会气死）；潜水艇（没水平）；露露（看一看）；炉主（倒数第一名）；用“嘻嘻”“哈哈”“呵呵”“嘿嘿”“哎哎哎”“啊……”等表示情感或打岔等。

第二节　电子邮件

一、电子邮件的定义和种类

（一）定义

电子邮件是用一台普通的电脑加一个调制解调器（俗称“猫”）以及适当的软件，在网络环境下完成的发送和接收的邮件。

（二）种类

1. 公务类

公务类电子邮件主要指单位、部门，对内、对外发表相关信息，布置、检查工作，回复、反馈相关意见，通知会议、活动、邀请、联谊，祝贺、慰问等。其中，通知的比例最大。

公务类电子邮件具有告晓性、发布性、简报性、礼仪性的特点，快捷、精准、实用，已经成为单位、部门进行公务活动不可或缺的工具。

2. 商务类

商务类电子邮件主要指企业、公司、各种服务行业等发表的相关商务信息、广告信息等。

商务类电子邮件强调新颖性、可读性、吸引性等，具有短小、精悍、迅速、及时的特点，有着良好的宣传、广告效应，因此是企业、公司、各种服务行业等开展商务活动的重要手段和工具。

3. 私密类

大量的电子邮件都属于这一类。它是亲人、朋友、同学等联络感情、增进友谊、传递信息、祝福、鼓励、安慰、示爱等的有效手段。

私密类电子邮件具有隐私性，凸现亲情、友情、爱情等。它的写作方式也较上述两种不同，更自由、灵活、活泼。

在写作中，可适当运用网络语言中的数字、字母、符号等，也可创造并使用邮件发送与接收者之间熟悉的“密码”，即文字、数字、符号等。

4. 垃圾类

不适宜的、无用的信息，大量反复发送的，则成为垃圾邮件。对这类邮件，除发邮件者必须改变自己的做法外，收邮件者也可用电子邮件管理者提供的相关工具，进行删除或拒收。

5. 病毒类

电脑病毒制造者利用电子邮件方式携带、传播电脑病毒，具有很强的伪装性和极大的破坏力。我们一定要注意及时升级相关杀毒软件，留意病毒通报，并利用电子邮件管理者提供的查、杀毒工具，对可疑邮件进行相应处理。

二、收发电子邮件应注意的问题

我们应当做一名好“网民”，在收发电子邮件时要注意以下几点：

（1）英文邮件，只用大写强调一两个词汇。

（2）不要发送表达愤怒的信息。

（3）传送对方真正需要的信息。

（4）电子邮件适合对方的计算机系统。

（5）回信时，尽可能简短地引用对方的来信；非得长篇引用时，可以先将回信的正文写出，然后再附上引用的来信原文。

（6）若是先在 Word 文档中写作编辑信函文稿，再拷贝到电子邮件中发送时，要注意页面格式。

（7）信函宜简短。要认真审阅、复读草稿，检查语法有没有错误，是否包含了所有必要的信息。

（8）电子邮件和其他任何形式的文件一样，都可以成为法律诉讼中的证据，因此，一定要持慎重态度。碰到实在难起草的回信时，最好先在纸上写出草稿，反复修改，甚至征求一些人的意见后再发出。

（9）所有信函的写作原则和方法均适用于电子邮件的写作。

（10）电子邮件语气要友善，语言应稍微活泼些。

三、电子邮件写作技巧

（一）逻辑性

若要保证电子邮件的逻辑性，就要使用好以下方法：

（1）演绎法。演绎法是指先讲一般性的结论，再讲具体、详细的事实。

（2）归纳法。归纳法是从具体到一般展开叙述。先写细节、具体事件、实例，最后才得出结论。

（3）时间顺序。按时间顺序展开，要选择一个具体的时间段为起点，然后是中点和终点。

（4）空间顺序。指从一个空间向另一个空间展开，或由一个地方移到另一个地方。

（5）简单到复杂。由简单到复杂、由浅入深的写法易被理解。

（二）清晰性

（1）留出足够的空格。足够的空格可使邮件更容易读。

(2) 缩短段落的长度。段落划分适当，易突出重点，更有利于展示观点。

(3) 列序。列序可以强调信息。列序可以用句子、短语或段落。列序通常要缩进。如果顺序很重要时，可用数字列序；如果顺序不重要时，用一般符号。列序时要用平行结构。

(4) 适当运用口语化的语言。

(5) 用视觉辅助物。图片的内涵往往比较丰富。在多数情况下，用图片来代替说或写的语言很有效，如线状图、地图和照片等。

(三) 简洁性

(1) 强调写作目的。

(2) 简洁得体地陈述重要信息。

(3) 只包括相关的信息，去掉不相关的词和杂乱的句子。

(4) 使用简洁的词汇，避免长段的介绍、不必要的解释、多余的形容词或介词。

(5) 不要重复对方告诉你的事。

(6) 用主动语态，少用或不用被动语态。

(7) 用肯定的语气，避免不置可否的语气。

(8) 以读者为中心。要站在读者的角度考虑问题，分析读者需要哪些信息、怎么理解信息，提供他们所需要的感兴趣的信息，解决读者的问题，并节省他们的费用和时间。

第三节 电子短信

一、电子短信的定义

电子短信，是利用电脑、手机、网络等设备，发送与接收的简短信息。

二、电子短信的特点

电子短信的特点是：(1)"短、平、快"，传递信息快捷；(2) 内容广泛，有鲜明的时代感；(3) 作者大众化，非常时尚，以年轻人为主；(4) 具有韵律美；(5) 兼有文学性和非文学性；(6) 易于接受与传诵，影响深广。

三、电子短信写作的基本要求

电子短信写作的基本要求是：语言要精练、明白、通俗、风趣；一般要有标点，极短的也可用空格代替标点。

四、电子短信的种类

(一) 互动类

在现场直播的文艺节目、体育比赛中，短信以鼓励表演者、比赛者，或发表看法评介，或竞猜的方式出现。例如，《星光大道》《足球之夜》《今日文化播报》等节目，都有电子短信互动的形式，深受大家的喜爱。

（二）捐助类

通过发送电子短信，一方面表示对需捐助对象的同情、慰问及鼓舞等，另一方面表示实际捐助一定数额的款项。例如，对残疾人、弱势群体、遭受自然灾害群众等的捐助。

（三）联络类

短信要比通话节约费用，因此，上下级之间、同事之间、亲人之间、朋友之间，以及业务单位之间，许多必要的联络都用短信的方式完成。这类短信数量较大。例如，问“回家吃饭吗?”答“不了，今天晚上单位聚餐。”

（四）告晓类

向公众或某一特殊群体发送时效性、指导性很强的信息。例如，新闻短报、股市行情、交通信息、天气预报等。

（五）祝福类

祝福类短信很多，包括向对方送去节日、生日等的祝福。

1. 节日祝福

（1）春节。例如：“狗年祝愿天下朋友：工作舒心，薪水合心，被窝暖心，朋友知心，爱人同心，一切都顺心，永远都开心，事事都称心!”再如：“欢欢喜喜迎狗年，万事如意平安年，扬眉吐气顺心年，事业成功辉煌年，合家欢乐幸福年，身体健康万万年!”

（2）元旦。例如：“新的一年，新的开始；心的祝福，新的起点。值此元旦之际，祝您及家人幸福吉祥，身体健康，乐驰千里马，更上一层楼!”

（3）元宵节。例如：“你是馅我是面，不如做个大元宵；你是灯我是纸，不如做个大灯笼；你情我愿庆佳节，欢欢喜喜闹花灯!”再如：“天上的月儿圆，锅里的元宵圆，吃饭的桌儿圆，你我的情更圆，就像元宵一样黏黏糊糊、团团圆圆。”

（4）中秋节。例如：“月到中秋了，你我天各一方。岁月流逝的都是美好，我会想你，你记得那句话吗？明月情依依，繁星语切切。”

（5）情人节。例如：“你是我生命的全部，请说你愿意。情人节快乐。”

（6）三八妇女节。例如：“好姐妹，今天是咱们的节日，快给自己放个假吧!”

（7）劳动节。例如：“劳动葆本色，勤俭育高风。”

（8）五四青年节。例如：“当五爱青年，做四有新人。”

（9）母亲节。例如：“妈妈，今天是一个你也许不会记得，而我永远不会忘记的日子!妈妈：祝您母亲节快乐!”

（10）儿童节。例如：“立凌云之志，做栋梁之材。”

（11）父亲节。例如：“老爸！今天是父亲节，祝老爸身体健康，生意兴隆，股票‘变红’，要不要什么礼物啊？不过，得要你报销啊!”

（12）七夕节。例如：“莫羡鹊桥仙，人间花更艳；今沐七夕雨，爱你心更坚。”

（13）国庆节。例如：“祖国蒸蒸日上，社会欣欣向荣。”

（14）重阳节。例如：“古枫吐艳，晚菊傲霜。”

（15）感恩节。例如：“您的恩情，我没齿难忘。”

（16）圣诞节。例如：“恭贺圣诞快乐：在新的一年里，有甜有蜜，又富又贵，有滋有味，又安又康。”再如：“玫瑰是我的热情，糖果是我的味道，星星是我的眼睛，月光是我的灵魂，一并送给你，圣诞快乐!”

2. 生日祝福

例如：“长长的距离，长长的线，连着长长的思念。远远的空间，久久的时间，剪不断远方的惦念！祝你生日快乐!”再如：“只有懂得生活的人，才能领略鲜花的娇艳，只有懂得爱的人，才能领略到心中的芬芳，祝您有一个特别的生日。”

（六）交友类

1. 激励

例如：“人在旅途，难免会遇到荆棘和坎坷，但风雨过后，一定会有美丽的彩虹。”再如：“星光依旧灿烂，激情仍然燃烧。因为有梦想，所以我存在。你在你的领域里不惜青春，我在我的道路上不知疲倦。”

2. 友情

例如：“友情虽无黄金般灿烂、铂金般稀有，却有白银般纯净；虽无大海般澎湃、长江般连绵，却有小溪般细腻。”再如：“因为你的出现，让我孤独的世界有了色彩；因为你的出现，让我在失意的时候有了希望。真的谢谢你，朋友。”

3. 祝愿

例如：“愿我的心是一朵鲜花，盛开在你的天空下，为你的生日增添一点温馨的情调，为你的快乐增添一片美丽的光华!”再如：“壮志与毅力是事业的双翼。愿你张开这双翼，展翅高飞，飞越一个又一个山巅。”

4. 联谊

例如：“真诚的友情如冬天里的一股暖流，使寒日充满温馨。请珍藏远方友人的一颗爱心。”再如：“假如没有帆，船怎么航行？假如没有友谊，人生路上会寸步难行!”

5. 别离

例如：“明晨行别，但愿云彩、艳阳一直陪伴你走到远远的天涯；鲜花、绿草相随你铺展远远的前程。”再如：“蓝天上缕缕白云，那是我心头丝丝离别的轻愁；然而我的胸怀和长空一样晴朗，因为我想到了不久的重逢。”

6. 思念

例如：“当你仰望着碧空，和白云一起走进记忆时，在岁月碾过的车辙里，你拾起了多少甜蜜……”再如：“袅袅的流岚拥着凝重的山峦睡了，轻风以纤手爱抚着草地香花，一切都进入了梦乡。朋友，此刻，你是否又在将往昔回想？”

7. 赞颂

例如：“风度，是心灵教养的闪光，是人体美的极致。愿你保持现有风度，使美在身上永驻。”再如：“妩媚、温柔，表现出青春的魅力；热情、关切，赢得了众多的朋友。你具备如此美好的品性，真让人羡慕!”

（七）爱情类

1. 爱情

例如：“爱情，既甜蜜，又苦涩：相聚时，甜得像蜜；哪怕暂时的分离，也苦得如药。愿我们永不分离!”再如：“爱像一朵玫瑰，让整个宇宙陶醉；爱像一朵玫瑰，让整个世界低回。愿你拥有这朵玫瑰。”

2. 爱慕

例如："鱼雁来回，林荫留影，并肩漫步……序曲奏了很久，今天我才向你唱出情歌的第一句，愿你同声应和。"再如："你是黎明时的樱花，披着露珠对我说话；你是傍晚时的青柳，沐着晚霞与我亲昵；你是我生活的伴侣，愿我们永远共享一个爱的世界。"

3. 别离

例如："离别之泪纯似珍珠，愿我们彼此将她珍藏。"再如："小楼又起春风，垂枝飘拂西东，忆别离，折柳相送，信誓重重。一去几度秋冬，飞雁来去匆匆。几时业成归来，畅怀饮，再圆梦?"

4. 思念

例如："夜色正浓，我在岁月的河面上，舀起了一个甜甜的梦；这梦里盛的，竟都是你的笑貌、你的音容……"再如："割不断那缕缕的情愫，忘不了那爱的梦境。无论天涯海角、海角天涯，我心中永远铭刻着你的芳容。"

5. 赞美

例如："最动人的是你那纯净、明亮、炽热的眼睛，恰似一泓清泉，发自心灵的深处。这清泉没有名利的喧嚣，没有世俗的污染，有的是对美好生活的热爱与奔汇入海的向往。"再如："我知道，没有水的地方就是沙漠；我知道，没有声音的地方就是寂寞。你就是那甘霖，滋润着我的心田；你就是那心声，陪伴着我踏上新的人生征途。"

（八）尊师类

1. 祝愿

例如："每年，我把第一缕春光和贺年卡一起寄给您；我亲爱的老师，愿春天永远与您同在!"再如："海水退潮的时候，把五彩的贝壳留在沙滩上；我们毕业的时候，把诚挚的祝愿献给老师。"

2. 仰慕

例如："刻在木板上的名字未必不朽，刻在石头上的名字也未必流芳百世；老师，您的名字刻在我们心灵上，这才真正永存。您的音容笑貌，时时闪现在我的眼前；您的品行人格，永远珍藏在我记忆的深处。"

3. 致谢

例如："春雨，染绿了世界，而自己却无声地消失在泥土之中。老师，您就是滋润我们心田的春雨，我们将永远感谢您。"再如："假如我能搏击蓝天，那是您给了我腾飞的翅膀；假如我是击浪的勇士，那是您给了我弄潮的力量；假如我是不灭的火炬，那是您给了我青春的光亮!"

4. 思念

例如："别后，漫长的岁月，您的声音，常在我耳畔响起；您的身影，常在我眼前浮现；您的教诲，常驻在我的心田……"再如："服饰依旧，容光依旧。您那熟悉的板书、熟悉的声音，将我们的思绪牵向往昔的学生时代。哦，老师……"

5. 赞颂

例如："啊，有了您，花园才这般艳丽，大地才充满春意！老师，快推开窗子看吧，这满园春色，这满园桃李，都在向您敬礼!"再如："当苗儿需要一杯水的时候，绝不送上一桶水；而当需要一桶水的时候，也绝不给予一杯水。适时、适量地给予，这是一个好园丁的技艺。我的老师，这也正是您的教育艺术。”又如：“是谁把雨露撒遍大地？是谁把幼苗辛勤哺育？是您，老师，您是一位伟大的园丁！看这遍地怒放的鲜花，哪一朵上没有您的心血，哪一朵上没有您的笑影！”

(九) 英语类

1. 新年、圣诞

例如：I wish you a happy New Year.(恭贺新禧!)

Allow me to wish you a bright and prosperous New Year.(敬祝新年快乐!)

Wishing you a merry Christmas and a happy New Year.(恭祝圣诞，并贺新禧!)

2. 财运、健康

例如：With my whole hearted congratulations and best wishes for many happy returns of your birthday.(衷心祝您健康长寿!)

May you come into a good fortune. (恭喜发财!)

Live long and prosper! (多福多寿!)

May many for tunes find their way to you.(祝财运亨通!)

3. 公司、业务

例如：The future is bright for your company.(你们公司的前途一片光明。)

We look forward to exciting grow thin the year ahead.(我们期待在未来的岁月里公司会有惊人的发展。)

4. 生日、诞辰

例如：Sincerest congratulations on your birthday.(最真诚地祝贺你生日快乐!)

May your birthday and every other day be filled with happiness.(愿你的生日和生活的每一天都充满快乐!)

5. 晋升、当选

例如：The recognition your received is well deserved.(众誉所归，你受之无愧。)

Congratulations on winning the election! (恭喜你顺利当选!)

I wish I were there personally to celebrate you. Good luck in office.(我希望自己能当面向你道贺。祝你任内万事如意!)

(十) 其他类

除上述介绍的主要的电子短信种类外，还有时尚休闲类，如幽默笑话等。应提醒注意的是，还有一些虚假、诈骗、无聊乃至黄色短信等，对此，我们应该坚决抵制和摒弃。

五、电子短信的编写技法

(一) 误会法

该法是通过语音、词义等在理解上造成的误会，制造意想不到的充满幽默的喜剧效果。“偶然就是艺术!”在打破惯常心理中，去得到开怀的大笑和精神的愉悦。使用时要注意一定是从生活中来的，稍做艺术加工，但不要生编硬造，也不要故弄玄虚。当然，平淡无奇的就不宜用了。

(二) 幽默法

该法是一种以夸张、象征、比喻、双关等手法，对生活中乖戾、可笑的事物进行机敏、含蓄的提示而产生风趣、诙谐艺术效果的写作风格与方式。它既表现出机敏与巧智，也表达一种善意的嘲弄与批评，能给人以欢乐，发人深省，具有强大而久远的魅力。应注意所用材料与对象之间形、音、义上的关联，注意事物本身的可笑性，否则产生不了上述的艺术效果。

例如：小王买了一件衬衫，居然说花了 1 200 元，谁也不肯相信。在大家的追问下，他才说了实话："衬衫 200 元，在商场被小偷偷走钱包丢了1 000元。"

（三）"废话"法

生活中有许多习惯性、愚钝性、繁复性的废话，人们写时、说时并未在意，或只求自己要达到的目的，但单独拿出来细读时却产生了强烈的喜剧效果。这主要是从生活实际中来的，不要人为地杜撰。使用时，要有逻辑错误和强烈的矛盾性。

例如：吹风机说明书：睡眠时请勿使用！（废话，都睡着了怎么用！）

再如：某饭店提供的浴帽外盒上印着说明：适用于一颗头。（难道一次能塞进去两颗头吗?）

（四）排比法

把三个或三个以上意义相关或相近、结构相同或相似、语气相同的词、词组或句子并排在一起，就叫作排比。例如在朱自清《春》一文中："山朗润起来了，水涨起来了，太阳的脸红起来了"，"雨是最寻常的……像牛毛、像花针、像细丝……"都是排比的例子。用排比来说理，可收到条理分明的效果；用排比来抒情，节奏和谐，显得感情洋溢；用排比来叙事写景，能收到层次清楚、描写细腻、形象生动之效。使用时要注意，必须是三个或三个以上意义相关或相近、结构相同或相似、语气相同的词、词组或句子并排在一起；要自然得体，不能为硬凑词、词组或句子的数目而牵强附会。

例如：情是心中的向往，是感觉的共鸣，是灵感的碰撞，是电光的闪耀，是甜蜜的琼浆，是醉人的醇酒。

（五）比喻、比拟法

比喻的结构一般由本体、喻体和比喻词构成。运用比喻可以化平淡为生动，化深奥为浅显，化抽象为具体。运用时要注意：比喻的本体和喻体必须是不同的事物，但相互之间有相似点。

比拟包括拟人和拟物两类。拟人是把物当人来描写，赋予物以人的情感、意志、动作等；拟物是把人当物来描写，或把此物当彼物来描写。运用比拟，可使人或物色彩鲜明，描写生动，蕴含丰富。

例如：你的青春是一枝潇洒的红荷，唱着一支鲜嫩鲜嫩的恋歌。我的深湖般的眼神便爬满了你绿叶的脉络。

再如：友谊和爱情都是旅途中寂寞心灵的良伴。友谊淡如茶，爱情浓似酒，好茶清香解渴，好酒芳醇醉人。

（六）叠字法

叠字法也称叠音法，即将音节相同的词或词素重叠起来使用。例如："家家户户"（名词重叠），"考虑考虑"（动词重叠），"痛痛快快"（形容词重叠）等。运用此方法，不但有音响的作用，而且表达了不同的语气、程度和感情色彩，能加重情感交流的氛围，造成情真意切、情意绵绵的艺术效果。运用时要适度，应避免冗长和乏味。

例如：长长的距离，长长的线，连着长长的思念。远远的空间，久久的时间，剪不断远方的惦念！

再如：祝愿你：一年四季季季平平安安，一年 12 个月月月健健康康，一年 52 周周周精精彩彩，一年 365 天天天快快乐乐！

（七）对偶法

对偶，俗称“对对子”，诗歌中叫“对仗”。对偶有宽对、严对之别。一般来说，上下两句应字数相等、词性相对、结构相同、意义相关；可以是短语，也可以是句子。它有正对、反对、流水对等类型。用对偶，句子整齐，表意凝练，抒情酣畅。对偶的句式看起来整齐美观，读起来节奏铿锵，便于记诵。中国传统文化中的对联，很多就是很好的对偶句。对偶的要求极严，上下两句对应的位置要词性相同、声调平仄相对，不能有相同的字，如李白《送友人》中的“青山横北郭，白水绕东城”。我们在编写短信时，可适当放宽要求。

例如：勤奋学习学三好，刻苦登攀登高峰。

再如：阳光普照，园丁心坎春意暖；雨露滋润，桃李枝头蓓蕾红。

（八）顶真法

我们先看孔子的一段话：名不正则言不顺，言不顺则事不成，事不成则礼乐不兴，礼乐不兴则刑罚不中，刑罚不中则民无所措手足。这种用上句结尾的词语作下句的开头，前后顶接，蝉联而下，促使语气衔接的修辞法，叫作顶真法。运用此法，句子读起来连绵顺口，易于记忆与传播，有步步深入的说服效果。使用时要注意，前一句结尾的一个或数个字、词，作为下一句的开头，在顺序上不得更改。

例如：悠悠的云里有淡淡的诗，淡淡的诗里有绵绵的喜悦，绵绵的喜悦里有我轻轻的祝福，生日快乐！

再如：雄鸡迎旭日，旭日照大地，大地吐春苗，春苗长成材，成材为家国。

（九）夸张新奇法

夸张是运用丰富的想象力，在客观现实的基础上有目的地放大或缩小事物的形象特征，以增强表达效果的修辞手法，也叫夸饰或铺张。夸张能引起读者丰富的想象和强烈共鸣。鲁迅《药》中写道：“……眼光正像两把刀，刺得老栓缩小了一半。”后一句使用了“缩小”的夸张。项羽的《垓下歌》中“力拔山兮气盖世”则运用了“放大”的夸张。其作用是烘托气氛，增强联想，给人启示，增强表达效果。但要注意，使用夸张要合情合理。编写短信时，一般用的不是严格意义上的纯粹夸张，而是与新奇相结合，甚至更重新奇，这样更显得活泼、引人、动人。

例如：送你一份春节美食。成分：真心、思念、快乐。营养：温馨、幸福。制造商：你的朋友。有效期：一生。祝你鼠年吉祥如意！

再如：生日快乐！我要送你一份 100％的纯情奶糖：成分＝真心＋思念＋快乐。有效期：一辈子！

（十）富于诗意法

诗歌是有节奏、有韵律并富有感情色彩的一种语言艺术形式。它的特点是：强烈的抒情性，充满瑰丽、丰富的想象，意境优美，语言凝练、形象、含蓄，常用“赋、比、兴”的手法。短信富于诗意，就是要有诗的意境与优美的语言，能强烈地打动人心。

例如：这一刻，有我最深的思念，让云捎去满心的祝愿，点缀你甜蜜的梦，愿你拥有一个幸福快乐的新年。

再如：满天的雪花，是飞舞的音符，以思念谱成乐章，用祝福奏出所盼，带给你，欢欣快乐的一年。

（十一）巧用反语法

该法又称说反话，即用相反的话语来表达本来的意思。一般修辞意义上的反语多用于嘲弄讽刺，是属于“贬义褒说”。而用于短信的反语则主要是用于歌颂，或表达敬意和爱意，所以一般变成了“褒义贬说”，却能收到比“褒义褒说”更有感染力的艺术效果。

例如：最近，我发现了你的最大缺点，我要批评你，因为你太爱工作，太爱我，太爱生活，以至于不知关心自己。

再如：有句话一直没敢跟你说，可是你生日的时候，再不说就没机会了：你真的好讨厌——讨人喜欢，百看不厌。

（十二）巧用字母法

该法主要是指巧妙运用英文 26 个字母进行增减或巧妙的排列组合，像猜谜语一样在相对的谜底中找到答案。它可增加巧妙思维的趣味性，并因其有质疑性，往往引人入胜。

例如：abcdfgijklmnopqrtuvwxyz，知道缺少了什么吗？是 she！如果没有她，再多的欢乐也不是我要的幸福。她是我的唯一！

再如：你是 g 我是 o，你是 o 我是 d，只要我俩在一起，就会百年好合，永远“good”！

（十三）巧用数字法

此种方法有三种方式：一是运用网络语言中的“数字表意”方式，如 1573：一往情深；2010000：爱你一万年等。二是数词活用，运用数词超出了数的意义范围，而表示其他一些意思。如“一知半解”“一星半点”中的“一”“半”，表示少的意思；“千方百计”“万紫千红”中的“千”“万”表示“多”的意思；“十之八九”“八九不离十”中的数字表示强调；“三心二意”“朝三暮四”中的数字表示变化；“一心一意”“一意孤行”中的数字表示不变等。三是类似于儿童的数数歌，如儿歌《十二月水果歌》：“一月甘蔗节节高，二月橄榄两头黄，三月樱桃粒粒红，四月枇杷如蜜糖，五月杨梅红似火，六月莲子满池塘，七月南枣树头白，八月菱角台刀枪，九月石榴露齿笑，十月金橘满园香，十一月柚子金样黄，十二月龙眼荔枝凑成双。”

例如：584：520，5203344587（我发誓：我爱你，我爱你生生世世不变心！）

再如：祝您新年一而再再而三事事如意、五福临门、六六大顺、七彩生活、八面玲珑、久盛不衰、十全十美、百年好合、千禧之际万贯家财慢慢享用！

（十四）巧用符号法

巧用符号是电子短信的一大优势，是其他非电子类写作所难比及的。它运用各种符号，巧妙地表情达意。写作时要注意区别不同的对象，如果是网络语言的熟悉者则可任意使用；否则应稍加注释。自己新编符号表意时，也应适当注释为好。总之，所用符号应是约定俗成的、通行的。

例如：你这只（^@^）（幸运小猪猪），*＜|：—）（圣诞老人）送礼物来了，你还在Zzzzz……（指睡觉的样子）。

再如：人每天要做三件事：第一件是微笑（^—^），第二件是欢笑（^o^），第三件事是大笑（^0^），祝你欢笑每一天（＊^0^＊），现在不准傻笑。

（十五）巧用联名法

该法巧妙利用产品名称的喜庆、祝福、平安等意思，并将其按一定的表意逻辑顺序连接在一起，以表达短信发送人的心愿。因这些名称均是耳熟能详的，所以便于理解、诵读与传播。写作时，应注意不同产品名称间的表意逻辑性，在名称前后增加普通词汇与之紧密的关联性。

例如：祝你百事可乐，万事芬达！

再如：愿你天天娃哈哈，月月乐百事，年年高乐高！

（十六）巧用古语法

在我国古典文学的艺术宝库中，有许许多多闪亮的明珠——表情达意的经典名言。巧用古语法，即指在短信中巧妙采撷古语中的艺术明珠，为现代人的交际服务，以求得到打动人心的艺术效果。使用此法时，应首先理解古语的意思，并且符合所要表达的现代社会的相应意思。不可错用或牵强附会。

例如：君如鸟飞远，空有梦相随。谁知相思苦，除却天边月。

再如：莫羡鹊桥仙，人间花更艳；今沐七夕雨，吾心君心连。

（十七）巧用寓言法

寓言就是寄寓哲理的精短的小故事。其大都使用借喻，暗示它所蕴含而未直接表露的意思。它往往用虚构的手法将动物或其他自然物拟人化，从简单明白的故事中显现出某种生活哲理和教训，具有讽刺、教喻和劝诫的意味。使用时，要注意篇幅精短，情节集中，结构单一，语言精练，富于趣味性，可读性强。

例如：燕子和癞蛤蟆比赛，燕子买通兔子当裁判，比谁数数快。兔子一说开始，燕子就“1，2，3，4……”地数开来，谁知癞蛤蟆只一句“二五一十”早已完成。你可不要以貌取人哦！

（十八）名人名言法

该法与巧用古语法基本相同。所不同的是，巧用古语法所用的词句一定是我国古典文学中的至理名言，而且多有文学性；名人名言法所用的词句则指古今中外的。巧用古语法所用的词句不一定是名人所言；名人名言法必须是名人所言。名人名言法更重视“立片言以居要，乃一篇之警策”的言简意赅，示人以理。

例如：人之相知，贵在知心。（西汉）李陵

再如：真实的十分理智的友谊是人生最美好的无价之宝。（苏联）高尔基

（十九）巧用风趣法

该法是一种轻松、诙谐、形象生动的短信编写方法。它的特点是富于口语，“趣”是带有幽默感的风趣，在此基础上，述理深入浅出，表意亲切动人。运用此法切忌庸俗无聊，一味追求笑料，应力求风趣幽默与高雅寓理的完美结合。

例如：蓝蓝的天空飘着雪花，漂亮的皮鞋露着脚丫，你我的相识是个神话，请您给个回话。

（二十）错落有致法

该法是指在短信编写中，选择不同的词语和参差的句式，造成行文的错落变化，避免

单调、平板。具体写法是：抽换词面（如，删除烦恼，“删除”一般用于电脑中，对象为“文件”，抽换成“烦恼”）；交错语次（即改变词语中的位次以求变化）；伸缩文身（使文句有长有短，有整有散，交错安排，伸缩自然）。

例如：删除昨天的烦恼，确定今天的快乐，设置明天的幸福，存储永远的爱心，粘贴美丽的心情，复制醉人的风景。

再如：理由少一点，肚量大一点，嘴巴甜一点，脾气小一点，行动快一点，效率高一点，微笑露一点，脑筋活一点。

（二十一）蕴含哲理法

该法以形象思维为主，追求意境和象征，使短信具有启悟性。从生活感悟升华为蕴含时代精神、情绪、意识的精短文句，易于引发人们的共鸣。在写法上与名人名言法和巧用古语法有相通之处，最大的差异是，蕴含哲理法一般是短信发送者自己编写，或改编相近的作品。

例如：时间是纠正谬误与偏见的圣哲，是考验真理和爱情的试金石。

再如：您的一双手，温暖在心头，我不懂珍惜太内疚……在这个特别的日子，妈妈，请准我说声：真的爱你！

（二十二）反复法

该法是根据表达的需要，连续或间隔使用同一词语、句子或句群，以抒发强烈的感情，表达深刻的思想，并加强句子的节奏感。

例如：春风洋溢你，家人关心你，爱情滋润你，朋友忠于你，我这儿祝福你！

再如：浪花上有爱，白云上有爱，眼神里有爱，叮咛里有爱，最好是心窝里有爱！

第四节　微信

一、微信的建立与发展

微信（WeChat）是腾讯公司于 2011 年 1 月 21 日推出的一个为智能终端提供即时通信服务的免费应用程序，由张小龙所带领的腾讯广州研发中心产品团队打造。微信支持跨通信运营商、跨操作系统平台通过网络快速发送免费（需消耗少量网络流量）语音短信、视频、图片和文字，同时，也可以使用通过共享流媒体内容的资料和基于位置的社交插件“摇一摇”“漂流瓶”“朋友圈”“公众平台”“语音记事本”等。

截至 2016 年第二季度，微信已经覆盖中国 94%以上的智能手机，月活跃用户达到 8.06 亿人，用户覆盖 200 多个国家，使用超过 20 种语言。此外，各类微信公众账号总数已经超过 800 万个，移动应用对接数量超过 8.5 万个，广告收入增至 36.79 亿元人民币，微信支付用户达到 4 亿人左右。

微信提供公众平台、朋友圈、消息推送等功能，用户可以通过“摇一摇”“搜索号码”“附近的人”和扫二维码方式添加好友和关注公众平台，同时用户可将内容分享给好友，也可将看到的精彩内容分享到朋友圈。

二、微信的基本功能

（一）聊天

支持发送语音短信、视频、图片（包括表情）和文字，支持多人群聊。

（二）添加好友

微信支持查找微信号、查看 QQ 好友、查看手机通讯录和分享微信号添加好友，还可以“摇一摇”添加好友、“扫一扫”二维码添加好友和“漂流瓶”接受好友等。

（三）实时对讲机功能

用户可以通过语音聊天室和一群人语音对讲，但与在群里发语音信息不同的是，这个聊天室的消息几乎是实时的，并且不会留下任何记录，在手机屏幕关闭的情况下也仍可进行实时聊天。

（四）微信小程序

小程序包括“长按识别二维码进入小程序”“第三方平台”和“附近的小程序”功能。

（五）微信支付

微信支付是集成在微信客户端的支付功能，用户可以通过手机快速完成支付流程。微信支付向用户提供安全、快捷、高效的支付服务，以绑定银行卡的快捷支付为基础。

支持支付场景包括：微信公众平台支付、APP（第三方应用商城）支付、二维码扫描支付、刷卡支付。

用户只需在微信中关联一张银行卡，并完成身份认证，即可将装有微信的智能手机变成一个全能钱包，之后在购买合作商户的商品及服务时，用户只需在自己的手机上输入支付密码，无须任何刷卡步骤即可完成支付，整个过程简便流畅。

微信支付支持以下银行发卡的贷记卡：深圳发展银行、宁波银行。此外，微信支付还支持以下银行的借记卡及信用卡：招商银行、建设银行、光大银行、中信银行、农业银行、广发银行、平安银行、兴业银行、民生银行等。

2014 年 9 月 13 日起，为了给更多的用户提供微信支付电商平台，微信服务号申请微信支付功能不再收取 2 万元保证金，开店门槛降低。

2016 年 3 月 1 日起，微信支付对转账功能停止收取手续费。同日起，对提现功能开始收取手续费。具体收费方案为，每位用户终身享受 1 000 元免费提现额度，超出部分按银行费率收取手续费。微信红包、面对面收付款、AA 收款等功能免收手续费。

三、微信的其他功能

（1）朋友圈。用户可以通过朋友圈发表文字和图片，同时可通过其他软件将文章或者音乐分享到朋友圈。用户可以对好友的朋友圈内容进行评论或点赞，用户只能看相同好友的评论或点赞。

（2）语音提醒。用户可以通过语音提醒自己打电话或是查看邮件。

（3）通讯录安全助手。开启后可上传手机通讯录至服务器，也可将之前上传的通讯录下载至手机。

（4）QQ 邮箱提醒。开启后可接收来自 QQ 邮箱的邮件，收到邮件后可直接回复或转发。

（5）私信助手。开启后可接收来自腾讯微博的私信，收到私信后可直接回复。

（6）漂流瓶。通过“扔瓶子”和“捞瓶子”来匿名交友。

（7）查看附近的人。微信会根据用户的地理位置找到在用户附近同样开启本功能的人。

（8）语音记事本。可以进行语音速记，还支持视频、图片、文字记事。

（9）摇一摇。是一个随机交友功能，通过摇手机或点击按钮模拟摇一摇，可以匹配到同一时段触发该功能的微信用户，从而增加用户间的互动和黏性。

（10）群发助手。通过群发助手可把消息发给多个人。

（11）微博阅读。可以通过微信来浏览腾讯微博内容。

（12）流量查询。微信自身带有流量统计的功能，可以在“设置”里随时查看微信的流量动态。

（13）游戏中心。可以进入游戏中心玩游戏。

（14）账号保护。微信与手机号进行绑定，该绑定过程需要四步：1）在“我”的栏目里进入“个人信息”，点击“我的账号”；2）在“手机号”一栏输入手机号码；3）系统自动发送六位验证码到手机，输入六位验证码后即可完成绑定；4）“账号保护”一栏显示“已启用”，即表示微信已启动了账号保护机制。

（15）公众平台。用户可以对公众平台账号的粉丝分组管理、实时交流，同时也可以使用高级功能，包括使用编辑模式和开发模式对用户信息进行自动回复。当公众平台关注数超过 500，就可以申请认证公众账号。用户可以通过查找公众平台账号或者扫一扫二维码关注公共平台。此外，微信还开放了部分高级接口和开放者问答系统。高级接口权限包括：语音识别、客服接口、OAuth2.0 网页授权、生成带参数二维码、获取用户地理位置、获取用户基本信息、获取关注者列表、用户分组接口等。

（16）微信网页版。通过手机微信（4.2 版本以上）的二维码识别在网页上登录微信，微信网页版能实现和好友聊天、传输文件等功能，但不支持查看“附近的人”以及“摇一摇”等功能。

QQ 浏览器微信版保留了网页版微信通过二维码登录的方式，但是微信界面不占用单独的浏览器标签页，而是变成左侧的边栏。这样方便用户在浏览网页的同时使用微信。

（17）拦截系统。2014 年 8 月 7 日，微信为抵制谣言建立了技术拦截、举报人工处理、辟谣工具三大系统。在相关信息被权威机构判定不实，或者接到用户举报并核实举报内容属实后，微信会积极提供协助阻断信息的进一步传播。在微信公众平台第一阶段的严打过程中，删除文章近千篇，封停账号 400 余个。

在日常运营中，腾讯有一支专业的队伍负责处理用户的举报内容。根据用户的举报，查证后一旦确认存在涉及侵权、泄密、造谣、骚扰、广告及垃圾信息等违反国家法律法规、政策及公序良俗、社会公德等情况，微信团队会视情况严重程度对相关账号予以处罚。

（18）城市服务。2015 年 7 月 21 日，微信宣布“城市服务”功能正式接入北京市。用户只要定位在北京，即可通过“城市服务”入口，轻松使用社保查询、个税查询、水电燃气缴费、交通出行查询、12369 环保举报等多项政务民生服务。

（19）数据报告。2017 微信公开课 PRO 版发布了《2016 微信数据报告》。报告中显示，微信 2016 年 9 月平均日登录用户达到 7.68 亿，较 2105 年增长 35%，50%的用户每天使用微信时长达 90 分钟。消息日发送总次数较 2015 年增长 67%。日成功音视频通话总次数 1 亿次，较 2015 年增长 180%。

第十二章 传播类应用写作

第一节 新闻

一、新闻的定义和种类

（一）定义

新闻是对新近发生的重要的、有意义的事实的报道。它是一种以叙述、描写为主要表达方式，通过报刊、广播、电视等新闻媒介广泛传播的文章载体，也是宣传类应用写作的重要一种。

（二）种类

新闻一般被分为如下四种：

1. 动态新闻

它能迅速及时地报道国际、国内重大事件，以及各行各业的新人、新事、新气象、新成就。

动态新闻的特点是：篇幅短小，表述直接，简洁明快。

重大新闻和简讯一般都属于动态新闻，如《行政许可项目减半增强政府服务力度》《安徽积极建设“服务型”政府》。

2. 经验新闻

它通过对一些具体部门、单位的典型经验、成功做法的报道，带动全局，指导一般。

经验新闻的主要特点是：交代情况，叙述做法，反映变化，揭示规律，介绍经验，指导一般。

3. 评述性新闻

它除具有新闻的一般特征外，在叙述事实的同时，由作者发出一些议论，旗帜鲜明地表示自己的观点，是一种夹叙夹议、边叙边评的新闻载体。

评述新闻的特点是：有事实，有评论。但要注意的是，在报道事实的基础上进行切中要害的评论，分析要一针见血，议论要以理示人。

4. 综合新闻

它是综合反映带有全局性的情况、动向、成就、问题的一种新闻。

综合新闻的特点是：报道面广，概括性强，声势较大，综合大量事实材料，表达一个鲜明的主题。

二、新闻的结构

新闻一般由标题、导语、主体、背景、结束语五部分组成。

（一）标题

1. 标题的构成

新闻往往采用多行标题，除正题外，还常常前有引题，后有副题。

（1）正题，又称主题或母题，它是多行标题的中心，概括说明文章的中心思想和主要事实。

（2）引题，又叫肩题或眉题，它交代背景，烘托气氛，以引出正题。

（3）副题，也叫辅题或子题，它一般用来提要式表明新闻的重要事实或事件结果，对正题进行补充。

当然，不是所有新闻都是“多行”标题，可只有引题、正题；也可只有正题、副题；还可只有正题。

2. 标题的要求

新闻标题的要求是：准确、鲜明、简洁、生动。

（1）准确是指标题要准确反映新闻中的主要事实，揭示中心思想。

（2）鲜明是指标题要有鲜明的政治倾向和爱憎情感，表达作者评判是非曲直的明确态度。

（3）简洁是指标题应高度概括、集中，言简意赅，以尽可能凝练的语言来概括说明新闻的主要内容和观点，使人一目了然。

（4）生动是指新闻的标题应力求新鲜、活泼、形象。

（二）导语

导语是新闻的开头。较长分段的新闻，第一段就是导语；较短的不分段的新闻，往往第一句话就是导语。

较长的新闻，一开头均应有明确的导语。它要求用简洁的文字写出新闻中最主要、最新鲜的事实，揭示全文的主题思想、目的或结论，使读者先获得一个总印象，并吸引读者进一步读下去。

常见导语的写法有如下几种：

（1）提问式，即先揭露矛盾，鲜明尖锐地提出问题，然后简要回答，以引起读者的关注与深思。

（2）描写式，即对新闻的主要事实或某一有意义的侧面，作简洁生动又有特色的描写，以突出新闻所报道的人物或事件的特点。

（3）叙述式，即用叙述的方法，把新闻中最主要的事实概括地写出来，它是新闻经常采用的导语方式。

（4）结论式，即以结论作新闻的开头，然后再叙述事实。这种导语能够集中、鲜明地突出新闻的思想内容，以引起读者对某一问题或观点的重视。

（5）评论式，即对所报道的事实进行评论，指出它的重要意义，以引起读者注意。

（三）主体

主体是新闻的主要内容部分，紧接导语之后。它要用足够的、典型的、具体而有说服力的材料，印证导语中的提示，回答导语中的问题。主体所运用的材料应是经过精心选择的，但又必须是客观的、实事求是的。主体写作的好坏直接关系到新闻的质量。

主体部分写作常见的结构形式有以下两种：

1. 按时间顺序写

主体描写或叙述事实，是根据事情发生的先后顺序排列层次，其优点是可以使读者对某一事件发生、发展、结局的全过程有明晰的印象。采用这种写法，一定要注意克服罗列材料的毛病，要围绕导语中提出的主要观点鉴别材料，选择材料，有详有略地安排材料。有时，也可采用倒叙式，把时间倒过来写，由近到远。这样写简洁明快，引人入胜，富有表现力和吸引力。运用时要注意衔接自然，防止跳跃性太强，以免使人不得要领。

2. 按逻辑顺序写

根据事物的内在联系、问题的发展逻辑来考虑主体的层次安排，或因果关系，或并列关系，或主次关系，或点面关系等。可以并列提出几个问题，一个问题一个问题地阐述；也可以围绕主题思想，层层剥皮，向纵深发展；也可以先摆出事实，然后阐述产生这一事实的原因；等等。写作应该注意做到：材料具体，内容充实，紧扣主题；转折自然，条理清楚，层次分明；手法灵活，语言简明，生动形象。

（四）背景

任何新闻都是在一定的环境和历史条件下产生的，这就是它的背景。背景材料是新闻的从属部分，好的背景材料能烘托和深化主题，同时增加知识性与趣味性，帮助读者更好地理解新闻的内容。

（五）结束语

结束语也叫结尾，是整篇新闻的收笔之处。为了使事实完整、逻辑严密，许多新闻有结束语。有些新闻主体部分已把内容讲完，可不必写结束语。

新闻结束语的写法多种多样，常见的有以下三种：

（1）启发式，即根据报道的事实或问题提出希望，进行启发。

（2）小结式，即对新闻主体部分中的事实结果进行简要概括。

（3）评论式，即对所报道的人与事说明实质，进行评论。

第二节　通讯

一、通讯的定义与分类

（一）定义

以记叙、描写为主，兼用议论、抒情等多种表达方式，迅速、具体、生动地反映现实生活，用事实教育、感染读者的新闻体裁称为通讯。

（二）分类

1. 人物通讯

人物通讯一般以报道先进人物和英雄人物为主，是以写人物为中心的通讯。在人物通讯中，就人物的某个侧面、某一阶段或全貌，描述他们的成长过程和英雄业绩，展现人物的精神风貌和道德情操，为广大人民群众树立榜样。

2. 事件通讯

它是以写事件为主的通讯。它要求比较完整地记叙生活中发生的重大事件，通过对事件的描述反映先进集体和英雄群像，从而反映时代精神。

3. 工作通讯

它通过记叙某项政策的贯彻、某项工作任务的完成、某一典型经验的总结来介绍工作的做法。这类通讯主要介绍工作经验或研究工作中的问题。它要求通过典型经验的总结，概括出具有规律性的东西。

4. 概貌通讯

这类通讯常用今昔对比的方式来展现新的业绩，是反映一个地区或一个单位的新气象、新面貌的通讯。

5. 主题通讯

它是作者在某一主题的统帅下，把不同单位、不同部门或不同行业的新闻事实巧妙地编织在一起，以具体生动的事例阐明深刻道理的通讯。

二、通讯的写法

（一）深入采访，选好典型

通讯中的典型指在现实生活中真实的、有代表性的、有新闻宣传价值的人物或事件。选择典型必须围绕中心工作，看典型对社会主义建设的大局有无针对性和指导性，能否给人以激励和感染。只有经过深入的采访，做充分的调查研究，才有可能选好典型。

（二）分析材料，提炼主题

分析材料，要掌握国际、国内的发展趋势和动向，站在时代高度理解典型所具有的普遍意义；同时，要在“吃透”材料的基础上认识到典型的特殊意义。提炼主题，即找出人物全部思想中的“根本点”，就是要找出支配人物一切行动的那种“思想依据”，发掘这一事件所能说明的各种思想意义中最本质、最强烈或最有现实思想性的那一点。

（三）倾注感情，锤炼语言

作者在通讯中倾注自己的感情有多种方式：可以在叙述描写中间接抒情；可以通过议论表明态度直接抒情；还可借助群众的语言，转述自己的感情。

写通讯要特别注意语言的提炼。通讯具有“新闻性”，因此，它的语言要求朴素、通俗、准确、精练。

第三节　简介书

一、简介书的定义

简介，就是介绍，用于互相沟通，使双方相识或发生关系。简介，形简而意不简。简介对于企业、单位或个人来说，都应当是一种艺术性的自我推荐。

简介书是在社会、经济活动中形成的，用于介绍企业、单位、组织及某项活动的一种应用文书。

简介书是“名片”，它是企业或团体形象的再现；简介书是“广告”，是扩大影响、传播信息的一种有效方式；简介书是传播媒介，使企业、团体间的信息得以传递与分享。

简介书在人们的社会、经济活动中常见常用，但往往被人们“熟视无睹”，甚至忽视不为，这是应该认真注意的。

简介书的种类很多，我们一般将其分为公司简介、企业简介、事业单位简介等。

二、简介书的写法

（一）公司简介

公司简介具有名片和广告的作用。公司简介像一张名片那样，要告诉人家公司的名称、公司的性质、公司的地点，还要像广告那样宣传自己、推介自己。

公司简介的基本结构和内容如下：

（1）公司名称、公司简历、公司业务、公司特点等。

（2）公司目前经营的主要产品。

（3）公司机构。

（4）公司领导介绍：董事长、总经理以及各部门负责人。

（5）公司前景。

（6）其他。

在写公司简介时，应注意以下几点：

首先，公司简介内容一般包括公司情况、公司历史、公司业务范围、经营特色、权威产品、特别服务介绍、公众需要的各种信息、公司的地址（方位、楼号、信箱、电话、传真等）等。

其次，公司简介的发放对象一般为：有业务联系的单位，展览会、新闻发布会、记者招待会、专题活动的参与者等。

再次，公司简介要根据公司的特点来设计及确定主要内容，形式要新颖别致，不落俗套，不要一味简单地模仿他人。

最后，凡有涉外关系的公司，同样一份公司简介，应用两种文字印刷，内容一定要相同，图片应一致。在以图片、绘画为主的介绍中，也可采用一幅图片或绘画使用两种说明文字的方式。

（二）企业简介

企业简介和公司简介大同小异，如采用的形式（借用载体、自编画册、小册子、折子、传单、活页文件等）大体相同，不同之处是多采用摄影图片（照片）。摄影图片具有真实性、时效性的特点，可以向社会和公众宣传企业的具体形象，能增强信任感和亲切感。有时在文字表达不清或无法予以证实的情况下，图片资料可弥补不足，用极少文字即可说明事实。

（三）事业单位简介

事业单位简介，主要是为宣传本单位的实力。例如院校简介，要为对外教学与学术交流服务、为招生服务。一般要写清院校的名称、性质、实力、历史、特色，以及地址和联系方式等。有的院校简介还可带附件，比如招生简章及招生目录等。

写作时要注意实事求是，突出特点，给人以清晰的印象和一定的感召力。

第四节　说明书

一、说明书的定义和种类

（一）定义

说明书是实用性很强的一种说明性文体，是面向用户、读者、观众简要说明产品、读物、节目等的书面材料，具有广告宣传作用。我们这里所讲的说明书，特指商品说明书，它是关于产品的特点、用途、规格、性能和使用方法等的介绍。

（二）种类

商品说明书的种类可分为：使用说明书、产品说明书、安装调试说明书、安全使用说明书等。

二、说明书的写法

下面重点介绍使用说明书和产品说明书的写法。

（一）使用说明书

1. 定义

使用说明书是对某种新产品的应用方法进行全面、细致、清晰介绍的书面材料。它一般分为简单使用说明书和复杂使用说明书两种。复杂使用说明书也被称为使用说明手册。

2. 写法

一般的使用说明书应包括使用方法、注意事项、用法用量等内容，可分类写出。简单的使用说明书也可只写内容不列项目。这种说明书的写作内容、形式、方法，都取决于被说明的对象。说明书写得好与不好，主要看交代得是否明白。

复杂的使用说明书，少则是个小册子，如《××笔记本电脑用户使用手册》《×××DVD使用说明书》；多则写成容量很大的著作型。一个使用说明书为什么用这么大的篇幅？因为需要，它是事物本身的复杂性和用户须知性相结合的产物。

（二）产品说明书

1. 定义

产品说明书是以通俗易懂的语言、简洁凝练的文字、说明的表达方式，客观地向用户或公众介绍产品的性能、用途、使用、保管等事项的一种文书。它具有科学性、实用性、简明性和条理性等特点。

2. 写法

产品说明书没有固定的模式。它的内容一般包括如下三方面：

（1）标题。产品说明书的标题应在第一行居中写出，要写清产品名称和“说明书”“说明”或“介绍”等字样，如“××生物频谱治疗仪介绍”，也可只写出产品名称；要用大号字或美术字醒目排印。

（2）正文。产品说明书正文的写作，一般常用条款式、概述式、表格式。正文应当包括产品的作用原理、适用范围、主要技术参数、性能特点以及效率、用途、注意事项等内容。具体到某一产品的说明书，可根据实际情况，任取其中几项。

1）条款式（也可称为条文式）。它是产品说明书中最常用的一种。它对产品进行分项说明，逐条介绍。一般用于程序性的内容说明，供用户读后按顺序一一参照执行。它的特点是内容具体、条目清楚、层次分明、语言晓畅。

2）概述式（也可称为短文式）。它多用于对产品介绍性的综合说明。它的优点是内容完整、意思连贯、文字简明，并有一定的文采和趣味性。

3）表格式。它是一种简单、明了、直观的产品说明书。运用时，要注意表格设计的合理性，能让人一目了然。

（3）具名。在正文的右下方，写上产品说明书的单位名称。有的产品说明书的单位名称已与标题写在一起，可以不再另加具名。

3. 注意事项

（1）要实事求是，简洁明白，浅显易懂，言之有序。

（2）一定要写明注意事项。尤其是易燃、易爆、易变质的产品和各种各样的家电产品，都要写明有关要求，提醒用户注意。

（3）要用纯粹的说明方法，用朴实的文字进行介绍。出口产品的外文说明，切忌生硬地翻译，以免外国人看不懂，失去产品说明的作用。

第五节 导游词

一、导游词的定义

导游词是旅游业的一种应用写作文体，是指有关工作人员（主要指导游员）引导游客游览观光时用的讲解词。

二、导游词的作用

（1）引导游览。导游词通过对景区、景点概况、特点、价值、沿革、轶闻趣事和有关知识的介绍，增加游客的兴趣，满足他们的审美追求，帮助游客获得最大的美的享受。

（2）情真动人。将美好的情感融入导游词之中，可让游客感受到友好的情谊，增加愉悦之情。

（3）激励游客。可发挥教育作用，激发游客的爱国情怀。

三、导游词的结构与写法

（一）前言与总述

前言：表示欢迎，制造良好氛围或设置某种悬念。总述：概述景点，介绍它的特色、价值等，使游客对游览有个总的印象。例如，圆明园导游词的开头：

亲爱的游客朋友们：

当你一踏入这昔日的皇家园林，目睹了青山碧水、断壁残垣，你一定在想象着、追索着、勾画着那被誉为“万园之园”的世界园林建筑瑰宝、美轮美奂的艺术明珠——圆明园的芳容。

那么请随我来，让我们感受那圆明园的脉动，一起聆听那古乐晨钟的吟诉。

圆明园是由圆明园、长春园、绮春园三园组成，三园统称为圆明园。它东西长 3 千米，南北宽 2 千米，占地5 200余亩，比大家熟悉的颐和园还要大近千亩，建筑面积 20 万平方米，比故宫的建筑面积多 4 万平方米。它历经了清朝的康熙、雍正、乾隆、嘉庆、道光、咸丰六代皇帝，是花了 150 余年所建造经营的一座大型皇家园林。每年皇帝都在此举行朝会、处理政务，被皇帝特称为御园。圆明园盛时知名景群达到百余处，它集天下的美景、神仙般的幻境、古人的诗情画意于一园。乾隆称之为：“实天宝地灵之区，帝王游豫之地，无与逾此。”

（二）分述

分述是指对景点各部分运用“移步换形”的方式逐一加以说明讲解。应以游览的时间、方位为线索，详略结合，对景点的特色浓墨重彩地进行解说，其他则几笔带过。对景观的介绍不应止于表面，还应适当加入与之相关的历史文化知识的介绍，这虽然会增加解说的深度和难度，却能使游客在游览中深受教益。例如，对圆明园正大光明殿的介绍：

正大光明殿，是圆明园的正衙，是清代帝王上朝听政的地方。每当皇帝、皇后生日受贺、赐宴外藩及凯旋将士都在此举行。正大光明殿内悬“正大光明”四字匾额。清代宫、苑共悬四幅“正大光明”匾。大内乾清宫为顺治御书，景山观德殿为康熙御书，圆明园正大光明殿为雍正御书，避暑山庄勤政殿为乾隆御书。

据在乾隆五十八年和咸丰十年曾目睹过正大光明殿内部陈设的英国副使和英国侵略军随军牧师描述，殿内用白色大理石铺地，石块琢磨精美，并切成数目字形式，接缝极细。正中安置皇帝宝座，为紫檀木所制，做工精美，宝座上覆盖着黄色绣缎套子。宝座上方有“正大光明”四个大字鎏金匾。宝座位于高台上，台前有三级台阶，台四周环以红漆木栏杆，雕刻着玫瑰等花卉，精美富丽。宝座后竖立高高的屏风，饰以蓝翡翠和孔雀毛，雀羽上系着红宝石和碧玉。殿内四周排列着刻镂精美的桌柜，陈列着碧玉碗盏、各式瓷器等珍奇古玩，还有几座法国钟，有许多册印刷精美的中国经书等。

（三）结语

导游词的结尾部分，应对人有鼓舞教育作用，使游客从中吸取有益的人生哲理并受到鼓舞。可讲真诚的告别敬语，如“谢谢大家对我工作的支持和配合，祝大家健康、顺利、幸福”等。例如，圆明园导游词的结尾：

自1860年至今已有140多个春秋，当我们回顾圆明园被烧毁的这段历史时，又有谁不为之痛心疾首呢？但是，中国发生了翻天覆地的变化，中华儿女已成为能主宰自己命运的主人，中华民族受人欺辱和宰割的时代一去不复返了！圆明园迎来了它的新生。现在的圆明园已是山青水碧，草木葱茏，形成了春踏青、夏观荷、秋赏菊、冬临雪的美丽景色。我们坚信祖国的未来更强盛，圆明园的未来更美好，必将以新的一代名园展现在大家面前。到时再欢迎大家来圆明园参观。

谢谢大家的合作！

需要注意的是，写作导游词，特别要注意准确规范、通俗易懂，即要正确地把握历史、文化，内容要准确、精练，语言要明白、生动、流畅，尤其要避免晦涩生僻的词句。

四、讲解提示

为了很好地完成讲解导游任务，除需要写好导游词外，还应附有一个讲解提纲及提示。其主要包括讲解内容、讲解目的、讲解时间等。

第六节　公关书

公关书是用于社会交际的一种文字媒介。公关书是沟通内外、上下乃至中外方面关系的工具。它包括十几种具体文书，我们择要讲述以下七种。

一、请柬

（一）定义

请柬也叫请帖，是一种告知性公关书。

（二）写法

（1）要写清邀请的目的。

（2）要注意请柬的款式应与活动内容相符合。

（3）要写明在何时、何地出席。

（4）要交代清楚活动的内容（或开会、联欢、过生日；或看比赛、演出；或出席开幕式、展览会等），并附上入场券或其他有效证、券。

（5）如有需要特别注意的事项，应在请柬中标注清楚，如联系人电话、食宿安排或应带物件、交通路线等。

（6）请柬的语言要言简意赅、典雅大方、礼貌友好、热情洋溢，要依据活动的内容、场合、对象，认真措辞书写。

（7）行文时可依据内容需要或版面设计需要，选择竖写或横写。

（8）要区分请柬的品种：单页、双页和多页；每页的行文内容应合理布局。

（9）印刷要精美。

二、致敬电

（一）定义

致敬电是指为表达敬意而向对方发出的庄重严肃的电报。它的用途很广泛，一般是在发生重大事件时，以单位或其领导的名义发给其他的单位或其领导。

（二）写法

致敬电包括四部分：

（1）标题。在第一行正中，写“致敬电”三个字。

（2）称呼。在第二行顶格写被致敬的单位或个人。如果是发给某领导人的电文，要写明他的职务，如“×××总经理”“×××董事长先生”等。

（3）正文。要另起一行空两格写致敬的内容。正文一般包括以下三个方面：明确表示向对方致以深切的敬意；进一步阐述发出致敬电的原因；向对方表示自己的决心或祝愿。

（4）署名和日期。如果是单位内部部分人士所发，则在单位名称后写上个人姓名；如果是单位集体所发的致敬电，要署上单位的全称。署名的位置一律在结尾的右下方。署名之下写清发出致敬电的年、月、日。

三、贺电

（一）定义

贺电是以单位或个人的名义发给有关单位或个人表示祝贺、赞颂的电报。贺电与贺信的区别在于它以电文的形式直接传送给对方，因而更加简洁、明了。贺电还可以在发给对方的同时登报或广播。

（二）写法

贺电包括以下四部分：

（1）标题。第一行正中写上“贺电”，或更清楚地写明“××致××的贺电”。

（2）称呼。第二行顶格写收电人的称呼。凡写给单位的，要写明单位全称；写给个人的，要加上相应的称呼，如“××先生”“××女士”，也可以职务相称，如“××总经理”“××主管”等。

（3）正文。正文内容应包括以下三项：明确提出所祝贺的具体事件；表明祝贺事件的意义；进一步表示祝愿或勉励。

（4）署名和日期。署名写在电文的右下方，在署名的下面标明年、月、日。

四、慰问信

（一）定义

慰问信是以单位或个人的名义向有关单位或个人表示慰问的书信。

（二）写法

慰问信包括以下五部分：

（1）标题。凡是以单位名义写给某一类人的，对标题要加以限制，如“致××公司××部门全体抗震救灾员工的慰问信”。标题一律要写在正中，字体要大些。个人写的慰问信不要标题。

（2）开头。顶格写被慰问的单位、部门的名称，写给个人的，应在姓名之后加相应的称呼，后加冒号。

（3）正文。一般来说，慰问信的正文应包括以下两方面：首先，用一段文字写明因为何事向对方写慰问信。其次，要具体写出对对方的关切与慰问。若是上司给下属的慰问信则要具体叙述对方的先进事迹或不幸遭遇，然后进一步表示勉励或安慰。

（4）结尾。提出希望或鼓励，表示共同的愿望或决心。写祝愿对方的话时，“祝”字后面的内容应另起一行顶格写，不能连在上文末尾。

（5）署名。单位或个人姓名，写在右下方，在署名下面写上年、月、日。

五、祝词

（一）定义

祝词是人们在交往中对活动或人表示祝贺的一种书面文字。它多用于祝贺某些集会或某项合作成功。某些祝词除了表达祝贺之外，还用来表达祝贺者的主张、见解或希望、要求。

（二）写法

祝词包括以下三部分：

（1）开头。开头主要表达祝贺意愿。

（2）主体。这一部分主要说明祝贺的原因、内容，以及进一步表示自己的主张、见解、希望、要求等。

（3）结尾。再一次表达祝贺之意。

祝词包括很多具体形式，最常见的就是贺词。贺词是对某人或某事表示祝贺的书面文字形式，多用于隆重的集会或重大事件，贺词往往在会上宣读。

六、欢迎词

（一）定义

欢迎词主要包括主人对来访者表示欢迎或者公司、部门对新来的成员表示欢迎的讲话文稿。它多用于国内外单位、企业或个人的往来交际。

（二）写法

欢迎词包括以下四部分：

（1）标题。写明什么人在什么场合欢迎什么人的讲话。

（2）开头。开头要先写明称呼。出于礼貌的需要，称呼要用全名，并在姓名后加上职务，在姓名前可加上“尊敬的”“亲爱的”等词语。在接下来表示欢迎之情时，既要突出主宾，又要兼顾陪同人员。

（3）正文。在表达欢迎之意时，要从实际出发，认真选择内容。双方互访，既是工作的需要，也是增进友谊、融洽关系的需要，因此，在工作、友谊、联营等方面表达欢迎之意时要有不同的侧重。

（4）结尾。结尾主要是表示良好友善的祝愿。尤其是双方若在此次访问中进行某项活动，应着眼于此，预祝活动圆满成功，双边互利。

七、答谢词

（一）定义

答谢词是宾客方对主人的热情招待以及在双边往来中达成的默契与愉悦表示感谢的文稿。它既可在会上宣讲，也可登报公开答谢。

（二）写法

答谢词包括以下三部分：

（1）称呼。称呼必须使用尊称。登报统一答谢可略此项。

（2）正文。行文过程中，必要的客套话不能省略，措辞要严谨、得体。既要表现出礼貌与感激的一面，又要不卑不亢。

（3）文稿篇幅应力求简短。

第七节 招聘书与应聘书

一、招聘书

（一）定义

招聘书即招聘启事。它是用人单位根据自己的需要，利用报纸、杂志、广播、电视等新闻媒介（或粘贴在公共场所）招收工作人员的一种文书。

（二）作用

招聘书在当今改革开放的大潮中，越来越显示出巨大的作用。通过招聘书，用人单位可以招收到自己需要的各种人才，吸收新鲜血液，有利于企业的发展；同时，也能使人尽其才，有助于有一定业务专长的求职者找到适合自己的工作，使自己的能力得到充分发挥。此外，招聘书还有一定的广告、宣传作用。

（三）写法

招聘启事一般包括三个部分：聘头、聘项、聘尾。

1. 聘头

聘头包括标题和单位简介两部分。

（1）标题。标题一般采用用人单位名称加上文种的方式，如“宏大公司招聘启事”。有的采用用人单位加上“诚聘”或“招贤”“招贤纳士”的方式，如“××房地产开发公司诚聘超级悍将”。有的采用将招聘的职务也写入题目的方式，如“××机场公司招聘副总经理启事”。也有的只写“诚聘”二字。

（2）单位简介。这一部分主要写单位的性质，经营、服务范围，单位实力，招聘目的等。

聘头部分要引起应聘者的浓厚兴趣，唤起他们的应聘热情，并使之付诸行动。例如，某机场公司的招聘启事这样写道：“××，美丽富饶的海滨城市，是中国最早建立对外开放的经济特区之一。××机场像一颗灿烂的明珠镶嵌在南海之滨。××机场按一级民用机场进行总体规划和建设。跑道长4 000米，候机室 9 万平方米，航行管制和地面设施均采用世界先进产品。××机场将实行国际现代化管理。本着‘一流设备、一流管理、一流效益’的××机场，经人事部全国人才流动中心批准，诚招公司副总经理，希望有志之士到××机场大展宏图，共创伟业。”

2. 聘项

这部分要写得全面、具体、准确、简洁，一般依据所聘人员的工作性质分项写出，每一项间可空一行。这是对所聘人员的具体的数量、质量上的要求。

聘项可写成“应聘要求”。例如，××机场公司招聘总经理启事中的应聘要求：

（1）在民航担任过相当职务 5 年以上。

（2）年龄 35～55 岁，身体健康。

（3）学历中专以上，职称中级以上。

（4）能用英语进行基本会话。

这一部分也可写上招聘单位对应聘者的工作待遇。例如，××机场公司的招聘启事就写出了对合格应聘者的如下待遇：

（1）提供宽敞的住房一套。

（2）解决其爱人和子女在××落户和工作问题。

（3）收入优厚。

（4）配备小轿车等其他办公和生活用品。

对待遇问题，也可只写“待遇从优”。有的招聘启事也实事求是地写上希望应聘者“无住房要求”“有本市户口”“能经常出差”“适应夜班工作”等。

3. 聘尾

这里主要写清应带证件的复印件、具体的联系人和联系办法等。除此之外，还要写明报名的时间及截止日期。例如，“2017 年 3 月 5 日以前”“自登报之日起一周内”等。

如果需要面试或答辩，应在此项写明具体期限和要求。

（四）创意

招聘书的创意主要体现在版面及宣传语的设计上。

1. 版面设计

版面的设计一般采用长方形，上方为大字标题，下方为联系方法等，左右可拟写对联式的宣传语。版面的左上角或是右上角一般都要醒目地印上招聘单位精美并有寓意的“徽标”。除此之外，版面还可配有看似简单而寓意深刻的画面。例如，有的单位在招聘书上画有一棵树，并写有“这棵大树需要你的照料”的字样。

2. 宣传语设计

如上例所言，“这棵大树需要你的照料”就是宣传语。它的寓意有二：其一，本公司是棵大树，实力雄厚，应聘者可以“大树底下好乘凉”；其二，你加入本公司后，可以使这棵大树越发根深叶茂，使公司有新的发展。又如，有的公司利用藏字的形式，巧妙地设置宣传语。如天瑞公司招聘启事的大标题为“天降瑞雪好运来”，标题下面写有“这里永远是有智、有德、有才、有能者的乐园”。还有的写“人才，是××公司之本”。在拟订宣传语时，也可用通俗的文字。例如，有的公司的招聘书这样写道：“请您务必带上两把

'刷子''"（指有一定特长）。招聘启事的宣传语还可利用对联式。例如，××集团招聘启事的宣传语这样写道："千里之行始于足下，万钧之力源自××"。

二、应聘书

（一）定义

为了应聘而表达自己履历、自传以及应聘愿望和条件的文书即为应聘书。在改革开放的今天，为了促进人才交流、人尽其才、才有所用，各单位经常发布"招聘启事"。"应聘书"正是专门用来完成应聘使命的专用文书。

应聘书是一个综合概念，在实际应用中，也绝非只言片语所能完成，尤其是在竞争激烈、择业相对困难的今天，应聘书已被人们称为"系统工程"，大多应用电脑写作的各种手段，其内容主要包括"履历""自传""自我介绍"以及"应聘信"（简单的应聘书即指应聘信）。制作精良并富于个性的应聘书，颇能引起用人单位的注意，从而得到良好的回应。

应聘书一般应装订成册，其排列顺序为：封面（题目："对××职位的应聘书"，应聘者学位、姓名，成文日期）、履历、自传和自我介绍、应聘信、封底（注上联系方式等）。

（二）写法

1. *履历*

（1）定义。履历指资格、职位经历，也指履历书、履历表。它表现了个人的经历和身份，实用性很强。

履历表过去大都用于政府部门的人事交往中，现在，除了行政干部需要用履历表之外，知识界、部队、外交和司法界，尤其是工商界，都广泛使用履历表，它已成为国家机关、劳动人事部门以及人才流动场所中不可缺少的一种文书。

履历表不允许轻率填写，更不可杜撰和伪造。在谋职、调动工作等活动中，它是一个建立关系的媒介物，也是自我推荐的载体。因此，写履历要端正态度，实事求是，思考周密，落笔无误。

（2）写作特点。主要有以下三点：

1）庄重，指写作态度严肃，郑重其事。

2）简洁，指文字简练，书写工整，摘其要、填其内。

3）准确，指职务、职称、任职年月、著述名称等都要真实确切，不能失真。

（3）履历表的内容。

1）表中第一栏：姓名、曾用名、性别、出生年月、籍贯、民族、文化程度、工资级别、职务、职称、党派、家庭成员、社会关系、住址等。

2）第二栏：所任社会职务、参加学术团体、专长、著作、科研成果、获何种奖励、外语程度等。

3）第三栏：工作经历。

4）第四栏：重要情况的补充说明。

以上表格内所列项目可因实际需要而加以增减。

（4）履历简表的内容。

1）第一部分：姓名、性别、籍贯、出生年月、学历、职务、职称、党派、通信地址等。

2）第二部分：简历。

3）第三部分：特长、有何发明和著作。

2. 自传和自我介绍

（1）自传。自传是撰述者生平事迹的自述。自传一般应具有纪实性、亲历性的特点，同时应注意要有所侧重。自传有详略的区别，详者可写成书，多达万字乃至数十万字；略者可仅为几百字。常见的自传多属文书体自传。

应聘类自传要写得短小简明，要点面结合，要以时间为顺序构成全文，要注意行文内容的连续性，要注意实事求是，把握用语的分寸。

（2）自我介绍。自我介绍是人才交流时常用的一种实用性很强的文书。它可用文章方式，也可用表格方式完成。

写自我介绍时目的要明确，材料要真实可靠，语言运用要符合规范。

第十三章

文件处理

第一节 发文处理程序

一、创制公文

（一）拟稿

即撰写文稿。要做到：文稿内容要准确无误。

（二）会商

即当文稿内容涉及其他不相隶属（含同级）组织或部门的职权范围时，发文机关应依法同其协商，只有在征得同意后，才能发文，若协商未果，则不能行文。

（三）核稿亦称审核

指公文草稿在签发之前由部门负责人或文秘人员进行全面核查与修正的工作。

核稿应重点把好以下几关：

（1）行文关，即确定是否需要行文，该由哪一级行文，行文关系是否正确。

（2）内容关，即确定文稿是否符合现行方针、政策和法律、法规、规章的要求，是否与有关的规定相协调、衔接，反映的情况是否准确、真实，提出的要求是否明确具体，提出的措施和办法是否符合实际、切实可行。

（3）形式关，即确定文种使用是否正确，文字表达是否准确、简明扼要、条理清楚和合乎语法规范，结构是否严谨，人名、地名、时间、数字和引文是否准确无误。格式项目是否符合有关规定。

（四）签发

（1）定义。签发即由对公文负有法定责任的领导人或被授予专门权限的部门负责人对经审核后的文稿进行终审，批注发出意见并签署姓名及日期的活动。

（2）签发的分类。根据签发人的身份、地位及文书处理程序、方式的不同，签发分为：正签、代签、核签和会签。正签，是指在自身法定职权范围内签发公文；代签，指根据授权代他人签发公文；核签，又称加签，指上级领导人签发下级机关或部门的重要公文；会签，指两个或两个以上机关联合行文时，由各机关的领导人共同签发公文。

（3）签发的原则。

1）分层签发原则。签发不能越权，各单位应根据各位领导人的职权范围规定其签发权限，建立分层签发制。签发人必须依职签发自身法定权限内的公文。

2）先核后签原则。为确保公务文书的有效性，避免不应有的反复签发，签发要履行正常秩序，一般应先核稿，后签发，即对公文进行审核无误后再送交领导人签发。

二、公文的复核、缮印、校对和用印

（一）复核

复核是文秘部门在公文正式印制前，对公文进行的全面系统的复查活动。

复查工作的重点是：检查审批签发手续是否完备，是否规范地签注了发文意见、姓名和日期，阅读范围的级别限制是否清楚，紧急程度、保密等级是否合理，印制份数、发文字号是否有误，附件材料是否齐全，格式是否统一、规范，表达公文内容的各数据项目的结构格式是否规范，等等。

（二）缮印

缮印是根据定稿制作公文正本的活动。缮印主要有手工缮写、机械誊写、印刷等方式。

（三）校对

校对是以定稿和规范格式为基准，对校样（反映印版全貌的纸样）或缮写誊录完毕的公文进行全面核对检查，以发现并纠正各种错漏，确保公文质量。

（四）用印

用印是国家机构或其他社会组织为了表明公文法律效力而在公文上加盖印章的活动。印章，代表一个机关的权力，是公文生效的标志。

用印不等于签署。用印和签署都是公文生效的标志，都是按照法定的权限和程序进行。通常，以组织名义的发文应加盖其印章，以领导人名义的发文应予签署。在国家行政机关法定的 13 种公文中，除会议纪要外，均需加盖印章或签署，以表达公文的正式性质，赋予公文现实执行效用。

三、传递公文

（一）分装

即按规定和要求拣配和分装文书，进行发文登记和装封。“发文登记簿（表）”主要项目包括发文编号、发文日期、发文字号、发文机关、公文标题、密级、份数、发往机关、清退情况、签收人备注等。密件、急件与平件要分别封装并加盖标记或封条。

（二）传递

将分装后的文件，交由受文单位的收发人员，要求接收时清点份数，并检查封装质量、办理签收手续。

传递方式：普通邮寄、机要通信、机要通道、公交交换、电信传递。

（三）公布

适用于有特殊意义的公文。如一些公告、布告等法律文书的发布。

第二节 收文处理程序

一、收文

收文包括签收、登记和审核。

（一）签收

签收指签字表示收到来文。签收文件时要注意：仔细查看文件封套上所注的收文机关部门或姓名，如发现有误，立即退回；将文件封套上的发文机关名称、文件编发号、机要通讯号等项目登记在本单位的收文簿上；检查无误后收件人在投递回执上签名，然后转送到秘书部门。

（二）登记

登记是有权拆封的秘书对所经手拆阅的文书进行管理和保护的必要措施。其具体内容有：顺序号、收文日期、来文单位、封套号、密级、紧急程度、发文字号、内容摘要、份数、有无附件、办理时限、拟办情况、批办意见、承办部门、办理结果。

（三）审核

审核指收到下级机关上报的需要办理的公文，文秘部门应当进行审核。

审核的重点是：是否应由本机关办理；是否符合行文规则；内容是否符合国家法律、法规及其他有关规定；涉及其他部门或地区职权的事项是否已协商、会签；文种使用、公文格式是否规范；等等。

二、收文的办理

（一）拟办

拟办是由办公部门或业务部门负责人及有关工作人员，对部分收文的办理提出建议性意见，供有关领导者批办时参考的活动。

凡需本机关及其各职能部门贯彻执行、具体办理或阅知的公文均需拟办，具体包括：要求贯彻落实或办理的公文，或重要的需本机关领导或有关部门阅知的公文；下级机关的请示及重要的报告；要求本机关办复的公文；几个业务部门联合办理的公文；重要的人民来信等。

紧急公文，应当明确办理时限。

“公文处理单”包括如下项目：收文日期、来文机关、来文文号、密级、份数、内容摘要、文书处理号、拟办意见、批办意见、承办过程和结果等。

（二）批办

1. 含义

批办，即由机关领导人对公文办理提出批示意见的决策性活动。

2. 批办工作须遵循的原则和要求

（1）原则：明确规定机关各层次、各部门领导人批办文件的职责与范围。统一负责，合理分工；逐级授权，分层负责；加快批办速度，提高批办效率。

（2）要求：领导人因公、因病不能批办时，要及时委托或授权其他的领导人批办；对例行文件，应在年初做一次性批办；确定不需批办的范围文件；批办的意见明确、肯定、具体可行，责权清楚，前后一致；对有具体请示事项的，主批人应当明确签署意见、姓名和审批日期，其他审批人圈阅视为同意。没有请示事项的，圈阅表示已阅知。

批办意见应规范地书写在“公文处理单”的批办栏内。

（三）承办

承办，即具体办理和解决收受文件内容所针对的事物和问题的活动。

承办部门收到交办的公文后应认真阅读领导的批示意见，按照批办意见认真组织，及时快捷办理公文，不得延误、推诿。

在公文办理完毕之后，承办人员应在“公文处理单”的相应栏目内，填写承办的经过与结果，包括：发文承办的，注明复文号、复文日期；会议承办的，注明会议名称、会议时间、议定事项；电话回复的，注明时间、地点、人员、主要内容；当面解决的，注明时间、地点、解决措施与结果等。并应填写承办人姓名与日期，以备日后查询。

（四）催办

催办是对文件承办工作的检查和督促的过程，这是避免办事拖沓、文件积压，加速文件运转的重要措施。

催办的范围包括：上级领导、本机关领导交办的事项或需要办复的公文；同级或其他不相隶属机关要求答复与办理的事项；下级机关的请示；会议决议中需要办理落实的重要事项；重要事故、事件、人物等专案的处理；人民群众来信来访要求答复与处理的重要事项。

（五）查办

1. 含义

查办，指对重要公文的实际内容全面落实、办理情况的核查、督促和控制的活动。

2. 具体方法

（1）立案。选定核查的对象，指定或授权专门的机构或人员负责查办工作，提出查办工作的任务和要求等。

（2）核查办理。向承办部门（人员）或者向与之密切相关的部门（人员）查询公文的办理情况，不掺杂主观好恶，实事求是地反映、核实办理的结果；同时，对核查公文办理中发现的问题、不足或困难，需提出相应的解决方法和措施，予以修正或完善承办执行活动，指导、协助承办部门具体贯彻和落实公文精神。

（3）反馈。将已核查的公文办理的情况和结果，以口头或书面的方式，如实上报给交办部门和领导人。

（六）阅知类公文的办理

阅知类公文办理，是指将机关领导人或其他人员需阅读、了解的公文经过文书处理后在多个部门或多位负责人之间传递、运转的活动。

组织阅文活动的一般原则是：先送主要领导人，次送主管领导人及其他副职领导人，再送有关业务部门负责人，最后送有关人员。如遇急件、要件，则应分清主次缓急，灵活处理，可让主管领导人与经办人首先阅知，及时处理，以免误事。

通常采用的阅文方式有：

（1）树式传阅方式，即以文书处理人员为中心组织传阅，依次将公文传送给阅文者，每个阅读者阅毕后，需将公文退回给文书处理人员，由文书处理人员检查无误后，再传递给其他阅读者。

（2）轮式传阅方式，又称横传，即一个阅文者阅毕后直接将公文交给另一个阅文者，依此类推。

为了加快传阅速度，提高传阅效率，可根据本单位情况，采用多种多样的方法组织阅文活动。

文书处理人员在处理和组织传阅工作过程中，应填写“公文传阅单”，装入公文夹。“公文传阅单”的主要项目包括：公文标题、公文字号、份数、签阅时间、批示意见、签名等。

第三节　处置办毕公文

一、立卷

（一）定义

立卷是指秘书部门将办理完毕的、具有保存价值的一个个零散文件，按照它们内在的联系，分门别类地组成一个或数个案卷。其要领是：

（1）只有办理完毕的文件才能立卷。

（2）必须是具有保存价值的文件才需要立卷。

（3）文件立卷必须依照科学的方法与原则进行。

（二）范围

立卷的范围指本机关在工作中或业务活动中形成和使用的、办理完毕、具有查考价值的收发文件。

（三）步骤

1. 编制立卷类目

编制立卷类目是指在机关内实际文件尚未形成之前，根据以往机关活动和文件形成的一般规律，对一年内可能产生的文件，按照立卷的原则和方法，拟制比较详细的立卷方案或计划，以指导文件立卷工作。

2. 平时归卷

平时归卷是指文件立卷人员依据已编好的案卷类目，将已经处理完毕的文件，随时按公文归类类目上的有关条款归入卷内。

3. 年终调整组卷

年终调整组卷是指在平时归卷的基础上，把一年来的文件对照立卷类目各条款适当加以调整、拆并，最后确定组卷。具体包括以下内容：

（1）排列卷内公文，是按照其主要的联系来排定公文的顺序，以固定每份文件在卷内文件的位置。其常用的方法有按时间顺序、按文件的重要程序排列。

（2）编卷内页码，按公文排定的顺序依次编写页号或件号。目的是固定文件的顺序，方便其保护、统计和检索。文件的编号应用阿拉伯数字。

（3）填写卷内目录，揭示卷内文件的内容与成分。卷内目录置于卷首，方便查阅、统计文件。其主要项目包括顺序号、文号、责任者、题名、日期、页号、备注等项目。

（4）填写卷末备考表，注明卷内文件立卷与利用状况。卷末备考表的作用是供档案保管人员与利用者日后查考。卷末备考表加贴于卷内文件最末一页之后，主要包括立卷人、检查人、立卷时间等项目。

（5）拟制案卷题名，概括揭示卷内文件的主要内容与成分。案卷题名有助于文书部门快速处理和检索公文。案卷题名的基本结构包括文件的责任者（作者）、内容（问题）、名称（文种）三部分。

（6）编制案卷目录，依次登记案卷。案卷目录的作用在于它固定了案卷排列的顺序，概括地介绍了案卷的内容与成分。它主要包括归档号、档号、类目名称、案卷题名、时间、保管期限、件数、页数等项目。

4. 文件级整理

文件级整理就是将归档文件以件为单位进行装订、分类、排列、编号、编目、装盒，使之有序化的过程。其具体步骤如下：

（1）装订。文件级整理的单位应为“自然件”，即单份文件，就是以“件”为整理单位，进行文件级整理。

归档文件的装订是从实体上最终确定“件”的形态，同时，可以起到固定文件页次，防止文件张页丢失，便于归档后保管和利用的作用。

（2）分类。分类是指将应归档的文件按其来源、时间、内容和形式等方面的异同，分成若干层次和类别。适宜于现行机关文件整理归档工作的常用复式分类法有：年度—机构—保管期限分类法、年度—问题—保管期限分类法、保管期限—年度—机构分类法、保管期限—年度—问题分类法。复式分类法的选用要注意保持同一单位内分类方案的稳定性。

（3）排列。公文的排列强调“事由原则”，即同一事由的相关文件应当排列在一起。“事由”是一个比较原则性的概念，可以是指一件具体的事，或一个具体的问题，或一段较紧密的工作过程，等等。

（4）编号。编号是指将归档文件在全宗中的位置标志为符号，并以归档章的形式在归档文件上注明。

“编号”中的“号”并不是一个简单的数字，而往往是包括全宗号、年度、保管期限、机构（问题）、件号等分类、排列要素在内的一组数字和字符的集合，统称为编号项目。编号项目分为必备项和选择项。必备项目包括全宗号、年度、保管期限和件号。选择项为机构（问题）项。

全宗号是档案馆对其接收范围内各立档单位所编制的代号。年度指归档文件的形成年度，即形成处理归档文件的年度。保管期限是指机关文书、业务部门或档案部门在整理归档文件时，按照“文书档案保管期限表”给归档文件划定的保管期限。件号即归档文件的排列顺序号，包括室编件号和馆编件号两种。室编件号即归档文件在分类方案的最低一级类目内的排列顺序号；移交进馆时，归档文件在全宗中的位置发生变化，此时按照新的排列顺序重新编制的件号，称为馆编件号。文件级整理以“件”为基本单位，件号也应逐“件”编制，以保证归档文件目录的完整，反映全宗内归档文件的全貌。

（5）编目。编目是指编制归档文件目录。归档文件目录包括件号、责任者、文号、题名、日期、页数和备注等项目。

1）件号包括室编件号和馆编件号两种，目录中设置的“件号”项，是指室编件号，应填写室编件号，档案进馆前经过再鉴定、整理后，按进馆要求编制馆编件号并填入件号栏中，此时的件号指馆编件号。

2）责任者是指制发文件的组织或个人，即文件的发文机关或署名者。它对确定文件来源有着重要的作用，也是检索利用档案的重要途径。填写责任者项时一般应使用全称或通用简称。

3）文号即发文的字号，是由发文机关按发文次序编制的顺序号，一般由机关代字、年度、顺序号组成，如“国办发〔2017〕8号”。

4）题名即文件标题，它直接表达文件内容和中心主题，是了解归档文件内容的起点。完整的题名由责任者、问题、文种三个部分组成，例如“国家档案局关于加强档案安全保管的通知”。一般情况下，文件只有一个题名（正题名），填写目录题名项时应照实抄录。

5）日期即文件的形成时间，反映文件产生的时代背景，是查找档案的常用途径。文件的形成时间即发文时间（文件的落款时间）。具体填写日期项时应以8位阿拉伯数字标注年、月、日。

6）页数是指填写一件文件的总页数，用于统计和核对。计算页数时以文件中有图文（指与文件内容相关的文字、图画等）的页面为一页，空白页不计。大张的文件或图表折叠后，仍按未折叠前有图文的页面数计算页数。来文与复文、正本与定稿等作为一件时，统计页数应将构成该件的各文件页数相加作为该件的页数。

7）备注用于填写归档文件时需要补充和说明的情况，包括密级、缺损、修改、补充、移出、销毁等。

（6）装盒。装盒包括将归档文件按件号顺序装入档案盒、填写备考表、编制档案盒封面及盒脊项目等工作内容。装盒应严格按照件号的先后顺序装入档案盒，与归档文件目录中相应条目的排列顺序相一致，保证检索到文件条目后能对应地找到文件实体。档案利用完毕后应归位，同样要注意将其按件号顺序装入相应档案盒中。

档案盒外形尺寸为长310mm、宽220mm的长方体，厚度一般为20mm、30mm、40mm，此规格是按照可放入纸张幅面为国际通用A4型（297mm×210mm）的文件，并能够较方便地拿取盒内文件而设计的。厚度允许不同的尺寸，以方便放置不同厚度的文件。

二、归档

归档，是指文书处理部门或承办部门将归档范围中的公文整理立卷，定期向机关档案室移交的活动。

归档工作主要包括归档范围、归档时间、归档要求。

（1）归档范围，即公文应归档的范围，也就是哪些公文是需要转化为档案。

（2）归档时间，即文书部门向档案室移交归档案卷的时间。根据《机关档案工作业务建设规范》的要求，归档时间一般是在立卷后次年6月底以前向档案室移交。一些专门档案和不同载体的档案应根据有关规定执行。

（3）归档要求，是针对归档案卷提出的质量要求。根据有关规定，对归档案卷的总体质量要求是：反映公文材料的形成规律和特点，保证公文的齐全、完整，维护公文之间的有机联系，区别不同价值，便于保管和利用。归档移交时，应编制案卷目录，其项目包括顺序号、案卷标题、起止日期、页数、保管期限、备注。

在案卷移交过程中，还要附有一张移交备考表，写明案卷总数、移交时间。文书处理部门或承办部门向档案室移交案卷时，交接双方必须在移交凭据上签注姓名、时间，以表示对移交工作负责。移交目录要一式三份，一份经双方签字后留立卷部门存查，另两份由档案部门保存。

三、清退

公文的清退，是指按照有关规定或要求，将办结公文退还原发文机关或退还由其指定的其他机关的活动。

需要清退的公文包括：绝密级公文；指定限期清退的内部公文材料、会议公文；限定在一定范围内讨论修改或征求意见使用的文稿、校样或者未经领导人本人审阅的讲话稿；调离岗位的工作人员在原职位中保存的公文；供本机关内部领导传阅的公文；发文机关明确要求退还的公文材料；有重大错漏情况或被明令撤销的公文；等等。

四、暂存

公文的暂存，是指对既不应立卷归档或清退，又暂不宜销毁的公文，仍需再留存一定时期以备查用。

暂存公文的范围是：频繁查阅的已整理归档公文的重份文本与复印本；具有参考价值的公文、简报等；一时难以准确判定是否留存或销毁的公文；反映一般情况的公文、报表；等等。

五、销毁

公文的销毁，是对已不具备留存价值的公文材料所做的毁灭性处置。

销毁范围包括：重份公文、多余的复印件；外机关抄送本机关参考的公文或本机关内部机构之间互相抄送的一般性公文、临时性事务性公文；外出参加会议带回的无留存价值的公文；一般公文的草稿、校样与其他已使用过的会议讨论稿、征求意见稿等；一般性的人民来信与来访记录；无留存价值的信封；不销毁即会失密或泄密造成严重损失的各种公文材料；失去留存价值的统计报表、登记簿册、简报等。

一般来说，销毁一般公文，应由文秘部门与业务部门负责人审核，机关保密部门审查批准，定期销毁；销毁秘密公文及重要的公文，登记后由各机关文秘部门负责人审核，机关保密部门与分管领导人审查批准。销毁计算机储存的公文材料，应经有关部门或领导人审查批准后定期清洗删除。未经审查批准，任何部门和个人均不得私自销毁公文。

公文销毁方式有：用销毁工具销毁；送造纸厂制作纸浆；用火焚毁。销毁时至少有二人监销并直至公文确已彻底毁灭，防止失密与泄密。之后，各方均应在销毁清册上签字，以示负责。

第三编

秘书工作实务办会

第十四章

办会概述

办会，是秘书一项经常而重要的工作。小到公司的部门会议，大至国际会议。有人统计，世界各地每天都在进行着数以百万计的各式各样的会议。

第一节　办会常识

一、会议概述

（一）定义

会议是为议事、决策、纪念、联谊等以口头发言为主的一种群体活动方式。它具体表现为：

（1）会议是人类社会活动、政治经济生活中相互交往必不可少的一种形式。

（2）会议是有组织、有领导地商议某种事项的集会。

（3）会议是按照规定的时间、地点和程序，组织有关单位人员活动的一种方式。

（4）会议是各级各类机关、企事业单位、各种社会团体商讨问题，部署检查工作、总结经验和进行决策的重要活动形式。

（5）用系统论观点看，会议是领导进行管理活动中施行领导方法的一种有效方式。

（6）用信息论观点看，会议是输入信息、加工信息、输出信息的一种方式。任何会议都有一定的信息，没有新的信息或不去创造性地研究分析已收集到的信息，会议就无价值。

（二）特点

集体商议性是会议的主要特点，它体现在有目的、有组织，以发言为主和群体活动上。

（三）类型

1. 按照会议规模（即参加人数多少）划分

（1）小型会议，人数少则三五人，多则几十人，一般不会超过 100 人。

（2）中型会议，人数在 100 人至1 000人之间。

（3）大型会议，人数在1 000人至数千人。

（4）特大型会议，人数为数万人，例如节日集会、庆祝大会等。

2. 按照会议性质和内容划分

（1）规定性会议，即法定的必须按期召开的各种代表大会。

（2）日常性会议，即领导机关、领导同志贯彻民主集中制原则，实行集体领导，研究和处理日常工作的会议。

（3）专业性会议，即为研究某项工作，讨论和解决某个问题而召开的工作会议和专业会议。

（4）纪念性会议，即为纪念重大历史事件或重要人物、重要节日而召开的会议。

（5）座谈性会议，包括各种各样的座谈会、茶话会等。

3. 按照会议形式划分

（1）有会有议的，多数会议属于这种类型。

（2）会而不议的，例如报告会、传达会、动员会、表彰会、纪念会等。

4. 按照时间划分

可划分为定期性会议和不定期会议，还可以划分为多次性会议和一次性会议。定期性会议也叫例会，到预定时间如无特殊情况必须召开，不定期会议则视情况灵活掌握，必要时随时召开。多次会议是指需要开两次以上的会议，一次性会议是指只需要开一次的会议。

5. 按照会议阶段划分

可划分为预备会议和正式会议。预备会议是整个会议的组成部分，是为正式会议做准备的会议，但在职权和效力上同正式会议有所区别。

6. 按照开会手段划分

可划分为常规会议和电子会议。常规会议即传统性的会议，电子会议指电视会议、卫星会议、电脑电话会议等。

二、办会术语

（一）地点

1. 定义

会议的地点指举行会议活动的场所。

2. 主会场

是指办会的主要场馆或中心会场，相对于会议的辅助场馆与分会场而言。会议活动的开幕式、大会报告、投票选举、闭幕式等主要议程和活动都安排在主会场。

3. 分会场

相对于主会场而言，当主会场容量不足、一个会议由多方共同主办、举行视频会议时，可设分会场。

（二）法定人数与缺席人数

1. 法定人数

法定人数是指会议的正常举行所规定的必要人数。会议只有在达到了所规定的必要人数之后，才可举行，也才是合法和有效的。就多数情况而言，一般都规定实际到会人数需超过应到会人数的半数以上（有些会议则规定为三分之二或四分之三等）。

2. 缺席人数

缺席人数是指应到会而未到会的人数。为了随时掌握到会人数，要认真搞好签到工作，通过签到工作统计缺席人数，及时掌握到会者情况和参加每项活动的确切人数，以便对会议及时做出调整、安排，而且利于今后落实与会情况与联系工作。

（三）会议成员

1. 成员

参加会议的对象被称为会议成员，包括以下几类：

（1）正式成员，即具有正式资格，有表决权和发言权的会议成员，是会议活动的主体部分。

（2）列席成员，即不具有正式资格，有一定的发言权，但无表决权的会议成员。

（3）旁听成员，即不具有正式资格，既无表决权，也无发言权的会议成员。

（4）特别成员，即会议的主办者根据会议的需要专门邀请的成员，如上级机关的领导人、来宾等。

会议的秘书人员和其他工作人员以及进行新闻采访的记者不属于会议的成员。

2. 代表

一般习惯把参加会议的成员都称为“代表”。“代表”在会议活动中特指：由一个国家、一个地区或一个组织正式委派的与会人员；由一定范围的选民或群众通过一定的程序选举或协商产生的与会人员；代表其他个人的与会者。

3. 观察员

观察员是国际会议中的一种特殊身份，相当于会议的列席成员。享有观察员身份的国家、地区或组织可以派代表参加会议，也可以在会上发言，但无表决权，也不受会议决议的约束。

（四）投票

1. 含义

投票是表决形式的一种。

2. 应注意的问题

（1）必须实行无记名投票，这是原则，不能用举手、鼓掌等办法选举。

（2）备好预备选票，并与正式选票颜色不同，以示区别，以备选举无效时再次选举使用。

（3）组织好投票路线，应避免碰头阻塞。

（4）投票前正式宣读一遍选举规则。

（5）唱票、监票人选可举手通过，最好不要采取鼓掌通过的方式。

（五）唱票

唱票是在选举或会议表决投票之后，计票人对收回的选票逐一宣读，供其他计票人员做出记录的过程。

唱票或计票的人员可由监票人直接担任，也可以在监票人的监督之下，另由计票人进行唱票。

唱票必须严格按照选票票面之上所反映的投票人所选择的结果，做出准确而清晰的宣读，以保证选举或表决投票结果的统计是准确无误的。

在使用表决器的情况下，唱票与宣布计票结果是一致的。

（六）会议程序

1. 定义

会议程序是指一次具体的会议活动中，为完成会议议程而按照工作顺序和时间先后排定的详细工作步骤和会议工作体系。

2. 分类

会议活动有两类：一类是议题性活动，即围绕议题所展开的讲演、辩论、商讨、审议和表决等活动，是会议活动的主导方面。另一类是非议题性的活动，如选举、颁奖、揭幕等活动。会议程序主要是对议题性活动的程序化；有时也包括非议题性活动的安排。

3. 作用

（1）可以让与会者了解每个具体会议活动的内容及时间顺序，同时也是主持人掌握会议的操作依据。

（2）会议程序将会议的议题按讨论、审议和表决的先后顺序编排并固定下来，起到维持会议秩序的作用。

4. 书面结构

（1）标题：由会议全称和“程序”或“顺序表”组成。

（2）题注：表明会议活动的具体日期，用圆括号括入。

（3）正文：用具体的时间或用序号列出相应的活动步骤，要求详细、明确。

（4）落款：一般为会议秘书处，也可省去。

5. 会议议程、会议日程和会议程序的区别

会议议程、会议日程和会议程序都是关于会议活动先后顺序的安排。它们之间的区别在于：

（1）会议议程是一次活动总的安排，概括、明了，一旦确定不得任意改动。以讨论和表决议题为主。有两项以上议题的会议都应当事先制定议程。

（2）会议日程是把会议活动落实到单位时间，凡会期在一天（即两个单位时间）及以上的会议都应当制定会议日程。

（3）会议程序则是一次会议活动顺序的详细过程和步骤，是会议议程的具体化和明晰化，可供会议主持人直接操作。

规模较大、活动较多、会期较长的会议，往往同时制定会议的日程、议程和程序，以适应不同的需要。以举行颁奖、选举、揭牌等仪式为主的会议活动，一般只制定会议程序。

（七）倡议人

1. 定义

特指那些临时受会议主持人或会议有关各方的委托，对特定的会议进行过程实施组织的人。

2. 与会议主持人的不同之处

（1）会议主持人是对会议全面负责的人，而会议倡议人通常只对会议进行的过程负责，不对会议结果负责。

（2）会议主持人的身份是法定的，或由大会代表选定的，因而具有不可抗拒性。而会

议倡议人是临时接受委托，因而具有可抗拒性。

(3) 会议主持人在会议进行过程中可以代表会议回答与会人提出的问题。而会议倡议人的责任则只是负责向会议有关方面转达与会人提出的问题。

(八) 赞成者

赞成者指对会议的主议题、某个动议或某个观点执支持、赞同立场的人或集体。

赞成者并不需要对整个主议题或整个动议表示赞成，他可以只对某个观点、建议表示同意，而对别的观点、建议持其他态度。当与会者个人或其所代表的集体对某个观点、建议表示赞成、支持或者提出附议和补充时，该个人或其所代表的集体就成为这个观点、建议的赞成者。

(九) 动议

动议是指会议进行过程中提出的建议。

动议与会议的其他议题和议案的不同之处是：动议不是在会议之前列入会议议程的内容，而是在会议上由与会人员通过特定的方式临时提出的，因而动议所涉及内容一般是比较紧急而且是首次提交会议的。

(十) 提议人

提议人指在会议进行过程中提出某项建议（包括临时动议和非临时动议、附和性动议和反对性动议）的与会个人或集体。

当与会者个人或其所代表的集体在会议中，因对主议题观点的赞成和不赞成、对主议题观点的补充和反对提出新的议题或建议时，该个人或集体就成为提议人。

提议人与倡议人不同。倡议人是在会议的准备期间提出初始的、有引导性的观点、建议的个人和集体。倡议人提出的观点和建议经过会议主导人员的先期讨论、调整、完善后成为会议的主议题。而提议人是在会议主议题已经确立的情况下，围绕会议主议题提出赞成或反对主议题的观点和建议。

(十一) 赞同

赞同指的是与会者个人或个人所代表的集体对达成决议的肯定和附议。赞同是一种表态，也是一种形式。说它是形式，是因为赞同是一个会议要达成某项决议时必须经过与会者代表通过的一个必然程序。

作为表态，赞同分为完全赞同和不完全赞同。作为形式，赞同分为一致赞同和多数赞同。

与赞同相反的是不赞同。作为表态，不赞同表达与会者反对达成某项决议。作为形式，简单地说，不赞同即表示失败的会议。

(十二) 决议

会议过程中，与会者经过讨论、提出动议、再讨论的过程，最后得出的结论称为决议。

决议可能与会议主议题和主旨一致，也有可能是经过动议补充和完善的会议主议题和主旨，甚至可能是由与会议主议题和主旨相反的动议达成的。只要得到与会者的赞同的结论，皆称为决议。

决议按内容可以分为完整决议和不完整决议。

决议按决策方式可以分为：权威式决议、“少数服从多数”式决议、“强势少数”式决议和“无异议一致通过”式决议。

（十三）附文

附文是指会议议题、结论需要的，但又不便于放置在正文当中的资料文档。

附文一般以附件形式出现，起到补充解释议题、结论，提供详尽的背景资料、成功案例和分析评价方面的依据的作用，便于与会者了解议题提出动议，有利于议题的客观真实性和决议的高质有效性。

附文是会议资料中不可缺少的一部分，它是倡议议题、提出动议、达成决议的重要依据和参考，详尽真实的附文是会议成功的关键。

决议的附文应该力求简明扼要，真实有效，有留存价值。

附文按内容可分为背景资料附文、案例附文和分析评价附文。

（十四）当然成员

当然成员是指参加该项会议或在该项会议的决议中需组建的项目组、执行团队的默认成员，不需要经过讨论、研究、投票的成员。

当然成员是一个相对的概念，这个会议的当然成员不一定是另一个会议的当然成员，甚至可能成员方面没有重合。

当然成员和会议的召集单位、内容、形式、规模、执行单位等因素有密切的关联。召集单位的级别高低决定了当然成员的级别高低；会议的形式决定了当然成员的工作性质、职能和作用；会议的规模直接影响当然成员的数量。

会议的执行单位和辅助执行单位根据上述因素将其成员设为当然成员。

三、办会目的

（一）民主体系

会议是实行民主的一种重要手段，通过在会议上民主讨论的形式完成。必须切实保障与会者在会议活动中的地位和权利，对与会者提出的建议或意见给予充分尊重。要注意发挥民主作风，营造一个平等交流的和谐氛围，依靠集体达到会议目的。

（二）有效沟通

要通过会议解决问题，就需有良好的沟通。会议的有效沟通包括陈述和倾听两方面。良好的陈述是达到会议目的的催化剂。倾听，首先表现在行动上的“倾听”，其次表现在心理上的“理解”，前者是沟通的技巧，后者是沟通的一种思维方式。所以在会议中真正试图去理解别人是最重要的。

（三）解决问题

会议把有关人员聚集起来，对于工作的矛盾和冲突，运用座谈、对话、协商等会议形式，让与会人员在同一时间和空间内就同一问题各抒己见，将自己的认识、看法、意见、建议、观点、态度等表达出来，进行讨论，以达到解决问题的目的。

（四）信息共享

会议是一种最有效的传递信息、达到信息共享的方式。

人们对于从会议上得到的信息和从电话或电子邮件中得到的信息的重视程度是不同的，人们对于从会议上得到的信息会格外重视。

（五）做出决策

现代决策活动的形式很多，但其中最主要的便是会议活动，如通过调查会、汇报会、研讨会、咨询会、论证会、听证会、决策会等会议形式，收集信息，发现问题，分析原因，确定目标，制定方案，征询意见，做出决策。

（六）促进工作

会议是有组织、有领导的商议事情的集会，也是实施行政领导和指挥的重要手段之一，通过传达决策、交换意见、协调关系、统一思想、布置任务、检查工作、交流经验、表彰先进、鞭策后进等方式，用讨论来解决问题，依靠大家的智慧来决定方案、措施，从而达到促进工作开展的根本目的。

第二节　会前事务

一、严格办会制度

（一）办会原则

（1）坚持精简、高效、节约的原则。部署工作要尽量利用现代通信和传播手段，能合并召开的会议尽量合并。

（2）会议地点的选择要从工作需要、交通方便、费用节省等方面综合考虑，符合中央、国务院有关规定。在本地区召开的会议，要尽量利用单位现有会议室或本系统宾馆的现有设备设施。

（3）会前要做好充分准备，尽量缩短会期，减少与会人员，提高会议质量。

（二）会议审批

（1）凡拟在下一年度召开的会议，主办单位或部门应于本年度 11 月底前将会议名称、时间、地点、会期、与会人员、人数、经费预算及其来源等书面报上级主管部门审批。

（2）临时需要召开的、年初未列入计划的会议，应提前 15 天申报审批。

（三）会议经费

（1）会议经费实行总额控制、包干使用、节余留用、超支不补的原则。

（2）经批准会议所需的支付经费，主办单位应事先报财务部门核准。

（3）没有经费来源的会议一律不予审批。

（四）会议纪律

（1）各类会议要厉行节约，严禁铺张浪费，合理控制食宿标准。任何单位和个人不准借开会之机用公款大吃大喝、游山玩水、购买礼品、赠送纪念品及组织高消费活动。

（2）重要会议的主体报告，要事先征求有关单位的意见，再报上级讨论批准。

（3）必须按会议通知要求规范参会人员，所有参会人员不得迟到、早退，会场内不准使用手机等。

（4）严格遵守保密规定。

二、设立办会机构

办会机构有常设机构和临时机构之分。常设机构如一些机构内部设立的会务处、会务科等部门。临时机构如××会议筹备组、××会议筹备办公室或××会议秘书处等，一般均称之为会务组。会务组是具体实施会务工作的机构。会务组又可细分为文件组、宣传组、保卫组和后勤组等。

（一）职责分工

一般会务组具体职责分工如下：

（1）文件组，主要负责各种会议文件的准备、起草、印发、清退、立卷归档工作。

（2）组织组，主要承办代表资格审查工作和选举方面的工作。例如，起草代表资格审查报告和选举办法，编制代表名册、选举程序，设计和印制选票，印发候选人情况介绍或简历等。

（3）联络组，主要负责会议精神传达、反馈等联络工作，有时也负责做会议记录。

（4）提案组，主要负责受理会议期间与会者提出的各种提案和议案。

（5）宣传组，主要负责会议的对外宣传工作。

（6）简报组，主要负责编写和印发会议简报、快报。

（7）后勤组，又称总务组，主要负责会议的接站、报到、签到、票务、食宿、参观游览、文娱活动、车辆调度、会场安排与布置、设备保障、用品发放与管理、经费预算与筹措、财务管理、现场急救等方面的工作。

（8）保卫组，主要负责会议期间的安全保卫工作。

（二）工作要求

（1）准备充分，包括心理准备、资料准备、经费和物质准备及方案准备。

（2）分工协调，包括分工明确、统筹协调。

（3）服务周到，包括服务全面、服务及时、服务超前、服务细致。

（4）确保安全，包括会场安全、人身安全、信息安全、财产安全。

（5）节约环保，包括降低成本、杜绝浪费、执行预算、加强监管、科学配置。

【例 14-1】

××会议筹备中人员及时间安排

时间	工作内容	负责人
10月19日	邀请函、会序的确定	赵平
	确定会议流程、工作安排	李湄
10月21日	确定与会人员名单	毕明东
	会场布置工作、乐队等事项	张丹
10月23日	通知与会销售经理等	金昆
	确定与会记者名单	赵平
	联系赞助单位	李湄
10月25日	印制与会发展商楼盘介绍及购买礼品	吕岩

	通知媒体记者	赵平
	邮寄请柬（业内人士及记者）	张丹
10 月 28 日	与协办单位确定工作进度	金昆
11 月 1 日	最后确定会场布置及会议服务安排，人员安排到位	赵冰洁

三、编写会议方案

（一）会议方案的概念

会议方案是召开大中型会议之前，对会议如何召开所做的预想性方案，是一种书面文字材料。

（二）会议方案的作用

会议方案是会议活动的“蓝图”与“脚本”。写得好、执行好，会议才能成功。

并非任何会议都要写会议方案，只是对那些较重要的、规模较大的、时间较长的大中型会议才写会议方案。

（三）会议方案的种类

按会议的性质分，可分为以下三种。

1. 代表会议方案

代表会议一般参加人数较多，召开时间较长，会议程序严格，而且不同级别的代表会有着不同要求，其方案也比较复杂。

2. 工作会议方案

工作会议虽然不像代表会议在程序和规格上要求那样严格，但在材料的准备工作上有自己突出的特点。

3. 表彰奖励性会议方案

表彰奖励性会议除会议本身之外，因涉及奖旗、奖状、奖品之类，在财务和物资方面需要做好准备，其会议方案比较复杂。

（四）会议方案的特点

1. 预想性

会议方案是在会议召开之前制定的，对为什么召开这次会议、怎样召开这次会议、会议将达到什么效果，都要事先做出设想和安排。

2. 程序性

凡召开会议必有一定程序，各种会议其程序大体都是固定的，因此在制定会议方案时，要根据该会议的特点和要求确定其基本程序，以保证会议井然有序地召开。

3. 请示性

写会议方案还有一个目的，那就是请示上级领导部门批准召开这次会议，如这次会议的规模、程序、经费使用等是否合适，请示审查批准。

（五）会议方案的基本格式

会议方案一般包括标题、主送机关、正文、落款，有的还有附件。

1. 标题

一般采用公文规范标题，由开会机关名称、会议名称和文件组成。

2. 主送机关

即写报批的领导机关。有的也可以不写主送机关。

3. 正文

一般由开头、主体和结语组成。

(1) 开头，写召开会议的依据（原因）、单位、会议名称、会议时间、地点、会期等，然后用“特制定会议方案如下”作承上启下的连接语。

(2) 主体，写会议宗旨（目的）、会议规模（参加会议人员）、会议议程、会议日程、会议开法、会议的准备工作、经费预算等。有的还把邀请上级主管部门参加会议的名单写上，如果请某单位领导讲话或做报告，也要注明；其讲话稿如何准备，必要时也要说明。

(3) 结语，写“以上方案，当否，请批示”。

4. 落款

写召开会议的单位名称，或写会议领导小组，也有写会议筹备小组的。写上拟定此方案的时间。

【例 14－2】

××机械厂关于召开职工教育工作会议的方案

××市机械局：

为了贯彻落实中共中央、国务院《关于加强职工教育的决定》，我厂定于5月10日至15日，在厂招待所召开职工教育工作会议，特制定会议方案如下：

一、会议目的。认真学习中共中央、国务院《关于加强职工教育的决定》，传达省市教育工作会议精神，结合我厂实际情况，制定加强职工教育的规划，研究落实中青年职工的“双补”教育工作。

二、会议规模。主管教育工作的厂党委书记、厂长、厂部有关科室负责人、工作人员；各分厂主管教育工作的负责人；各车间主管教育工作的主任；工会、共青团各级主管教育工作的负责人，共58人。

三、会议日程。5月10日，传达省市教育工作会议精神，学习中共中央、国务院《关于加强职工教育的决定》。大会传达后，分组讨论，吃透上级精神，提高认识，端正态度。5月11日至17日，结合我厂实际情况制定加强职工教育规划，研究落实“双补”教育任务，解决“双补”教育中的各种实际问题。

四、会议安排。采取大小会相结合的方法进行。10日上午举行开幕式，大会传达上级会议精神及中央文件，由党委书记×××做动员报告。15日下午举行闭幕式，宣读我厂加强职工教育规划，部署开展“双补”的教育任务和措施。其余时间主要是自由活动。

五、会议准备工作。厂里准备抽调十名熟悉教育工作的同志，用半月时间通过调查研究，上下结合，写出一份加强我厂职工教育工作特别是开展“双补”教育工作的实施方案，并制定出加强职工教育五年规划（草案），拿到会议上讨论修改。

六、会议经费。为了集中精力开好会，所有参加会议人员一律在招待所住宿，其各项开支见附表。

七、请局领导参加我们的会议，并请分管教育工作的×××局长在开幕式上讲话。关于讲话稿的撰写，将派专人面谈。

以上方案，当否，请批示。

附件：会议各项开支预算表（略）

××××年4月20日

四、安排议题和议程

（一）安排议题

1. 会议议题

会议议题泛指会议讨论、商议、解决的问题，是会议的目标与主题。

2. 安排议题的方法

各部门有不同的做法，归纳起来不外乎以下几大类：

（1）主管领导同志临时确定议题，由会务人员向有关部门搜集文件，准备资料。

（2）当待讨论的问题很多时，会务人员就要根据轻重缓急，根据当时情况提出建议，把要讨论的问题排队上报。

（3）由会务人员事前收集议题，“找米下锅”，询问各主管方面有无需要拿到会议上讨论的事项，然后加以安排。有的要提前一周，甚至一个月就把要讨论的问题摆出来排序，列成议程表，提交领导确定。

上述三种方法中，以前两者为主，后一种可以作为补充和参考。

3. 议题安排要求

排列日常会议议题时，应当尽量将同类性质的问题排列在一起；同时要注意把保密性较强的议题放在后面；还应有一些后备议题，以备在会议进展顺利、时间充裕的情况下供会议讨论。

不论采用哪种方法，议题安排最后都应请领导定夺。

4. 安排会议议题应注意的问题

一次会议议题不能安排过多或过少，一般以安排一个主要议题和一两个小议题为宜。安排议题过多，与会者无法充分发表意见，或者讨论不完；过少则不能高效率地利用时间。要顾及每个议题所需的时间，合理分配，要保证会议既能充分开展讨论又能高效率地利用时间。

5. 议题的搜集与筛选

（1）文秘人员平时就应对本地区、本部门、本单位的情况有一般性的全面了解。在确定召开会议之后，要有针对性地搜集一段时间以来各方面事业和工作的进展情况，对存在的问题进行排队，从中列出最需交付会议讨论的议题，供领导参考和决定。

（2）要熟悉上级的部署、指示、决定，把上级的精神同本单位的实际情况紧密地结合起来，还应注意搜集基层的意见、建议和反映的问题。

6. 对预选议题的加工和调整

（1）撤题，即对各部门、单位报送的议题进行认真审阅，把那些不能或不必拿到本级和本次会议研究的议题撤去。

（2）转题，即把那些不属于本级领导、本部门研究的问题，转给相关的部门或领导去处理。

（3）缓题，即对那些材料准备不足，或情况复杂一时难以搞清楚，需要充实情况的议题，采取“暂缓”的办法，要求职能部门或有关单位进行补充后下一次再议。

（4）协调，议题协调工作可以分三个层次进行：

1）凡准备在会议中讨论的议题，一律请主办部门主动与有关部门先行协调会商，使各方意见趋于一致。

2）有些问题部门之间协调不了，应请有关领导批交有关部门负责人协调。

3）对一些比较复杂、意见分歧较大的问题，建议分管领导负责协调，协调意见基本一致的，提请办公会讨论、决定；意见仍不一致的，由负责协调的人员提出倾向性意见，供会议领导决策时参考。

（5）深化议题，即从领导的角度出发，把握全局，把看似简单，其实大有文章的议题进一步深化。

（二）安排议程

1. 议程的含义

会议议程是会议文件的一种。它是对讨论议题的步骤和次序所做的安排，经会议讨论通过后生效，成为议事程序的根据和制定会议日程的根据。撰写时要求做到用语简洁，条理清晰。简单的会议议程只需将会议的步骤逐一分条列出即可，详细的会议议程应包括各种程序（讲话、审议、选举、表决等），且应逐日（按时刻）精心编排。

2. 会议议程的书面结构

（1）标题。会议名称加“议程”二字。

（2）正文。包括时间、内容、责任者（讲话人、主持人等）、会址、方式、注意事项等。

（3）制定机构和制定日期。由主办者直接制定的议程可在正文右下方写明制定机构的名称（如秘书处）和制定日期。

【例 14－3】

×××厂第七届职代会议程

一、大会秘书组宣布会议注意事项。

二、通过和宣布大会主席团成员名单。

三、主席团成员就座。

四、工会副主席××同志主持会议，宣布大会开始。

五、××同志做代表资格审查报告。

六、通过代表资格审查报告。

七、工会主席××同志致开幕词。

八、公司××同志致贺词。

九、××同志做工作报告。

十、××同志做财务报告。

十一、分组讨论、审议工作报告和财务报告。

十二、通过会议决议。

十三、通过候选人名单。

十四、进行选举。

十五、公布选举结果。

十六、××同志致闭幕词。

十七、散会。

五、制定会议日程和程序、行动计划和计划监督

（一）制定会议日程

1. 会议日程的含义

会议日程是会议的各项活动在会议期间每一天中的具体安排。在会议日程中，会议的各项活动按上午、下午和晚上逐日列出，使会议所有活动都有准备的时间。在制作时，既可以采取文字的形式，也可采取表格的形式。

2. 会议日程的作用

（1）保证会议议程的具体实施。

（2）方便与会者。

（3）提高会议的效率。

3. 制定会议日程的方法和要求

（1）全面准确地把握会议的议程、仪式性活动和其他辅助活动的关系，突出会议的议程安排，同时注意各项活动之间的协调性。

（2）对完成各项具体活动所需要的时间进行预测。预测的依据主要是：上届会议上同样的活动所花的实际时间；本次会议的议题和其他活动的增减情况；每项议题发言的人数和发言时间；每项仪式性和辅助性活动大致所需的时间；中间休息的时间。

（3）既要贯彻精简、高效的原则，又要科学、合理，做到紧中有松，劳逸结合，符合人体生理和心理活动的规律，以提高会议活动的质量。

4. 会议日程的书面结构

（1）标题，由会议全称或规范化简称加上“日程”或“日程安排”“日程表”组成。

（2）稿本。会议日程如果要在大会上或主席团会议上通过，应写明“草案”。

（3）题注。在大会上或主席团会议上通过的会议日程，应当写明题注，具体写法同会议议程。一般会议的日程如在标题中已经显示会议年份信息的，则可省去不写；如标题中未显示年份信息，在其他部分也未显示的，应标明年份，以便阅读者了解会议是哪一年举行的。

（4）正文。正文部分有两种格式：

其一，表格式。其优点在于各项安排清晰明了，适用于需要交代各项具体信息的会议。项目包括会议的日期和单位时间（上午、下午、晚上）、具体活动的名称和内容、主持人（召集人）、参加对象、活动地点、活动要求（备注）等。

其二，日期式，即按日期及时间顺序排列会议的各项活动。

（5）制定机构。标明题注的会议日程无须落款，其他会议日程一般由会议的秘书处落款。该项也可省去。

（6）制定日期。该项也可省去。

【例 14-4】

××××大会“五四”游园活动的日程安排

具体会议日程如下：

3 月 20 日—3 月 25 日制定行动方案

3 月 29 日联系会：讨论研究活动方案

3 月 31 日联系会：调查方案，布置任务，现场考察

4 月 1 日—4 月 6 日各承办单位制定分项方案

4 月 9 日联系会：研究确定各单位分项实施方案

4 月 10 日—4 月 20 日各单位分头准备

4 月 21 日联系会：各单位汇报准备工作情况

4 月 22 日—4 月 29 日做好游园联欢活动的一切准备

4 月 30 日联系会：检查所有工作落实情况

5 月 3 日—5 月 4 日上午装台布置（上午 11 点装台完毕）

5 月 4 日上午 11:00 至 12:00 指挥部现场验收

5 月 4 日下午 2:30 至 5:00 游园联欢活动正式进行

（二）制定会议程序

1. 会议程序的含义

会议程序是指在一次相对独立的会议活动中将所有的工作环节和活动细节按照时间先后加以排列的顺序。需要制定程序的会议有两类：一类是大会中的单元活动，如大会的开幕式、闭幕式、选举、表决等；另一类是单独举行的仪式，如签字仪式、颁奖仪式、开工仪式等。

2. 会议程序的特点和作用

会议程序的特点是详尽性、明确性和可操作性，详细列明从会议开始到结束的每项发言、每个活动细节的名称、发言人的身份和姓名，有的程序还规定每项活动细节和发言的限定时间。会议程序既可以发给与会者，使其了解会议活动的具体安排，同时也是会议主持人掌握会议进程的操作依据。

3. 会议程序的书面结构

（1）标题，由活动名称（全称或规范化简称）加上“程序”或“顺序表”组成。

（2）题注，标明活动的具体日期、地点、主题（标题中已显示主题信息的可省去）、主办单位等信息。

（3）正文。会议程序的正文有两种格式：

1）序号式，即用汉字或阿拉伯数字标引各项具体活动，列出相应的活动步骤和细节，要求详细、明确。

2）时间序列式，即把各项会议活动按较为精确的时间顺序排列，其优点是容易控制各项活动的时间。

（4）制定机构。一般写会议秘书处，也可省去。

（三）行动计划

行动计划形式见例 14－5。

【例 14－5】

行动计划

项目	行动时间
1. 参看日历，在墙上标出日期	会议前 3 周
2. 确定会议的风格和合适的形式	会议前 3 周
3. 调查需要的休息种类	会议前 3 周
4. 确认参加会议的人数	会议前 3 周
5. 联系会议地点	会议前 3 周
6. 记录可能的会议地点	会议前 3 周
7. 选择场地并预订房间等	会议前 3 周
8. 印发会议通知	会议前 3 周
9. 准备日程表	会议前 3 周
10. 确认应该通知的与会者	会议前 3 周
11. 为会议主席准备日程表	会议前 2 周
12. 制定会标	会议前 2 周
13. 再向旅馆确认预订的房间	会议前 2 周
14. 向参会者发出通知	会议前 2 周
15. 确认酒店的停车位	会议前 1 周
16. 准备文具	会议前 1 周

（四）计划监督

计划监督形式见例 14－6。

【例 14－6】

计划监督

项目	行动时间	完成
1. 参看日历，在墙上标出日期	会议 3 周前	√
2. 确定会议的风格和合适的形式	会议 3 周前	√
3. 调查需要的休息种类	会议 3 周前	√
4. 确认参加会议的人数	会议 3 周前	√
5. 联系会议地点	会议 3 周前	√
6. 记录可能的会议地点	会议 3 周前	√
7. 选择场地并预订房间等	会议 3 周前	√
8. 印发会议通知	会议 3 周前	√
9. 准备日程表	会议 3 周前	√
10. 确认应该通知的与会者	会议 3 周前	√
11. 为会议主席准备日程表	会议 2 周前	√
12. 制定会标	会议 2 周前	√
13. 再向旅馆确认预订的房间	会议 2 周前	√
14. 向参会者发出通知	会议 2 周前	√
15. 确认酒店的停车位	会议 1 周前	√
16. 准备文具	会议 1 周前	√

六、确定会议名称

（一）会议名称的定义和组成

1. 定义

会议名称是指会议活动的正式称谓，是会议活动基本特征的标志信息。

2. 组成

（1）会议的主办单位，召集单位（即会议是由谁召开的）。

（2）会议的主要内容（议题）或主体（与会者）。

（3）会议的种类。这里所指的会议种类（名称）是狭义的会议名称。主要有三种情况：

1）党和政府（国家）正规的、有严格程序的会议，会议成果（决议）是立法性质的，具有党和国家的最高权威，如党的代表大会、全国人民代表大会。

2）部门或企业召集的会议，没有上述那种权威性和法律上的立法性质，但会议上所做出的决议、制定的规章制度等在本部门、本系统内同样具有权威性和法律上的约束力，比如计划会议、经理会议。

3）企业的职工代表大会等会议，对于企业全体职工来讲，具有权威性和严肃性。

除了上述几种情况之外，还有一些会议虽然也叫“会”或“会议”，但它们没有议题，如茶话会、联欢会、联谊会等。

3. 简称

关于会议名称的简称，往往是在会后形成的一种约定俗成的叫法。有的以开会的地点作为会议的简称，也有以开会的日期作为简称的。

（二）确定会议名称的方法

（1）突出会议主题。如：“抗震救灾学术研讨会”。

（2）揭示会议主办者。如：“教育部人文教育座谈会”。

（3）强调会议功能。如：“××表彰大会”。

（4）体现与会者身份。如：“中国共产党第××次全国代表大会”。

（5）说明与会者来自范围。如：“全国××工作会议”。

（6）反映会议时间和届次。如：“××公司第六次董事会”。

（7）标示会议地点。如“广东国际贸易洽谈会”。

（8）表明会议方式。如：“××电视电话会议”。

（三）使用会议名称的注意事项

（1）正式场合、正式文件、会议记录应当用会议全称，以示庄重，以便于日后查考。

（2）在会议简报和宣传报道中可以使用会议简称，但必须是规范化、习惯性简称。滥用会议简称会造成名称重复甚至误会。

七、提名与会人员

（一）与会人员的分类

与会人员一般有三类：会议主持人、会议出席人员、会议列席人员。

（二）确定与会人员应注意的事项

什么人应当参加会议，决定权在领导。做好与会人员的提名工作应注意以下方面：

（1）多看些文件，例如部门的请示报告、业务资料等。

（2）会议工作本身就是熟悉情况的良好机会。会议上有文件，有讨论，有决定，每次有不同的与会人员、工作条件，可以全部或大都知晓这些情况，需要留心。

（3）请干部部门提供情况。例如从组织部门定期编制的干部名单摘记新情况。

八、确定会议时间

（一）会议时间的含义

一是指会议的起讫时间，即会议开始和结束的两个时间节点；二是指时间跨度，即会议从开始到结束所需的时间。

（二）与会议时间相关的术语

1. 会期

一是指会议从正式开始到结束的时间跨度；二是指周期性会议召开的固定时间，如我国的全国人民代表大会就定于每年 3 月份举行。

2. 会议周期

会议周期是指同一性质和同一系列的两次会议之间的时间跨度。

3. 休会

休会一般是指会议过程的中止或会议期间的休整。具体来说有三种情形：（1）会议活动受到外界因素的影响或会议暂时无法达成协议而被迫中断活动的过程，直至复会。（2）为了让与会者有足够的时间来进行会外的研究、沟通和磋商，以便会议的最后文件获得顺利通过而宣布休会。这种休会是一种积极的休整，常常是会议的主持艺术与斗争策略。（3）会议期间的正常休息，目的是消除与会者的疲劳，提高会议效率。

4. 复会

复会专指会议在休会之后的继续，因此又称续会。

5. 闭会

与休会不同，闭会是指在正常情况下完成各项议程后结束会议。大型会议的闭会可称为闭幕。同一性质和系列的两次会议之间的正常间隔期称为“闭会期间”。

（三）确定会议时间的要求

1. 把握时机

（1）举行会议的时机必须成熟。

（2）时机成熟的会议应当及时召开。

（3）选择合适的会议时间。会议时间的合适，一是指会议召开的时间富有意义，能配合会议的主题；二是指会议召开的时间有利于推动工作。

2. 考虑实际需要

需要考虑以下要点：

（1）会议的各项议程是否能够完成。

（2）会议的发言是否充分，与会者能否充分表达意见。

（3）会议中是否会有临时动议提出；如果提出动议，大致需要花多少时间进行讨论和表决。

（4）是否需要留出一定的机动时间。

3. 低成本、高效率

（1）会前要对会期做好预测，在确保会议效果的前提下，尽量做到长会短开。

（2）准时开会、准时散会。

（3）适当限制发言时间。

（4）已散发的书面文件不必照本宣读。

（5）严格控制与会对象，可参加可不参加的就不要通知其参加。

（6）能以局部性会议解决的问题，就不要召开全局性会议。对确实需要召开的全局性会议，要建立报请审批制度。

（7）建立候会制度。秘书事先了解会议的议题和议程，估计每项议题开始的大致时间，然后通知有关单位的人员提前在休息室等候，当会议讨论到该单位的事项时，再通知其进入会场。

4. 灵活协调

安排会议时特别需要注意协调领导人参加会议的时间，以免相互冲突。如果是多边会议、联席会议，或者会议是共同主办的，还应当与其他方面协商确定举行会议的具体时间。

5. 符合法律法规

法律法规以及组织章程或议事规则明确规定会期的会议，应当严格按规定的会期召开，非特殊情况不得提前或推迟。

（四）需注意的具体问题

（1）会议的主要领导人、嘉宾、报告人是否能在这一时间参加会议。

（2）与会者是否有足够的时间准备提交相关文件或发言材料，如学术性会议的论文、招标性会议的标书、论证会的论证报告、听证会的证词等。

（3）会议的各项组织和准备工作是否有足够的时间完成。

（4）会议的具体日期是否有政治、外交、宗教、民族风俗方面的敏感性。

九、生成会议文件

（一）会议的主题内容文书

1. 开幕词

开幕词是各级党政机关、社会团体、企事业单位在会议开始时，由会议主持人或主要领导人向大会所做的重要讲话，以说明开会宗旨，简介会议情况。

开幕词的特点有：

（1）宣传性，即在开幕词中郑重宣告会议正式开幕，为会议营造一种隆重的气氛。

（2）提示性，即在开幕词中明确交代会议的议程，扼要说明会议的制度、原则，交代会议的主要精神，起到点题作用。这能够使与会人员明确会议主题，做到心中有数，从而积极主动地参与。

（3）指导性，即在开幕词中阐明会议宗旨，提出会议任务，说明会议目的及指导思想和重要意义，要求把整个会议的基本精神概括出来，这对开好会议将起到重要的指导作用。

（4）简短性，即开幕词篇幅要求简短，内容切忌重复、啰唆，语言要求口语化、富有感情色彩、生动活泼，语气要热情、友好。

【例 14－7】

在中国国际××展览会开幕式上的讲话

女士们、先生们：

早上好！由新加坡××有限公司主办、中国××协会与我分会所属的上海市国际贸易信息和展览公司承办的“中国国际××展览会”今天在这里开幕了。我谨代表中国国际贸易促进委员会上海市分会、中国国际商会上海分会表示热烈祝贺！向前来上海参展的西班牙、比利时和我国各地的厂商表示热烈的欢迎！

本届展览会将集中展示具有国际水准的各类××产品及生产设备，为来自全国各地的科技人员提供一次不出国的技术考察机会，同时，也为海内外同行共同切磋技艺创造了条件。朋友们，同志们：上海是中国最重要的工业基地之一，也是经济、金融、贸易、科技和信息中心。上海作为长江流域乃至全国对外开放的重要窗口，将进一步改善投资环境，扩大与各国各地区的合作领域。我真诚地欢迎各位展商到上海的开发区和浦东新区参观，寻求贸易和投资机会，寻找合作伙伴，作为上海市的对外商会——中国国际贸易促进会上海市分会将为各位朋友提供卓有成效的服务。

最后，预祝“中国国际××展览会”圆满成功！感谢大家！

2. 讲话稿

（1）定义。讲话稿是指领导者在各种会议和不同的宣传场合所做的报告、讲话和发言用的文稿。

（2）写作要求。

1）典型引路，以事感人，以理服人。

2）首尾圆合，力求易听易记。

3）开局要明，开头先点明讲话的题目，或者点明主题、主旨。

4）顺序和条理要清晰，把重要问题放在前面，一般问题往后安排；层次之间既要分明又要环环相扣，连续而紧密。

5）避免口语化，多用短句子。不要将自己的主观意志强塞进领导的讲话稿中，写稿人要严格遵照领导的意图去写作，不可自作主张。

（3）讲话稿的格式和结构。

讲话稿一般由标题、日期、讲话者、称谓、正文几个部分构成。

1）标题，一般有以下几种：指明报告、发言性质的标题；指明会议名称的标题；揭示中心内容或主旨的标题。

2）日期、讲话者。对于重要会议上领导人的讲话，在标题下面一般用括号标出报告或发言的日期，日期下面再署讲话者的名字。

3）称谓，是讲话者对与会者的称呼，对象不同，应该选择不同的称呼，如“各位代表”“同志们，朋友们”“主席先生”等。

4）正文。与其他文章一样，讲话稿也应做到观点明确，中心突出，层次清楚，逻辑严密。正文一般由开头、主体、结尾三部分组成。开头是主体内容的引论和导语。主体是讲话稿的核心部分，必须围绕讲话的中心论题进行论述、分析，进而提出解决的办法。讲话稿的结尾是对全文进行总结，结束全文。

（4）撰写讲话稿的步骤。

1）根据会议内容和领导的要求列出讲话稿的提纲，包括讲话稿的题目、讲哪些问题、从哪个角度讲、运用哪些事例等。

2）将列好的讲话提纲向领导汇报，如果领导提出修改意见，应按领导意见对提纲进行修改，按照领导审定的提纲写作。

3）讲话稿写好后，自己先进行“六查”：查有无政治观点上的错误；查领导的思想是否全部贯穿进去；查要讲的问题有无遗漏；查有无与会议无关的废话；查有无不符合领导身份和语言习惯的语句；查有无逻辑上的错误和事实上的出入。

4）讲话稿结尾部分的语言一般应激情昂扬，能感染与会者。

3. 闭幕词

（1）定义。闭幕词是党政机关、群众团体、企事业单位举行隆重会议闭幕时，由有关领导向会议所做的总结性讲话。

（2）闭幕词的特点。

1）评估性。评估性就是在闭幕词中，要求对整个会议做出总的评价，恰当肯定会议的重大成果，正确评估会议的深远影响，从而激励与会人员的斗志，增强其贯彻会议精神的信心与决心。

2）总结性。总结性就是在闭幕词中，要对会议的主要内容和基本精神进行简要总结。通常要概括会议的进程，如完成了哪些议题、做了哪几件事情、每项议题以及今后的任务是什么、会后怎样贯彻会议精神等，使与会人员对会议有全面、深刻的了解和掌握，以便会后更加全面、正确、充满信心地贯彻会议的主要内容和基本精神。

（3）闭幕词的基本写法。

闭幕词的写法相对开幕词而言形式可更灵活一些，没有固定形式。一般来说，闭幕词包括对会议完成任务的概括和对会议的评价两部分，其他内容都可有可无、可简可繁。

写闭幕词应注意以下几点：

1）跟踪会议进程，掌握会议的全面情况，搜集会议的主要文字材料。作者从会议开始就要做好写作准备，尽早构思，适时动笔，不一定等到闭幕前夕才撰写，那样一般会仓促成文，影响撰写质量。

2）从会议实际情况出发，紧密结合中心议题进行阐述，不能游离主题妄加议论。要针对会议的主要内容，予以阐述和肯定；同时，要注意与会议开幕词前后呼应。

3）补充会议内容，适当深化和发挥，但必须是与会议议题有关的事情。闭幕词既是对会议的总结和评价，又是对会议精神的延伸和补充，对于会议虽未展开但已认识到的重要问题，应当在闭幕词中提到，适当强调，做必要发挥。

4）高度综合概括，富有鼓动性和号召力。会议已近尾声，不必重复议论。无论是总结成果，还是提出要求，都应简洁明了，点到为止，不要拖泥带水，切忌画蛇添足。同时，行文要灌注热情，号召有力，语调昂扬，使会议在高潮中圆满结束。

（二）会议参考文书

包括有关的检查报告、典型材料、古今中外的有关参考文书。

（三）会议管理文书

包括会议通知、请柬、邀请书等。

1. 会议通知

（1）定义。会议通知由会议组织者在会前向与会者所发，目的是告知会议筹备和组织状况，以及明确与会者所应知晓的有关事项。

（2）会议通知的基本结构格式。

1）召开会议的目的、根据和意义。

2）要告知对方的事项，即保证与会者准时有效地参加会议的必要信息。会议的性质、规模不同，这些事项的具体内容及详略程度也相应不同。概括起来，这些事项不外乎会名、会期（天数）、开幕与闭幕的具体时间（年月日、上下午、时、分）、会址、与会者范围与资格条件、与会人数（总数与被通知单位的具体数）、住宿安排、经费来源、交通安排、入场凭证、需携带的文件物品、筹办会议者的名称、负责人、联系地址、电话号码、电传号码、传真号码等。

3）结语，通常以“特此通知”一词做结，有时则提出迎接或出席会议的一些要求。在正文右下方注明发文机关和成文时间。

（3）会议通知的撰写要求。

1）事项必须完整无遗漏，一切为与会者准时而有效地参加会议所必知的项目都要写出，并保证其齐全、正确。

2）会议通知如有遗漏、错误，可发补充通知以补充、修正。

3）会议通知可以有附件，附件名称列于署名之前、正文之后。

4）会议通知的信封应标明“会议通知”字样并规定限送日期。

【例 14－8】

关于召开省计算机用户协会四届二次常务理事会的通知

各位常务理事：

根据本协会章程的有关规定，为了总结 20×7 年度工作，讨论安排 20×8 年上半年的工作任务，经研究决定召开四届二次常务理事会。

会议主要议程：

1. 协会工作报告；

2. 讨论通过增补常务理事等事项；

3. 交流与讨论协会工作。

地点：合肥市××东路××号××科技股份有限公司二楼多功能报告厅。

时间：20×7 年××月××日上午 8 点半，中午备工作午餐。

请各位常务理事准时参加会议，如因故确实不能出席，请派代表参加或电话告知，以便我们做好会议准备工作。

本次会议特邀请本协会的顾问、名誉理事长和部分荣誉理事光临指导！

联系人：王×× 张××

电话：0551－281×××× 265××××

地址：合肥市长江中路×××号×××电脑城六楼西侧

安徽省计算机用户协会

20×7年××月××日

2. 请柬、邀请书

（1）请柬、邀请书的撰制。

请柬、邀请书一般由以下几个部分组成：1）封面。居中写“请柬”或“邀请书”，字体要略大、醒目和美观；背面，首行顶格写被邀请人的单位名称和个人的姓名。2）正文。另起行空两格写清邀请的目的、活动内容、时间、地点及应注意的一些问题。3）结尾，空一行顶格写“敬请光临”或“敬请光临指导”。4）落款。空一行至两行写清发请柬或邀请书的单位名称或个人姓名，下一行注明年、月、日。

（2）请柬、邀请书写作要求。

请柬、邀请书的目的要明确，时间、地点要准确；请柬、邀请书的款式和装帧要美观大方、庄重；若有需要注意的事项，如联系人、联系电话、食宿或需携带物品、文件的要求以及交通路线等，要在请柬或邀请书的背后注明；如有签到卡，可把签到卡附在请柬里。

（四）会议文件管理

1. 检查文件的准确性

检查各种会议文件的准确性被称为核稿，是在签发之前对文稿所做的全面核查和修正。核稿工作具有全面性，无论文稿的内容、形式，还是其生成程序、手续，均在核查之列：

（1）文种是否正确、规范；行文方向是否正确、准确，有无“多头主送”、滥抄滥报、漏送漏报、违制越级行文或多级行文等现象；文件能否对受文者产生预计的影响。

（2）文件内容是否合法；是否真实准确、明确具体、界限清楚、前后一致、详略得当、切实可行。

（3）文件格式是否规范、正确；文体是否正确；结构是否齐全完整。

（4）语言表达是否简明、得体、有条理；是否合乎语法和逻辑；是否准确、易于理解且没有歧义；主题是否明确，人名、地名、时间、数字、引文等是否准确；标点是否正确；字迹是否正确、清晰和规范。

（5）在工作实践中，核稿与拟稿常常是循环往复进行的，重要文件更是如此。写后核，核后改，改后再核，核后又改，直至确认已消除一切错漏为止。

（6）核稿人在完成全面核查、确认无误后，应在“发文稿纸”相应栏目内签注姓名，以示负责。

2. 遵守期限

会议文件的批准期限见表14－1。

表 14-1　　会议文件的批准期限

文种	被批准	文件有效时限
会议议程	秘书制定并经领导同意	领导同意发放到会议结束
会议通知	通知经批准盖章	从通知发出到通知所写开会时间
会议报告	报告经会议通过	通过后经传达落实
会议简报	简报发出	简报发出到会议结束
会议记录	领导审阅签字生效	发放传达或立案归档
会议纪要	领导审阅签字生效	发放传达或立案归档
会议总结	领导会后总结	总结发布到传达或立案归档

3. 校对文件

（1）含义。

指以各种会议文件的原稿和格式设计要求为基准，对校样（反映印版全貌的纸样）或誊写完毕的文件进行全面核对检查，以发现并纠正各种错漏，确保文件质量。

（2）校对工作的主要任务。

校正与原稿不符的各种错字、倒字、横字、残字；校正与原稿不符的被颠倒的字句、行段；删除多余成分，补正被遗漏的部分；矫正标点符号、公式、图表方面的错漏；矫正格式方面的差错；解决增行、缩面等一般版式问题，以及图表与正文、注码与注文的衔接和页码编排问题等。

（3）校对的方法。

1）对校法：适用于文稿上面文字改动处较多的情况。其操作要领是：定稿置于操作者左方或上方，校样置于右方或下方，先看稿后看样，逐字逐句核对，右手执笔指点校样，左手指稿，并随视线不断移动。

2）折校法：适用于文稿整洁清晰，改动不多的情况。其操作要领是：稿置于桌上，轻折校样，使其中待校文字处于页面第一行，然后把校样夹在双手大拇指、食指和中指之间，将校样压在文稿相应文字行下，双手随视线从左向右移动，校样与文稿上的文字一一接触。改样时，左手持样并用食指压样于原来位置，用右手持笔改正错漏。

3）读校法：是由两人合作进行的校对方法。操作要领是：一人读稿，另一人看样。读稿人将每字、每句、每个标点逐一读出，朗读速度应均匀而有节奏，同音字、罕见字、另行、另页、另面、空行、占行及其他格式安排都要读出并加以说明。看样人应全神贯注，辨清每一字句、每一标点，发现错漏要及时通知对方停止读稿并在校样上予以改正。读校法主要适用于文稿内容浅显、简单，生僻字、名词术语较少，格式变化不大的情况。

4. 文件分发

（1）分装。

1）接受文件，清点份数，按要求拣配文件。

2）进行发文登记。

3）装封，即将文件装入信封；填写封皮和回执单（一部分文件需要）；检查核对；封口；为密件加密封条。

4）捆包（袋），即向同一收文机关发出较多文件时对其进行包装，一般也需要装包（袋）；填写封皮和回执单；检查核对；封口；加封条等。将封装好的文件转交外收发机构或人员，并履行签收手续。

（2）发出。

1）普通邮寄。普通邮寄有平信、挂号信、快递、航空信等多种形式，一般只能用于传递无保密要求的文件。

2）机要通信，即通过我国邮政部门为传递党政机关涉密文件而单独开辟的特种邮递系统递送文件。密级为秘密、机密的文件一般可用此方式递送。

3）机要交通，即通过专设机要交通系统传递重要保密性文件。这一系统主要为党政高级领导机关服务。

4）文件交换，即通过设在城市（或地区）中心的文件交换处（站）定时、定人集中相互收发文件。这种方式可在收发双方直接见面的基础上，同时发出和收取文件，保密可靠性较强，工作效率较高。除绝密文件外，其他文件均可在此传递。

5）电信，即通过公共电信系统或专设电信系统，以电报、传真、计算机网络通信等方式递送文件。电信系统的优点是速度快，可实现远距离快速传递，但在保密可靠性方面大都有不同程度的缺欠，使用时应予以足够的注意。

（3）电子文件的分发。

如果是电子文件，也可利用电子邮件的方式分发。这一般适用于有保密保证的局域网。

（五）发布会议新闻

发布会议新闻，其目的就是将有关会议文件公之于众，是一种快捷有效地传递文件的方式，它可以简化传递过程，保证文件能迅速得到贯彻和执行，避免或减少无效的时间耗费，减少信息失真变形的可能性。

发布时，可将有关的会议文件刊登在具有一定权威性的报纸和刊物上；登载在机关公开出版印行的公报、政报上；印行专门的文件汇编；在各种公开场所和机关单位内部张贴；以广播、电视等形式发布；有组织地进行宣讲、传达；以本系统的或社会性的计算机网络传播等。这些形式均有特定使用范围，可满足各类文件的公开发布。

十、制作会议证件

（一）会议证件

1. 会议证件的作用

证件有四个具体作用：一是证明身份，二是保证会议安全，三是统计到会人数，四是维持会场秩序。

2. 证件的类型

证件的种类一般有出席证（或代表证）、列席证、来宾证和签到证，这四种证件都是参加会议的证件。另外还有会议工作证、记者证等，这些证件是工作证件。

3. 证件的形式

证件的形式，应当反映会议内容，做到美观大方、朴素适用，切忌华而不实、低级庸俗。证件不必定型，可以根据上述要求设计各种式样，不妨“百花齐放”。

4. 证件的格式

（1）会议名称，必须写全称。

（2）会徽。会议如有会徽，可将其印在会议证件上，如党徽、国徽。纪念会可以用画像代替。

（3）姓名。

（4）照片。一般采用半身免冠照片。

（5）证件种类，即标明"出席证""列席证"等。要用较大的字号醒目标记。

（6）组别或代表团名称。对于以国家或地区名义派出的代表团，还要写明国家或地区的名称。

（7）证件编号。

（8）会议日期。

（9）有特殊要求的会议证件，还可以设计一些特殊的标记。

（二）制证要求

制发证件，应视具体条件"因地制宜"，不可追求一律。有些会议不排座次，就不必搞座号。有些大型会议，可以采用普通的入场券形式的证件。对于一些重要的会期较长的大型会议，不但要有正规的证件，而且要在证件上贴本人照片，加盖钢印。

（三）制证的注意事项

（1）为了便于辨认会场内各种人员的身份，同一会议的不同证件应当用不同的颜色和字体相区别。

（2）会议证件的设计格调要与会议的性质和气氛相适应。例如，庆祝会、代表大会的代表证可以采用红色衬底，以体现喜庆的气氛；学术性会议可以采用蓝色衬底。

十一、会议的场地、沟通方式和监督手段

（一）会议场地

1. 预订场地

包括预订组织会议的场所和外部场地。预订场地要注意以下几点：

（1）会场大小适中。会场小了，显得拥挤；会场太了，出现大量空位，影响会议效果。

（2）注意音响设备。例如扩音器的功率要合适，特别是大型会议和发言较多的会议，要准备充足的话筒。

（3）注意服务设施的齐全。例如要有饮水设备，卫生间不可离会场太远；冬夏季要考虑会场的空调情况；车辆较多时，要考虑会场的停车场是否够用等。

2. 会场地址安排

例行工作会议和办公会议，小型座谈会和汇报会等，可安排在本公司的会议室举行。

需要外部场地的会议，如大型会议，需要用一些专用会议场所（如大礼堂）。这类会场的预订也比较简单，因为只是开会而不需住宿，不存在安排食宿的问题，提前预订并按使用时间、面积缴付场租即可。

需要安排住宿的会议，如一些大型的研讨会等会期比较长的会议，往往要安排在宾馆、度假村等举行。其会场的预订就要相对复杂些：（1）要求会议场所同时具备开会和住

宿的设施，具有开会、住宿、用餐等条件。(2) 提前预订，以便提供会议设施的一方提前安排。(3) 需把出席会议的人数、接送车辆、伙食标准、参会者的风俗习惯等信息预先提供给承办会议的一方。(4) 为保证会议如期使用，提供会议设施的一方往往要提前为会议留出床位，由此产生的“空床费”应由会议主办者承担，此项费用要列在会议预算中。

各类会议场所的优劣之处如表 14－2 所示。

表 14－2　　各类会议场所的优劣之处

会议场所	优劣之处
你的办公室 你的工作位置或一张会议桌外加几把椅子	你的全部参考资料在手边。 你的权威性可能得到加强。 可能会有电话干扰，或者有人打扰。
下级的办公室 一位下级的工作处	可能提高一位下级的地位和士气。 如果工作处狭小，可能会使双方都感到不适。
单位会议室 供员工使用的公司会议室	避免使用个人办公室而引起的公司等级问题。 外人可能同与会者接触而打扰会议。
外面的会议室 在你公司之外的一个独立的会议室	保证没有任何一方占地主优势。 如果保密是重要的，这类会议室很有用。 可能费用昂贵，并且每个人都不熟悉此处的设施。
会议中心 一个大的聚会场所，例如在一所大学里	具有开大会的条件。 需要时能够提供技术支持和安全保卫。 可能缺少非正式的小规模聚会的机会。
城外的会议场所 异地的一间办公室、会议室或饭店	如果与会者来自全世界，那是合适的。 对与会者可能会提高几分兴趣。 花在途中的时间和食宿花费很多。

3. 会场的主题性布置

即反映会议主题的布置，包括设置会标、会徽、台幕、标语、主席台的布置和与会人员座席的摆放及桌签等。这些都体现着会议的名称、标志、主题和会议组织者的意图，是会场布置的重中之重。

(1) 会标的制作。会标是显示会议名称的标志，位于会场中与主席台处于同一方位的适当位置。

在制作会标时，应注意每一个字的规格，要根据主席台的台口宽度和会议名称的字数确定，具体规格可按下列公式进行计算：

会标的每个字的规格＝(台口宽度－间隔)÷(字数＋2)

例如：主席台的台口宽度为 11m，会议名称为 10 个字，计划每个字的间隔是 0.1m（10 个间隔共计 0.9m)，这样按以上公式算出的每个字的宽度为：(11－0.9)÷(10＋2)≈0.84m。

(2) 桌签的制作。会议桌签是在会议活动中标明桌号和就座人身份的标签，多用于座谈会、茶话会等会议。桌签有两种：一种是标明桌号，即桌签上用阿拉伯数字标出；另一种是在桌签之上标明在此桌就座人员的身份，如“记者席”“演员席”等。

（3）座签的制作。会议座签是在会议的各席位上标明就座人姓名的标签。会议座签一般是在一些有较高级别的领导人员参加的会议及各种宴会、招待会上，为主席台就座人员标明座次及引导与会人员就座时使用的。常见的座签形式有两种：一种是用硬质材料做成的三棱柱体，平放于桌上，在前后面写上就座人的姓名即可。另一种是卡片型，多在一些宴会和招待会上使用。这种座签是用卡片纸做材料，按适当的规格剪成长方形，然后再将一端剪成锥形，将锥形部分向后折 90°，平放于桌上，写上就座人姓名即可。

（4）会徽。对于一些有会徽的会议，在布置主席台时，要将会徽挂设在台幕上。一般由政府机关主办的会议，可把会徽悬挂在正中或黄金分割线处；公司和群众团体、经济部门、一般单位等召开的会议，会徽的悬挂可灵活安排。

（5）台幕。主席台的台幕一般用红色或深蓝色面料做成。红色色调热烈，蓝色色调柔和宁静，可视会议性质分别选用。一般的台幕都用单色，也可采用分割法，配以两种颜色。

（6）主席台的布置。会场最重要的部分是主席台，它的布置有两个基本规则：一是要对称，即主席台的座位布局不要一边多一边少。二是要简化，尽量减少在主席台上就座的人数，不要放置过多的花卉和旗帜，以免使人眼花缭乱，加重视觉负担。

主席台的布置还应注意：首先，对主席台的布置必须注意台口和台深的问题。台口是指主席台的横向宽度，台口的宽度是会议布置人员安排主席台座席的依据。台深是指主席台的前沿到底幕的距离。在主席台上摆放多少座位和设计主席台台幕的布置方案时，要以主席台的台深作为依据。

其次，主席台的布置还要考虑到会议的规模。大型会议通常是在礼堂、会堂召开，主席台一般设在舞台上，台上的领导与台下的与会者面对面。在主席台上就座的人，他们的座次可以根据职务或姓氏的顺序排列，有时也可只排出前面一两排的座次，后面随便坐。排了座次的，要摆放座签，以便于认座。在一般的会议室里设主席台，则要将主席台稍微垫高一点，离代表席近一些，既能体现融洽气氛，又能纵览全场。座谈会、研讨会等一般不设主席台。一般情况下，主持会议的人坐在正对会场门口的地方为宜。

（7）与会人员座席的摆放技巧。布置会场时，要善于利用人的空间知觉，选择恰当的会场形式。众多人在同一空间时，人们所处的位置不同，角度不同，产生的心理作用也不同。与会者坐得离主持会议的人近，显得气氛融洽，并能对与会者的非会议行为起到抑制作用；反之，就会使与会者感觉不亲切，容易走神。因此，日常工作会议、座谈会等，布置成马蹄形、圆形、长方形，可以使与会者坐在一起，面面相对，气氛融洽；大中型会议布置成“而”字形、礼堂型，设主席台，形成会议中心，便于掌握会议。

4. 会场的装饰性布置

对会场所进行的装饰性布置并不是会议活动的必要条件，但是对会议的效果可以起到非常好的作用。对会场的装饰性布置通常是指用旗帜、花卉、灯饰、工艺品陈设等布置会场，一般多用于一些对会议的现场气氛有特别要求的会议，如一些庆祝会、表彰会、联欢会、纪念会等。这里主要讲一下花卉的布置。

花卉的布置对人的情绪会产生一定的影响。许多花和植物都有一定的代表意义，比如铁树、棕榈代表庄严；万年青、君子兰表示友谊长存；菊花表示高洁；月季、玫瑰表示喜庆；牡丹表示富贵等。

应根据会议内容，恰当地配置花卉，可以使人心情愉快。根据不同的花卉所表示的不同的感情色彩，在不同的会议摆放不同的花。一般性会议选择月季、扶桑等花卉，可以使人心情愉快，气氛轻松；比较庄重的会议，最好摆放君子兰、棕榈、万年青等，可以使人情绪平静，不易冲动。对花卉的选择，也可根据会议种类的不同而定。

（1）日常工作会议由于开会时间较长，且又是处理本部门的重大问题，与会者头脑一直处于一种紧张的状态，容易疲劳，因此，在会场中可以将窗帘、四壁布置成冷色或中色，摆放棕榈、苏铁等绿色植物，以减轻与会者的疲劳，使他们的情绪较长时间处于冷静状态。另外，绿色植物还能净化空气。

（2）座谈会等一般性质的会议，要布置成柔和、轻松的色调，可摆放月季、扶桑一类观赏性花卉和米兰、茉莉等赏香型花卉，以增加团结和谐的气氛。

（3）庆祝大会的会场，可利用暖色调布置得醒目、鲜亮些。例如悬挂旗帜、会标、会语等，摆放月季、百合等鲜花，渲染出热烈喜庆的气氛。

5. 会场布置的特别注意事项

（1）会场色彩的处理。色彩在会场布置中可创造会场气氛，影响与会者的情绪。

1）色彩的冷暖与明暗。红、橙、黄等色为明色，也是暖色；青、紫等色为暗色，也是冷色；绿、黑、白、金、银、灰等色为中性色。

2）色彩的远近与轻重。红、橙、黄等色让人觉得近而重；青、紫、绿等色让人觉得远而轻。

3）色彩的兴奋与沉静。暖色有兴奋之感；冷色有沉静之感。

4）色彩的宽广与狭隘。亮色给人以宽广的感觉；暗色给人以狭隘的感觉。

其中特别要提到灯光的运用，在布置中要注意以下几个方面：灯光在会议中不要有闪动和变化；以黄光代替白光，因为白光太刺眼，容易使与会者产生视觉疲劳；如主席台有两排以上的座位，主席台前排灯光要稍强些，以利于集中与会者的视线；要考虑到色彩在不同灯光下出现的不同变化。

（2）会场的气味效应。会场内的气味对与会者情绪和会议效率具有特殊的作用。实验表明，在会场之内施以淡淡的清香，可以使人的心情变得舒畅，加快头脑反应速度；反之，如果会场内有其他异味弥漫，会使人心情变得烦躁，产生焦虑情绪，急于离开会场。改善会场气味环境的方法有两种：一是在会议室里放置有清香气味的鲜花（如米兰、茉莉、月季和兰花等）；二是在会议室提前喷洒少量的具有清香气味的空气清新剂（以柠檬和薰衣草香型为好），但不可过于浓郁。

（3）会场听觉环境。在会议进行过程中，会场内外各种声响的汇合会给人造成持续和综合性的影响。为会议创造良好的听觉环境，可以从以下三个方面进行努力：其一，讲话人的音量控制。讲话人对自己音量、音色的掌握要得体，当洪亮时，要洪亮有力，使听者精神振奋；当委婉时，需委婉柔和，使听者感到平易近人。如会议使用扩音设备，扬声器的安放位置要合理，以便会场内呈现最佳的音响效果。其二，环境音响控制。会场要选择较安静的处所，不要毗邻街市，以免各种喧闹声打扰，使人难以集中精力思考问题；尽量减少室内不必要的声响，如门窗开关时发出的撞击声和桌椅在地上拖动的声音。其三，调节性音响控制。如在会议开始之前播放一些与会议主题和会场气氛相和谐的音乐，以使与会人的情绪达到与会议相协调的状态。

（二）沟通方式——使用通信协议召开各种电子会议

随着科技的发展，通信协议在现代会议中变得越来越重要，各种各样的电子通信系统的开发给传统会议赋予了更多的活力。

1. 网际网络会议

无论是跨国企业还是中小型企业，都可以将其公司和网络连接起来。这种联网方式的好处甚多：

（1）不需改动原办公室设计，即能连接各单位。

（2）可以避免电话联络不上开会者的变数。

（3）最多只需重新规划电话线路。

（4）对于经常出席不同区域会议的主管（如北京和上海的分公司同时希望其出席），网络会议就可以解决这个问题。

2. 电话会议

在电子通信会议中，花费最少的可说是电话会议。这适用于分公司不远、规模不大的企业。其他通信产品如传真机、电子邮件也可搭配使用，有助于提高资料传输效率。若能使用视频电话，则效率加倍。

3. 电子邮件会议

使用电子邮件的好处在于：

（1）电子邮件可取代传统邮局的邮件递送服务，其传送效率甚至比电话高。使用者可以在几分钟之内，把信息完整地传给远隔万里的接收者。

（2）电子邮件灵活度高。使用者有较多时间斟酌回复内容，避免电话沟通的挂一漏万。

（3）电子邮件亦可留存于硬盘中作为日后参考。

（4）电子邮件可以将不同区域的人联结起来，较传统会议更能集合众人的智慧解决问题。

（5）电子邮件的使用可带来较为开放的企业环境。任何人都有机会抒发个人意见，有助于重整企业内部的权利分配。

4. 电视会议

电视会议的好处在于：

（1）节省时间，减少员工的出差频率。

（2）提高双方的联系次数，较快地做出决定，使企业生产成本降低。

（3）不仅像电话会议一样可以听到高质量的声音，还可以看到所有会议参加者，共同面对面地商讨问题，研究图纸或实物……与真实的会议无异，使每一位与会者都有身临其境之感，更有利于双向交流。

（4）可以同时提供文件传真、图文传递等一系列辅助服务项目。

（5）系统建成后，领导只需在办公室的电脑旁或会议室，通过简单的操作，就可以一边召开电视会议，一边观看影像资料，同时还可以在互联网上查询到各种相关政策信息。

（6）电视会议系统对那些员工遍及世界各地的大公司及教学研究单位、行政机构、医疗单位都很具有吸引力，还可以广泛应用于其他许多方面，如远程教学、远程医疗、工业自动化、远程监控等。

（三）监督

有效监督的具体内容包括以下几个方面：

1. 会议准备阶段

检查内容包括拟订会议计划，撰写、收集会议材料，制作会议证件，安排会议活动，选定并布置会场。

2. 会议进行阶段

检查内容包括会议报到，组织会议进行，搞好服务。

3. 会议结束阶段

检查内容包括送别会议代表，整理会议文件，善后工作。

4. 涉外会议

要检查是否需要翻译，可以雇用翻译人员，也可使用同声翻译的机器设备。

十二、准备会议设备

（一）常用视听设备

1. 麦克风、音控台和音箱

麦克风、音控台和音箱是会议室最基本的音响设备之一，使用时不应出现失真或发出尖鸣声等现象。

2. 屏幕

常用三脚架式的屏幕，类似于墙式屏幕。

3. 幕后投影仪

幕后投影仪放置于屏幕后面，从会议室的座位上是看不见它的。

4. 电影放映机

电影放映机的使用主要应考虑的是音响系统，音响应与影片配合。

5. 录像机、闭路电视

在多媒体会议上常采用这两种设备。

6. 同声传译设备

（1）红外线译音。这是由电声转为光再复原为电声的一种较先进的译音设备。

（2）有线译音。这套设备只适合固定会场使用。

（3）无线译音。这套设备具有体积小、重量轻、携带方便、安装操作简单等特点。

（二）高科技的会议视听设备

包括电脑和网络、可视电话会议系统、电视大幕墙、电子书写白板和激光笔等。

（三）活动挂图

1. 空白挂图

空白挂图使用起来最为灵活，因而被广泛地运用。它可以方便地取下和挂起来，但是不适合用在听众超过二十人的场合，也不适合正式的场合。

2. 挂图（招贴画）

制作的挂图或招贴画应具有很高的专业水平，用以展示复杂的内容。但只适合用于与会人数在四五十人的场合，携带不太方便，而且容易变旧。

3. 会议示意图

示意图具有进一步阐述说明的作用，使与会者一目了然。

十三、安排座次

（一）座次排位

召开会议，排列座次是必不可少的。尤其是大中型会议，须以此来保证开会的秩序。

会场座次，面对主席台来说，有前后左右之分，因此，要合理地安排。各类大型会议的代表大会，可考虑按笔画排列后，先按代表团（或地区）名称的笔画排列大的座次区域，再按代表小组（或地区）排定小的座次区域，然后按人名的笔画逐人排列（也可以不分区只按笔画排列）。采用这种方法时，应注意以下几点：

（1）代表团的座区尽量不要横排而要适当竖排，这样，就可使一个代表团具有从前到后的若干排座位。

（2）候选或列席代表的座位，应排列在正式代表位置的后边。

（3）对一些老、弱、病、残代表和代表团组的负责人，可予以照顾，排在便于出进走动的位置。

（4）凡是固定座次，应在出席证和签到证上注明座号，或者在会议桌上摆置座签，并同时印制座次表发给与会人员。与会者第一次入场时，会议工作人员应做适当引导。

（5）座次排定后，应报领导审定。

（6）并非所有的会议都要排列座次，多数会议可自由入座，这要视情况而定。

（二）会场形式

日常工作会议的会场形式，可以布置成圆形、椭圆形、长方形、马蹄形、T 字形、三字形、六角形、八角形、回字形（如图 14－1 至图 14－9 所示）。

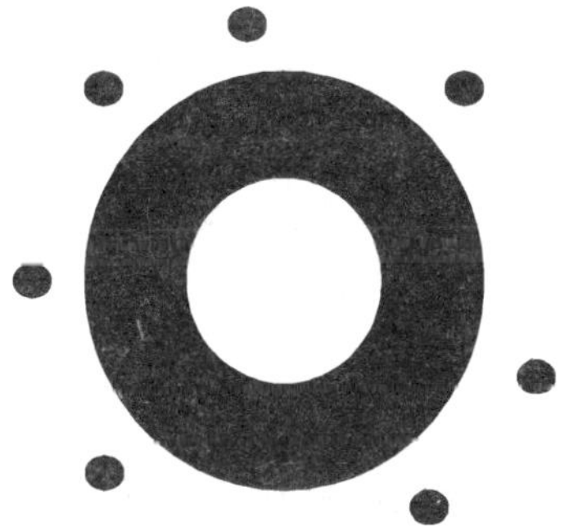

图 14－1　圆形会场

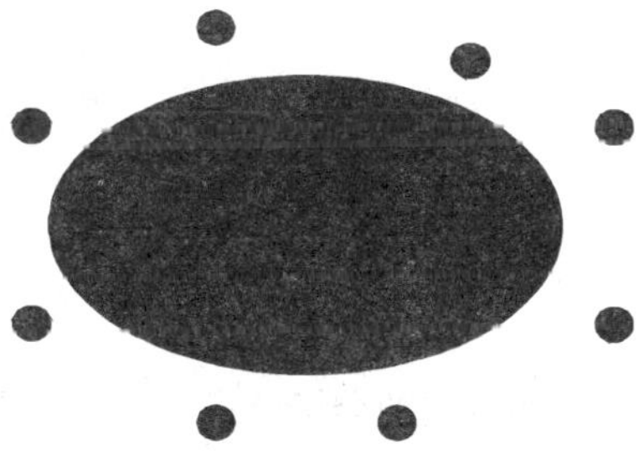

图 14－2　椭圆形会场

图 14－3　长方形会场

图 14－4　马蹄形会场

图 14-5　T字形会场

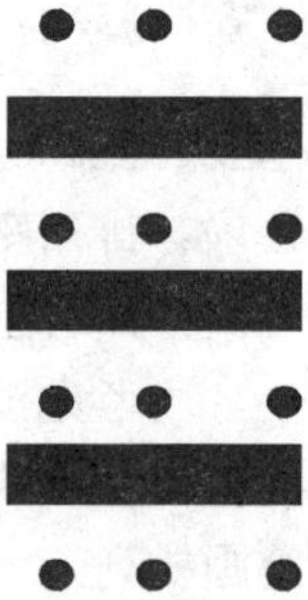

图 14-6　三字形会场

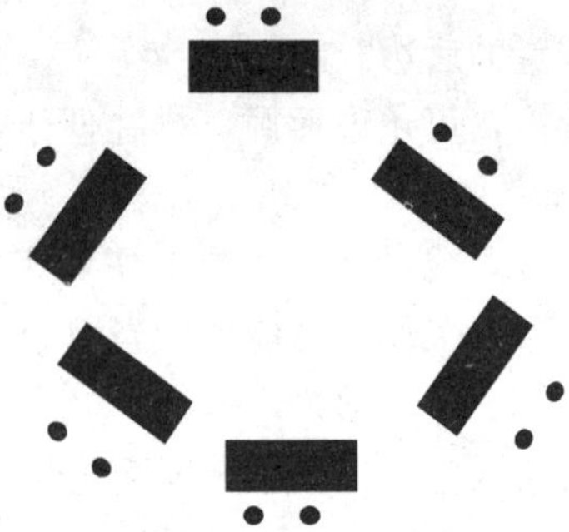

图 14-7　六角形会场

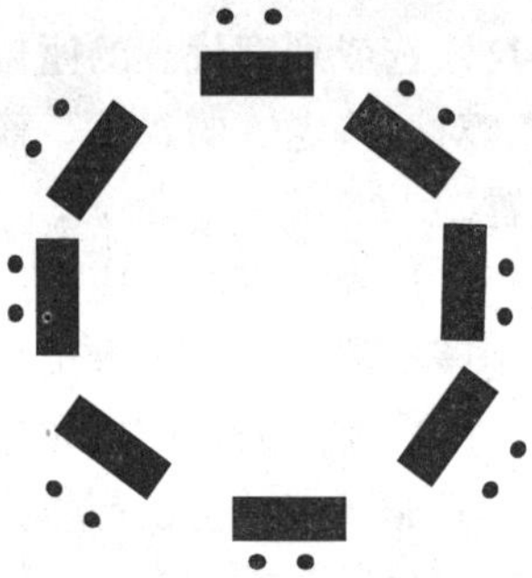

图 14-8　八角形会场

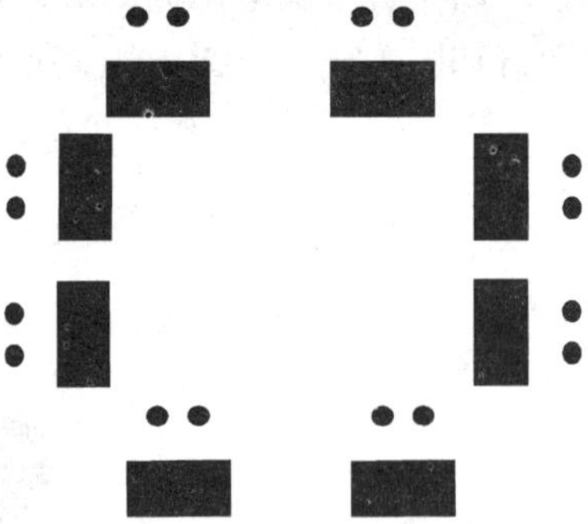

图 14-9　回字形会场

中型会议的会场形式，可以布置成而字形、倒山字形、半圆形（如图 14-10 至图 14-12 所示）。

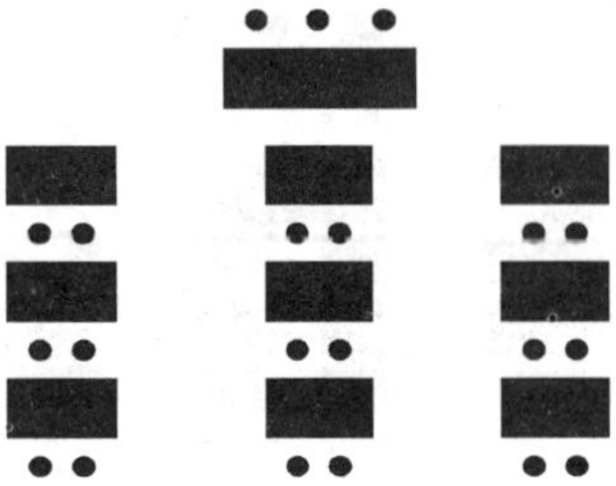

图 14-10　而字形会场

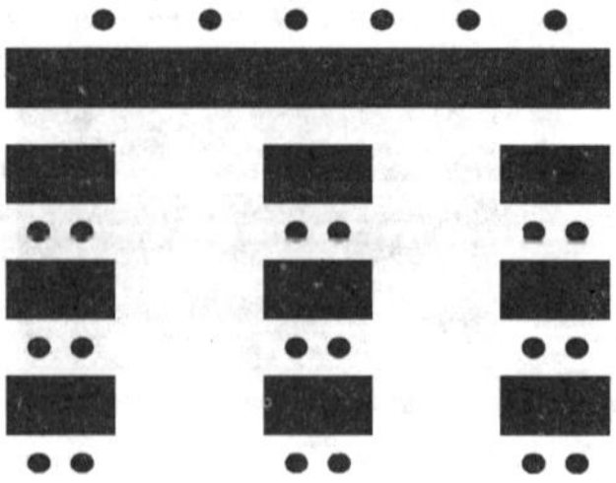

图 14-11　倒山字形会场

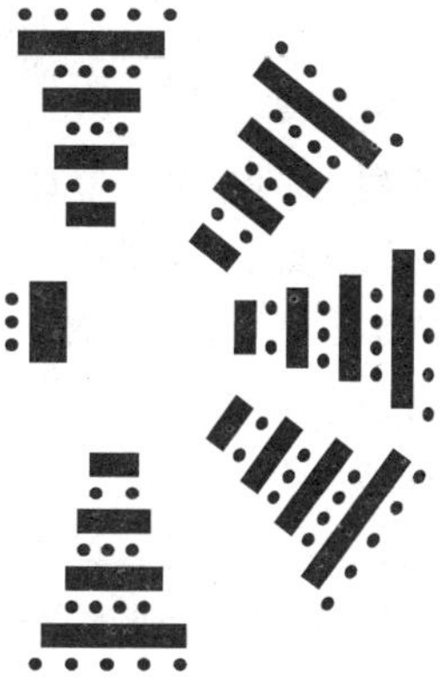

图 14-12 半圆形会场

座谈会会场形式以布置成椭圆形、马蹄形、六角形、八角形为好，给人以亲切、轻松之感。

大型茶话会、团拜会的会场形式以布置成星点形、众星拱月形为好（见图 14-13、图 14-14）。

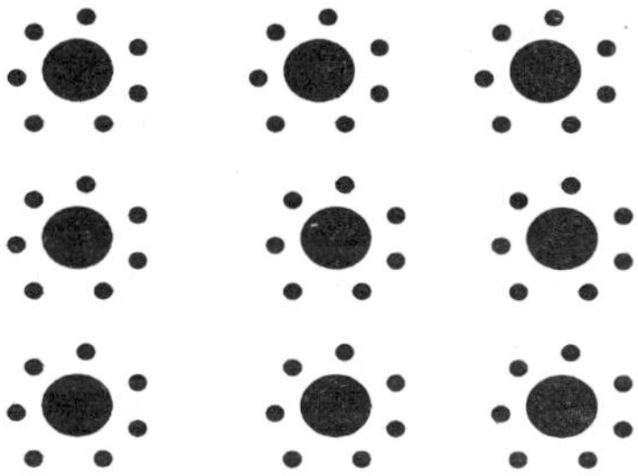

图 14-13 星点形会场

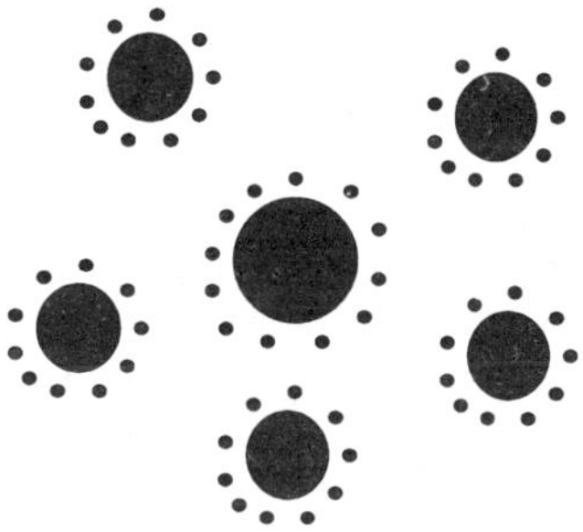

图 14-14 众星拱月形会场

十四、会议物品与预算经费

（一）会议物品

1. 注意事项

（1）计划周密。会议秘书应制订会议所需物品和设备的详细计划，作为会议预案的附件，报请领导审定。计划一般应当写明：物品和设备的清单，包括名称、型号、数量；物品和设备的来源，如租借、调用、采购等；所需的费用。

（2）落实到人。会议物品和设备的准备、安装、调试和使用是一项责任性和技术性都很强的工作，准备是否充分、安装调试是否到位对会议能否顺利进行影响甚大，不能有半点差错。因此，一定要落实专人负责此项工作，必要时应配备一定数量的技术人员。

（3）会前完成。会议用品应当在会前准备妥当，分发到位；有关设备和设施应在会前完成安装、调试工作。

（4）节约实用。要严格按照会议的经费预算执行，以实用、节约为本，反对追求豪华、奢侈。

2. 会议用品的种类

（1）常用文具，如笔、墨、纸、簿册等。

（2）印刷设备，如打字机、打印机、扫描仪、复印机等。

（3）会场基本设施，如桌椅、照明电器、通风机、卫生用具、安全门、消防设施等。

（4）会场装饰用品，如花卉、旗帜、会标、会徽、画像、标语口号等。

（5）视听器材，如扩音机、幻灯机、投影仪、黑（白）板、电子书写板、摄像机、录音机、磁带、U盘、光盘、同声翻译系统等。

（6）通信设施，如传真机、电话机、电视机、计算机以及相应的通信网络设施。

（7）交通工具，如小轿车、大巴等接送与会者的车辆。

（8）生活用品，如茶叶、茶杯、毛巾等用品。

（9）专门用品，即专门性会议上所使用的物品。如颁奖会的奖品与证书，选举会的选票、投票箱，开幕式剪彩时用的彩球、绸带和剪刀等。

（二）预算和筹集会议经费

1. 会议经费的预算

（1）会议经费预算的构成。

1）场地费，即租借会场的费用，包括租借会场内基本设施的费用。

2）会场装饰费，包括制作会标、会徽，购买或租借花卉、彩旗、气球等的费用。

3）设备费，包括购买或租借印刷设备、视听设备、通信设备的费用。

4）交通费，包括与会人员赴会的差旅费和会议期间安排的接待、参观所需要的交通费。

5）人工费，即支付给与会者和工作人员的补贴或报酬，如报告人的酬金、专家的咨询费或鉴定费、临时借用人员的报酬等。

6）茶水食宿费。时间较长的会议要考虑茶水、饮料的费用，需要住宿的会议还要计算与会人员和会务工作人员、志愿者的伙食费、住宿费。

7）文具资料费，即制作筹备、宣传会议以及完成会议议程所必需的各类文件的费用以及相应的文具费。

8）其他费用。

（2）会议经费预算的原则。

1）科学合理。会议经费的预算要严格遵循勤俭办会的宗旨，根据实际需要科学合理地分配各项开支。

2）总量控制。一次会议的经费应当有一定的限度，不能无限制地增加，因此必须加强总量控制。所有的支出都应当控制在适度范围之内，不得突破总量。

3）确保重点。在实行总量控制的前提下，或当经费不足时，要确保重点，让有限的经费确实用在刀刃上。

4）精打细算。对会议的每一项支出都要严格审核，能减则减，能省则省，在做到科学合理的同时尽可能节省经费。

5）留有余地。由于会议活动的过程中会发生一些事先无法预料的情况，需要临时支出一些经费，因此，在预算时要适当留有余地。

2. 会议经费的筹措

（1）单位内部会议一般从行政经费中开支。

（2）由几个单位共同发起并共同主办的会议，主办者通过协商分担经费。

（3）与会者的交通费、食宿费、补贴等费用可由与会者个人或其所在的单位承担。

（4）有些会议可通过有效的公关活动，从社会各界获得资助。

（5）一些大型的会议活动由于意义重大，影响深远，本身就是一种巨大的无形资产。如会议的名称、会徽、吉祥物等，具有很高的商业价值。充分利用会议本身的无形资产，通过合法手段有偿转让，不仅可使商家因此而受益，而且还可以为会议活动筹得可观的资金。

十五、安排分组活动、专题会议与发言

（一）安排分组活动

分组活动和专题会议能提高会议的机动性，增加会议发言的机会，扩大信息交流面，加深议题的研究程度。

1. 分组的方法

（1）按与会者所在的单位编组。如机关或企事业单位召开大会，可以按下属的部门或单位分组。

（2）按与会者所在的行业或系统编组。如全省、全市性大会，可以按农业、工业、教育、卫生等行业或系统分组。

（3）按与会者所在的地区编组。如全国性会议，可以按大区和行政区划分组，也可以按自然区域或经济区域分组。

（4）按界别编组。如我国的政协会议就是按科技界、经济界、教育界、体育界、宗教界等界别进行分组。

（5）按法定规则分组。有些法定性会议，有关法律或法规对分组有规定的，要照法律、法规执行。

（6）混合编组，即不按上面介绍的几种方法编组，而是有意让不同单位或地区、不同行业或系统、不同界别的与会者交叉混合编组。这种编组的方法有利于扩大与会者的视野，接触和了解多方面的信息。

2. 安排分组活动要注意的问题

（1）组的数量和规模要适中。

（2）会议的领导要参加各组的讨论，并尽可能分散到各组，不要集中在一两个组。

（3）为了加强对各组的领导，应当指派组织和协调能力较强的人担任组长或召集人，并建立组长或召集人会议制度。

（4）法定性代表大会的代表团团长应当根据有关规定由代表民主选举产生。

（5）会议的领导机构可向各小组或代表团派出联络员，以便及时沟通信息，掌握会议动态。联络员工作由会议秘书处统一管理和协调。

（二）安排专题会议

专题会议也叫配套会议，这是当前大型会议特别是国际性大会常见的一种活动形式。

1. 专题会议的种类

（1）专题报告会，又称专题论坛、专题演讲，由指定的发言者介绍自己对相关专题的分析以及研究成果。报告后也可安排提问。

（2）专题座谈会，又称圆桌会议、讨论会。与会者均有机会发言。

（3）专题发布会，又称新闻发布会、情况通报会、政策说明会、成果（技术）发布会等。它既可以是单向发布，不安排提问，也可以是双向沟通，即在发布后回答与会者的提问。

（4）专题演示会，即现场演示并介绍有关的产品和技术。

（5）专题洽谈会，即与会者之间就共同感兴趣的领域洽谈合作意向，签订有关协议。

2. 安排专题会议要注意的问题

（1）设计好专题会议的主题，并与大会主题配套。

（2）适当控制场数，不要冲淡大会。

（3）协调好各场专题会议的时间，尽可能减少撞车，以便让与会者有更多的选择。

（4）专题会议的会场不要远离主会场。

（三）安排会议发言

1. 发言的申请和确定

（1）会前报名，即由与会者事先提出发言请求，由会议的组织者或领导者根据议事规则或会议实际情况确定。

（2）临时申请，即在会议进行过程中提出发言的请求。临时要求发言，应经会议主席允许。

（3）领导指定，即由会议的组织者或领导者在会议召开之前指定发言者的名单，也可以在会议上由主持人点名发言。

（4）自由发言，即主持人宣布开始发言后，与会者可以自由发言，无须事先提出申请。

2. 组织会议发言要注意的问题

（1）发言内容必须符合会议的目标，紧紧围绕议题，具有真实性、思想性、先进性和典型性。

（2）尊重与会者的发言权。一般来说，正式成员都具有发言权；列席成员具有一定的发言资格，视会议的具体情况而定。应当尊重与会者的发言权，法定性会议的正式成员所具有的法定发言权受法律保护，任何人不得剥夺。

（3）注重发言的效果。发言效果的决定因素是发言人的发言能力。报告会、演讲会的发言人要精心挑选。

（4）照顾发言的代表性。大型会议由于参会的人数较多，而每个人发言的机会则较少。因此在安排发言时，必须考虑发言的代表性，尽可能照顾到方方面面。

（5）合理控制发言的人数，既可以满足交流的需要，又能够提高会议效率。

（6）合理限制发言的时间，这一方面是提高会议效率的需要，另一方面是为了让更多的与会者有机会发言。限制发言时间应当坚持公平、公正原则。

3. 安排发言顺序的方法

（1）按确定的议题顺序（即议程）安排发言的先后顺序。

（2）按报名的时间先后安排发言的先后顺序。

（3）按身份从高到低或从低到高安排发言的先后顺序。一般情况下，开幕式上的发言从高到低，闭幕式上的发言从低到高。

（4）按发言者的姓氏笔画或代表团的名称笔画，国际会议则按英文国名的首字母顺序，安排发言的先后顺序。

（5）通过抽签决定发言顺序，以示公平。

（6）随机指定，即由会议主席在会上临时点名指定发言顺序。

（7）发言者自由决定发言顺序，座谈会的发言往往运用这种方法。

以上发言顺序的安排方法可以混合使用。比如，学术报告会可以先根据议题的先后指定主要报告人的发言顺序，然后留出一定的时间给与会者自由发言。

十六、接站、引导、报到与签到

（一）接站、引导和报到

1．接站

接站是跨地区、全国性和国际性会议活动接待工作的第一道环节。会议活动的接站同一般接待活动的接站在许多方面具有共同之处，但由于会议活动的接待对象人多面广，要特别注意以下两点：

（1）要通过汇总回执、报名表以及打电话等渠道，充分掌握与会者的姓名、性别、年龄、职务，抵达的具体时间和地点（机场、车站）等信息，以避免错接和漏接。

（2）接站现场以及交通工具上要有醒目的标志，以便与会者辨识。

2．引导

引导是指会议活动期间会务工作人员为与会者指引会场、座位、展区、餐厅、住宿的房间以及指示与会者问询的路线、方向和具体的位置。

3．报到

报到是指与会者在到达会议活动所在地时所办理的登记注册手续。与会者报到时，秘书人员要做好以下工作：

（1）查验证件，确认与会者的参会资格。

（2）请与会者在登记表上填写个人姓名、性别、年龄、单位、职务、职称、联系地址、电话等有关信息。

（3）统一接收与会者随身带来的需要在会上分发的材料，经审查后再统一分发，以免由于与会者在会场上自行分发而影响会议秩序，同时也可防止自行分发材料可能造成的其他不良后果。

（4）分发会议文件。重要文件必须履行签收手续，保密和需要清退的会议文件还要发给与会者文件清退目录，嘱其妥善保存，会后退回文件。

（5）预收会务费、食宿费、资料费等费用，当场开具收据。

（6）安排与会者住宿。

（二）签到

1．签到的作用

会期较长、具体活动较多、内容较重要、需要集中接待的会议活动，与会者除了办理报到手续外，还要在每一场会议活动的签到簿上签名，表明其参加了这一次会议。会议签到有以下作用：

（1）便于统计实到人数，以确定法定性会议的有效性。

（2）检查缺席情况，以便及时通知有关人员到会，或通知缺席对象另行补会。

（3）庆典仪式、纪念性和追悼性会议活动的签到簿可以珍藏，留作永久的纪念。

（4）与会者的亲笔签名是第一手签到记录，是其参加会议活动的书面证明，可为日后的查考提供历史凭据。在一些法定性会议上，签到还是一种法律行为。

2. 签到的方式

（1）簿式签到。签到簿装帧精美，宜于保存，具有纪念意义，常常用于各类庆典和仪式。会议活动规模较大、与会者较多并且集中到达时，可采取分头、分册签到的方法，以避免签到时拥挤的现象，影响会议活动按时进行。签到簿的封面或扉页上应当写明会议活动的名称、时间和地点，以便将来查考。

（2）表式签到。即采用格式规范的表格签到。规模较大、参加人数较多的会议活动，要多准备一些签到表，采取分头签到的方法，会议结束后，再装订成册。特别要避免用白纸或普通信笺签到，这样既不方便统计人数、检查缺席情况，也不利于将来查考。

（3）电子签到。即采用电子签到卡签到，系统自动记录和显示与会者的姓名、性别、年龄、单位、职务、职称、代表性质、组别、代表证编号等信息，并自动进行统计分析，在显示屏上显示出到会和缺席的情况等一系列数据。电子签到卡可以和代表证组合制作，使用更加方便。

3. 签到表的格式

同一个单位或同一类会议的签到表应当统一格式。

（1）标题。普通的会议写“会议签到表”即可。重大的会议还应当写明会议的名称。经常性的会议，标题可以固定化，如“××办公会议签到表”。

（2）正文。签到表的正文应含下列项目：

1）会议名称。如标题中未写明会议活动名称，则在表格内写明。

2）主办单位。应当写全称或规范化简称。

3）举行时间。写明具体的年、月、日、时、分。

4）举行地点。写明举行会议的宾馆名称、楼号、房间号码。

5）应到单位名称或应到人姓名。这一栏秘书人员要事先填好，经常性会议活动参加的单位和人员相对固定，可在制表时将应到单位和应到人一起印出，以便与会者对号签名。这样做可对缺席情况一目了然，同时也便于统计参加人数。如有列席对象，应与出席对象分栏签到。

6）与会者签名。在应到单位名称或应到人姓名后面设置相应的空格，供与会者签名。

十七、生活安排

（一）会议食宿安排

1. 住房安排

大中型会议由于与会人员多，一般需要租用招待所、饭店、宾馆等供与会人员选择，要考虑到住房、饮食、卫生等条件。饭店住房分为单人间、双人间、套房，或标准间、豪华房、行政房等。一般开会时住房应选择十几平方米的标准双人间（带淋浴洗手间）。安排住房时，要根据与会人员的职务、年龄、健康状况、性别和房间条件等进行综合考虑，统筹安排。尽量将年老体弱的人、女士安排到向阳、通风、卫生条件比较好的房间。对有生活禁忌的人要妥善安排。对有打呼噜等习惯的人，要妥善安排，尽量不要影响其他人的休息。

2. 餐饮服务

会议餐饮直接关系到与会人员的身体健康。要按照国家有关部门规定的标准，尽最大努力满足与会人员饮食方面的合理要求。认真做好饮食预算、采购、烹调、就餐等工作。要努力调动烹调人员的积极性，优质高效地搞好餐厅服务工作。饮食要干净、卫生、美味可口，尽量照顾到不同口味人的需要。对因开会误了开饭时间的人员，应预留饭菜。

(1) 伙食预算。会议开始前首先要核准参加会议的人数和会议天数，根据公司的有关规定和伙食标准编制伙食经费预算。同时印制会议专用餐券发给与会人员使用。

(2) 饮食搭配与烹调。了解参加会议的人员来自何方以及各地的饮食习惯，如有少数民族与会者，要配备专人服务，设置专席。此外，还要照顾病号，为他们做些可口的饭菜。

(3) 餐厅服务。保证在人员就餐前把一切饭菜全部准备好，指定专人候在餐厅门前，引导就餐人员依次就座。少数民族人员和病号及需特殊照顾的人员的就餐桌上要放置醒目标志牌，如“清真席”“病号席”等，以便寻找。

(4) 订餐地点。一般选择在所在开会地点的餐厅里，与会人员所住的宾馆里或具有当地风味和有特色的对外开放的饭店。如有条件可另设休息室（厅）作为就餐前简短交谈的场所，待与会人员到齐后一起进入餐厅入席。

(5) 就餐时间。午餐一般为12:00—13:30。

(6) 订菜单。餐饮的酒菜一般根据活动的形式和规格在规定的预算标准内安排。选菜不应以秘书自己的好恶为准，主要考虑与会人员的喜好与禁忌。

(7) 席位安排。大型会议的就餐要排席位，以免混乱。桌数较多时要摆上桌牌。同一桌上可以自由就座。为了方便宾馆餐厅人员准备，也可以就餐厅的座位安排画草图示意。

(8) 现场布置。根据活动的性质和形式，可少量点缀鲜花等。餐厅可以用圆桌，也可以用方桌。一桌以上的，桌子之间的距离要适当，各个座位之间的距离也要相等。如安排有乐队演奏席间乐，不要离得太近，乐声宜轻。休息厅通常放小茶几或小圆桌，如人数少可按客厅形式布置。

(9) 餐具准备。在本单位就餐时，要注意餐具餐桌上的一切用品都要十分清洁卫生。要根据与会人员的人数、菜的道数准备足够的餐具。桌布、餐巾都应浆洗洁白熨平。玻璃杯、酒杯、筷子、刀叉、碗碟等在宴会之前都应洗净、擦亮、消毒。

(10) 迎宾工作。提前在宴会厅门口迎候。如宴会规模较小，可不设专门的衣帽间，只放衣帽架。如规模较大则需设衣帽间存放衣帽。宾客进入休息厅后服务人员应递上香巾、热茶或酒水饮料。

(11) 就餐中的服务。按照先宾后主、先女后男的次序引请入座。席间要勤巡视、勤斟酒、勤换烟灰缸。

(12) 果品。常用的果品有苹果、梨、桃、葡萄、香蕉、草莓、猕猴桃、龙眼、橙、柚、柑橘、西瓜、甜瓜等。

（13）花卉。鲜花常作为友谊、幸福、爱情与和平的象征。在宴会厅的花木布置应是礼遇规格的，是对客人表示尊重和欢迎的一种方式。

中国的名花有梅花、牡丹、菊花、兰花、月季、杜鹃、山茶、荷花、桂花、水仙。每一种花都有它独特的含义，这就是所谓花的语言。花语因不同的国家、不同的文化背景而有所不同，因而使用时要加以注意。

（14）送宾服务。提醒宾客带齐携带物品。根据取衣牌号码及时将衣帽递送宾客。

【例 14－9】

（一）通知

全体公司职员：

现有一澳大利亚网络公司——澳大利亚索非亚网络软件开发股份有限责任公司有意于与我公司进行业务往来。这是我公司产品走出国门打入国际软件市场的大好时机，公司上下全体职员都应竭尽己所能，为公司光明的前途做出贡献，全体职员将从中受益。

澳大利亚索非亚网络软件开发股份有限责任公司是澳大利亚的一个知名的大型网络公司，昨日收到该公司传真，该公司预定于××××年 2 月 15 日派考察团来京，到我公司考察我公司的软件开发、设计与生产情况。如果我公司情况能够令考察团满意，该公司将于××××年 3 月派谈判代表来我公司进行业务上的磋商，与我公司建立业务往来。索非亚公司的这次考察是关系到我公司能否与该公司签订合同以及我公司软件产品能否打入国际市场的大事，全体职员应予以高度重视，积极配合公司的安排，争取与索非亚公司建立长期的业务关系。

为招待索非亚公司考察团在我公司考察，在该考察团考察期间，公司将安排宴会进行款待，公司各个部门经理、助理、开发部负责新软件开发的技术人员以及公司全体正式职员将出席宴会。总经理办公室全权负责宴会安排事宜，由总经理办公室派人负责具体事务。如有任何疑问，可向总经理询问。在不影响日常工作的基础上，各个部门应无条件积极配合总经理办公室人员的调遣，不得以任何不合理理由推卸责任。

届时，公司日程如有任何变动，将另行通知，望全体职员予以配合。

总经理办公室
××××年 1 月 20 日

（二）确认安排

1. 总经理办公室派人配合、协办、监督饭店方的服务工作，务必按照事先安排进行一切事宜，不得有任何纰漏。

2. 通知基本情况。通知饭店管理人员我公司举办宴会的目的和性质，宴会的正式名称，参加宴会的我公司人员以及索非亚公司考察团人员的姓名，注明澳大利亚方面人员的国籍、饮食习惯和口味特点。通知饭店方管理人员准备座位卡。

我公司举办此次宴会的目的是向索非亚公司考察团介绍我公司的基本情况，初步确定该考察团的日程安排，尽量给该考察团以正面印象。我公司举办此次宴会的性质是工作宴会兼有影响到公司发展前途的战略意义，所以宴会的意义非同一般，应提醒饭店方予以高度重视。宴会的正式名称为“北京市电信通网络技术有限公司欢迎澳大利亚索非亚网络软件开发有限责任公司考察团餐会”。

公关部办公室人员已经通过电话方式向澳大利亚方面询问过来京考察团人员的饮食习惯和口味特点等事宜。通知饭店方，考察团人员中有一人对辣的口味不能适应。这些人员表示，非常喜欢中餐。所以请饭店方准备有名的中国菜来招待考察团人员，但要注意应照顾到对辣味敏感的人员。我公司出席宴会的人员中，有两人为回族，请饭店方注意安排适合的菜谱。

届时出席宴会的我公司人员共有主宾18人（名单略）；索非亚公司考察团出席的人员有5人（名单略）。请饭店方制作座位卡。座位卡上应标明姓名以及各自在公司的职位名称，卡片用粉红色，字体用隶书，烫金字。

3. 通知司机于××××年2月16日晚6点30分到考察团下榻的宾馆接考察团人员。宴会过后听候通知，约于晚10点到饭店接考察团人员回下榻的宾馆。注意嘱咐司机务必注意礼节，不要在开车时吸烟，说话注意分寸。

4. 明确分工。总经理秘书联系饭店方负责人员。在准备阶段要向服务人员交任务、讲意义、提要求和注意事项，做好宴会的组织工作。在人员分工方面，对迎宾、值台、传菜、供酒、衣帽间等岗位，都要有具体分工，将责任落实到人，做好人力物力的充分准备，要求所有服务人员思想重视、措施落实，保证宴会善始善终。

5. 场景布置。既然索非亚公司考察团人员非常愿意尝试中国菜，那么这次宴会就要体现中国特色。但也要有西方的特点，体现中西合璧。中国的美食从来都讲究进餐的环境和情调。因而在场景布置方面，根据我公司进行的这次宴会的性质，应既体现出隆重、热烈、美观大方，又具有我国传统的民族特色。

6. 台形布置。索非亚公司考察团的人员坐在主台上，总经理以及开发部新产品负责人作陪，其他人员按次序就座，不分主次。在布置中做到既要突出主台，又要排列整齐、间隔适当。每桌中央都摆放兰花。

7. 在宴会开始之前半小时开始奏乐。曲目安排：出席宴会人员入场时为《步步高》和澳大利亚的民歌；就餐过程中为舒缓的轻音乐，曲目仍以中国与澳大利亚的民乐为主；就餐后为音乐节目欣赏，曲目为《茉莉花》和澳大利亚民间音乐等。音乐是一个很好的拉近与考察团人员之间距离的手段。

8. 以上各个要点细节由总经理秘书向饭店方强调，于××××年2月10日前通知饭店方，以确保宴会的服务无可挑剔，让索非亚公司考察团人员满意。

9. 各项费用由财务部预算规划后，于××××年2月5日以前以书面形式经由总经理秘书交与公司讨论，2月12日前做出最后决定。

10. 各部门如有任何疑问，经总经理秘书协助解决；无法解决的问题，报知公司。

（三）时间

接待索非亚公司考察团的宴会预定于××××年2月16日晚7点，如有变化，公司将另行通知。如果我公司通过该考察团的考察，该公司将派谈判代表来我公司进行业务谈判。接待谈判代表的宴会预定于××××年3月10日晚7点，如有变化，公司将另行通知。

（四）选项

1. 地点：

目前饭店的地点待定。有几个备选地点：长城饭店、希尔顿饭店、长富宫饭店、京伦大酒店。由总经理秘书派人联系饭店方面，商谈能否满足我方具体要求等事项，并进行价格对比。××××年2月7日前定下饭店地点。

2. 酒品：

酒品种类：白酒、啤酒、果酒等。

酒品保管：提前15天购买。啤酒要单独、直立存放。果酒存放温度应在10℃～14℃之间，防止光线过强或阳光直射。白酒要密封保存，防止挥发、渗漏。

3. 非酒精饮品：

茶：乌龙茶、花茶。

矿泉水：崂山矿泉水。

鲜果汁：橙汁、菠萝汁、柠檬汁、西柚汁、提子汁。

汽水：可乐、柠檬汽水。

牛奶。

4. 果品：香蕉、苹果（红富士）、橙子、库尔勒香梨。

5. 花卉：剑兰、水仙。注意整洁、鲜艳。

6. 甜品：皇家咖啡、水蜜桃圣代、彩虹巴菲、蜜瓜奶昔。

7. 菜谱：

川菜：宫保鸡丁、棒棒鸡、麻婆豆腐、回锅肉、鱼香肉丝、毛肚火锅、四川泡菜。

粤菜：脆皮乳猪、东江盐鸡、滑炒虾仁、龙虎凤大烩、冬瓜盅、大良炒牛奶。

鲁菜：九转大肠、德州扒鸡、糖醋鲤鱼、锅塌豆腐、大葱炮羊肉、清汤银耳。

江苏菜：扬州三套鸭、狮子头、松鼠鳜鱼、叫花鸡、清蒸鲫鱼、五味煮干丝。

浙江菜：西湖醋鱼、龙井虾仁、东坡肉、冰糖甲鱼、大汤黄鱼、宁波咸菜。

湖南菜：麻辣子鸡、腊味合蒸、洞庭野鸭。

福建菜：佛跳墙、炒西施舌、原汤鱿鱼、五香烧鱼螺、烧雁鹅。

北京菜：北京烤鸭、蝴蝶海珍、清汤燕菜、清蒸潘鱼、三不粘、南府苏造肉。

（二）居住服务

会议所住招待所、饭店、宾馆，要提高服务水平，搞好居住服务，保持住房、卫生设施清洁卫生、舒适实用。有条件的应设立日常生活用品小卖部、理发室等，开辟活动室、健身房、阅览室。服务人员应热情、周到、文明、礼貌，使与会人员有宾至如归之感。

1. 会议的文化生活

应根据会议的日程进度，做出适当的文化生活安排，既不可过多，也不可过少。主要内容是文化娱乐和体育活动，具体项目应该尽可能围绕会议的主题，认真加以选择，并应经过领导的批准，每个项目的活动时间不可过长。集体参加文化、体育活动，必须加强组织工作，认真做好具体安排。入场券、座位、交通，都要具体筹划、组织、安排和检查。各项文化活动，都要按规定由本人购票，特殊情况可以免费的，也要按照国家规定办事。至于会议期间的小型文化娱乐和体育锻炼，则应尽可能创造条件，予以满足。

2. 会议的交通保障

交通保障的主要任务是车辆组织、用车制度、派车管理、车辆调度、租车管理、用车检查和驾驶人员的管理。如果会议住地离会场较远，必须有车辆接送与会代表，那就要按与会人数尽可能组织足够的车辆，以保证会议的需要。对于集体活动用车，因为车多、人多，必须加强派车管理、车辆调度、用车检查和驾驶人员的管理，保证与会人员按号入座，有序乘车。座位不够时，可以租车。零星用车，必须建立用车制度，规定用车的范围和任务，履行批准手续。至于领导干部用车，则应按规定予以保证。

第三节　会中事务

一、签到和检查会场

（一）签到

这里指的是会议开始前的签到，与报到时签到既有联系也有区别。

签到有两种方法：(1) 簿式签到，代表入场就在会议工作人员预先准备好的签到簿上签署自己的姓名，表示到会。这种方式的优势是签到簿利于保存，有纪念意义，但只适用于小型会议。(2) 卡片签到，适用于大、中型会议。卡片签到是将印好的证件预先发给代表，代表入场交出一张卡片就行了。卡片签到也有两种方法：一种是签名的卡片，代表要在卡片上签上自己的姓名才能入场；另一种是不签名的卡片，由卡片上的固定号码代表出席人的姓名。重要会议使用的多是签名卡片，上面也印有证件号码或座次号码。

（二）检查会场

签到的目的，一是凭证入场，二是统计到会人数。

统计到会人数是一项急促而又细致的工作。领导往往在开会之前的一两分钟向工作人员要到会人数和缺席人名单，这就需要会议工作人员以最快的速度统计出来，并且不许发生差错。在不使用电子签到机的情况下，统计到会和缺席人数，整理签到单，很少的工作人员就可完成这一工作。但是，这种方法必须等到人员大部分到会以后才能开始工作，在会前不能很快提出缺席人的具体名单。

另外，还可把座次表打印出来（上面有排号、座号、人名），一边签到，一边在座次表上销号。这样做可以随时知道谁已到会、谁未到会，任何时候有需要，都可以立即把当时的到会和缺席人数以及他们的姓名告诉领导。

二、引导就座

(1) 日常的小型会议，与会者一般都有自己的习惯座位。但多数会议需要与会者按照会前安排好的座位或区域就座。如需要与会者有固定的座次，则应在出席证或签到证上注明座号；如果证件上注明座号或不发证件，可在每个会议桌上摆置座签，并印制座次表发给与会者，与会者第一次入场的时候，会议人员应做必要的引导，以便与会者找到座次。

(2) 召开大型会议，为了方便与会者尽快就座和保持会场秩序安静，需要采取某种方式引导座位。一般都采用对号入座的方式，或将会场划分为若干区域，以地区或部门为单位集中就座；有的也可采用随便入座的方式。无论哪种方式，都可以设立指座标或是由会议秘书工作人员引座。

三、会议记录

（一）会议记录的必要性

不论规模大小的会议都应有记录，真实地记载会议的情况，客观反映会议的内容和进程，为日后分析研究会议的内容提供依据。因此，会议记录是重要的文字档案材料，也是会议快报、简报、纪要的原始根据和重要素材。

（二）会议记录的方法

1. 摘要记录

这种记录采用汉字直接记。日常会议一般用汉字做简单记录。

2. 详细记录

这种记录要求有言必录，包括发言中的插话等，都要详细记录在案。这种记录有的采用符号速记，有的是用录音设备，会后根据录音整理记录，也有的是速记和录音二者兼用。有些会议不适宜录音，就只能运用速记。详细记录一般适用于特别重要的会议。对高级领导同志的重要发言，应当做速记记录或录音，以便做好传达和文献保存工作。

记录时，准备好会议记录纸，要熟悉发言人的口音。会议记录要求真实、准确、完整，不得随意增删改动。特别是速记，更要重视原话，保持风格，段落清楚，文字准确。

四、编发材料

（一）分发材料

会议文件一般应在会前发到与会者手中，有些材料，如领导讲话、会议快报、简报及其他会议资料，需要在会中分发。所发文件或资料，如属要收退的，应在文件的右上角写上收文人姓名，收文时要登记，为收退工作创造便利条件。在会中发文，除直接对与会者发文外，还可在会场每个座位上摆放一份一般性的文件资料，也可在入场时，由会议秘书工作人员在入口处依次将文件资料发到每位与会者手中。

（二）编印材料

会议文件资料、简报、快报的撰写印制与日常文字工作要求不同，主要是时限性要求较高，反映会中每天的新情况，往往限定秘书工作人员必须在当天夜间编印出来，第二天早晨分发到与会者手中。

（三）收集材料

会中收集资料必须准确、快速、全面。通常采用的办法有：

（1）把秘书工作人员分派到各小组，将有关情况随时加以收集整理。

（2）请与会者将新建议、新思想及新情况整理成书面材料，送交有关资料人员。

（3）更值得注意的是，在一天或是一个阶段的会议工作完结后，秘书工作人员要及时集中处理材料，先将收到的情况进行综合分析，然后指定专人加以整理。对于较长时间的会议，往往需要组织专门的校对人员。

五、整理记录

（一）会议记录整理的必要性

大型会议在进行期间，一般都要印发会议简报或快报。会议简报的内容来源之一是会议记录，因此，会后及时整理好会议记录很重要。由于现场记录很紧张，所以记录往往简单化，字迹也不可能很清晰，不及时整理，时间一长，有些问题就搞不清楚了。整理时，不仅要把简化的语句尽可能完善化，还要把多余的“这个”“那个”等口语去掉，尽可能做到语言文字规范化，当然不能改动原意。

（二）会议简报

整理完会议记录就要撰写会议简报。会议简报的文字应当简短扼要，内容应当鲜明突出。会议简报应当迅速及时，达到及时交流情况、反映问题、推动会议向纵深发展的目的。

（三）会议快报

会议快报是简报的一种更精练的形式，可以说是简报的“提要”。在文字叙述上，要求比一般简报更言简意明，内容反映实质性问题和急需要解决的问题。快报仅供少数人参考。其最突出的特点是“快”，印发前不送发言人核阅，一般要求上午情况、下午整理，白天情况、晚上整理，第二天早晨即可印发至领导手中。实践证明，快报是向领导及时反映情况的一种较好的形式。

（四）会议笔记

1. 会议笔记的要求

（1）忠实于会议实际。

笔记的内容一般限于会议议及的范围，会议没有议及的内容不能写入。不可将执笔者个人见解掺杂进去，不可随意增删和发挥，更不能篡改与会者的观点或变更会议中心议题。

（2）体现“要”字。

会议笔记的要点反映的是会议的主要决定事项和议程。要写出会议研究或解决的问题、主要精神和议定的事项。要如实地概括出与会人员对会议议题的主要看法。

（3）采用综合的方法突出要点。

即将会议的意见加以分类整理，围绕会议的中心和目的，归纳出几个问题，也可以列出小标题以突出要点。对于议定的事项，根据内容确定写法，内容较多的宜分条写，便于有关人员掌握、遵守和执行。

（4）事实为主。

会议的事实是指对整个会议的各事项安排，包括会议议程、日程和程序。会议笔记要将这些事实记清楚，因为它们是使会议正常进行的具体保证。

（5）简要为重。

使会议笔记简要的方法有以下几种：

1）书写运笔要快。字要写得小一点，字距小一点，可以词或词组为单位连写，以尽可能地减少运笔的距离，缩短书写时间；字要写得轻一点，以减轻笔尖和纸面的摩擦，提高书写速度；要使字圆滑、连绵，以减少运笔停留时间。

2）择要而记。要围绕会议议题、会议主持者和主要领导同志发言的中心思想、与会人员的不同意见或有争议的问题、结论性意见、决定或决议等做记录，关键性的问题和关键性的话择要记下来。

3）正确使用省略法。省略法主要有以下几种：使用简称、简化词和统称；省略词语和句子中的附加成分、相同成分；省去比较长的成语、俗语、熟悉的词组、句子的后半部分，比如“同心～（同德）”“实事～（求是）”等。

4）用较为简便的写法代替复杂的写法。用姓代替全名，如果同一个人名多次出现，其姓也不与别人相同，那么除第一次记下全名外，其他都可以用姓代替；用易写的同音字代替笔画多、难写的字；用音节少、笔画少、好写的同义词、近义词代替音节多、笔画多、难写的词；用阿拉伯数字和国际上通用的符号代替文字，比如用“1/3”代替“三分之一”等；用汉语拼音代替生、难字；用外语的缩写符号代替生词难字，比如用“V”代替“胜利”，用“OA”代替“办公自动化”，等等。

2. 会议笔记的简要写法

（1）开头段。内容包括：会议的起因、目的、时间、地点等；与会人员情况，如到会人数、主持会议的领导人、上级机关代表、来宾、当地党政领导人出席会议的情况；会议基本议程、主要活动等；对会议气氛、讨论情况或成果的总的评价。

（2）主体段。写会议精神和会议议定的主要事项及主要成果，是整个会议笔记的主体和重点。这部分常见的层次安排方法有三种：

1）分“方面”排列，把会议议定的事项和问题分门别类加以归纳，理出几类问题，用“一”“二”“三”等数字分段来写，可以加上小标题，分别做出比较完整、系统的介绍和论述。

2）按发言顺序进行排列，将每位发言人的讲话重点进行整理，以便比较全面客观地反映讨论情况和各种不同的意见。

3）综合前两种排列方法，以总标题和小标题作为纲目，把重点发言内容分别插入有关段落中。

（3）结尾。常见的结尾内容是号召性、倡议性的，也可以是鼓动性的。

3. 会议笔记的格式

简单的报告格式可作为会议笔记的格式，主要分为以下两部分：

（1）会议组织情况。

这一部分要写清楚会议名称、届数或次数、时间、地点、主持人、出席人、缺席人（包括原因）、记录人等，以备查考。出席、列席人数不多的会议，可将出席人、列席人的姓名都写上，列席人的工作单位、职务也可写上；出席、列席人数较多的会议，可以只写出席、列席人数。如果是小型会议，只有个别人缺席，可以把缺席人的姓名写上，并注明缺席原因；如果是大中型会议，缺席人数比较多，缺席原因也很难一下子查清楚，可以只写缺席人数。可以设计一些相对稳定、较为规范的格式，届时填上一些所需内容，即可使会议组织情况跃然纸上。这一部分应在会议开始前填写完毕。

（2）会议内容。

这一部分包括会议议程、讨论过程、发言内容、决定事项和决议等。这是会议笔记的主体部分。

4. 做会议笔记使用的工具

（1）做会议笔记，可以采用专用会议笔记本，多次会议连续使用，也可以使用专用会议笔记纸。尽量使用耐久性比较好、能流利书写的纸张。

（2）做会议笔记比较理想的工具是钢笔。钢笔在使用上优点很多，一是书写便利，节省时间；二是携带方便，容易保管；三是书写流利，经久耐用；四是执笔方法和书写技巧较易掌握等。此外，油墨成分较为稳定的圆珠笔也可用来做会议笔记。

（3）自动记录语言的语音识别输入机、电子速记机等也可用于会议记录工作。

六、会场服务

（一）含义

会场服务是在会议进行中的服务，是在情况不断发生变动中的服务，这就对秘书工作人员提出了特殊的要求，因此，会场服务人员要把自己的工作目标和会议的目标统一起来。

会场服务要实行集中、统一领导。

（二）服务性工作

（1）在小型会议会场或大型会议主席团座位上，适量放些钢笔、纸张，以备应用。

（2）大会进行期间，应适时向会议主持人建议休息十几分钟，以便与会人员恢复精力，开好会议。应提前为与会人员准备休息地点，如无条件安排休息室，在露天院内散步也是很好的休息。

（3）会议期间应有饮水等供应。

（4）大型会议、重要会议，都应在会场内装置扩音设备；如需现场翻译的会议，应在会场装置音译设备。

（三）会议集体摄影

摄影的目的是留作历史资料，载入档案。应注意以下几点：

（1）应根据领导者的意图，按照会议的性质，确定摄影的规模和参加范围，并列入会议日程之中。

（2）进行必要的准备。联系好摄影单位和摄影师，必要时可请摄影师察看摄影场地。室外摄影，要根据上午和下午的时间，确定照相机的摆放方向和位置，并根据天气预报和天气变化情况，及早提出更改意见。应当画出摄影安排的平面布置图，对前排就座的领导，应一一写上名字。一般来说，党的会议按党内职务排列，非党会议按行政职务排列。其他与会人员进入摄影场地的次序和队列位置，都应编写号码，以避免蜂拥而上，造成混乱。

（3）搞好现场指挥。摄影现场要设一名总指挥，严格按照预定方案实施统一指挥，无特殊情况，切勿随意改变，以保证大中型会议集体摄影活动有条不紊地顺利进行。

（四）安排与会人员回程事务

有外地同志参加的会议，应根据会期长短、外地与会人数多少等实际情况，及早安排好外地与会人员的回程事务。要事先了解外地与会人员对时间安排、交通工具的要求，尊重他们的意愿。一般情况下要按先远后近的次序安排，要掌握交通工具的班次、车次等情况，同民航、铁路、公路、港口等部门沟通联系，预订好飞机票、火车票、汽车票、轮船票。届时应安排好送行车辆，将外地与会人员送到机场、车站、港口。送行时，送行人员须待与会人员乘坐的交通工具起程后再返回；如有必要，还应安排有关领导为与会人员送行。

第四节　会后事务

一、印发会议纪要

（一）目的

召开日常工作会议之后，应该印发会议纪要和解决事项通知，以便有关部门执行，同时也避免日后查找时动不动就翻原始会议记录。

（二）与记录的区别

会议纪要不同于会议记录，记录是如实记载，纪要则是根据会议的宗旨，用准确而精练的语言综合记叙议事要点和决定事项，它是在记录的基础上进一步分析、综合、提炼而成的文件。

（三）正式文件

经过领导签发的会议纪要是会议的正式文件，这种文件应当简短扼要，观点鲜明，确切说明事项，不必发表议论和交代情况。虽然这样要求，但实际做起来有差别，有的纪要写得详细，交代了一点情况，有的纪要简简单单，直接写出决定事项。

（四）决办事项

会议纪要写好核定后，就要发给有关方面执行，而不只是为了留存备查。对于日常会议的纪要，如果会议决定的事项涉及有关部门，可以将会议纪要发给他们，他们看到了就会去办；也可以由秘书部门从会议纪要上摘录出有关内容后通知他们。

二、收退文件

会议文件在会后多数是要收回的。原因之一是会议文件多属于草稿性质或参考性质；原因之二是会议文件多属机密性质，不宜长久存放在个人手中，以免遗失或泄密。

可以在大会结束前夕开具应退文件的目录清单，发给与会人员，请其会后按清单把文件退回。一旦会议结束，会议工作人员便马上催退，利用一切办法，直到退完为止。

对于机密会议，阅读文件时要亲自到保密室领取，并在指定地点阅读，临走时把文件装入文件袋，加以密封，交给保密室，下次阅读时再凭证领取文件袋，绝对不准把文件带出会场。

三、催办

（一）重要性

会议催办工作是不可缺少的，如果不催办，部门可能将应当办理的事情无限期地推延甚至忘记。经常催办不但可以避免这种拖延，而且可以及时向领导汇报，使他了解会议决办事项的办理情况。

（二）形式

比较普遍的催办方式是写报告、改写会议文件、代拟指示、批示等文书工作事项。

（三）制度与办法

催办应形成一定的制度，定时地催，直到办完为止。至于办法，可以根据具体情况灵活运用，比如催办登记，利用电话，使用卡片等。

（1）健全登记制度，建立催办登记簿，逐项列出检查催办的事项，并由催办人根据实际情况，定期记载催办事项的进展状况。

（2）建立汇报制度，催办人员可采用口头汇报、书面汇报、专题报告等多种方式向领导汇报催办事项的落实情况，对一些重大问题不能自作主张，要听众领导的指示。

四、会议文件立卷

（一）含义

会议文件是正式文件的一种，是正式文件的拟制阶段。会议文件立卷，是会议文件处理过程的最后环节。

立卷，就是将会议期间所有文件，依其内在联系分门别类地组成一个或数个案卷。一般地说，一个案卷就是一次会议所有文件的集合体。

（二）作用

会议文件反映了某项工作某一时期的真实面貌以及客观进度，对会后的领导活动和有关工作仍然具有指导作用，对于历史问题具有依据、查考和凭证作用。

（三）要求

按照会议活动过程，保持会议文件之间的内在联系，准确、全面、系统地反映会议活动的真实面貌，便于管理和查找利用。

五、新闻宣传

（一）会议新闻

会议新闻宣传主要指发布会议新闻。

重要的会议需要发布新闻报道，要做好新闻发布工作，加快会议精神传播的速度和扩大传播的范围，扩大会议的影响，提高会议的透明度，利于会议精神的贯彻落实。

（二）会议新闻报审

审核内容如下：

（1）报道的消息是否是客观事实。

（2）关键词是否抓住了公众的注意力，能够促使公众积极阅读。

（3）在新闻稿的开头要注明会议主题以及主办者。

（4）对于提供给新闻单位的图片、表格和音像等方面的材料要加强审核，特别是涉及知识产权、商业秘密内容的资料更是要认真把关。

（三）选择媒体

（1）发布会议信息的人员在选择媒体时要了解各种媒体需求的重点和偏好，会议者要清楚不同的媒体各自需要什么类型的新闻。电子媒体和报纸通常很注重新闻的即时性，而杂志则对那些有深度的新闻热点比较感兴趣。

（2）在选择媒体时要兼顾覆盖面、受众群、费用和时效。

（3）要尽量邀请与自己关系良好的媒体。

（四）通讯稿

把会议消息传达给新闻界，最常见和最易接受的形式就是通讯稿。

通讯稿的写作应注意：

（1）一篇通讯稿一般以“通讯稿”或“新闻稿”为题目。

（2）在通讯稿的上部，写上单位的名称、地址和电话。

（3）在单位名称和地址下面，写上联系人的名字和电话。

（4）发布日期。包括此篇通讯稿是否要立即采用，还是要等以后再发表。

（5）页边要保证一定的宽度，以给编辑足够的空间做注释。

（6）段落要简短，不能超过六行。

（7）在通讯稿的最后，写上结语以表明结束。

六、会议经费结算

（一）会议成本

广义上讲，会议成本包括时间成本、金钱成本和机会成本。狭义上讲，会议成本主要指直接经费支出。直接会议费用一般包括：会场租用及布置费、会议设备租用费、会议邮电通信费、会议培训费、会议交通参观费、会议食宿费、会议资料费、会议宣传交际费、纪念品购置费、水电费、其他符合规定的杂支费等。

（二）经费结算

在会议结束后对整个经费的使用情况进行结算，并经领导审核批准。

（三）注意事项

（1）开具会议住宿费发票时，需要向宾馆酒店索取盖有酒店章的正式发票，保证开立的发票与收取的会务费相等。

（2）住宿费一般不包括使用房间的长途电话费、在酒店签单的费用。

（3）遵守制度，严格手续。会议经费要按照国家的有关规定，收取会议费的数额要经过研究以及有关负责人的批准，收费要开具正式发票，支出要有正式收据，发放补贴、支取现金要填写现金领取单。此外，对购买物品的数量、金额要认真审核，避免款物不符。

（4）量入为出，收支平衡。会议经费的收入来源通常有上级拨款、本部门专项经费、企事业单位赞助，以及收取会议费等。要根据收入与各项活动支出做好预算，并严格按预算支出费用，做到收支平衡，避免入不敷出，或当用不用，结余太多。为保证经费支出条理清楚，可建一临时性账目，待会议结束、结算清楚后，按有关财务管理的规定报账。

（5）精打细算，厉行节约。会议申报经费时，要根据会议的内容、规格、会期、范围等，对所有收入与支出逐项精心核算。

七、跟踪反馈落实精神

（一）抓好反馈、落实

对于会议做出的决定和工作部署，秘书要保证各项工作得到及时贯彻落实，要及时了解各执行和配合部门各项工作的开展和贯彻落实情况，并将进度、问题、影响等信息反馈给领导，以便领导随时了解会议决定工作的进展情况，及时采取下一步行动。

（二）会议决定事项的反馈

（1）反馈的原则：第一要迅速及时；第二要真实准确；第三要使反馈渠道保持畅通无阻。

（2）反馈的重点，主要是妨碍会议决策落实活动的各种信息。

（3）综合反馈，即在总结的基础上系统地进行综合性的反馈。这种反馈要实事求是，得出经验教训，提出对于今后工作的建议，如实向上级组织反馈。同时还要向公司或其代表反馈。

（三）传达落实

1. 作用

（1）会议决策传达落实是实现会议决策目标的最主要环节，落实的主要任务是将主观的东西变为具体的实际行动，如果落实不力，就收不到好的效果。

（2）会议决策传达落实是衡量下级组织得力与否的主要标志。

（3）会议决策传达落实是对会议决策的检验和完善。

2. 要求

（1）迅速果断，保证质量。

（2）忠实决策，不打折扣。

（3）解放思想，创造性地落实。

3. 实施

（1）传达动员。为取得传达布置的较好效果，要事先调查和了解员工的思想动向与脉搏，有针对性地解决认识问题，使之解除疑虑，轻装上阵。

（2）分解任务。在传达动员的基础上，将落实任务按系统层层分解下去，直至到达每个执行者个人。要明确保证计划或安排的落实。

（3）互相沟通。整个实施过程是一个复杂的系统工程，需要各子系统和系统内部的小系统以至每个人共同努力、团结协作才能完成，部门之间、个人之间需要及时互通信息、解决矛盾，消除不利因素，做到步调一致、协同动作。

（4）操作控制。即对整个落实过程全部活动的监督和制约。

（5）效益考核。考核除由主管或专业人员根据要求进行外，还可以采取执行人员自我鉴定、共同评议、群众复议等办法。要公开公正，尊重客观，领导把关。

第十五章

办会实操

第一节　正式会议

一、正式会议概述

（一）定义

正式会议就是指合乎一般的公认标准的或者合乎一定手续的会议。

（二）正式会议的性质与作用

1. 正式会议的性质

正式会议是贯彻民主集中制原则，发扬民主，实行集体领导的重要形式；是实施决策、计划、组织、指挥、控制、协调等现代管理职能必不可少的重要手段；是贯彻政策、统一思想、议事决策、布置工作、沟通信息、统筹协调的有效途径。

2. 正式会议的作用

（1）决策指挥作用。党政机关、企事业单位各级领导者的重要决策，均应遵照民主集中制的原则，通过会议决定。《国务院组织法》中明确规定：国务院工作中的重大问题必须经国务院常务会议或者国务院全体会议讨论决定。即便是各级领导日常工作的部署，一般也是通过办公会议的形式讨论决定。因此，会议是一种决策议事的活动，体现了集体决策的原则，有利于集思广益，以保证决策的正确制定与执行。

（2）组织协调作用。许多决策的实施往往涉及多个方面、多个部门。为保证决策的顺利实施，需要通过一定的会议来统一思想、统一部署、统一行动。

（3）动员教育作用。各级领导利用会议形式，诸如形势报告会、英雄模范事迹报告会、动员会等来宣传动员群众，消除群众的疑虑，提高群众的思想认识，使群众自觉地贯彻执行党的方针政策，更好地完成工作任务。

（4）信息交流作用。会议是收集、交流信息的一条重要渠道。通过会议起到上情下达、下情上传、左右联系、互相交流情况、沟通信息的作用，为决策的制定与实施奠定基础。

（三）正式会议的种类

年度大会、非常大会、董事会会议、委员会议、执行会议、常务会议、顾问会议、联合顾问会议、法规会议等都属于正式会议。

二、年度大会

（一）定义

年度大会是指根据业务性质和需要，有一定的起止日期的，每年召开一次或几次的，有时间规律的大会。

（二）年度大会的准备工作

1. 拟订年度大会的计划及工作方案

通常是按照惯例和一般性原则进行，然后根据不同情况进行具体处理。

2. 确定年度大会的议题

即单位、部门领导根据有关精神以及对形势发展的分析，结合本部门工作实际所确定的议题，包括：下级或者所属单位、部门提请研究讨论的议题；领导同志批示交办的问题以及上级领导下达指示，要学习讨论研究贯彻执行的议题；提请领导决策的议题。

3. 年度大会会议材料的准备

年度大会应重视主题报告的准备。主题报告也称工作报告，是大中型年度工作会议的主要材料。报告的准备，一般由文秘人员或者指定的部门、人员负责完成。这一类报告大致由对一定时期工作的总结、体会或者经验，对当前形势的分析，下一步工作的指导思想、工作要求和具体措施等内容组成。年度大会的会议总结一般可以分为三个部分：第一部分表述对会议的评价；第二部分对与会同志提出的有关问题进行解释或者进一步阐明；第三部分提出贯彻会议精神的要求。年度大会的会议总结一定要简短，不宜过长。

4. 年度大会的会议范围和出席人员的确定

年度大会属于有固定的范围和固定的人员参加的会议，出席范围是相对固定的。一般由办公室文秘部门根据年度大会的历史记录以及将要举行的会议内容，提请领导决定。

5. 年度大会的会议议程安排

大体顺序安排为：第一，工作报告或领导讲话（致开幕词）；第二，分组讨论；第三，组织大会发言；第四，会议总结（致闭幕词）。

6. 年度大会的时间与地点安排

年度性工作会议的举办时间，一般为年末 12 月、次年 1 月至 2 月这段时间。会议地点的选择，应坚持便利、节约、时效的原则，结合年度大会的内容、规模以及人员等各方面因素来综合考虑。

7. 年度大会的会场布置

年度大会应遵从已有的经验和做法来进行会场布置，围绕会议的中心内容来布置、安排会场。会标的书写要醒目、端庄、大方，一般用红底白字，字体以仿宋体、黑体、楷体、隶书为好。会标悬挂要适中、得体。主席台的布置要朴素大方。主席台座席的安排要视领导同志的人数多少适当排列，并按名单标明座次，有的可放上领导同志的名签。话筒要根据领导讲话的人数选择最恰当的位置，减少来回搬动的次数。茶杯一般放在坐席前方的右上角，便于服务人员上水。与会人员的座席安排，应当以便于开会、兼顾各种情况为原则。大中型正式会议的会场，一般安排在礼堂或剧场等地，场地、座位固定，只要按出席会议的人员分组划分座次即可。

（三）年度大会的会间调度和服务工作

（1）组织会议签到，避免无关人员到会，及时、准确地掌握到会的人数。

（2）做好会议记录。由专人负责会议记录，必要的时候还要配以录音和录像设备。会议记录要力求准确、完整，忠实发言人的原意。

（3）编写会议简报。要求能帮助领导掌握会议全局和主要信息，力求简明扼要，以便及时指导工作，使会议顺利进行。

（4）把握会议进程。第一，要根据会议日程安排，做好有关会议的各项准备，对于大会发言，要提早落实发言人，并安排发言人到会。第二，要及时了解会议的进程，办会人员应协助领导及时调度，做好会议的组织工作，防止前后脱节以及秩序混乱。第三，要准备好特殊情况的应急措施。在会议进行中，可能会发生临时的变动，办会人员特别是秘书人员要立即妥善处理，始终要有人在场服务。第四，要做好会议的安全保卫工作，防止发生意外，保障会议的顺利进行。

（四）年度大会会后的整理服务工作

（1）认真编写会议纪要。根据会议的需要，编写会议纪要，作为与会代表贯彻执行的依据，推动会议精神的贯彻落实。

（2）及时整理有关会议文件。会议期间所有文件材料要及时进行整理，该归档的要归档，该销毁的要销毁，不该让与会代表带走的绝不能带走，做到会内、会外有别。

（3）妥善安排与会人员离会。要做好与会人员的返程车票、机票的订购和与会人员住宿场地的清退，以及做好与会人员离会的送行工作。

（4）落实会后的新闻报道工作。会议中形成的有关决议和方针，一旦形成文字之后，即可通过传播媒介进行广泛宣传，以推动会议精神的贯彻落实。

三、非常大会

非常大会指针对特殊的事情或者异乎寻常的大事而举办的大会。

在一些合资或独资企业以及所有的股份制企业，非常会议是面向全体股东的。当有超过全部股份10%的代表们提出要求时，就要召开此种大会来讨论特别的事务，可能是异常事务，征求股东的意见。

非常大会的举行与年度大会的要求基本一致，它更强调准确、及时、快速。

此种会议常常是为了解决紧急问题而召开的，其目的非常明确。

优点：由于要处理的事件紧急，决议可在有限的时间内形成，可说是高效率的会议。

缺点：缺乏会前准备工作，会降低会议效率。由于紧急事件是突然发生的，有权决定事情处理方法的人往往不能出席。

建议：在会议之前必须先做准备，如选定会议的形式及方法，但会议中仍然需要调整。

四、董事会会议

（一）定义

董事会指某些公私合营企业或私人企业、学校、团体等的领导机构。召开董事会会议时，董事长负责向管理部门解释董事会所采取的行动，并负责向董事会报告管理计划，董事长办公室把董事会的决议付诸实施。

（二）举办董事会会议的一般步骤

1. 会议议题的准备

确定议题，明确召开董事会会议的目的。

董事会会议议题一般是根据有关形势进行分析，并结合本公司工作的实际确定的。

2. 会议材料的准备

（1）董事长讲话：一般由董事长的秘书负责，有时也由筹备处专门的秘书人员准备。

（2）待议文件：主要是需在会上讨论、议定的材料，如某一时期的工作发展规划等。

（3）参阅资料：是会议的参考性文件。

（4）交流材料：确定交流材料，要围绕会议的主要议题，既要选择成功的，有推广、借鉴价值的材料，又要尽可能地兼顾不同的方面，从不同侧面进行选择，使其具有更大的代表性。

（5）会议总结：含会议决议以及贯彻会议精神的要求。

3. 会议范围和出席人员的确定

会议范围要控制，确定与会人员的数目要准确，文秘部门要掌握情况。

4. 董事会的会议议程与时间、地点的安排

一般董事会会议都在公司内部的会议室召开，或者在董事长办公室召开。开会时间，在冬季的上午、下午都可以，夏季一般安排在上午召开为宜。

5. 董事会会议的会场布置

一般以圆桌会议形式布置。

五、执行会议

即在公司的董事会（包括董事长、副董事长等）或各企事业单位领导层召开的负责公司规划运营的会议。

除此之外，只要是由高级领导参加的，目的是指导各项工作、决策的会议，都是执行会议，旨在监督、规划。

六、常务会议

常务会议是指各机关、企事业单位、社会团体的领导人员研究情况，做出决策，指导和处理日常工作的定期例会。

它包括各级党委、常委会议，各级政府行政首长办公会议，政府各部门领导人办公会议，各公司的董事会、经理碰头会，各企事业单位、部门领导人的行政办公会议等。

其特点是“三定”，即定人、定期、定时。定人是指会议是哪一级的常务会议，就由哪一级的常委会组成人员参加，必要时可临时加入与会议议题有关的列席者。这类会

议一般参加人员不多，议题可大可小。定期是指这类会议一般每周一次或半月一次，定期召开，每个与会者都知道。定时是指这类会议的开会时间一般定为半天（必要时也可延长）。

常务会议的议题一般是事关本单位、本部门全局的重大问题。秘书应投放较大精力，做好会务工作。主要有以下几方面工作。

（一）议题安排与通知

需要提请这类会议讨论决定的事项，一般应由秘书长或办公室主任汇总，与有关领导研究后做出安排。应尽量避免各分管领导在会议进行期间或行将结束前，提出“我还有一个问题需要研究一下”这样的临时性插入议题，以维护这类会议的严肃性。会议议题最好在会前就通知有关与会人员。除遇临时紧急的情况外，一般要提前两天通知，重大议题要提前一周通知与会人员。有关材料尽可能随通知发放。通知在会场、具体时间定下后立即发出。

（二）会议组织与记录

此类会议必须有半数以上成员应出席参加方能举行。会前应由办公室负责签到工作或记录出席人员名单。会议记录也十分重要，会后应及时撰写会议纪要。如遇临时紧急情况需开办公会议，或因大多数同志不能出席而临时变更时间，秘书部门应与每位应出席会议者妥善联系。

（三）会议文件的管理

这类常务会议的记录及提供会议讨论的有关文件都有一定的保密性，必须妥善保管，并应建立严格的管理及查阅批示制度。参加此类会议的秘书对会议内容应“守口如瓶”。

（四）会议议定事项的落实

会议议定的事项可由秘书或秘书部门的负责人主持分解到有关部门落实办理，一般是填写常务会议议定事项抄报单，由分管领导签字。秘书部门可指定专人负责催办、落实，并及时向分管领导反映情况。

（五）会议程序

（1）确立会议议题（领导提出、行政部门收集或部门提出、董事会提出要求）。

（2）安排会议议程（议题顺序、发言顺序、准备有关文件）。

（3）提前发出会议通知（时间、地点、出席人、议题、议程、编组）。

（4）会务准备（会场布置、座次安排、会议签到、会议证件、会场设备、音响、录像等）。

（5）做会议记录和摄像、录音，撰写会议纪要、决议，经上级阅改、签批印发至有关部门、人员并归档。

（六）相关知识

1. 常会

常会是指多数组织按会章上所定时间而召开的会议，例如月会或年会。一般常会不必再行通知，因为会章为会员所熟知。但如果会章上规定要通知，或通知已成为惯例，则不把开常会的时间、地点通知会员就是不合适的。属于组织范围内的，而且不必特别通知的事项，任何常会都可以处理。

2. 常设委员会

委员会的主要优点：能作用于一切管理权力范围，以找到能完成委派工作所需的特殊人才。许多公司得益于委员会制度的组织系统，但有人认为委员会在行动方面缓慢而优柔寡断。委员会的成功取决于其组织方式和会议原则的应用。委员会组织的要点如下：

（1）任务。委员会的形成通常是作为超越正常业务渠道的手段，或者是因为没有一个恰当的部门在正常的职责分工下对某一特殊职能负责。不论哪种情况，重要的是明确规定委员会的目的和职责。既不可重叠，也不可侵占其他单位或个人的职权。委员会的首要任务是补充。

（2）调查或是收集信息。

（3）提供评估。

（4）解决问题。

（5）提出意见或建议。

（6）做出决策。

（7）采取积极行动。

（8）任务期限。委员会的章程应当规定任务期限。

（9）领导能力。虽然会议主持人可能对委员会的任务成员没有直接的责任，但是他应当能博得成员的尊敬和信任。

（10）成员资格。委员会的大小取决于它的目的，以及其成员为实现这一目的的才能、权力或责任。

（11）贯彻到底。委员会制度是持之以恒地做事。定期检查委员会的成果、任务和成员资格。分发委员会会议记录，既便于向有兴趣的各方提供信息，又有利于确定委员会经营动向变化的程度。

七、顾问会议

（一）定义

顾问会议是由公司（组织、部门）的顾问联合起来召开的会议，是将各方面的专家、学者召集在一起，讨论有关企业、公司发展的方针政策，对公司进行全面监督、检查。它的宗旨是通过会议进行信息交流，包括对技术、经济、财务、环境和社会现象等问题的研究。其结果并不一定被采纳，但是可以作为一种建议被参考，在必要的时候予以实施，促进公司各项工作的圆满完成。

（二）准备工作

会议能否成功解决问题取决于完善的计划、正确处理问题的领导。解决问题小组能够获得显著成功，通常是因为主持人做了准备工作。

下面是准备工作应考虑的基本因素和应遵循的步骤：

（1）汇集事实。

（2）明确问题。

（3）建立和商定判断标准。

（4）研究预算和确定支出限度。

（5）收集更多的事实，把它们和问题联系起来。

（6）分析资料并合理归类。

（7）识别可供选择的解决方法。

（8）检验解决方法是否符合成功的标准，考虑可以介绍的拟议中新问题的解决方法。

（9）把顾问会议的最后结论变为建议。

假如顾问委员会已授权行动，这些准则还应包括：

（1）说服那些必须解决问题的人接受这个解决方法。

（2）必要时妥协。

（3）检验修订的解决办法是否符合成功的全部标准。

（4）在一个示范（检验）场合试验解决办法。

（5）使最后用户接受经过检验的解决办法并加以训练。

（6）安置和执行。

（7）完成新方法。

（8）评估效果。

（9）建立控制程序，以保证采纳的解决办法的永久性。

（三）主持顾问会议时主持人应规避的失误

由于顾问会议常涉及考虑专门问题的领域，并且常常超越部门界限和管理层次，因此会议的成功就要求主持人具有很强的应变能力。主持人必须有能力在关键时刻介入，以引导讨论避开如下的失误：

（1）假如小组改变了讨论原始目标，老练的主持人可以设法重申话题或目标，并通过投票决定继续讨论是否适宜。

（2）当讨论漫无边际时，主持人应设法注入引起争论的问题，或者要求那些沉默的人提出具体意见。另一个办法就是重申目标或问题，归纳那些可能已达成一致的意见，并澄清有争议的事项。

（3）动机和意见的差异往往变得明显和激烈。主持人必须找到自由讨论变成争论的症结所在，并设法转移讨论的注意中心。提出另外一个相关事项，重新分析问题或归纳部分一致的意见，都是有效的策略。

（4）当小组内想法或意见不一致时，最有效的领导策略是：防止分歧；提出其他方面新的事实；把迄今达成的一致意见写在黑板上；幽默、暂时休会或其他缓和情绪的方法可能也会有用。

（5）仓促做结论往往不能充分发挥顾问会议的功能。要提供机会去考虑不同的选择，探索隐含的意思，询问佐证的事实。做会议结论以前，要确定全体参加者都有机会表达自己的意见，然后把一致的意见归纳为结论。隐蔽的动机可能把聪明的人导入错误的结论。当与会者的看法将导致错误决定时，要采取办法挽回，如注入假设的问题，收集和提出更多的外部资料，或是邀请一位博学的局外人来咨询，以改变思路。

例 15－1 介绍了一个非常典型的顾问委员会，它可以使你对顾问会议的组织结构、工作范围以及职能有进一步的了解。

【例 15 - 1】

中国大坝委员会

××××年 12 月，中国申请加入国际大坝委员会，××××年 4 月，在雅典第 42 届执行会议上正式被批准为会员。中国大坝委员会是中国水利学会和中国水力发电工程学会成立的分支机构，是学术性的非营利性组织，是中国坝工技术领域的国际活动窗口，并代表中国参加国际大坝委员会的各项活动，宗旨在于通过组织中国专家在国际大坝委员会中进行学术交流与合作，促进国际坝工及土木工程技术等方面的发展。

中国大坝委员会的工作范围包括：

1. 积极参加国际大坝委员会的活动，并通过其下设的技术专业委员会、管理委员会及特别委员会等与各会员国进行交流与合作；

2. 组织中国坝工专家参加国际大坝委员会的执行会议、大会和其他活动；

3. 组织翻译国际大坝委员会有关会议的文件、文集及报告；

4. 根据国际大坝委员会的要求，组织和协调相关研究与试验；

5. 积极组织和协调在中国召开的、由国际大坝委员会举办的有关会议；

6. 开展中国大坝的登记与统计工作；

7. 向中国水利学会和中国水力发电工程学会报告当年的工作总结和下一年度的活动计划；

8. 承办国际大坝委员会委托的其他事项；

9. 承办中国水利学会和中国水力发电工程学会授权或委托的有关事项。

自参加国际大坝委员会以来，中国大坝委员会除两次执行会议（伊朗、南非）未参加外，参加了历年的年会与大会。现在中国已参加了国际大坝委员会 19 个专业委员会的工作（共有 22 个专业委员会）。我国于××××年在北京承办了第 55 届执行会议，有 51 个国家参加，来宾 439 人，并第一次举办了大坝与地震技术讨论会。

八、联合顾问会议

（一）定义

联合顾问会议即顾问委员会和董事会联合召开的会议，任务是对公司（组织、部门）的重大决策等重要事项进行讨论和做出决策。

（二）组织联合顾问会议的原则和技巧

（1）做好准备，会议主持人应对讨论主题的背景有全面、充分的了解。

（2）事先思考，以发现常见的可能出现的问题和反对者可能采用的论点。

（3）通过事先计划防止干扰。如有干扰的话，就要考虑更换开会地点；检查会务材料和视听设备，确保会议顺利进行。

（4）了解与会者中的每一个人，充分考虑与每个具有特殊个性的与会者的交流方式。

（5）让与会者感觉轻松，不做有威胁性的局外人。幽默和插话在这种场合应适当使用。

（6）明确会议的目的。假如宗旨是解决问题，则用简洁而精确的话陈述问题，以使与会者确切地了解会议内容。要正确处理争论，避免争论白热化。

（7）引导会议按规定的议程进行，讨论始终要围绕中心议题展开。

（8）要遏制某些人试图操纵会议的任何倾向。

（9）避免材料不足，如果缺少必要的资料，在紧急情况下，可以考虑暂时休会。

（10）不断核对回馈的信息，要问一下："这些有道理吗？"要确知与会者正以和你相同的目的行动。

（11）选用直观器材，边讲述边演示，用黑板记录小组成员的论点，这样可以避免离题，也可以帮助你归纳和做出结论。

（12）鼓励在友好协作的基础上进行生气勃勃的讨论。

（13）扮演公平的调解人角色来缓和激烈的争论，或引导其他与会者介入讨论，以使争论主角冷静下来，或者宣布极短暂的休息，要创造性地利用不同意见。

（14）在还有其他观点需要聆听时，要限制某一个观点的发表时间。

（15）随时提防与会者注意力分散，保持会场气氛活跃。假如与会者开始烦躁不安，要设法让他们参加讨论。

（16）要有节制地使用直接问句，这种问句会产生一种课堂的气氛，有可能阻碍与会者自由表达观点及看法。但直接问句可用于介绍一个特殊观点，中止离开正题的讨论，使漫不经心或腼腆的人介入讨论，缩短冗长独白。主持人意识到有某些意见与已经发表的观点相反的时候，应设法激发辩论。

（17）要有耐心，要记住交流意见是需要时间的，当想法新奇或是有许多言外之意有待探索时尤为如此。

（18）要预先考虑到与会者可能提出的意见。

（19）在任何会议闭幕以前，都要做出总结，归纳会议成果或着手行动。

九、法规会议

（一）定义

是指由公司法规部负责召开的关于公司内部规章制度的建立和执行情况的会议。在这类会议中，一般都要贯彻落实国家的有关政策、法规。

（二）法规会议的实效性

1. 会议实效

法规会议富于实效要符合以下三个要求：

（1）目标能被实现。

（2）目标能在最短时间内被实现。

（3）与会者对会议感到满意。

总之，真正富于实效的会议所应具备的条件是：在与会者均感到满意的情况下，以最短的时间实现会议目标。

2. 应当尽量避免实效性差的情况

（1）会议前，应避免：欠缺目标；目标不明确；欠缺议程；会议场地设备欠佳；与会者无准备而来；未明确会议终止时间或每一议案讨论时间分配不当；会议不能准时开始；会议太多，致使与会者一听说要开会，无不感觉厌烦；向来很少开会，致使每次会议议案堆积过多。

（2）会议中，应避免：从事交谊活动；外界干扰；与会者发言离题；让没有必要留在会场的人员留在会场；犹豫不决；资料不充足，却贸然决策；少数人垄断会议；与会者不能表明真正感受或意见；视听器材发生故障；与会者欠缺热情；会议超出预定时间；主席未能总结会议成果。

（3）会议后，应避免：欠缺会议记录；不能对决议事项进行追踪；不能对会议成败得失进行检讨；不能及时解散已完成任务的临时性委员会或工作小组；与会者对会议感到不满。

3. 提高法规会议成效的要领

（1）要严格遵守会议的开始时间。

（2）要在开头就议题的要旨做一番简洁的说明。

（3）要把会议事项的进行顺序与时间的分配预先告知与会者。

（4）在会议进行中要注意如下事项：发言内容是否偏离了议题？发言内容是否只是出于个人的利害关系？是否全体人员都专心聆听发言？是否发言者过于集中于某些人？是否有从头到尾都没有发过言的人？是否某个人的发言过于冗长？发言的内容是否朝着结论推进？

（5）应当设法在预定时间内做出结论。

（6）在必须延长会议时间时，应取得大家的同意，并决定延长的时间。

（7）应当把整理出来的结论交给全体人员表决确认。

（8）应当把决议付诸实行的程序理出，加以确认。

（三）召开法规会议的注意事项

（1）发言时不可长篇大论、滔滔不绝（原则上以 3 分钟为限）。

（2）不可从头到尾沉默到底。

（3）不可取用不正确的资料。

（4）不要总谈期待性的预测。

（5）不可进行人身攻击。

（6）不可打断他人的发言。

（7）不可不懂装懂、胡言乱语。

（8）不要谈到抽象论或观念论。

（9）不可对发言者吹毛求疵。

第二节　非正式会议

一、概述

非正式会议是相对于正式会议而言的，与正式会议相比，非正式会议在程序规则上没有正式会议复杂；一般在非正式会议召开之前不需要举行预备会议；有一些正式会议（如年度全体会议），是要依法召开的，而非正式会议则没有这个要求。非正式会议不像正式会议那样有严格的程序规则的限制，在会议的组织及召开上都有一些自己的特点。下面具体介绍五种非正式会议：部门会议、经理会议、情况介绍会议、进度会议和工作会议。

二、部门会议

（一）部门会议的基本特点

（1）部门会议是公司或企业各个部门内部召开的会议。

（2）通常是由部门主管召集，由部门的成员参加，有时邀请上级领导列席。

（3）会议的内容多是总结上一阶段本部门的工作，并围绕整个公司的规划与总体计划对下一阶段的工作进行安排。

（二）提高部门会议的效率

1. 会前

（1）确定会议的目的，并尽早告知参会人员。让参会人员尽早知道会议目的，以便其对会议所要讨论的内容有所准备，可以提高会议的有效性。选择合适的开会时间和地点。会议召集人不能随意确定一个开会的时间与地点，否则，“因故不能出席”的理由就会接踵而来。

（2）部门会议采取的会议方式通常是集思广益式会议。

2. 会中

（1）开场白。一个好的开场白，能画龙点睛，引发讨论，是成功会议的基石。开场白是一段系统、简洁、审慎、有明确宗旨的 3～5 分钟的讲话。其内容应包括开会目的、已知的重要资料及其议事方式。

好的开场白应符合如下条件：让与会者清楚地知道开会的目的及程序；预先提示主题，避免讨论和主题不相关的内容；取得与会者对会议进行方式的认可。

（2）会中最好有“扮黑脸”者。为了提高议事质量，主持人可以指定一人在会中“扮黑脸”。其主要任务是提出反对意见，以帮助发言者修正其观点。之所以在会中有人“扮黑脸”很重要，是因为许多下属不敢提出跟上司相反的意见，甚至认为多说多错，为此他们把所有的问题都合理化，不加选择地接受多数人的意见。尤有甚者，还会给其他提意见或建议的人戴上不肯合作的“帽子”，如此只会造成议事质量低的恶性循环。

“扮黑脸”是有秘诀的，可以在批评之前，让大家知道其角色定位。例如：“如大家所知，我的工作是适时提出问题。我相信任何观察力敏锐的与会者都会发现，×××的发言缺乏证据。我不是在反对大家的意见，可是我们又不能忽视……”“扮黑脸”者常用“我们”而非“我”来陈述意见。

（3）注意化解意见冲突。与会者本身若能自行化解意见冲突，则创造高效率的会议就不会是件难事。必要时，主持人应公开处理互相冲突的意见，但要极力避免和与会者的对立。

以下介绍几种避免和化解意见冲突的办法：

1）阐明开会期望。冲突的发生通常是有两个或两个以上的意见差异太大，提议人都会视对方为其主张的障碍。其实这种情况的发生常是双方对彼此意见一知半解所致；另外，这也与主持人不当的会议主持方式有关，也就是仅听取单方面意见，如此自然会造成不同意见者的反感。为避免此种情况，有几点建议：请发言者再简短清楚地陈述一遍意见；找出不同意见的相通点；将会议期望再明确说一遍，看何种意见更符合此期望；指出最不符合此期望的意见为哪一条。

2）要求发言者提供更有力的佐证。这是化解冲突的另一个办法。主持人可以将意见抵触的部分整理出来，并要求发言者提供更有力的佐证。例如，向持反对意见的与会者要求："你可以提出足够的证据说明这个意见不合适吗?"这样的问题不仅有助于缓解紧张的气氛，也能帮助与会者提出更具体的意见。

3）就事论事，不要就人论事。避免将冲突发生的原因归咎到人的因素，而是要找出使意见僵持不下的环境因素。主持人对不同的意见以及可能对立的双方都要适时安抚及协调。

4）寻求其他解决方法。尽可能找出其他解决方案，是化解冲突的一个办法。在此，提供一个可能的方法，即把意见抵触的部分分解成几个小冲突，再分别找出其解决办法或折中方法。

5）转移话题或暂时休息。会议因冲突而不得不停下来时，可以适时转换话题。例如：主持人再解释一次会议的期望和已经达成的共识，或暂时休息让大家再好好想一想，也可以请第三者来调停冲突，但千万不要独断专行地做决定。

6）会前预先排除冲突。当主持人知道会中可能发生意见相左且意见双方不可能让步时，有必要在会前与这些人进行一一沟通。假如还是无法化解不同意见，主持人有必要表达对两者皆不满意的态度，请大家再好好思考一下。但同时也要避免让与会者觉得不满意的态度是冲着某一个人而来的。

三、经理会议

（一）经理会议的基本特点

（1）经理会议就是具有经理身份的人研究和决定企业经营管理事宜的会议。

（2）落实董事会已确定的企业目标和方针，并通过具体的管理经营活动体现出来。

（3）经理会议受董事会议的控制，在不违背董事会所确定的目标和原则的前提下，有权决定和处理企业管理经营活动中所遇到的一切问题。

（4）一般由负责全面工作的经理以例会的形式召开，也可由任何一名经理或部门领导提议召开，研究决定公司的重要决策、工作部署、上报文件等重要工作。

（二）开经理会议需要注意的问题

与部门会议不同，经理会议的参加者是各个部门的经理，会议的内容往往是讨论、研究企业在经营管理方面的事务，是比部门会议高一个层次的会议，因此，提高经理会议的效率就更为重要。实际上，在前面"提高部门会议的效率"中提到的一些问题，如会议时间的选择、会议冲突的化解等同样适用于提高经理会议的效率。当然，会议的参加者不同，会议的内容不同，提高会议效率的方法也就不同。下面具体介绍召开经理会议应注意哪些问题。

1. 会前

（1）会议的座次。

圆桌会议是解决问题并能让所有人享有均等与会权利的最佳方式。所以，如果有可能，可以考虑采用圆桌会议方式。

如果参加会议的人较多（9～20人），可以使用U字形桌（见图15-1），这样最方便和与会者沟通。

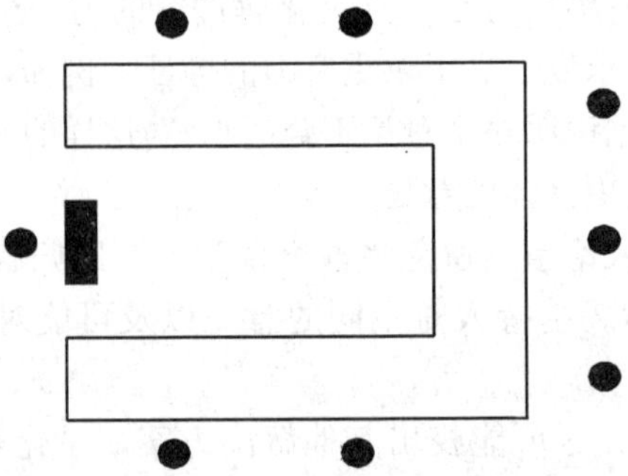

图 15-1　U字形桌

对于不得不使用长方形桌开会的人而言，主持人最好坐在较长一边的中间位置。这样使得主持人能接触到较多的人，也可使讨论重心集中。要巧妙地控制“好发言者”的说话时间，可让他们坐在主持人两侧。让他们有较少的机会直视主持人，可以减少其发言时间，增加其他人的发言机会。主持人也有机会多注意其他发言者。长方形桌的座次安排见图 15-2。

图 15-2　长方形桌

（2）开场白的准备。

经理会议通常要就某些问题进行讨论，开场白应点明主题。主持人可以根据下面的小知识来检查自己所设计的开场白：

1）清楚地将问题、讨论的目的与步骤向与会者陈述。

2）为与会者提供下列资料：问题产生的背景因素；目前的情况；一般所认为的起因；问题若无法解决则可能产生的后遗症。

3）寻求应对之策的难处：问题所触及的范围；已知的难处；应对之策所应符合的标准（金钱、时间、资源、政策等）。

4）指定会议记录人。

5）征求对议程安排的相关意见，使与会者对会议进程无异议。

（3）进行议程设计。

好的议程设计有助于讨论上轨道，也就是能在预定的时间内讨论相关议案细节。同时，好的议程设计可以避免讨论离题，系统地帮助与会者一步步达到目标。

设计安排会议议程，首先要明确此次会议有多少个议题。如果是多个议题，要明确议题之间的相互关系，每个议题准备通过哪几个议程来实现；各议题在议程安排上是否有交叉重叠；各议程之间的转换和衔接等。总之，主持者在开会之前，应做好会议的议程设计，并在开会之初向与会者阐明，征求与会者意见，使与会者对会议议程无异议。

2. 会中

除了在部门会议中提到的“扮黑脸”者的重要性及意见冲突的化解外，在经理会议中还应注意以下几点：

（1）发言时间的分配。

研究表明，造成小型会议沟通不良的关键，在于时间分配不当。相反，效率较高的会议在时间分配上也较为均衡。由于经理会议是由各个部门的经理参加，人数相对来说不是很多，所以下面给出一个理想的 6 人会议的发言时间分配比例，以供参考。

主持人——25%；

会议记录员——15%；

成员甲——15%；

成员乙——15%；

成员丙——15%；

成员丁——15%。

（2）会议进度的掌握。

1）控制发言时间。有太多的“饶舌者”可能会使讨论超过预定时间。这些人话虽多，内容却可能无关紧要或无重点。主持人应观察哪些人有这种毛病，在请其发言时，要求尽可能简短扼要。发言者如重复已经说过的话，主持人应适当提醒或制止，因为时间控制不当，会降低会议效率。

2）在会中尽量减少与议题无关的争辩与讨论。

3）可以采取有声互动法和无声互动法控制会议进程。

有声互动法：某些暗示性的话语或声调，可以鼓励发言者继续发言或暗示其该闭嘴了。通常面带微笑地说：“嗯”“对！我了解”“不错！继续讲”都是对发言者的正面回应。相反，如果面无表情地摇头，或是说：“哦！是这样吗？”就暗示发言者应该停下来，思考一下其论点。以上这些暗示性的话可以帮助主持人巧妙地控制与会者的发言时间及内容。

无声互动法：这也是掌握会议进程的一种方法，主要包括点头、转移视线、微笑、以目光暗示“继续讲”或“该闭嘴了”。其他肢体动作有：以手敲桌，暗示“说得好”或“然后呢”，而改变坐姿或跷腿则可用以暗示“快失去耐心了”以及感到挫折。适度地运用无声互动法，对会议控制有显著的功效。

3. 结束会议

许多会议常常超过原定的结束时间，而在与会者不得不离席的情况下，才草草结束，这实际上降低了会议的效率。因此，我们应注意以下几点：

（1）预留出足够的时间做结语。一般来说，1 小时的会议结语时间为 5～7 分钟，用以归纳总结已达成的共识及哪些议题可以留待下次讨论。之所以结语时间很重要，是因为它可避免与会者忘记已讨论的事项，以免会议前功尽弃。

（2）准时结束会议。如果每次主持人都能准时结束会议，久而久之，与会者自然能在预定时间内完成讨论的议案。

四、情况介绍会议

（一）情况介绍会议的基本特点

（1）会议的规模多是中小型会议。

（2）会议形式多采取座谈会的形式。

（3）一般由一个或几个（属于一个部门或系统）主要发言者进行情况介绍，他们是信息的发出者，会前要对发言的内容做充分的准备。其他与会者则主要是信息的接收者，一般是针对主要发言者的介绍来提问或发言，会前不必准备好固定的发言稿。

（4）情况介绍会议一般不形成决议或结论。

（二）情况介绍会议的分类

（1）为了扩大受众范围，做宣传。它在活动或项目还没有全部进行完时召开，目的是在会后使其活动或项目可以引起社会更多的支持或关注。

（2）向上级进行汇报，为上级领导安排部署下一步工作提供依据。

（三）情况介绍会议的注意事项

不管是上述哪种情况介绍会议，都会有记者的参加，有媒体的参与。因此，在进行会议准备时应注意以下几点：

1. 发言稿的准备

由于会议的目的是扩大受众范围，使之对情况有所了解，所以发言要从历史背景、意义、原有情况、现有情况、发展水平、特点、性能、功用等多方面详细介绍。另外，考虑到受众之间的文化水平和专业知识水平会有差异，发言稿应尽量少用专业术语或使用专业术语后用较易于理解的语言进行解释。

2. 对记者的提问事先要有所准备

一般记者的提问多与所介绍的情况有关，所以要对所介绍的内容了如指掌。另外，还要有心理上的准备，不要面对记者时不知所措。

3. 会议材料的准备

会前最好把准备好的情况介绍做成书面材料并打印出来，在开会时发给与会者。

4. 会场布置

鉴于情况介绍会议一般由一方做主要发言，同时多有媒体记者参加等特点，在会场布置上应不同于上述的几种会议。一般应把主要介绍者置于突出位置，使每一位参会者或大部分参会者都能直接看到主要介绍者。会场最好布置成台上台下的形式，使主要介绍者与其他与会者对面而坐。

五、进度会议

（一）进度会议的基本特点

（1）进度会议就是报告工作进展情况的会议。

（2）进度会议属于例会，定期召开。可以定为每周、每月或每季度召开一次，根据工作任务、性质的不同而有所不同。

（3）会议的内容主要是报告工作进度，并根据进度对原工作计划进行调整。

（4）进度会议的目的是使与会者对工作的进度有所了解，以免工作失控。

（5）进度会议一般是由某项具体工作的负责人及相关人员参加。会议的情况将上报给上级主管部门。

（6）有时进度会议可随同部门会议、经理会议或其他会议一起召开。

（二）召开进度会议应注意的问题

进度会议与其他会议最大的不同在于，它是就某一项目、工程或活动的进程而召开的一系列会议。所以，召开进度会议应注意：

（1）根据工作的任务、性质等确定会议召开的周期。需要长期进行的、时间跨度比较大的工作，进度会议召开的周期就可以长一些。这种会议可以每个月召开一次，每两个月召开一次或每个季度召开一次。时间跨度比较小或需要及时掌握进展情况的工作，召开进度会议的周期就要短一些。

（2）关于会议的名称。由于进度会议是一系列会议，所以会议的名称可以标明会议的次数。例如："烤烟商业分级体系可行性研究项目进度第一次会议"。

六、工作会议

（一）工作会议的基本特点

（1）工作会议是指各级党政机关、社会团体、企事业单位为讨论研究一个时期或一个方面的工作而召开的会议。

（2）工作会议的与会者一般是主管或主办该方面工作的负责人。

（3）会议主要讨论研究一个部门、一个地区在某一方面或某一领域的工作，面临的形势、任务和困难，以及采取什么样的工作方针和策略推动工作前进等问题。

（4）工作会议一般规模不大，议题比较单一，会期不长，但研究问题比较深入，能起到促进工作的作用。

（5）工作会议除了采取普通会议的形式以外，还可以采取广播电视会议和电话会议等多种形式。

（二）召开工作会议应注意的问题

1. 会前

（1）会议资料的准备。召开工作会议前，应由主办单位或部门事先准备好各种会议必备的资料，如工作报告、领导讲话、上级文件、各种报表、参考资料、工作方案等。会议资料一般应在会前打印好，按照与会人员名单装入文件袋。资料的印刷份数要比预计分发的份数多些。

（2）会议通知。有的企业比较大，下属有很多分部。这种企业的工作会议相对来说规模更大，会期更长，参加会议的人数也就更多一些。如果是这种情况，会议的通知就要更为详细一些，应写清会议的时间、地点、与会人员、会议的基本内容、会议日程安排及其他注意事项。

2. 会中

要提高工作会议的效率，应考虑如何更快、更好地达成无异议的决议。会议总是要形成决议的，而达成无异议的决议是最好的开会结果。下面就推荐一种“无异议议事法”。

“无异议议事法”的步骤如下：

（1）让与会者逐一讨论所有议案的优点；

（2）让与会者选出最令人满意的5个议案和最不喜欢的5个议案；

（3）仔细讨论所选出的令人满意的5个议案，并认真评价其价值；

（4）根据与会者的选择结果，将议案依优劣顺序排列出来，最后达成无异议决议。

第三节 其他类型会议

一、辩论会

（一）关于辩论

辩：辩解、辩驳；论：议论、证明。

辩论即双方站在对立的立场上，针对同一个问题，从多个方面、多个角度进行一番针锋相对的语言论争的过程。

（二）辩论的特点

基本特点：对抗性。

显著特点：有攻有守。攻：破对方的观点；守：立自己的观点。

必然特点：机敏性。

（三）辩论的分类

可分为决策辩论、学术辩论、法庭辩论、赛事辩论、外交辩论。

（四）如何操作

（1）仔细分析关键词。

（2）搜集材料。既要收集自己的材料，还要收集对方材料，知己知彼。

（3）破题、立论。逻辑框架：理论上—事实上—总结。四个辩手关系：起、承、转、合。一辩：破题，建立逻辑底线，开辟战场，尽可能囊括、深挖；二辩：理论上的说理，娓娓道来，温柔有理；三辩：列举大量的事实，思辨性很强，现场组织语言能力强；四辩：总结升华，进行价值弘扬，沉稳，有大将风度。

（4）撰写辩词，内容包括：

1）称呼：主席、评委、对方辩友、各位来宾等；

2）亮明观点；

3）陈述理由；

4）重申立场；

5）答谢。

（5）语言表达要求：准确、口语化；流畅、有气质；简明、善变；语速、语调合适。

（6）训练方法：大声诵读议论文、辩词；进行成语接龙练习，丰富语言内容；限时问答法；即兴演说法；模仿法；提纲挈领法；训练反应；整体配合。

（7）时间控制的技巧：

陈述辩词的时间控制：充分利用提示铃。

自由辩论的时间控制：说话时间尽量短，不要解释，每次陈述完要提出一个让对方解释的问题。

（8）注意风度。应包括如下表现：彬彬有礼，有名将之风，切忌出口伤人或进行人身攻击。不要有不雅的手势，不要过分地表现“度”，不要目中无人，不要怒目而视。

（9）辩论比赛的基本程序：

1）小引子：开赛的目的；

2）宣布辩题；

3）介绍参赛双方队员、评委和来宾；

4）宣布比赛开始；

5）正式的比赛程序；

6）请评委退席，进行评议，现场观众向队员提问；

7）请一位评委点评，宣布结果；

8）颁奖；

9）结束词。

二、讨论会

（一）定义

讨论会是机关、单位、社会团体及其他一切组织乃至家庭、亲友，为认识事物、改造客观世界及决定问题所采取的一种会议形式。

（二）与会人员

一般以20人左右为宜。人太多不行，不便于发言；人太少了，发言内容偏少，集中不起正确意见，不能形成正确决策。通知的到会人选，要“全方位”“多角度”，不能只是“一种人”。一定要提前通知，并告之要讨论的问题，要使参加讨论会的人“有备而来”。

（三）会议内容

一般是一事一议，一个讨论会只解决一个问题，这样才能使得讨论充分，认识深刻，目的明确，问题解决彻底。如果指挥得力，时间充裕，也可讨论两个以上的问题，要根据实际情况而定。

（四）发言

发言应是有准备的，因为有准备，发言质量才能是高的。口头、书面、提纲发言均可。要提前通知按顺序发言，这能照顾到发言内容的代表性、全面性。因为提前做了准备，所以也节省了时间。再有就是自由发言，大家知无不言，言无不尽，发言内容也会十分广泛，各抒己见，也一定会达到讨论会预期的目的。

三、研讨会、学术会议、演示会、展示会

（一）研讨会

研讨会是特定的机构、机关或其他组织针对特定问题，用科学的方法相互沟通交流，共同探求事物本质规律的一种会议形式。

（1）会议概要：会议举办的时间、地点、主办单位、此次研讨会的大概内容。

（2）会议背景：简述会议的国际国内政治、经济、文化背景，摘取其中主要与此次会议相关的背景进行描述，力求全面、深刻。

（3）会议目的：描述此次会议召开的目标，要达到什么效果。

（4）主要议题：议题最好分成几个，便于一目了然。

（5）大会日程：详细列出举办时间（年、月、日、具体时刻）、地点。

（二）学术会议

学术会议是各大专院校、科研院所等学术机关就人文、社会、自然等各类专业学科问题共同切磋、探讨、交流经验成果的一种会议形式。较其他会种来说，学术会议更具专业性与研究性。

（1）讨论会或者辩论会所讨论或辩论的议题范围非常广泛，涉及了人类社会生活中的方方面面。而学术会议则不同，它仅就学术上某一专门的问题（还必须是存在争议的问题），并且只由工作涉及这一领域的专门的人员参与讨论（因为旁人没有相关专业知识），所以议题的面非常窄（相对于以上二者而言）。

（2）学术会议的目的与召开讨论会和辩论会的目的差不多，也是要找出解决问题的办法，但它的愿望似乎更为强烈、更为迫切。

（3）从形式上来看，参加学术会议的人员需要准备并提交论文，然后大家再根据这些材料进行交流，发表意见，互相交换想法。相比较前二者而言，学术会议不像辩论会那样唇枪舌剑，又比讨论会更具专业性。也正因此，参加学术会需要多准备些东西，比如学术论文等。

【例 15－2】

21 世纪环境与发展对健康影响学术讨论会

时间：20××年 10 月 15 日—19 日

地点：福建省福州市

主办单位：中国地理学会医学地理专业委员会；国际地理联合环境与健康委员会；福建师范大学地理科学学院

学科分类：劳动与环境卫生学；职业病与地方病

联系地址：北京市安定门外大屯路×××大楼　中国科学院地理科学与资源研究所

联系人：（略）

联系电话：（略）

中国地理学会医学地理专业委员会、国际地理联合环境与健康委员会及福建师范大学地理科学学院将于 20××年 10 月 15 日—19 日在福州市联合召开“21 世纪环境与发展对健康影响学术讨论会”。

会议议题有：

1. 环境化学、物理、物理因素与地方性疾病
2. 环境污染与健康
3. 环境变化与经济社会发展对健康影响的变化趋势
4. 环境健康指标与风险评价、长寿与老龄化
5. 环境健康分析、监测、评估的新方法

6. 环境健康保护新技术、新产品及发展对策

会议期间将组织野外考察。

会议主席：（略）

请欲参加会议者于6月1日前报名，7月1日前交论文和摘要。

联系人及联系方式：（略）

【例 15 - 3】

时间	单位	姓名	会议地点	提交论文名称
2××7年	古籍研究所	吕绍纲	新加坡	《周易》——辩证法的源头
2××8年	古籍研究所	吕绍纲	韩国	退溪易学初论
	东北亚研究院	赵桂芳	日本	中国的农业开发与环境
2××9年	考古学系	滕铭予	中国西安	店子墓地形成和发展及相关问题研究
	考古学系	陈全家	中国广东	东北地区旧器研究
	古籍研究所	李无未	韩国	释“平中清浊，仄中抑扬”
	商学院	陈守东	中国湖北	B-S公式参数波动率的Bayes估计
	东北亚研究院	陈景彦	美国	试论战后日本政府的历史观
	东北亚研究院	张宝仁	美国	中韩经济合作及在东北亚区域经济交流中的作用

（三）演示会

演示会是各机关团体、企事业单位为了一定的目的，利用现场实验或实物、图表形式展示特定事物，让受众认知、理解的一种会议组织形式。

【例 15 - 4】

大型个人投资理财演示会

5月26日，招商银行深圳管理部在深圳会堂举行大型个人投资理财演示会。

下午1：00，活动正式开始。活动现场装点一新，大红色拱形门上迎候客户的彩旗、巨型垂幅、巨型彩色气柱相得益彰。展厅内“都市银行”“商务银行”“社区银行”“网上银行”“我的银行”五个展示区，颇为引人注目。在可容纳上千人的深圳会堂放映厅内座无虚席，特邀著名股评人士为现场观众解析大盘走势，重点讲解6月份B股行情等热点问题。现场观众聚精会神地聆听，不少观众还认真记录。股评结束后，招商银行个人理财专家为观众介绍招商银行强大的个人投资理财服务功能，着重讲解“一卡通”炒股、网上个人银行（专业版）等功能。制作精美的PPT现场演示和图文并茂的生动讲解，引起了观众的极大兴趣。现场办理“一卡通”的孙先生深有感触地说，招商银行的“新世纪、新形象、新服务”，果然给人全新的感觉。

（四）展示会

展示会是用固定或巡回的方式公开展出工农业产品、手工业制品、艺术作品、图书以及各种重要实物、标本、模型等，供参观、欣赏的一种临时性会议组织形式。

【例 15-5】

第一届中国国际展览和会议展示会报告

20××年国际展览和会议展示会的展出面积共 6 000 平方米，有 137 家分别来自英国、美国、法国、意大利、德国、新加坡、瑞士、中国展览界的主办单位、搭建公司、展示材料生产商、展览运输公司和其他相关服务企业参加了展览会，外方比例近 1/3。参展商中展览公司和行业协会占 37%，展台搭建和展示材料生产公司占 19%，展览馆和会议中心占 18%，运输企业占 13%，其他服务企业占 13%。

展览会从观众数据统计分析来看，三天共吸引了 3 675 名专业人士前来参观展览会，其中有关展览会议组织、展台搭建材料公司、广告公司、市场推广人员和信息媒介人员所占比例较大；从观众的信息来源来看，来自主办单位邮寄、报纸杂志和同行介绍这三个方面的比例最大；从观众的地区分布来看，绝大多数来自上海及周边江苏、浙江地区，占全部观众统计数据的 85%。

这次展览会在同行业内的影响已经达到了预期的目的。南方有来自香港、广州和深圳的展览公司，北方有来自黑龙江、西北有来自新疆的展览中心。正如深圳西林展览公司的徐津丰总经理说："这是一次国内展览界的 500 强盛会。"这说明了本届展会在业内已经产生了较大的影响，为在北京举办第二届此类展览展示会奠定了基础。

四、协调会议

（一）定义

协调会议是不同地域、不同级别、不同隶属关系、不同行业的单位、团体、个人为了完成一项任务，达到一个共同目标和实现一个共同计划等所召开的会议。

改革开放后，中国各项事业蓬勃发展，协调会议深入政治、经济生活的各领域，对发展经济、促进精神文明建设、提高工作效率会起到非常重要的作用。

（二）种类

1. 在发展经济方面

例如："环京经济协作协调会"：北京与周边的天津、唐山、承德、石家庄等市县，经济协作区已经运行了多年，各市县领导定期开会，协调研讨，制定发展战略，互相支援，互相协作，互相补充，协作的内容逐年广泛，形式也越来越灵活多样，经济效益也越来越高，其中定期或不定期的协调会起到了发展经济的桥梁作用。

2. 在加强和发展国防事业方面

例如："××战区拥军支前军地协调会"：为了加强国防力量，发展国防事业，搞好城市建设与国防建设相结合，××战区与多省市密切协调，成立拥军支前军地协调小组，建立联席会议、通报情况、督导评估等制度，形成顺畅的工作运行机制，拥军支前成效显著，对××地区的国防建设事业的发展起到了很好的推动作用。

3. 在维护社会稳定，加强治安联防方面

例如："治安联防协调会"：为了确保首都安全，加强防范，完成阶段性打击犯罪任务，或遇有集中的追捕逃犯等中心任务时，北京市公安局系统都与周边的涞水、易县、天津、兴隆等县市密切接触、协调，共同防范，协同动作，多年来已取得了明显效果。通过协调配合，每年都有不少犯罪分子落网；每年都能获取大量重要破案线索，消除大量安全隐患。北京及周边各公安系统领导，通过“例会”“通气会”“紧急会”“打招呼会”“交流会”等协调会形式，配合非常默契，取得了较成功的治安联防经验。

（三）目的

相对于讨论会、辩论会和学术会，协调会议的目的主要不在于找出一个合理的、有效的解决办法，或者统一某个想法，它更侧重于平衡各方的利益，协调各方的步伐，从而使团体合作的项目能够顺利地开展和有效地进行下去，使整体利益、各方利益都能够得到最大满足。因此，开好协调会议，首先要找出各方矛盾的焦点，有的放矢地解决问题；其次是确定所有的参与成员；最后才是确定时间、地点等其他内容。这与其他三种会议均有所不同。另外，协调会议比其他三种会都更需要交流感情。

（四）召开方法

开好协调会议不是一件容易的事情，因与会者没有隶属关系，有的还是从不同地域临时召集而来，又要解决很多关键问题，所以有大量准备工作要做。其准备工作是否充分完善，往往对会议的成败起非常重要的作用，有时甚至是决定作用。在准备工作中一定要周到细心，照顾到各方各面、各个环节。要认真细致，做好催办、复查等工作，务求环环相扣，不遗不漏。

这类会议的召集人一般是由各单位的上级担任，这样有利于统筹规划，迅速协调。“北京经济协作会议”就是由国务院办公厅出面召集，有时也由北京市、天津市两直辖市出面协调。也有各单位领导直接出面召集的。如某些研究院与某城市的经济技术合作，召集人就由双方领导直接承担。

召集人有的是小组，有的是相关单位的一两名领导，也有的是有影响力、有实力的“老大哥”单位。召集人要指派专门人员，并通过专门机构进行大量准备工作。

【例 15－6】

北方大钢厂召开本月价格协调会议

7 月 1 日，首钢和唐钢组织北方的承钢、邯钢、宣钢、天钢，并邀请了东北的鞍钢和通钢、中原的安钢、华东的济钢及青钢及一些大的流通企业，在北京召开了 7 月份形势分析和价格协调会。

会上，北方钢厂首先检查了它们在 6 月 27 日包钢协调会的执行情况。会议认为，各钢厂普遍落实了上次协调精神，对维持北方市场的稳定承担了应有的责任，同时，钢厂在稳定的市场中取得了应有的利益，这种局面是团结协作的结果，要珍视之。各厂家在互相通报了各自价格水平后，会议认为，根据目前北方地区的需求情况和钢厂维护市场的能力，虽然市场存在着严重的消极心理因素，但考虑到国家的政策导向、经济增长看好等因素，因此 7 月份甚至 8 月份的困难是能够通过资源供给合理调整、经营上的合理安排得以克服的。过了 8 月份，市场会进一步看好。会议认为目前华北地区高线2 400元/吨、大螺纹钢2 500元/吨的市场价格是合理的也是合适的，下降的空间不可能大，各厂要对此充满信心。

五、工会会员代表大会

（一）目的

工会会员代表大会的目的在于通过它的纽带作用，让职工能够充分发挥他们的积极性，统一认识，提高思想觉悟，提出批评建议，参与并建设好社会生活中的各项事务。

（二）职能

其主要职能包括：维护职工群众的合法利益和民主权利；吸引职工参加改革，努力完成经济和社会发展任务；参与国家和社会事务的管理，参加企业、事业单位的民主管理；通过工会这个特殊学校提高职工队伍的素质。

（三）议题

确定其议题，范围一定要定得切合实际，要依据当前社会中发生的热点问题或国家领导的重要讲话，结合本单位生产或教学的实际情况，不能空泛，针对性要强。参与人员当然是所有的职工或教职工。

六、职工代表大会

（一）定义

职工代表大会是企业实行民主管理的基本形式，是职工行使民主管理权力的机构。它既非企业的咨询机构和参谋机构，也非企业的权力机构。

（二）组织机构

职工代表大会的组织机构应包括开会期间选出的主席团、工会委员会、专门小组（或专门委员会）。

（1）主席团由工人、技术人员、管理人员和企业领导干部组成。其中工人、技术人员、管理人员应超过半数。

（2）工会委员会是职工代表大会的工作机构（不是常设机构），负责职工代表大会的日常工作。例如：组织职工选举职工代表；提出职工代表大会议题的建议，主持职工代表大会的筹备工作和会议的组织工作；向职工进行民主管理的宣传教育，提高职工素质；维护职工合法权益等。

（3）专门小组由职工代表大会根据需要设立，它可以是临时性的，也可以是经常性的。其成员可以是职工代表，也可以是非职工代表，只要经职工代表大会通过即可。专门小组的主要任务是完成职工代表大会交办的有关事项。

（三）召开时间

职工代表大会至少每半年召开一次。每次会议必须有 2/3 以上的职工代表出席。遇有重大事项，经企业领导、工会委员会或 1/3 以上职工代表提议，可以召开临时会议。职工代表大会进行选举或者制定协议，必须经全体职工代表过半数通过。职工代表大会在其职权范围内决定的事项，非经其同意不得修改。职工代表大会闭会期间，需要临时解决的重要问题由工会委员会召集职工代表团（组）长和专门小组负责人联席会议，协商处理，并向下一次职工代表大会报告予以确认。

（四）职权

职工代表大会行使下列职权：

（1）听取和审议企业领导关于企业的经营方针、长远规划、年度计划、基本建设方案、重大技术改造方案、职工培训计划、留用资金分配和使用方案、承包和租赁经营责任制方案的报告，提出意见和建议。

（2）审查同意或者否决企业的工资调整方案、奖金分配方案、劳动保护措施、奖惩办法以及其他重要的规章制度。审议决定职工福利基金使用方案、职工住宅分配方案和其他有关职工生活福利的重大事项。

（3）评议、监督企业各级行政领导干部，提出奖惩和任免的建议。

（4）根据政府主管部门的决定选举企业领导，报政府主管部门批准。

（5）职工代表大会应当支持企业领导依法行使职权，教育职工履行规定义务。

【例 15－7】

××大学生命科学学院第二届教职工代表大会议程

3 月 6 日上午　开幕式

1. 院党总支书记×××同志致开幕词
2. 院长×××教授做学院工作报告
3. 领导、来宾讲话
4. 参观院 211 工程实验室和实验教学部
5. 征求校、部处、兄弟院系领导对我院改革发展的意见。

3 月 6 日下午　分组讨论

3 月 7 日全天　分组讨论

3 月 8 日上午 9:00　各组组长向学院反馈讨论意见

3 月 9 日上午 10:00　闭幕式

生命科学学院

××××年 3 月 6 日

七、表彰会

（一）定义

表彰会是企业或某组织团体对其内部人员在某方面的突出成绩进行表彰的会议。

（二）内容

（1）宣布会议开始；

（2）对某项成绩进行回顾和总结；

（3）表彰有突出成绩的人员；

（4）请获奖人员代表讲话；

（5）宣布会议结束。

【例 15－8】

中华环保世纪行（上海）宣传活动总结表彰会

议　　程

会议主持：×××（市人大城建环保委主任委员、市中华环保世纪行组委会副主任）

一、宣布会议开始

二、回顾总结开展中华环保世纪行（上海）宣传活动情况

——×××（市人大城建环保委副主任委员、市中华环保世纪行组委会副主任）

三、通报中华环保世纪行（上海）宣传活动好新闻和优秀组织奖评奖情况

——×××（市环保局党委副书记、市中华环保世纪行组委会委员、办公室主任）

四、宣布中华环保世纪行（上海）宣传活动好新闻和优秀组织奖名单

——×××（市环保局局长、市中华环保世纪行组委会副主任）

五、向获中华环保世纪行（上海）宣传活动好新闻一、二等奖者及优秀组织奖单位颁奖

——主席台成员

六、获中华环保世纪行（上海）宣传活动好新闻一、二等奖者及优秀组织奖代表发言

1.《解放日报》记者　×××

2.《新民晚报》总编助理　×××

3. 市园林局副局长　×××

七、领导讲话

1. ×××（市人民政府副市长、市中华环保世纪行组委会主任）

2. ×××（市人大常委会副主任、市中华环保世纪行组委会主任）

八、宣布会议结束

八、展览会

展览是最古老的交易方式之一，其最早的雏形实际上是区域性的集市。在制造业迅速发展，国际贸易迅速扩大和现代科技、交通、通信条件日益完善的情况下，展览日趋国际化、大型化和综合化，成为当前国际贸易的一种重要的方式，特别是作为一种推销方式而被人们广泛接受。

展览的基本特点是，把出口商品的展览和推销有机地结合起来，边展边销，以销为主。

这种展销结合的方式具有下列明显的优点：有利于宣传出口国家的科技成就和介绍出口商品，以扩大影响，促成交易；有利于建立和发展客户关系，广交朋友，以扩大销售地区的范围，实现市场多元化；有利于收集市场信息，开展市场调查研究，以便更有效地掌握市场动态；有利于听取国外客户的意见，并通过货比货发现问题，找出差距，不断提高出口商品质量，增强出口竞争能力。

（一）展览会的类型

1. 国际博览会

国际博览会又叫国际集市，指在一定地点定期举办，一国或多国联合举办，邀请各国商人参加的贸易形式。参加者不仅和主办国商洽贸易，亦可以同其他贸易界人士进行交易。国际博览会是最古老的贸易方式之一，是由区域性的集市发展演变而来，目前它已成为扩展国际经济贸易的重要途径。参加博览会的各国商人除进行现场交易外，还可以通过展览、广告、宣传同世界各国建立更广泛的商业关系。

国际博览会可以分成两种形式：其一，综合性国际博览会，又称水平性博览会，也就是各种商品都可以参选并洽谈交易的形式；博览会规模较大，产品齐全，且会期较长。其

二，专业性国际博览会，又称垂直博览会，其规模较小。

2. 中国出口商品交易会

例如：广州交易会，即中国出口商品交易会，是我国各进出口公司联合举办的、邀请国外客户参加的一种国际展览与交易相结合的商品展销会，其会址在广州，故称之为广交会。每年春秋季各举办一次，分别称为春交会和秋交会。几十年来，我国利用广交会定期邀请国外客户来我国谈判成交，根据平等互利、互通有无的对外贸易原则，以出口为主，进出结合，形式多样，为扩大我国对外贸易、加强同世界的联系起到了重要的作用。

近年来，我国的对外贸易公司还经常利用广交会的闭会期间，在某种商品的产地和出口口岸或其他适当的地方，举办一些规模较小的交易会，如地毯交易会、工艺品交易会、服装交易会等。

（二）展览会举办方法

1. 在国外举办展览会

(1) 在国外举办展览时，其广告费、展品的运费、保险费、展出场地费以及其他的杂项费用均由我方自行负担。

(2) 支持外商举办或与外商联合举办展览会：其中前一种方式是将货物通过签约的方式卖断给外商，由外商在国外举办或参加展览会；后一种是我国同外商合作，我方提供展品。在展产品的所有权仍归属我方，展品的运输、保险和其他杂性费用由我方负担，展台的租赁、设计、施工以及展出的费用由外方负担，展览的展品卖出后，提供合作的外商可以从出售的货款中得到一定的手续费。

2. 承办展览业务应注意的事项

(1) 选择适当的展览商品：选择较适用且规格复杂，用户对其造型、设计、花色、图案要求严格的商品，如机器设备、电子制品、手工艺品等。

(2) 选择合适的展出地点：应考虑一些交易比较集中，市场潜力比较大且有发展前途的地方。

(3) 选择适当的展卖时机：展出的时间应与该商品的销售季节相一致。

(4) 做好宣传组织工作；选择合作客户。

3. 展台搭建

一是直接装卸式展台，就是说按照搭建日期把卡车直接开到展厅里，由展览会搬运商负责搭台、卸货。二是参展商利用会场现有展台自行卸货，卸货时可租用现场的器械，如叉式装卸机和手动小起重车等。展览会结束后，应把货物回运，许多展品卖掉了，剩余的可以运回来，也可当场处理。在国外举办展览，也可委托展览会搬运商负责把剩余的展品运回或运到新主人手里，并与海关谈判确定货物进口的有关事宜。

【例 15-9】

第××届北京国际广播电影电视设备展览会

举办日期：20××年 8 月 22 日—25 日

举办地点：中国 北京 中国国际展览中心

主办单位：中国中央电视台 中国广播电视国际经济技术合作总公司 中国电影器材公司

每年一届的 BIRTV（北京国际广播电影电视设备展览会）是中国广播电影电视展览会

当中成功的典范。一些国际领先厂家如索尼、松下、汤姆逊广播系统公司、英国 Snell & Wilcox 公司和日本胜利公司等把 BIRTV 当作在中国发布最新产品、进行市场推广的最重要活动。每年 8 月，全国各地的广播电视专业人士包括各级广播电视厅、局的管理者和电视台的用户，组成众多代表团前来参观；广播电视研究机构或大学的教授和学者，寻求商业合作伙伴的代理商也纷纷赶来参加 BIRTV。在展览会期间，国家广播电影电视总局的主管领导还就最新的技术政策发表讲话，一些用户、学者和厂商的代表也进行演讲。因此，BIRTV 在把市场需求和产品提供紧紧连接的同时，更为业内人士学习最新技术、交流先进理念、扩大合作、共同探讨行业发展提供了最佳条件，这已成为中国广播电视业内的共识。BIRTV 是一年一度中国广播电视业的重要聚会。

九、新闻发布会

（一）定义

新闻发布会通常也称为新闻招待会、记者招待会，是专业官员和咨询人员的活动领域。但是，如果新闻招待会的目的和方式很明确的话，任何一家机构和经理都可以举办这种新闻发布会。

（二）适用范围

新闻发布会只适用于发布重要声明或宣布重要消息。应该有节制地采用新闻发布会的方式，只有发布重要的消息才采用。要想成功地举办新闻发布会，就必须认真地进行组织。要事先通知各家媒体，要提供一个适合的聚会地点，为记者提供座位，为电视工作者提供电源插座，要准备好新闻发布会发送的书面材料，如果有必要还要准备广告材料，例如地图或者图示材料。

（三）招待

一般是准备茶水、咖啡、果汁、小点心。在某种情况下，还可以在新闻发布会之后或之中提供午餐，然而这一程序的时间越短越好。新闻发布会的时间要求是很严格的，在接近媒体发稿的最后期限召开新闻发布会是不聪明的举动。

（四）邀请函

新闻媒体邀请函与新闻文稿有一定的区别，它不提供详细情况，只是简单地邀请新闻媒体参加特定的一次新闻发布会。邀请函发给新闻编辑或者主任编辑，或者直接发给你所认识的记者。新闻媒体的邀请函应尽量简短，甚至比新闻稿简单，它只说明事件情况以及事件时间、地点、发生原因。

（五）接受采访

（1）简短回答。电台和电视台都不会有时间让你做长篇大论的解释，应直接切入问题的要点。

（2）用观众理解的日常用语，不要使用缩略语，不要使用专门术语和技术词汇。

（3）不要含糊其词，这只会使你的采访者越发追问不止，如果问你一个问题，而你确实想说另一个问题，就要先简单回答完那个问题，然后进入你的话题。另外，还应对某一关键问题做出说明。

（4）不要被记者吓倒，不要忘记你掌握了媒体需要的信息。

第十六章

组织活动实操

第一节　企业活动方案

一、企划活动

（一）企划活动（以下简称“企划”）方案

1. 企划方案的含义

企划方案是在现代文化传媒不断发展和激烈竞争的社会背景下产生的，用于发展创意、重要活动等的策划文案。它是一种行动方案，类似“导演手记”“行动脚本”。目前有许多公司成立了企划部门，进行包括企业长期发展的策划，企业形象建立的策划，歌舞活动式广告或员工活动、大型互动式活动等的策划。

2. 企划方案的特点

企划方案较之一般的计划，更有鲜明的创新性、吸引性、可操作性、轰动性和影响力，它可以使企业获得良好的经济效益和社会效益。

3. 企划方案的种类

企划方案的种类与它服务的对象密不可分。例如：房地产公司的新项目推介策划方案、商场的营销企划书、商品开发企划书、电视的节目制作企划书、企业融资策划书、为残疾人募捐义卖活动策划方案等。

4. 企划方案的写作

企划方案的拟定与执行需要深入且丰富的专业知识。因为企划的对象不同，企划方案的体裁和构成内容也有差异。企划方案既不像公文一类的文书有一成不变的固定格式，也不像科学实验报告那样有绝对的正确答案。

企划方案并不要求写得洋洋洒洒、辞藻华丽，只要能够说服别人、利于在实践中执行即可；没有说服力以及无法执行的企划方案，只能是一纸空文。

企划方案的撰写时间应与调研、构思时间成反比。只有认真调研、反复核对、精心构思、勇于创新，才有可能在较短时间内撰写完成。

5. 企划方案的结构

企划方案虽然没有一成不变的固定格式，但其基本结构内容一般应包括以下几个方面：

（1）企划方案名称，即文章的题目。企划方案名称可写于首页居中醒目位置，使阅读者容易迅速了解把握整个企划方案的内容；也可独立写于封面之上，不仅眉目清楚，而且有封面也能使企划方案更显庄重、正规。

（2）目录。企划方案目录紧密配合企划方案的名称，一般用列序的方式表述。一份明晰的目录，可使方案内容一目了然，使人便于了解企划方案的全貌，迅速查到需要的内容。

（3）主办单位名称和企划宗旨。企划方案要写明主办单位名称，还要写明企划宗旨，即企划的目的。只有目的明确，才能安排适当的活动内容，也才能达到预期的效果。没有明确的企划目的为指引，企业活动就没有重点，缺少特色。这种目的往往以主题语的方式出现。

（4）活动时间、地点。企划方案定稿之前，必须反复调研、核对，以便确认时间、地点是否合适。例如，地点的位置、场地的大小、交通的便利与否、在室内还是在室外等都应该在撰写前确认清楚。时间应写明开始时、进行时、结束时的准确钟点，要精确到分钟。需要提醒的是，初稿在送审时，也可以是大体时间已定，具体时间待定，但一定要把项目和内容完全确定，而具体时间要根据具体情况审批时再定。

（5）活动策略与实施方式。活动策略与实施方式是企划方案的重点，其运用的手段、采取的措施，都要极为精细地写出，要具有鲜明的创意和很强的可操作性。这部分可以由一个个具体的小方案组成。

（6）活动流程与活动热点。活动流程和活动热点也是活动企划方案中很重要的部分。在撰写活动流程之前，应先将所有环节设想一遍再下笔，表达时则以列表为宜（称之为流程表）。活动热点，是活动的"亮点"，其在关键的时段出现，要富于魅力、引人入胜，由一个个热点将活动推向高潮。

（7）人员编组与分工。将可动用的人力进行分组及任务分配，也是企划方案中必不可少的内容。撰写时最好将这部分也表格化，以求一目了然。表格里写明姓名、权责以及联系方式等。

（8）经费预算。经费预算也是活动企划方案中必不可少的一项内容，一般用表格的方式表述。主要对活动筹划及执行的过程中所需的经费做出详细的估算及列表。经费预算一定要计算精确。若编列不足，届时活动则无法推行；若浮报预算，则可能失去提供经费者的信任，失去下一次企划执行的机会。

（9）备案。备案是应变措施。制定备案，事先把活动执行时可能发生的变量考虑周详，可以确保活动方案顺利执行。

（10）附录、清单。附录包括制作企划所用的参考数据、交通路线图等。如果活动需要道具，要列清道具清单。有些大型活动有协办单位或赞助厂商，也必须写入方案之中。根据活动的不同情况，决定方案中是否需要写明此项内容。

（11）评估。严格地说，评估不是企划方案中要写入的内容，而是在企划方案执行结束后要进行的工作。评估的项目一般包括四个：一是执行结果是否符合企划预期；二是成功与失败在何处，为什么；三是经费的预算与支出是否相符；四是取得了什么可借鉴的经验教训。

总而言之，精确的评估与切实的检讨，既是对本次企划方案良好的总结，也是下一次更成功的企划方案的开始。

（二）企划方案的范本意义

企划活动是众多需要组织的活动之一，企划方案对于其他活动也有着“范本”的作用。当然活动内容各有不同，但是，企划方案无论从内容上还是形式上都树立了应遵循的标准，其他活动可根据本身的要求与特点，参照企划方案拟定。

【例 16－1】

JQZC 精英之夜

——JQZC 客户联谊活动方案

一、活动目的

目前房地产市场竞争异常激烈，各发展商都使出浑身解数争夺客户资源，本项目也需要采用多种营销手段强化、优化项目形象，促进楼盘的销售速度。

换签工作在即，稳定、扩大客户群的任务繁重，也直接影响到开发商的利益。通过活动可以有效地达到这一目的。

开盘 5 个月来，JQZC 已销售约 200 套，但尚未与顾客进行过大范围的联谊、沟通与交流。我们希望通过大型客户联谊活动，更广泛地面对签约客户和对项目感兴趣的潜在客户，体现发展商的雄厚实力及对客户的关心、体贴与尊重，利用已有客户资源，扩大客户群。

下一阶段的销售工作有待推动，项目需进一步扩大知名度和美誉度。通过这次客户联谊，可体现发展商的优异形象，显示旺盛、热销的购买人气，营造火暴、热烈的购买气氛，强有力地为到场客户增添购买信心，增进发展商与客户的感情，从而树立发展商的良好社会公众形象，提升项目品位，进一步促进销售工作。

二、联谊会活动安排

1. 时间：取得销售证后，暂定于 10 月 14 日（星期日）16:00—19:00 举办联谊会（秋天是北京最好的季节，适宜举办大型活动，客户参与的情绪会较为高涨，现场气氛也会更热烈。此时举办活动对销售十分有益，有利于抓住购房时机。时间安排在周末的晚上，主要考虑客户参加活动比较方便，参与热情会更高）。

2. 地点：香格里拉饭店或翠宫饭店。

3. 人员：签约客户，保留客户，对项目感兴趣的潜在客户。

总人数：预计 500 人（客户及其家属、亲友）。

客户联系：活动方案确定后，在 9 月底由业务人员电话通知客户，向客户告知活动内容、奖项，了解客户参与意向，统计参与人数。之后将请柬和信函邮寄给客户，活动前 3 天两次电话确认客户意向和所带亲友人数。将人数统计后，根据人数订餐。

嘉宾：发展商代表、代理公司代表、银行代表、政府职能部门主管人员、律师、建筑设计师、施工单位代表、物业公司代表、环艺公司代表等。

记者：邀请北京青年报、精品购物指南、北京晚报、北京晨报、北京经济报、青年周刊、北京电视台、北京有线电视台《京城广厦》栏目、购房相关网站等记者参加。

主持人：邀请北京电视台著名节目主持人1人。

4. 活动：抽奖、自助酒会、咨询、参观样板间。

16：00—16：30 来宾签到，业务员接待客户。回执收集。乐队演奏音乐。(30分钟)

16：30 主持人宣布会议正式开始。主持人请所有来宾起立，请大家与邻桌来宾握手并交换名片，借这样的机会让大家相互熟悉起来。请交换名片最多的几个人到台上来，看谁的名片最多。名片最多的来宾可以得到一份礼品（如一个大的毛绒玩具）。这个小活动结束后，主持人向大家介绍嘉宾。(15分钟)

发展商代表发言，介绍项目近期情况。(10分钟)

内容：工程进展；热销情况；"客户带客户"的优惠购房方法。

乐队演唱英文歌曲一首。(5分钟)

第一次抽奖，由嘉宾抽出三等奖15人，公布奖品及领奖方法（到领奖处领取）。(8分钟)

演唱歌曲：《亲密爱人》。(5分钟)

真情互动：准备5束鲜花，客户可举手要求发言。发言者要当众说出把花送给谁，并要对对方说："我爱你"或"对不起"，并简要说明原因。主持人适时调节气氛，调动观众情绪。(5分钟)

配合观众情绪再演唱一首歌曲：《你是幸福的，我就是快乐的》。(5分钟)

第二次抽奖，抽出二等奖6人（方式同第一次抽奖）。(5分钟)

项目知识有奖问答。由主持人出一些与项目有关的问题，客户自由回答，答对者发小奖品一份。(5分钟)

第三次抽奖，抽出一等奖2人。当场发放奖品示意牌。请获奖者发表讲话，谈对项目的感受和此刻的心情。(7分钟)

选择一位当天生日的客户，为其送上蛋糕，由发展商向其表示祝贺。点燃蜡烛，由客户许愿，吹熄蜡烛。乐队唱生日歌。(10分钟)

澳洲风情舞蹈表演。(5分钟)

第四次抽奖，抽出特别大奖1人。当场发放奖品示意牌。彩色喷花筒喷出彩花，活动进入高潮。(5分钟)

宣布自助餐会开始，客户用餐，向专家咨询。(60分钟)

餐后客户可以去现场参观样板间。

注：活动内容以讲话、抽奖和节目为主，主要是为了营造一种高雅、轻松、活跃、热烈的现场气氛，增强客户的参与感。大奖的设立有利于吸引更多客户参与，极大地活跃现场气氛。现在各发展商联谊会设奖均较多、较大，其中不乏以汽车、房屋为奖品的项目，故建议我们的联谊会奖品丰富并具较高层次，以吸引客户，并与项目品质对应。节目安排主要考虑优雅、时尚的风格，加深客户对项目高品位的印象和对项目的好感。

5. 抽奖安排。

(1) 奖项设置：

特等奖：1人，送价值50 000元车位一个。

一等奖：2人，每人送价值10 000元进口空调柜机一部。

二等奖：6人，每人送价值3 000元防盗门一个。

三等奖：15人，每人送价值1 000元厨房小家电一个。

(2) 获奖者于现场签订获奖协议，奖品可在入住装修时统一领取。

(3) 只有签约客户才具有抽奖资格。

三、后勤工作

1. 对报纸、杂志、网络发布新闻报道，监督刊发、播发，收集样报。

2. 对电视的专题节目（如《京城广厦》）报道，收集录像资料，保留活动录像。

3.《客户通讯》详尽报道活动情况。

4. 广告：软性文章中报道，渲染联谊会热烈气氛和认购场面。

四、活动预算

1. 请柬印制：20元×500＝10 000元；

2. 邮资：1元×500＝500元；

3. 餐饮、场租等：180元×500＝90 000元；

4. 报纸、杂志、网络记者：500元×10＝5 000元；

5. 电视记者：3 000元×2＝6 000元；

6. 电视台著名主持人：10 000元；

7. 灯光：6 000元；

8. 有奖问答小奖品、交换名片最多者的奖品、胸牌、桌牌、彩花筒等：3 000元；

9. 现场录像：5 000元；

10. 歌唱明星出场费：35 000元；

11. 乐队劳务费：5 000元；

12. 奖品示意牌制作：350元×3＝1 050元；

13. 澳洲风情表演劳务费：5 000元；

14. 生日蛋糕、鲜花：500元。

以上共计182 050元。

15. 奖项价值：50 000元＋10 000元×2＋3 000元×6＋1 000元×15＝103 000元。

五、日程安排

3日：确定场地、时间、奖品。请柬设计定稿。

4—6日：确定菜单。确定活动程序。确定主持人、演员。背景板、展板、现场布置方案设计定稿。请柬印制完成。业务人员电话通知客户活动事宜，向客户确定请柬的送达方式。发言稿准备。关系单位的口头邀请。新闻通讯稿的写作。礼品的制作。

7—8日：业务人员向客户邮寄、送达请柬，部分客户到售楼处取请柬。过生日客户的确定。

9—10日：关系单位的请柬送达。记者的请柬送达。有奖问答题目的制定。与主持人沟通活动进程，主持人开始写主持台词。订生日蛋糕、蜡烛和鲜花。业务人员电话联络客户。演出曲目确定。获奖协议书准备。确认客户是否收到请柬，统计客户人数。礼品、奖品、签到用品的购买。背景板、展板进行制作。演员表的印制。

11日：与主持人再次沟通活动进程。背景板、展板制作完成。活动工作人员分工、安排。楼书、客户通信等资料准备。

12日：劳务费现金准备。确定嘉宾名单。

13日：现场布置。调试灯光、音响。演员、主持人、乐队现场试音。工作人员到位。

第二节 宴请与参观

一、宴请

宴请是国际交往中最常见的交际礼仪活动之一。各国宴请都有自己国家或民族的特点与习惯。国际上通用的宴请形式有宴会、招待会等。举办宴请活动采用何种形式，通常根据活动目的、邀请对象以及经费开支等各种因素而定。

（一）宴会

1. 宴会的含义

所谓宴会，是指请人赴宴的聚会。它是国际、国内社会交往中比较常见的礼仪活动形式之一。

人们通常把政府机关、社会团体举办的，具有一定目的和比较讲究礼节礼仪的酒席，称为宴会；把私人举办的、规模较小的酒席称为筵席。宴会和筵席的基本含义相同，都是请人聚餐，但宴会比筵席更讲究礼节、礼仪。

2. 宴会的主要类型

（1）国宴。

它是国家元首或政府首脑为国家的庆典，或为外国元首、政府首脑来访而举行的正式宴会，因而规格最高。宴会厅内悬挂国旗，安排乐队演奏国歌及席间乐。席间致辞或祝酒。

（2）正式宴会。

正式宴会除不挂国旗、不奏国歌以及出席规格不同外，其余安排大体与国宴相同。有时亦安排乐队奏席间乐。宾主均按身份排位就座。许多国家正式宴会十分讲究排场，在请柬上注明对客人服饰的要求。外国人对宴会服饰比较讲究，往往从服饰规定体现宴会的隆重程度。

正式宴会对餐具、酒水、菜肴道数、陈设以及服务员的装束和仪态都要求很严格。通常，菜肴包括汤和几道热菜（中餐一般用四道，西餐用两三道），另有冷盘、甜食、水果。外国宴会餐前上开胃酒。常用的开胃酒有：雪莉酒、白葡萄酒、马天尼酒、金酒加汽水（冰块）、威士忌加冰水（苏打水），另上啤酒、果汁、矿泉水等。席间餐用酒，一般多用红、白葡萄酒，很少用烈性酒，尤其是白酒。餐后在休息室上一小杯烈性酒，通常为白兰地。我国在这方面做法较简单，餐前如有条件，在休息室稍事叙谈，通常上茶和汽水、啤酒等饮料；如果无休息室也可直接入席。席间一般用两种酒：一种甜酒，一种烈性酒。餐后不再回休息室座谈，亦不再上餐后酒。

（3）便宴。

便宴是非正式宴会，常见的有午宴、晚宴，有时亦有早上举行的早餐。这类宴会形式简便，可以不排席位，不做正式讲话，菜肴道数亦可酌减。西方人的午宴有时不上汤，不上烈性酒。便宴较随便、亲切，宜用于日常友好交往。

（4）家宴。

家宴即在家中设便宴招待客人。西方人喜欢采用这种形式，以示亲切友好。家宴往往由主妇亲自下厨烹调，家人共同招待。

3. 宴会的一般程序

（1）主人和少数主要官员在门口迎宾线（客人进门存衣之后，进入休息厅之前）排列成行，迎接客人。

（2）客人同主人握手后，由工作人员引进休息厅并由有相应身份的人照料客人，招待员送饮料。

（3）主宾到达以后，由主人陪同进入休息厅，与其他客人见面。如果其他客人尚未到齐，则由迎宾线上其他官员代表主人在门口迎接。

（4）宾主双方在会客室稍事叙谈。如果休息厅较少或宴会规模大，可请主桌以外的客人先进宴会厅。其间，视情况分发桌次卡片，将宴会桌次通知每一位出席者。

（5）主人陪同主宾进入宴会厅，全体出席人员按指定席位入座，宴会开始。

（6）招待员顺次上菜。

（7）宴会主人致祝酒词，一般可安排在上每一道热菜之后，也可以安排在一入席就致祝酒词。祝酒后，视情况赠送礼品、纪念品，也可放在宴会结束之前进行。

（8）主宾在主人讲话之后致答谢词，并视情况回赠礼品、纪念品。

（9）吃完水果，主人与主宾起立，宴会结束。

（10）主宾告辞，主人应送至门口。主宾离去后，原迎宾人员顺序排列，与其他客人握别。

（二）招待会

招待会是指各种不备正餐、较为灵活的宴请形式，备有食品、酒水饮料，通常都不排席位，可以自由活动。常见的类型有以下几种。

1. 冷餐会（自助餐）

这种宴请形式的特点是不排席位，菜肴以冷食为主，也可用热菜，连同餐具陈设在菜桌上，供客人自取。客人可自由活动，可以多次取食。酒水可陈放在桌上，也可由招待员端送。冷餐会可在室内或在院子里、花园里举行，可设小桌、椅子，自由入座，也可以不设座，站立进餐。根据主、客双方身份，冷餐会规格隆重程度可高可低，举办时间一般在中午 12 时至下午 2 时、下午 5 时至 7 时。这种形式常用于官方正式活动，以宴请人数众多的宾客。

我国举行的大型冷餐招待会往往用大圆桌，设座，主宾席排座次，其余各席不固定座位，食品与饮料均事先放置桌上。招待会开始后，自主进餐。

2. 酒会（又称鸡尾酒会）

这种招待会形式较活泼，便于来宾广泛接触交谈。招待品以酒水为主，略备小吃。不设座，仅置小桌（或茶几），以便客人随意走动。酒会举行的时间亦较灵活，中午、下午、晚上均可。请柬上往往注明整个活动延续的时间，客人可在其间任何时候到达和退席，来去自由，不受约束。

鸡尾酒是用多种酒配成的混合饮料。酒会上不一定都用鸡尾酒。但通常用的酒类品种较多，并配以各种果汁，不用或少用烈性酒。食品多为三明治、小香肠、炸春卷等各种小吃，以牙签取食。饮料和食品由招待员用托盘端送，或部分放置在小桌上。

近年，国际上举办大型活动采用酒会形式招待逐渐普遍。庆祝各种节日、欢迎代表团访问，以及各种开幕、闭幕典礼，文艺、体育招待演出前后，往往都举行酒会。自 1980 年起，我国国庆招待会也改用酒会形式。

酒杯与酒水正确匹配如下：

（1）香槟酒杯。喝香槟要用长圆锥形杯子，碟形杯子不适宜。

（2）球体酒杯。这是一种杯体下部呈球状的杯子，适合盛放烈性的陈酒。

（3）梨形酒杯。这种杯子用来盛放白葡萄酒、甜酒。

（4）葡萄酒杯。巴黎高脚杯或郁金香形酒杯可盛放红葡萄酒或白葡萄酒；德国白葡萄酒杯一般用于盛放白葡萄酒。

（5）平底矮酒杯。这种直边厚底的矮酒杯可盛威士忌。

（6）白兰地酒杯。这种像球体酒杯一样杯口收缩的杯子能把白兰地的香味聚集到杯口。

（7）啤酒杯。分直筒形啤酒杯及有把啤酒杯，用于盛放发泡的啤酒。

3. 茶话会

茶话会是一种简便的招待形式。举行的时间一般在下午 4 时左右（亦有在上午 10 时举行的）。茶话会通常设在客厅，不用餐厅。厅内设茶几、座椅，不排席位，但如果是为某贵宾举行的活动，在入座时可有意识地将主宾同主人安排坐到一起，其他人随意就座。茶话会顾名思义是请客人品茶。因此，茶叶、茶具的选择要有所讲究，或具有地方特色。一般用陶瓷器皿，不用玻璃杯，也不用热水瓶代替茶壶。外国人一般用红茶，略备点心和地方风味小吃。也有不用茶而用咖啡者，其组织安排与茶话会相同。

茶话会是近代世界上一种时髦的集会。它既不像古代茶宴、茶会那样隆重和讲究，也不像日本“茶道”要有一套严格的礼仪和规则，而是以清茶或茶点（包括水果、糕点等）招待客人的集会，有时也用于外交场合。

由于茶的成分对人的神经起着温和的刺激作用，使人精神振奋，感觉愉快，反应机敏，思路顿开。参加茶话会不但能在身心上得到某种满足和慰藉，而且还能增进友谊，增长知识。因此，人们一般都喜欢参加茶话会。

目前，茶话会在我国十分盛行，各种形式的茶话会让人耳目一新。小的如结婚典礼、迎宾送友、同学朋友聚会、学术讨论、文艺座谈，大的如商议国家大事、庆典活动、招待外国使节，一般都采用茶话会的形式。特别是欢庆新春佳节时，采用茶话会形式的越来越多。各种类型的茶话会，既简单、隆重、节俭，又轻松、愉快、高雅，是一种效果良好的聚会形式。

茶话会的形式，因内容、人员的不同又有所区别。例如，与会人员仅几个人，可用一张圆桌；几十人乃至几百人，可每桌 10 人左右，或用方桌拼成长方形或其他形式；几百人、上千人的大型茶话会，多用圆桌，团团围坐。关于茶话会的饮品，茶是必备之物，有条件的还可以增加鲜果、糕点及各色糖果。茶话会的布置，可以根据会的内容和季节的不同，在席间或室内布置一些鲜花。例如，在夏季以叶子嫩绿、花朵洁白的茉莉为宜，使人有清幽雅洁之感；在冬季，则以破绽吐香的蜡梅和春意盎然的水仙为宜，使人感受到春天的气息。如果是婚礼茶话会，则以红艳的鲜花为好，以示新婚夫妇的幸福和美满。当然，由于条件所限，对花种的选择会有局限性，但不论选用什么花种，对颜色的选择均应与会的内容相协调。在较大的茶话会上，如配以轻音乐或小型的文艺节目如小品、相声等曲艺节目，可以增添欢乐气氛。

（三）有关宴请的几项组织工作

1. 确定宴请的目的、名义、对象、范围与形式

宴请的目的是多种多样的，可以是为某一个人，也可以为某一件事。例如：为代表团来访（作为驻外机构，可以为本国代表团前来访问，也可以为驻在国的代表团前往自己的国家访问），为庆祝某一节日、纪念日，为外交使节或外交官员的到任、离任，为展览会的开幕、闭幕，某项工程动工、竣工等。在国际交往中，还根据需要举办一些日常的宴请活动。

确定邀请名义和对象的主要根据是主、客双方的身份。也就是说，主客身份应该对等。例如，作为东道主国宴请来访的外国代表团，出面主人的职务和专业一般同代表团团长对口、对等，身份低使人感到冷淡，身份过高也无必要。又如，外国使馆宴请驻所在国部长级以上官员，一般由大使出面邀请，若低级官员请对方高级官员，就不礼貌。通常如果请主宾偕夫人出席，主人若已婚，一般以夫妇名义发出邀请。我国的大型正式活动以一人名义发出邀请。日常交往小型宴请，则根据具体情况以个人名义或以夫妇名义出面邀请。

邀请范围是指请哪些方面的人士，请到哪一级别，请多少人，主人一方请什么人出来作陪。这都要考虑多方因素，如宴请的性质、主宾的身份、国际惯例、对方以往对我方的做法，以至当前的政治气候，等等。各方面都要想到，不能只顾一面。

邀请范围与规模确定之后，即可草拟具体邀请名单。被邀请人的姓名、职务、称呼，以至对方是否有配偶都要准确。多边活动尤其要考虑政治关系，对政治上相互对立的国家，是否邀请其人员出席同一活动，要慎重考虑。

宴请采取何种形式，在很大程度上取决于当地的习惯做法。一般来说，正式、规格高、人数少的以宴会为宜；人数多则以冷餐会或酒会更为合适，妇女界活动多用茶话会。

目前，各国礼宾工作都在简化，宴请范围趋向缩小，形式也更为简便。酒会、冷餐会被广泛采用，而且中午举行的酒会往往不请配偶。不少国家招待国宾的宴会只请身份较高的陪同人员，不请随行人员。我国在这方面也在进行改革，提倡多举办冷餐会和酒会以代替宴会。

2. 确定宴请时间、地点

宴请的时间应对主、客双方都合适。驻外机构举行较大规模的活动，应与所驻国主管部门商定时间。注意不要选择对方的重大节假日、有重要活动或有禁忌的日子和时间。小型宴请应首先征询主宾意见，最好相机口头当面约请，也可用电话联系。主宾同意后，时间即被认为最后确定，可以按此约请其他宾客。

官方正式隆重的活动，一般安排在政府、议会大厦或宾馆内举行，其余则视活动性质、规模大小、形式、主人意愿及实际可能而定。选定的场所要能容纳全体人员。举行小

型正式宴会，在可能的条件下，宴会厅外另设休息厅（又称等候厅），供宴会前简短交谈用，待主宾到达后一起进宴会厅入席。

3. 发出邀请和请柬

各种宴请活动，一般均发请柬，这既是礼貌，也对客人起提醒、备忘之用。便宴经约妥后，请柬可发也可不发。工作进餐一般不发请柬。有些国家，邀请最高领导人作为主宾参加活动，需单独发邀请信，其他宾客发请柬。

请柬一般提前一周至两周发出（有的地方须提前一个月），以便被邀请人及早安排。已经口头约妥的活动，仍应补送请柬，在请柬右上方或下方注上“To remind”（备忘）字样。需安排座位的宴请活动，为确切掌握出席情况，往往要求被邀者答复能否出席。遇此，请柬上一般用法文缩写注上“RSVP”（请答复）字样，如只需不出席者答复，则可注上“Regrets only”（因故不能出席请答复），并注明电话号码。也可以在请柬发出后，用电话询问能否出席。

请柬内容包括活动形式、举行的时间及地点、主人的姓名（如以单位名义邀请，则用单位名称）。请柬行文不用标点符号，所提到的人名、单位名、节日名称都应用全称。中文请柬行文中不提被邀请人姓名（其姓名写在请柬信封上），主人姓名放在落款处。请柬格式与行文，中外差异较大，注意不能生硬翻译。请柬可以印刷也可以手写，手写字迹要美观、清晰。

请柬信封上被邀请人姓名、职务书写要准确。国际上习惯对夫妇两人发一张请柬，我国遇需凭请柬入场的场合每人一张。正式宴会，最好能在发请柬之前排好席次，并在信封下角注上席次号。请柬发出后，应及时落实出席情况，准确记载，以安排并调整席位。即使是不安排席位的活动，也应对出席率有所估计。

4. 订菜

宴请的酒菜根据活动形式和规格，在规定的预算标准以内安排。选菜不以主人的爱好为准，主要考虑主宾的喜好与禁忌。如果宴会上有个别人有特殊需要，也可以单独为其上菜。大型宴请，则应照顾到各个方面。菜肴道数和数量都要适宜，不要简单地认为海味是名贵菜而泛用，其实不少外国人并不喜欢，特别是海参。在地方上，宜用有地方特色的食品招待，用本地产的名酒。无论哪一种宴请，事先均应开列菜单，并征求主管负责人的同意。获准后，如是宴会，即可印制菜单，菜单一桌两三份，至少一份，讲究的也可每人一份。

5. 席位安排

正式宴会一般均排席位，也可只排部分客人的席位，其他人只排桌次或自由入座。无论采用哪种做法，都要在入席前通知到每一个出席者，使大家心中有数，现场还要有人引导。大型的宴会，最好是排席位，以免混乱。

国际上的习惯，桌次高低以离主桌位置远近而定，右高左低。桌数较多时，要摆桌次牌。同一桌上，席位高低以离主人的座位远近而定。外国习惯，男女掺插安排，以女主人为准，主宾在女主人右上方，主宾夫人在男主人右上方。我国习惯按各人本身职务排列以便于谈话，如夫人出席，通常把女方排在一起，即主宾坐男主人右上方，其夫人坐女主人右上方。两桌以上的宴会，其他各桌第一主人的位置可以与主桌主人位置同向，也可以以面对主桌的位置为主位。

礼宾次序是排席位的主要依据。在排席位之前，要把经落实出席的主、客双方出席名单分别按礼宾次序开列出来。除了礼宾顺序之外，在具体安排席位时，还需要考虑其他一些因素。多边的活动需要注意客人之间的政治关系，政见分歧大、两国关系紧张者，尽量避免排到一起。此外，适当照顾各种实际情况。例如，身份大体相同，使用同一语言者，或属同一专业者，可以排在一起。译员一般安排在主宾右侧。在以长桌作为主宾席时，译员也可以考虑安排在对面，便于交谈。在许多国家，译员不上席，为便于交谈，译员坐在主人和主宾背后。但一些国家忌讳以背向人，译员的座位则不能做此安排。

以上是国际上安排席位的一些常规。遇特殊情况，可灵活处理。如遇主宾身份高于主人，为表示对他的尊重，可以把主宾摆在主人的位置上，而主人则坐在主宾位置上，第二主人坐在主宾的左侧。但也可按常规安排。如果本国出席人员中有身份高于主人者，譬如部长请客，总理或副总理出席，可以由身份高者坐主位，主人坐身份高者左侧，但少数国家也有将身份高者安排到其他席位上。

席位排妥后着手写座位卡。我方举行的宴会，中文写在上面，外文写在下面。卡片用钢笔或毛笔书写，字应尽量写得大些，以便于辨认。便宴、家宴可以不放座位卡，但主人对客人的座位也要有大致安排。

6. 现场布置

宴会厅和休息厅的布置取决于活动的性质和形式。官方正式活动场所的布置应该严肃、庄重、大方。不要用霓虹灯装饰，可以少量点缀鲜花等。

宴会可以用圆桌也可以用长桌或方桌。一桌以上的宴会，桌子之间的距离要适当，各个座位之间也要距离相等。如果安排有乐队演奏席间乐，不要离得太近，乐声宜轻。宴会休息厅通常放小茶几或小圆桌，与酒会布置类同。如果人数少，也可按客厅布置。

冷餐会的菜台用长方桌，通常根据四周陈设，也可根据宴会厅情况，摆在房间的中间。如果坐下用餐，可摆四五人一桌的方桌或圆桌。座位要略多于全体宾客人数，以便客人自由就座。

酒会一般摆小圆桌或茶几，以便放花瓶、烟灰缸、干果、小吃等；也可在四周放些椅子，供妇女和年老体弱者就座。

7. 餐具的准备

根据宴请人数和酒、菜的道数准备足够的餐具。餐桌上的一切用品都要十分清洁卫生。桌布、餐巾都应浆洗洁白熨平。杯子、筷子、刀叉、碗碟，在宴会之前都应洗净擦亮。如果是宴会，应该准备每道菜撤换用的菜盘。

中餐用筷子、盘、碗、匙、小碟等。水杯放在菜盘上方，右上方放酒杯，酒杯数目和种类应与所上酒品种对应。餐巾叠成花插在水杯中，或平放在菜盘上。我国宴请外国宾客，除筷子外，还应摆上刀叉、酱油、醋、辣油等佐料，通常一桌数份。公筷、公勺至少应备两套，其中一套摆在主人面前。餐桌上应备有烟灰缸、牙签。

西餐具的摆设与中餐不同。西餐具有刀、叉、匙、盘、杯等。刀分食用刀、鱼刀、肉刀（刀口有锯齿，用以切牛排、猪排）、奶油刀、水果刀等。叉分食用叉、鱼叉、龙虾叉等。匙有汤匙、茶匙等。杯的种类更多，茶杯、咖啡杯，均为瓷器，并配小碟；水杯、酒杯多为玻璃制品，不同的酒使用的酒杯规格亦不相同。宴会上几道酒，就配有几种酒杯。公用刀叉规格一般大于食用刀叉。西餐具的摆法是：正面放食盘（汤盘），左手放叉右手放刀。

食盘上方放匙（汤匙及甜食匙），再上方放酒杯，右起放烈酒杯或开胃酒杯、葡萄酒杯、香槟酒杯、啤酒杯（水杯）。餐巾插在水杯内或摆在食盘上。面包奶油盘在左上方。吃正餐时，刀叉数目应与菜的道数相等，按上菜顺序由外至里排列，刀口向内。用餐时应按此顺序取用。撤盘时，一并撤去使用过的刀叉。

酒和菜、食品通常有固定的搭配：吃头道菜时配鸡尾酒；喝汤时饮葡萄酒；吃鱼时饮无甜味的白葡萄酒；吃肉类菜食时配红葡萄酒；吃奶酪时饮红葡萄酒；吃水果或甜食时配葡萄酒或香槟酒；喝过咖啡后配利口酒。

二、参观

参观对于了解国与国之间、公司与公司之间的实际情况，增进彼此感情，促进相互合作都有好处。在繁忙的会谈、业务活动之余，进行参观和游览是必要的。参观可以大致分为游览参观和企业参观。

（一）游览参观

游览参观是国与国之间增进了解的有效途径之一。邀请外商来华参观可能要比乏味的洽谈更有效。而一次成功的出国参观，不仅可以使我们对合作对象有更深一步的认识，还能学到国外先进的组织和管理方法。

1. 邀请参观

邀请外宾来华参观的第一步就是要写好邀请函。顾名思义，邀请函就是在国际交往中，邀请他国领导人、代表团或个人到本国进行各种不同访问的外交函件。它不但是一份正式的官方邀请对方来访的信件，也代表一种礼仪，而且是办理护照和签证手续的凭证。

2. 接待参观的注意事项

安排外宾参观，首先必须根据来访外宾的情况，选择好参观的项目和路线。我国有许多驰名世界的景点，如长城、故宫、兵马俑等。这些都是初访者的必游之地。除此之外，在选择参观项目时，还应考虑到：

（1）尽可能与业务会谈相配合。如果会谈中涉及某些合作项目，而参观某些相关单位则有助于对有关情况和问题的了解。

（2）为使来访者进一步了解被访问国的基本情况，应安排参观具有典型意义的地方或单位。

（3）根据来访者的专业、兴趣、爱好与愿望，安排相应的参观单位。

（4）对于某些女宾，可根据其兴趣，安排参观社会福利、文化艺术、妇幼保健等项目。

3. 参观接待礼仪

在外宾参观游览活动中，主要涉及两方面人员，一是组织方，二是参观或游览单位。其中的礼仪工作主要包括：组织方的安排和陪同工作，参观单位的接待工作。

（1）作为东道主的组织方，应做好安排和陪同工作。参观游览前，要事先了解来宾对参观游览项目的要求、目的、兴趣，有针对性地安排参观游览项目，根据来宾的愿望和实际情况，做出周密细致的计划，如参观游览的内容、路线、日程、时间、车辆等，并征求外宾的意见，以示组织方的礼貌和尊重。计划定下来之后，应事先与参观游览单位联系，请他们配合工作。参观游览时，应由身份相当的人员进行陪同，并配备翻译为其参观游览提供服务。参观游览地点较远时，应事先告诉外宾集合时间、地点、车牌号等，以免走散迷失。

（2）参观游览单位主要是做好来宾的接待工作。外宾到达时，接待单位也应有一定人员陪同。要安排解说员和导游员。接待人员要热情待客，耐心、清晰地为来宾讲解。在介绍情况时，要实事求是。参观的基本情况可写成书面资料发给来宾留作纪念。接待人员应对来宾可能提出的问题有所准备，不要一问三不知。如果确实不了解或不清楚，应做解释。如果参观游览的外宾较多，可以分批介绍，或者使用扩音设备，使前后人员都能听到。

4. 出国参观

出访的代表团或个人提出参观要求时，应注意客随主便，尊重主人的安排，不要强人所难。无论是由东道国主动安排的项目，还是经过自己提出后安排的项目，在参观过程中都应专心听取主人介绍，努力学习吸收对我们有益的东西，不应漫不经心，表现出不感兴趣。参观后，应以适当方式向主人表示感谢。如果主人在门口送行，上车后还应挥手致意。

在参观过程中，对服装要求不严格，不必穿礼服，着西装也可不打领带。但应注意服装要清洁整齐，仪容要适当修整。在与对方人员接触时，要注意尊重对方的风俗和宗教习俗。例如，有的地方要脱鞋进入或穿鞋套等。如果想拍照，应事先向接待人员了解对方有无禁止摄影的规定。常驻国外机构的人员外出参观，应遵守所驻国的规定。如果去禁区或不开放地区，应事先向有关单位提出申请，征得同意后方能前往。

（二）企业参观

企业参观是指对社会公众开放并组织他们参观本企业的设施和工作现场，是增进企业与公众之间联系与沟通的手段之一。一般来讲，其目的是提高本企业的透明度和在社会上的知名度。

组织参观活动成功与否有赖于事前是否周密计划，是否做好了组织工作。

1. 确定邀请对象

（1）一般性参观对象，即员工家庭成员或一般市民。让他们了解自己的亲人所从事的是一项多么崇高而重要的工作，使他们产生荣誉感并支持本公司员工的工作。

（2）特别参观对象，即与本组织有特殊利害关系的团体，如电台、电视台等，这是一种强有力的公关活动。

2. 接待工作

（1）请柬的准备与寄发，编写来宾名册。要以企业负责人的名义印发请柬。

（2）为来宾准备服务处与接待室，配备向导。准备参观时的特殊用品，如安全帽等。

（3）准备休息室。

（4）准备餐饮，廉价或免费提供给来宾。

（5）赠送礼品，如儿童玩具、打火机、钥匙链等。

（6）赠送纪念册。纪念册中可记载参观过程及其他有关本组织的资料。这是一种很有效的宣传途径。

3. 展示工作

编写解说词。解说词要通俗易懂，尽可能少用专业术语，可用数字、图表、标语等来加强印象。参观人员眼前看不到的特殊事项，如团体保险、安全设备、员工生活福利与劳动报酬，以及本组织对社区活动的贡献等，都可用数字、图表等来展示。

4. 向导工作

（1）按照工作程序、路线制作向导图。图中应标明办公室、餐厅、休息室等。

（2）向导人员的训练。应事先组织人员练习介绍言词及准备回答客人提问。

（3）向导人员应穿制服，戴臂章、徽章，以便来宾识别。

（4）参观前应发放简单易懂的说明书。

第三节　舞会、联谊会与签字仪式

一、舞会

举办舞会是企业开展业务交流、提升企业形象、加强横向联系的一种文化娱乐方式。作为一名出色的企业家不仅要懂得经营企业之方，而且要能够带动全体企业员工进行有意义的文明的娱乐活动。交际舞对于各年龄段的人都是适合的，而且是一种文明、健康的活动，还能陶冶人们的性情。同时，交际舞会还是一种经常而广泛的社交活动，是联谊活动的一种常见的形式。通过举办舞会，不仅能够交流感情，加强联系，有时还会使在谈判桌上僵持的问题得到缓和与解决。

舞会包括正式舞会和非正式舞会。正式舞会和非正式舞会之间存在两个根本的区别：第一，正式舞会上的宾客年龄大致在同一年龄段，而非正式舞会则各年龄段的人都可参加。第二，由于非正式舞会的规模较小，其装饰和茶点也相对简单一些。

（一）舞会的组织与筹划

一般来讲，内部职工的交际舞会与对外公关交际舞会的组织工作有所差异，私人舞会更是与公司舞会有所不同。

1. 制舞票

舞票应是长方形的，且一定要分清男舞票、女舞票。在我国习惯上，男舞票是红色的，女舞票是绿色的。男女舞票数量的比例为2∶1.5。舞票正面写清“××单位举办××舞会，邀请××乐队伴奏，×月×日（星期×）举办，×时开始，×时结束，地点在××（乘车路线应注明）”等，舞票反面打印注意事项。

2. 制作海报

海报是用来向广大群众介绍有关电影、戏剧、比赛等活动的消息，同时也是机关团体、单位举办报告会、学术讲座、大型文娱活动时使用的招贴文字。具体写法：可在第一行写“海报”二字，也可直接写出具体标题，如“舞会”“展览”等。

3. 会场的设计和布置

在舞台或墙壁高处悬挂“××舞会”横标，舞台前或乐队前摆一些鲜花并悬挂一些彩带和彩灯。舞会场地应整洁、宽敞，舞池地板要保持光滑。舞厅的装饰要有一种高雅、欢快和热烈的气氛。

4. 舞会的组织工作

(1) 确定舞会的规格与规模，主要人物是谁。人数要适当，男女比例大体相等。对已婚客人一般应邀请夫妇。

(2) 请柬上写明时间、地点等，注意选择有意义的日期和被邀请的主要客人方便的时间。

(3) 场内四周摆好椅子，保证大家都有座位。

(4) 乐队要选好。如果舞会采用乐队现场伴奏，主办人要认真考虑和重视所聘请乐队的伴奏水平，并要求队长拟出一份“伴奏计划”。舞曲要适合参加者的口味。例如，老年人多喜欢慢节奏的，青年人多喜欢快节奏的。

(5) 视需要和可能，准备饮料、点心、水果等。

(二) 参加舞会的礼仪

1. 仪容打扮

(1) 无论男女，着装均应整洁大方，仪表应庄重文雅。男士的头发应梳理整齐，并修面剃须。如果不是出于执行职务的需要，最好不要穿工作服进舞场。

(2) 男士参加正式舞会的传统着装是白色领结和大燕尾服。然而，很少有人拥有一套大燕尾服，甚至很少有人租用它们参加晚会。人们通常穿正式程度稍逊一筹的小燕尾服。黑领结和小燕尾服一样能够被各种舞会所接受。

(3) 对于女士来说，正式装束是长裙，并可佩戴精致的首饰。穿裤子通常是不允许的，除非这种女裤的设计非常精致，看起来和正式的舞会女裙一样得体。穿无袖或无肩带女裙的女士，可以戴长手套，但是开始跳舞或者晚餐开始时，应当脱掉手套。

2. 请舞

(1) 请舞时，一般都是男士向女士主动发出邀请。音乐一响，男士走到女士面前，应身体立正，然后微微鞠躬，问“能请您跳舞吗”。女士若同意，应立即起立，颔首示意。一曲完毕，男士应向女士表示谢意，并将女士送回原座位。

(2) 若男士同一位女士一同前来，应把她介绍给女主人，并请她跳第一支和最后一支曲子。遇到有人把一位女士介绍给一位男士，那么这位男士必须请被介绍的女士跳一次舞。男士请女士跳舞，如果女士的丈夫或父母在座，应先向其丈夫或父母致意，以示礼貌。女士一般不轻易拒绝男士的邀请。如果拒绝，可以说“累了”或“身体不好”，并站起来致歉。

(3) 若女士想请一位男士跳舞，可以说：“我是不是可以请您赏光同我跳一次舞?”若是在有正式节目单的舞会上，女士也可以事先与某位男士约定，共跳某支曲子。

(4) 在较正式的舞会上，第一场舞，应由主人夫妇、主宾夫妇共舞（如果夫人不跳，也可以由成年的女儿代之）。第二场舞，男主人与主宾夫人、女主人与男主宾共舞。舞会上，男主人应陪无舞伴的女宾跳舞，或为她们介绍舞伴，还要兼顾其他客人。男主宾也应轮流邀请其他女宾，而其他男宾则应争取先邀女主人共舞。

(5) 在舞会上遇到熟人，要握手或点头致意，说话声音要轻，不要高声谈笑，走路脚步要轻。休息时，应坐姿端正，男士应请女士优先入座。

3. 舞会禁忌

(1) 跳舞过程中，切忌戴帽子、叼着香烟、吃东西、哼歌曲。舞姿要端庄，动作幅度不要太大，也不要躯干扭曲、耸肩摇臀。共舞时，双方要保持适当的距离，既不可太贴近，也不要过分疏远。女士的手搭肩，搁手要轻松自如，男士握手不可太紧。男士的手要轻放于女士的腰正中，除示意外，不能有其他的动作。共舞时，盯视对方是不礼貌的，可将目光越过对方肩部，射向斜前方，以表示出平和的心境。

（2）跳舞时，应按逆时针方向行进，避免冲撞别人。中途退场时，必须在大家起舞后，从舞池边上走出舞场，万不可在音乐停止后，从舞池中任意穿过。在起舞后，音乐还未停止时，不可中途任意停舞。

（3）参加舞会前，不要吃味道强烈的东西，如葱、蒜等，可事先吃一块口香糖。

（4）舞会有着很强的社交性。舞会主办者请来的各种宾客中，有许多人是同主人的各种业务相关联的。尤其是一些公司、企业主办的舞会，往往是为了开辟一个纯粹的社交场合，以使一些业务工作能在一个轻松愉快的环境下进行。参加这种舞会时，谈论业务切勿单刀直入、开门见山，要在谈笑之间和轻歌曼舞之中，让话题自然转入，使事情在欢快的气氛中不知不觉地处理妥当。

4. 其他注意事项

（1）舞会开始时，女主人在客厅迎接每一位到会的宾客，并将新来的客人向就近来宾做介绍。

（2）若男宾携女宾同来，进舞厅时，应女宾在前，男宾在后，不要双双挽臂而行。

（3）当女宾不愿和某男宾跳舞时，可以有礼貌地找个借口推辞，男宾不可勉强。

（4）舞厅提供饮食时，男宾应陪同女伴进餐，并负责照顾她。

（5）男宾应主动邀请女主人或主人的女儿跳舞，以表敬意。

（6）当女士打算回家时，男舞伴应立即允诺，并略略送行。如果男士先行，则应向女舞伴说明理由，请求原谅。

（7）离开舞厅不一定要惊动主人，可以不辞而行。但如适值主人在附近，就应向其表示感谢，然后告别。

（8）参加舞会后的一周之内，应给主人打电话或写信表示谢意。

二、联谊会

为了联络与各类公众的感情，企业及其职能部门常常有计划地举办一些邀请特定社会公众参加的联谊会。常见的联谊会主要有：内部职工联谊会、股东联谊会、离退休人员联谊会、顾客联谊会、业务往来单位联谊会、社区公众联谊会等。

联谊会进行的时间一般为1～3天，这中间可以穿插不少活动，如电影招待会、舞会、聚餐会、文艺节目演出、知识竞赛、体育比赛、游艺活动等。由于联谊会的气氛活泼欢快、轻松自如，对于企业实现与各类公众之间的良好沟通，加强双方之间的联系，改善双方的关系有着十分重要的作用。因而，联谊会已成为企业创造内外“人和”环境的有效方法之一。

要搞好联谊会活动，应做好以下几个方面的工作：

（1）明确联谊会的主题，确定时间、地点、活动场所。

（2）安排联谊会的活动程序，并印制成节目单。

（3）确定联谊会的邀请对象，发出请柬。要特别注意不要忘记邀请新闻记者参加。同时，还要根据联谊会的主题，请企业的相关领导人参加。

(4) 购买举办联谊会所需要的物品。

(5) 安排专人负责布置联谊会的活动场地。

(6) 安排联谊会的礼仪小姐，负责接待工作。

(7) 派专人对联谊会的活动进行摄影、录像等。

(8) 准备好出席联谊会的领导的讲话稿、座谈会的讲话提纲等。

(9) 联谊会的形式不一，规格也不等，但均可遵照上述程序来做。

三、签字仪式

签字是文件有效的重要标志。国与国之间通过谈判，就政治、军事、经济、文化、科技、体育等某一领域的相互关系达成协议，在缔结条约、协定或公约时，一般都要举行隆重的签字仪式。国家领导人出访某国，两国发表联合公报或联合声明，有时也举行签字仪式。现在，地方与国外发展友好合作关系，通过双方会谈协商，最终达成合作项目的协议，签订有关合同时，也可以举行签字仪式。

（一）出席签字仪式的人员的确定

签字人由缔约双方根据文件的性质和重要性协商确定，可由国家领导人出面，也可由政府有关部门负责人出面，但双方签字人的身份应大致相当。按惯例，参加签字仪式的，应是双方参加会谈的全体人员。如果一方要求让某些未参加会谈的人员出席，另一方应予以同意，但双方人数应大体相等。不少国家为了对签字协议表示重视，往往特意安排地位更高或更多的领导人出席签字仪式。

（二）签字仪式的注意事项

1. 签字仪式前的准备工作

要准备好文本，包括文本的定稿、翻译、校对、印刷、装订等。这些准备工作均要准确无误。同时，还要准备好签字时用的国旗、文具，确定助签人员；事先与对方就有关细节问题进行洽谈。

签字的现场布置各国不尽相同。我国的做法是，在签字厅内设一长桌，桌面覆以深绿色的台呢，为签字桌。桌后放两把椅子，为双方签字人的座位，主左客右。座前摆放本国保存的文本，文本前放置签字文具。桌子中间摆一旗架，悬挂双方国旗。双方参加仪式的其他人员，按身份顺序排列于各自签字人员的座位之后。双方助签人员分别站在各自签字人员的外侧。

有的国家在签字厅内设置两张方桌为签字桌，双方签字人各坐一桌，双方的小国旗分别摆放在各自的签字桌上，参加仪式的人员坐在签字桌的对面；也有的国家安排一张长方桌为签字桌，签字人分坐左右，国旗分别悬挂在签字人的身后，参加签字仪式的人员分坐签字桌前方两旁。

2. 签字仪式的程序

签字人员首先入座，其他人员按宾主身份、礼宾次序、顺序就位。助签人员分别站立在各自签字人的外侧，协助翻揭文本、指明签字处、用吸水纸按压签字部位。签字人在本国保存的文本上签字后，由助签人员传递文本，再在对方保存的文本上签字。签毕，双方签字人交换文本，并互相握手。此时，可上香槟酒，宾主双方共同举杯庆贺，也可合影留念。

多边签字仪式与双边签字仪式大体相似。若只有三四个国家，一般只相应地多配备签字人员座位、签字文具、国旗等物。如果签字国家众多，通常只设一个座位，由文本保存国代表先签字，然后由各国代表按礼宾次序轮流在文本上签字。

3. 礼宾次序

礼宾次序是指国际交往中，对出席活动的国家、团体、各国人士的位次按某些规则和惯例进行排列的先后次序。

常见的礼宾次序的排列方法有：

（1）按身份与职务的高低排列。这是涉外活动中礼宾次序排列的主要根据。一般官方活动常按身份与职务的高低安排礼宾次序。例如：按国家元首、副元首、政府总理（首相）、副总理（副首相）、部长、副部长的顺序排列。

（2）按国家的首字母顺序排列。

（3）按通知代表团的日期先后排列。

（4）按各代表团的答复时间先后排列。

第四节　开业典礼与几种活动

一、开业典礼

一个组织或企业举行一个气氛热烈、隆重大方的开业典礼，将为自身创造良好的社会形象，给公众留下深刻、美好的印象。因为这是企业或组织向社会和公众第一次展现自身的大好机会。它可体现出组织或企业领导人的组织能力、社交水平以及企业的文化素质，也往往会成为社会公众取舍和亲疏的重要标准。通过邀请知名人士和记者参加，还可以扩大影响，提升知名度，给公众留下深刻的印象。

典礼程序一般为：宣布典礼开始，宣读重要来宾名单，致贺词，致答谢词，剪彩。

为组织好开业典礼活动，应做好以下几方面的工作：

（1）精心拟订出席典礼的宾客名单。邀请宾客一般应包括政府有关部门负责人、社区负责人、知名人士、社团代表、同行业代表、新闻记者、员工代表以及公众代表等。邀请出席的请柬应尽早寄出，以便被邀请者安排时间，按时赴会。请柬的语言文字都应郑重其事，印刷质量要高。

（2）事先确定致贺词、致答谢词人名单。

（3）答谢词、贺词都应言简意赅，要能起到沟通感情、增进友谊的目的。

（4）确定剪彩人员。

（5）安排各项接待事宜。事先应确定接待、剪彩、摄影、录像、扩音等有关服务人员。这些人员要在典礼前到达指定岗位。

（6）安排一些必要的助兴节目，以营造热烈欢快的喜庆气氛。在典礼进行过程中可以安排锣鼓、舞狮耍龙等节目，还可以表演一些小型民间歌舞。

（7）典礼仪式结束后，可以组织来宾参观本企业的生产设施、服务设施，以及产品等。这是让上级、同行和公众了解本企业、宣传本企业的好机会。

(8) 通过座谈和留言的形式，广泛征求意见，并尽快将意见和建议综合整理出来，以达到总结经验、鼓舞士气的目的。

开业典礼的形式、程序并不复杂，但要办得热烈隆重，丰富多彩，给人留下深刻的、良好的印象却并非一件易事。如果在程序安排或具体接待中稍有不慎，不但会破坏典礼，还会影响企业形象，其损失是难以估计的。因此，要想使开业典礼达到预期的目的，企业的有关组织人员，特别是相关秘书工作人员，应做到准备充分，头脑冷静，指挥有序，举止热情大方，彬彬有礼，善于鼓动。

二、纪念活动

纪念活动是为某些事件或节日而举行的活动。正规的纪念活动多以群众集会的方式举行，并需要相应的领导或发起人出席或讲话。特别是党政机关或其他组织举办的大型活动，如各种形式的纪念活动、集会等，由哪个级别的领导出席，谁来讲话，关系着集会的号召力和动员力。因此，应周密细致地做好纪念活动的组织及领导参加活动的安排工作。

（一）举办大中型纪念活动的注意事项

(1) 及早向有关领导或部门报告活动方案，以便其做好准备。一些群众集会的纪念活动具有严密的程序性、鲜明的政治性和隆重的礼仪性，若安排会务活动上出现失误，将会造成不可估量的政治影响。因此，制定和落实活动方案时，不可“大概”“可能是”，要详尽周全，做到无一疏漏，尤其要注意时间、地点、主办方、主持人、讲话人、入场程序等。特别是一些大型的纪念活动，礼节性很强，必须事先安排并通知到有关人员或单位。

(2) 提前准备好需用车辆，其中包括领导用车和活动用车等。应事先告知司机活动安排及时间、地点，并要求其认真检查车辆，以免途中误事。

(3) 详细掌握行车路线。一般大型活动都有专门的行车路线，大会秘书处应告知有关人员，保证按时入场。

(4) 准备好活动文件。秘书应帮助有关领导或活动负责人等整理或携带好有关文件、资料。

(5) 做好后勤工作，如安排好车辆停放位置问题。

(6) 安全保卫工作。纪念活动的安全问题是活动中必须要做好的一项重要工作。秘书部门应事先与保卫部门取得联系，并告知活动的方案细节，落实到具体的警卫人员。

（二）有关节日纪念演出的安排

重要的纪念节日，我国一般指“五一”国际劳动节、“六一”国际儿童节、“七一”建党节、“八一”建军节、“十一”国庆节、元旦、春节等。每逢这些重要的节日，党政部门和群众团体都要举行文艺演出活动。重要纪念节日的文艺演出，不是一般的娱乐活动，不仅具有鲜明的主题，还有强烈的政治色彩。通过这类活动，还可以宣传党的方针政策，为当前的政治经济服务。因此，安排好领导参加这种活动，不能看成是一般性的例行公事，而是一项政治性很强的工作，应予以高度重视，进行周密安排，一般包括以下步骤：

(1) 及时发送请柬。秘书收到请柬后，应立刻送给有关人员，以引起其重视，安排好时间，准时出席。要尽早落实参加活动的重要人员的名单。

(2) 向有关领导报告出席演出活动的各方人员名单。领导是否出席、什么时间入场、以什么方式入场等，往往要根据活动的规模、出席人员情况来确定。因此，秘书一定要事先了解大会活动的议程和人员安排，并及时报告。

（3）安排好座位。

（4）做好一些活动前的特殊安排。

（三）有外宾参加的活动

外宾陪同有关领导出席观看活动或文艺演出，这是对外工作的一种方式，也是外事工作的重要内容。

（1）要选好节目。安排外事活动，要考虑外宾的兴趣、政治态度、风俗习惯等，不要因政治、宗教信仰、民族习惯等问题引起不必要的麻烦和不快。由此而选出的节目，应由有关部门或领导事先予以审定。有条件的话，也可选演对方国家的节目，表示对来宾的尊重和友好。

（2）以官方或领导名义向来宾发出邀请，要提前发出，并把其答复或反映向有关领导或部门报告。

（3）安排好座位。

（4）做好入退场准备，以免引起混乱。外宾一般最后入席，最先退场，要保证安全。

（5）若献花、合影，要事先做好准备，但也要尊重客人的意见。

（6）发送节目单。要按先外后内的原则发送。节目单应用双方文字印刷。

三、庆功活动

庆功活动，就是为庆祝一些个人或事件的成功而举办的庆祝活动。

庆功活动一般都以庆功宴的形式举办。宴会采取哪种形式，一般要根据活动的对象、庆祝内容等来确定。

安排庆功活动也要注意礼仪性等，具体同纪念活动。

庆功活动有一些特定的文书，如祝贺信、贺电、祝词、题词等。其中有些也可用于纪念活动。

四、治丧活动

治丧活动程序如下：

（1）发布讣告。

（2）向遗体告别或瞻仰遗容。这个仪式一般在灵堂举行。遗体放在灵堂前面，周围可放些鲜花和绿叶，灵堂两侧放花圈。死者的亲属应站在死者的右前方。前来向遗体告别或瞻仰遗容的人员从大门进入后，先鞠躬表示哀悼，再绕遗体半圈，向死者告别，然后与死者的亲属握手表示慰问，最后从另一侧出厅。

（3）送火葬场火化。向遗体告别仪式结束后，由单位负责同志与亲属护送遗体到火葬场火化。灵车前要放白花，灵车的速度不能开得太快。

（4）举行追悼会。死者的骨灰盒安放在参加追悼会人员的正面。骨灰盒上面悬挂死者的遗像，两侧放花圈。追悼会的主持人首先应带领大家向死者遗像三鞠躬，然后由单位的领导致悼词。追悼会结束后，由治丧委员会负责人和死者亲属护送骨灰盒到安葬处。

五、吊唁活动

吊唁是对死者表示沉重哀悼、对生者表示安慰的一种礼貌行为。

（一）派人前去吊唁

前往吊唁的人员通常要履行签名、献花圈、默哀三个程序，然后再按死者单位的安排进行活动。吊唁是一种非常庄严肃穆的活动，前往参加者要注意服饰的颜色，以深色为好，女性不要浓妆艳抹。参加吊唁活动时不可有与吊唁气氛不协调的行为和举止。

（二）发唁电或唁函

唁电或唁函通常有两种形式：一种是以单位名义向死者单位或亲属发出的；另一种是以个人名义发出的。以单位名义发的唁电，致哀对象一般是原单位的重要领导人或在工作中有过突出贡献的人。由于发唁电单位与逝世者相距较远，来不及前往悼念，因而以唁电形式来表示哀悼。

六、追认活动

追认活动主要是为那些为保卫祖国和保护国家财产而光荣牺牲、为擒拿凶犯而献身、为抢救别人献出生命、为抢险救灾而英勇牺牲等人士而举行的活动，活动上要追认他们为烈士或共产党员、共青团员。追认活动应按以下程序进行：

（1）布置会场，要表现出严肃、沉重的气氛，一般要有横幅、遗像、主席台、花圈。

（2）全体到会者向被追认者致哀。

（3）由领导同志宣读追认文件。

（4）介绍英雄事迹。

（5）请各界代表发言。

（6）被追认者家属讲话。

（7）同被追认者家属握手并慰问。

（8）向被追认者家属颁发追认证书。

（9）会议结束后，领导和被追认者家属先退场，与会人员后退场。

七、婚事活动

（一）婚礼程序

现代社会提倡文明结婚。婚礼程序向无定制，下面仅引较为通行的供参考：

（1）司仪员就位。

（2）来宾入席。

（3）证婚人入席。

（4）主婚人入席。

（5）介绍人入席。

（6）新郎、新娘入席。

（7）新郎、新娘谢双方父母（一鞠躬）。

（8）行结婚礼（新郎新娘相对三鞠躬）。

（9）新郎、新娘互戴戒指。

（10）证婚人宣读证书并致辞。
（11）来宾代表致祝词。
（12）主婚人致谢词。
（13）主婚人退席。
（14）新郎新娘谢证婚人（一鞠躬）。
（15）新郎新娘谢来宾（一鞠躬）。
（16）新郎新娘退席。

（二）婚礼致辞

包括以下几项内容：
（1）证婚人的箴词。
（2）来宾贺词。
（3）宣读来信、来电。

第四编

秘书工作实务办公

第十七章

办公事务

第一节　办公环境概述

办公环境，从广义上说，是指一定组织机构的所有成员所处的大环境；从狭义上说，办公室环境是指一定的组织机构的秘书部门工作所处的环境，它包括人文环境和自然环境。

人文环境包括文化、教育、人际关系等因素。

自然环境包括办公室所在地、建筑设计、室内空气、光线、颜色、办公设备和办公室的布局、布置等因素。

一个良好的办公环境，可以提高工作效率。这就要求优化办公环境。这就要通过对办公室自然环境加以合理的设计和组织，使其达到最优的状态，即方便便捷、舒适整洁、和谐统一、安全。

一、保持方便便捷

办公室，是一个单位的核心部门，因此它的布局应该力求方便便捷，争取时效。

相关部门应尽可能安排在相邻的地方，以避免不必要的穿插迂回，便于工作的协调和同步进行。

一个高效的办公室，不一定要有昂贵的摆设，只要适当地放置一些工艺品或绿色植物，进行一下简单的装饰，就可以改善办公室的单调环境。但注意不要流于粗俗，否则将会影响整个组织的形象，因为办公室往往是组织的一个“窗口”。

二、保持舒适整洁

办公室的布置在不同程度上对工作人员的情绪都会有所影响，如光线的强弱、色彩的搭配、气候的冷暖及噪音的干扰等因素。所以对一个办公室来说，很重要的一点就是舒适整洁。

不论是办公室、办公桌，还是抽屉等，尽量不放置与办公无关的东西。办公文具的摆放要井然有序。可以想象一下，一个凌乱不堪的工作环境是不会产生令人满意的工作效率的。

三、保持环境的和谐统一

如果办公桌椅、文件柜等办公用品的大小、格式、颜色等协调统一，不仅能增强办公室的美观，而且能强化成员之间的平等观念，增强人与人之间的亲近感。再加上办公环境中和谐的人际关系，就更能激发工作人员的团队精神，取得最佳的工作效果，创造出和谐一致的工作环境。

四、确保办公环境的安全

保证组织物品和信息的安全是秘书的重要职责之一，也是优化办公环境不可忽略的一个原则。

布置办公室时要留意附近的环境和办公室存放财务的安全条件；信息如纸质文件、存储在计算机里的数据等能否得到安全的保障。

第二节　办公环境管理

一、办公环境整洁

保持和创造科学、良好的工作环境，是秘书人员的职责。

一个和谐、美观、整洁、舒适和安静的工作场所，必然有助于办公室日常工作的完成，也有利于秘书人员的健康。

（一）办公环境的构成要素

办公环境主要包括两部分：硬环境和软环境。

1. 硬环境——客观条件

办公环境的硬环境主要包括办公室（会客室、接待室）内的空气、光线、颜色、办公设备及室内布置等外在的客观条件，应注意以下几个方面：

（1）美化环境，绿化环境。为了让办公的环境生机盎然，在会客室或办公室摆放一些鲜花或绿色植物会增添活力。但摆放位置应以不妨碍视线交流及人员活动为宜，尤其不应摆放在行走必经之地，如过道上。室外环境也不能忽视，要做好园林绿化，绿草铺地或种植花木，做到内外环境协调统一。

（2）保持室内空气新鲜。为确保办公室内的空气新鲜，就要做好室内通风和空气调节工作。空气环境包括四个基本因素：温度、流通、湿度与清洁。办公环境中，空气环境的好坏，会直接影响该环境内人的行为和心理。为使人保持良好的工作状态，应该做到通风换气条件好，室内相对湿度、温度合理，在经济条件许可的情况下，可安装通风、空调设备，遮阳隔热设施及湿度调节装置。在办公室或会客室内不吸烟，另设吸烟区。

（3）保持室内光线适度。秘书人员的许多工作主要在室内进行，室内的光照应以自然光源为主，人造光源为辅，切勿使光线过强或过弱。尽可能将会客室安排在面南的方向，如担心光线直射，则可设置百叶窗或窗帘予以调节。使用人造光源时，最好使用顶灯、壁灯，尽可能不用台灯或地灯，特别是不要用它直接照射来宾。

（4）保持办公环境安静。为使人们的工作不受干扰，会客室或办公室及周围的环境应该保持肃静。此外，在室内布置上，为减少噪音可以考虑在地上铺地毯，以减少走动的声响；窗户上可以安装双层玻璃，用以隔音。

2. 软环境——人文环境

软环境主要包括会客室的工作气氛、秘书接待人员的个人素养等社会环境。软环境准备要注意做到：

（1）改善工作场所的人际环境。工作人员要目标一致，行动统一，有较强的凝聚力，只有这样大家才能不计较个人得失，互相支持，配合得当，共同完成各项日常工作，即创造“人和”的环境。

（2）提高秘书人员的个人素质。办公室秘书人员一方面要加强道德修养，另一方面要提高礼仪修养，要具有能与各种不同类型的人打交道、共事的本领，适应社会环境对个人交际能力的要求。

（二）秘书办公环境的责任范围

加强对日常环境的管理，营造一个令人舒适的工作环境，是秘书的责任和义务，也是秘书的一项经常性工作。通常秘书的日常环境管理有以下几个方面的内容：

1. 保持日常公务活动区环境的干净整洁

（1）一定要保持上司会客室和会议室的清洁，在来访客人离开及会议结束后要及时通知保洁员进行打扫和清理，以保持环境干净整洁。

（2）要正确使用并注意维护计算机、复印机、传真机等办公自动化设备，保持周边的整洁，发现问题自己动手或及时找人维修。

（3）应该经常对公用资源进行清理，如文件柜、档案柜、书架、物品柜等，对报刊、文件及公用的办公用品，用后要及时放归原处，保持整洁有序。

（4）要注意发现在办公设备、室内光线、温度、通风、噪音、通道等方面存在的有碍健康和安全的隐患，并及时提出建议或通知有关人员进行整改。

2. 保持上司的工作环境的干净整洁

要经常整理上司的办公室和办公桌，将文件和物品摆放整齐，文件柜、书架、博古架和各种陈设要保持清洁；每天要定时开窗通风，保持空气的自然清新，并定时测温、测湿，保持适合的温度和湿度，以保持上司的身心健康；经上司授权后，定期对上司的文件柜进行整理，将文件资料归类存放，将一些过期或无用的文件及时清理或销毁；在上司接待客人后，要及时对烟灰缸、茶具等进行清洗和整理；要经常对安全、卫生等状况进行检查，发现问题及时通知有关人员进行修理，时刻保持良好的状态。

3. 保持个人环境的干净整洁

办公桌是每一位秘书人员直接工作的空间。整齐清洁的办公环境，不仅可以提高工作效率，还有助于提升专业形象，甚至还会因此而受到同事的称赞，并成为典范，对办公室人际关系也有意想不到的益处。

（1）对办公桌的必备物品做到及时整理，摆放在办公桌上的物品都应是经常使用的，并应将它们整齐地摆放在办公桌上。

（2）电话摆放位置恰当。电话应该放在触手可及的地方，这样电话铃一响，就可以迅速地拿起话筒。如果需要站立起来才能接听电话，或者电话装在不顺手的地方，比如习惯用左手，但电话却安装在右边，使用都是极不方便的。

（3）用文具用品盒收纳常用文具。将钢笔、铅笔、胶水、直尺等常用的文具一起放入伸手可及的文具用品盒内。

（4）参考书摆放整齐。由于经常需要查找相关资料，秘书的参考书一般比其他职员的多。较多的参考书会占用办公桌上的较大的空间，所以应该把常用的参考书放在桌面或容易存取的抽屉中，而将较少使用的书籍放到公司的书柜里。

（5）电脑干净整洁。不要让待复信件、报告或备忘录将键盘覆盖，也不要在电脑屏幕周围贴满乱七八糟的小纸贴，这样不但会影响秘书个人的形象，还会影响公司的整体形象。

（6）必备的文件夹。将文档归类，并存放在不同颜色的文件夹中，然后在每个文件夹上标明标签。此外，还要分拣文件，把文件按需要程度分类，然后相应存档。

（7）整理办公桌抽屉。抽屉中存放小件物品，容易弄乱，因此，应先将其整理集中在一个盒子里，再存放到抽屉中。对于一些易黏的物品，如胶水、胶带或其他胶质材料等，要把它们放在盒子里，再有序地存放在抽屉里，否则很容易将抽屉中的其他物品粘在一起。印泥盒应该倒置放好，使印泥上层浸透墨水。如果办公桌有一个带锁的抽屉，可以用其存放有保密需要的东西；其余不带锁的，则可以用来存放信笺、复写纸，并适当堆叠这些纸张，以便取用。要经常收拾抽屉，及时清除没有价值的东西，以使抽屉内部井井有条。

（8）巧妙布置整理办公桌。根据工作的需要，将不常用的东西转移到其他的地方，只保留最为常用的东西，将那些不是每天都要使用的东西移出视线之外。选择合适的电脑显示器，不要让电脑显示器占据你桌面的大部分空间。为节省空间，可以选择使用显示器架，可以将文件和其他东西放到架子下面。如果办公场所狭小，就要想办法充分利用每一寸空间。可以将架子安装在墙上。桌子下面可以用来放置文件或电脑主机。如果桌上要摆放传真机、复印机和打印机等多种办公设备，可以考虑购买一台多功能的一体机。

（9）对过期的文件进行及时清理，这既节省了翻看文件的时间，又腾出了空间。如果担心会丢掉重要的文章，那么在扔掉它们之前先浏览一下目录，将真正需要的文章剪下来。不要用太多的空间来存放出版物，这样能够缩短你的阅读和清理周期。

二、确保办公室安全的工作习惯

秘书应经常检查办公环境的安全性，减少发生危险的可能性。同时，养成安全和正确的工作习惯，才能确保将办公室工作的危险降到最低限度。

（一）办公室存在的安全隐患

在日常办公时，有许多不注意的小节及一些不良的工作习惯，往往会造成安全隐患。例如：摆放不当的办公家具和设备；不规范的乱拖拽的电话线或者电线；家具或设备的突出的棱角；破旧或损坏的楼梯板及楼梯上缺失或损坏的扶柄；没有明示的打滑地板；挡住通道的包裹、行李或者家具；柜橱顶部堆放的东西太多；挡住通道的没有随手关上的抽屉；站在转椅上取东西；破损或危险的器械；损坏的接线；没有接地线的电器设备；不彻底的绝缘；负荷太大的电路；从桌面上掉下来的设备；举拾重物；对于已发现的危险记录不完全等。

存在的消防安全隐患有：安全出口受阻；灭火或火灾疏散的注意事项不完整或者根本没有；已受损坏的灭火设备；消防栓被锁住打不开或者平时就任其开着不做任何处理；使用易燃的废纸篓作烟灰缸；随便放在屋内的没有封口的清洗剂；许多废纸堆放在办公室内一角；当发生火灾的时候，火灾警报或者灭火设备失灵；当被要求撤离发生火灾的建筑物时拖延。

（二）良好的工作习惯

1. 消除消防安全隐患

为了减少消防安全隐患，保持良好的工作习惯，作为秘书应做到以下方面：

（1）设计办公室的布局和布置，以减少发生事故的危险；

（2）将办公家具和设备摆放在安全的位置；

（3）要确保走廊、楼梯等是安全的，并且没有易燃的或其他的物品堆放在其中；

（4）档案柜的装载和放置要确保安全；

（5）当取位于高处的文件或者其他物品时，使用折叠式工作梯；

（6）要保证合理安排烧开水和准备热饮，最好远离工作地点；

（7）对于器械要先阅读并遵守操作说明；

（8）如发生火灾要及时切断电源；

（9）避免从插座到机器的电线过长；

（10）安排机器进行定期保养和维护，如果机器不能正常工作，不要摆弄电子器件部分，及时打电话请技师来修理；

（11）将机器的异常和损坏毫无耽搁地进行汇报；

（12）检查机器的危险部位是否都装有保险装置，尤其是裁纸机；

（13）将机器稳固地放置在桌面或台上；

（14）笨重的机器或设备，需借助工具来移动；

（15）保持所有的安全出口清洁，清除杂物，以确保在紧急情况下能够立即使用；

（16）经常对员工进行消防知识的宣传，确保所有的职员都知道在火灾发生的情况下该怎么做，如：如何拉响火灾警报器，如何使用灭火设备，哪条是最短的撤离到安全集合地点的路线，如果最短的路线被阻还有哪些其他的路线可以使用；

（17）经常检查和维护火灾警报器和灭火装置；

（18）定期安排全体员工进行消防演习；

（19）要训练一名员工成为火灾监测员。

2. 消除日常安全隐患

为保持办公环境的舒适整洁，要及时、安全、恰当地处理剩余物品并及时协调处理好办公场所出现的问题，秘书应该注意以下几个方面：

（1）要协调处理好办公场所突发的问题。当工作环境中遇到包括照明、取暖、噪音之类的问题时，作为秘书应该及时通过正规途径向公司相关部门反映，以寻求解决办法。如果噪音干扰过大，那么应将问题反映给建筑主管，并主动与其就开工时间的调整进行协商。如碰到日光灯管烧坏、空调漏水的问题，可以提交相关建议，通过电话跟踪事件处理进度，明确处理部门，并配合其做好必要的协调工作。

(2) 要及时、安全、恰当地处理剩余物品。如对过期、失效的文档应定期销毁，便携机、台式机或服务器在清退或报废前应格式化硬盘。根据公司资产管理的有关规定，资产处理的途径包括转移、调拨、清退和报废，请按照不同途径的流程规定操作，还要跟踪资产台账记录的核销。对确定是多余或报废的物品，应及时清理出来单独存放，例如办公文具等低价值物品可自行处理。而办公设备等固定资产的报废则须向有关部门或人员（如资产管理处）申报批准。可以自行处理的物品，在妥善弃置前要检验并防止可能造成的危害或泄密。

第三节　办公室日常事务管理

印章的管理和开介绍信是办公室日常工作的一部分。印章和介绍信是各级各类组织对外联系的标志和行使职权的凭证，因此，作为秘书部门和秘书人员，要严格按照规定使用。

一、印章的使用和管理

（一）印章的含义和作用

1. 含义

印章是印和章的合称，我国古代叫印信，现代印章是指刻在固定质料上的代表机关、组织、单位和个人权利的图章。秘书部门掌管的印章主要有单位印章（含钢印）、单位领导人“公用”的私章和秘书部门的公章三种。其中单位印章是对外行使权力的标志。

2. 作用

(1) 具有标志作用。只有得到法律认可的机构或人员（也具有法人资格）才备有印章，并在印章上依印纹的形式标明其法定名称（全称），对外联系工作就以印章作为标志。另外，印章还表现为密封的标志。

(2) 具有权威作用。人们习惯把“印把子”比作权利的象征。这是法律赋予的权力，具有相当的权威性，而这种权威性则是以印章为见证的。

(3) 具有法律作用。单位具有法人资格，其印章是单位的标志，按法定程序制发，用印后的公文和凭证就具有法律效力，在刑事诉讼中负有法律责任和义务。

(4) 具有凭证作用。各种各样的文件、凭证、证据等，不盖章对外一律无效。

（二）印章的种类及式样

一般来说，公务印章分为正式印章、套印章、钢印、领导人签名章和专用章几类。

印章的样式一般由印章的质料、形状、印文、图案和尺寸规格几部分构成。

（三）印章的管理

1. 要专人负责

作为保管印章的人员应有很强的责任心和事业心，不准随意更换公章管理人员或将公章交予他人管理。一般情况下，印章的保管者也是具体用印的人员。为此，秘书部门对于保管和使用印章的人员必须严格挑选和审查，并加强教育和考查。不适合的，不允许在此岗位工作。

2. 确保印章的安全性

印章应存放在安全保险的地方保管。比如，放在机要室或办公室的保险箱内。如果存放在办公桌的抽屉里，则应当安装牢固的锁。保管印章的人员不能将此抽屉的钥匙委托他人代管，更不能将钥匙插入锁孔内离开，以避免印章被别人盗用，造成不可挽回的严重后果。

3. 保持印章干净和完整

使用印章时要轻拿轻放，避免印章损坏。同时要经常进行清洗，防止印泥和其他脏物将刻痕充满，以保持印章图案和印文的清晰度。

（四）印章的使用程序

印章的使用，一般要经本单位领导人的批准，办理签批手续，作为秘书不能擅自做主。严格执行监印制度，对使用印章有监督权，对不合法和不合手续使用印章的，有权拒绝盖印或提出异议，不能违反规定，不能有求必“印”，给自己和公司带来无法挽回的损失。

印章的刻制流程为：上级机关的正式批准→制发单位开具公函→附章样到公安部门办理登记→公安部门指定刻制单位→刻制印章→选定启用时间→发出附印样的通知→双人同行取回印章→拆封检验→专人保管。

1. 规范使用印章

（1）填写申请单。盖用单位公章，用印人必须填写“用印申请单”，经本单位的主要负责人或经主要负责人授权的专人审核签名批准。一般证明用印可由办公室主任批准，或遵循上司所确认的用印惯例。

（2）正确使用印章。使用印章时，如果遇到不明确的情况，应及时请示上司核准后，方能使用印章。如果盖印职能部门的印章，须有本部门的主要负责人审核签名批准。用印时，实际盖印的文件数量和“用印申请单”上的份数完全一致。

正式公文只在文本落款处盖章。如果是带存根的公函或介绍信、证明信，应分别盖骑缝章和文末落款章。

（3）使用印章要登记。在使用印章后，应当进行用印登记。登记的内容包括：用印目的、文件名称、编号、签发人、领用人、盖印人等。

2. 使用印章时应注意的事项

（1）在使用印章时，先检查有没有单位领导人批准用印的签字。当加盖单位的公章时，应该由分管领导审核签字。

（2）在用印前，要检查文件的内容，看看是否超越或降低了本单位公章的职权范围。这两种情况都不符合用印范畴，应不予盖章。如果发现带有政治性错误的或政治上不严肃的文件，内容、观点、文字有毛病的文件，弄虚作假的或与实际不符的文件，就不能盖印，并应及时向上级反映。

（3）检查使用公章登记的内容，包括：用印日期、用印单位、印文名称、用印人姓名、用印编号、批准用印人姓名、盖章人姓名。一定要仔细检查，不能漏项。

(4) 使用印章要确保盖印位置恰当。盖章通常在文尾，盖在署名中间，做到上不压文，下要骑年盖月。

(5) 印油要均匀，用力要适度，使盖的印章清晰、端正、庄重。

(6) 杜绝滥用印章，私自用印、空用印等违章用印，以及私自将印章带出办公室。

(7) 作为秘书，一定要谨慎使用经理的名章。经理的名章代表一个公司的领导身份，具有行使职权标志的作用，一般多用于书信、票证、合约、报表、文件等方面。各级领导机构之间，以经理个人名义发出的书信，一般都要加盖经理的名章，以表示负责、尊重和信任。

领导机关印发的一些票证，常加盖经理的名章，以此来表示负责、严肃和认真。一般在签订合同、协定、协议时，需加盖双方或各方经理名章，表示负责和信用。布告、通告等特殊文书也须加盖经理的名章，表示权威和承担法律责任。

经理名章具有法定的权威性和代表性，因此，作为秘书，一定要加强印章的管理，控制使用，防止他人利用经理名章进行不法活动。

(五) 印章的停止使用与缴销

当机构变动、名称改变或公章破损需要启用新的公章时，旧的公章停止使用，在新的公章启用后，同时将旧的公章送缴到制发机关封存或销毁。

如果要自行销毁，须经上级部门批准方可。如果属于机构撤销的，应该在撤销决定下达之日起，停止使用公章并缴销。

送缴公章要有手续，销毁旧的公章须登记造册，经上司批准，有两个人监督。

二、介绍信的管理和使用

(一) 介绍信的含义及种类

介绍信是用来介绍被派遣人的姓名、年龄、身份、接洽事项等情况的一种专用书信，具有介绍和证明的双重作用。

介绍信有许多种。秘书部门掌握的主要是工作介绍信，这种介绍信是统一印制的。出具介绍信时要经过单位内部的审批手续，填写清楚，与存根保持一致，加盖骑缝章，并有存根备查。同时，介绍信有时限要求。

(二) 介绍信的管理

介绍信的管理是有明确规定的。

(1) 要专人负责管理。一般情况下，介绍信和用印是密切相连的，因此，介绍信由印章管理人员负责管理。介绍信的保管应同保管印章一样，牢固加锁，随用随开，用后锁好，以防止丢失和被盗。

(2) 管理介绍信的人员在使用介绍信时，需要在存根上加以记载。在涉及重要事项时，要请批准人在介绍信的存根上签字。属于口头批准的，须在存根上记下批准人的姓名。有批条的要将批条贴在存根上。使用介绍信时要按编号顺序使用。

(3) 对于开出后未用的介绍信，管理人员要及时催回，粘贴在存根上。

(4) 持介绍信者，如果将介绍信丢失，要及时报告单位或部门负责人，并告知介绍信管理者。如涉及土要事项的还应该通知前往办事的单位，以防止假冒。

（三）介绍信的正确使用

作为秘书在使用介绍信时，一定要正确、规范，应该做到以下几个方面：

（1）使用介绍信时要严格履行批准手续。使用单位介绍信，须经上司或办公室负责人批准。

（2）管理人员要对开出的介绍信负责，经检查无误后方可用印。

（3）须填写持信人的真实姓名和身份，不能为达到目的就随意提高持信人的地位和身份，不准弄虚作假。也不能将介绍信转借他人使用。

（4）介绍信的内容要明确，不能含糊笼统。介绍信的存根内容要与介绍信正文的内容相符，与持信人的姓名一致，同时要填写有效时间。

（5）介绍信书写要工整、字迹清楚，不能随意涂改或涂抹。如果有涂改必须在涂改处加盖公章，否则视为无效。

（6）一定要使用蓝黑、黑色钢笔或毛笔填写介绍信，禁止使用铅笔、圆珠笔及其他笔填写。

（7）一份介绍信只能用于一个单位，不能用于两个单位。

三、值班工作

（一）值班的定义和类型

一般值班是指在当值的班次里担任工作。秘书工作实务中的值班是指在正常工作时间之外，或者为确保机关正常运作，在一般秘书业务之外所安排的、在固定的时间和地点处理日常事务和临时事项的工作。

按值班的时间一般可分为临时性值班、休假日值班和常设性值班三类。临时性值班主要指遇到或防止一些突发性事故或突发性事件而采取的临时值班措施。休假日值班是指一般机关或企事业单位在休息时间（如节假日或晚上）的值班。常设性值班是指一些重要的党政机关或企事业单位，建立常设性的值班室，安排固定的值班人员，实行全天的值班制度。

按值班的内容一般可分为专项性值班和综合性值班两类。专项性值班是指对某项专门工作的值班，值班人员一般只负责处理特定的事务，比如安全值班等。综合性值班是指综合全面的值班。

（二）值班工作的注意事项

1. 严格遵守值班制度

值班工作要制度化、规范化，值班人员必须遵守值班制度，按章办事。这些制度有以下内容：

（1）坚持岗位责任制。无论是固定的值班人员还是轮流的值班人员，都要明确班上的岗位职责，遵守这项值班的基本制度。特别是在重要部门值班时，随时可能有突发性事件报到值班室，有许多紧急事件无规律可循，值班人员必须随时准备应对复杂情况和处理突发性事件。要坚守岗位，不能随意擅离职守。

（2）坚持请示报告制度。在值班期间，值班人员如遇到重要事项或者没有把握答复处理的事情，必须请示领导。如有重要的信息应当及时向领导报告。遇到紧急情况可以边处理边报告。

（3）坚持保密制度。在值班期间，凡涉及国家或单位秘密的事项，必须按保密规定办理。

（4）坚持交接班制度。值班人员交接时一定要办理交接手续，做到文电交接清楚、未办事项交接清楚和值班记录交接清楚。如果是全天值班的，应该实行当面交接手续。实行白天班或夜间班的，可以采取电话交接或书面交接（把需要交接的事项写在交接表格上或值班日志上，交由下一班人员处理）。

（5）坚持安全防范制度。在值班期间，值班人员要特别注意防火、防盗、防诈骗。尤其是对重要部位要定时检查巡视，对陌生的来访者既要热情礼貌，又要保持高度的警惕性。

2. 做到认真负责

值班室工作琐碎、庞杂，没有规律性，处理起来又比较麻烦，但值班人员丝毫马虎不得，如果出现差错或处理问题不当，轻则耽误工作，重则造成严重后果。值班工作具有窗口形象、联络上下左右、应对紧急情况等重要作用。因此，作为值班人员，从思想上要高度重视，认真负责地做好每一项工作。

3. 做到热情待人

在值班期间，值班人员经常会有接待来访、接听电话等事项。因此值班人员一定要待人热情、说话和气、举止文明。对各种来人要根据不同的情况做出恰当的处理。对于来洽谈的工作者，验证身份证件，问清意图后，协助并指引办理有关事务。对于一般来访者，只要不涉及机密，尽可能地给予帮助。这样能给来访者和来电者留下良好的印象，从而塑造领导机关和企事业单位良好的社会形象。

4. 做好值班记录

值班记录是保存值班信息的重要载体，它一方面用于交接班，从而保持值班工作的连续性；另一方面用来备查。记录的内容包括电话记录、接待记录和值班日志。

（1）电话记录包括来电人单位、来电人姓名、来电时间、来电内容、回电号码及接待人姓名等内容。如果使用电话通知事情，事先要拟好通知稿。通知的稿子一定要简明扼要、口语化，避免或尽量少用同音字、歧义字。在通话过程中要做必要解释，通知完后要对方复述一遍。注意记下通话完毕时间、受话人的姓名，备查。接上传下，通话内容核实后，记录者要签字负责。

（2）接待记录包括来访单位、来访者姓名、来访时间、来访事由、联系方法及接待人姓名等内容。

（3）值班日志包括值班人员对当天值班过程中接受的信息和办理事项的全面记录等内容，其中包括收到或接到的电话、电报、传真、信函，接待的来访，领导要求办理的临时事项等。

（三）值班的主要内容

1. 负责处理来电来函事项

平时来电来函都有职能部门或秘书部门受理，休息时间和节假日则往往由值班室代为收受。如遇到函电内容重要或紧急的，要立即报告有关领导或转告有关部门。对于一般函电，值班人员只负责记录和登记，不直接答复或表态，不能随便拆信。

2. 负责安排值班人员

常设性值班室平时有固定人员值班，但节假日则安排各部门的工作人员轮流值班。一般单位的节假日值班基本上采取各部门工作人员轮流值班的办法。轮流值班人员的名单可由各部门提出，经秘书部门初步安排并与各相关部门协商后报领导审定。经领导审定的名单及时间安排要绘制成表格印发给各有关部门，通知到有关人员，并放置在值班室内醒目的地方。

值班表格的内容包括值班的时间、值班的具体地点、值班人员所在部门及姓名（如多人值班，应明确负责人）、值班要求及值班表的使用期限。

3. 负责承办临时事项

无论是常设性值班还是临时性值班，都要承办领导或其他部门委托的临时事项。其中包括临时性会议通知、向有关单位转达领导的指示、催查领导指示落实情况、根据领导意图安排和落实接待任务、了解上级部门领导在本地区进行考察活动的情况等。

4. 负责接待临时来访人员

对于临时到访的客人，在正常的工作时间内，一般的机关和单位由常设性值班室如各职能部门或秘书部门接待。在节假日休息时间则由轮流值班的人员接待。

5. 负责协调安全保卫工作

一般较小单位的休息时间和节假日值班，往往要同时兼顾安全保卫工作。有的大单位在节假日和休息时安排专人进行安全保卫值班，这时总值班人员应做好协调工作。

6. 负责掌握领导日程安排及外出情况

值班人员要对领导班子成员的日程安排及外出情况了如指掌，尤其当领导外出时，要掌握和领导联系的方式，一旦出现紧急情况可以及时联络。

（四）值班人员处理事件的方法和技巧

值班人员在值班期间，往往会遇到一些实质性工作或者突发事件。作为秘书要从容面对，处理好每一件事情。处理这些事情的方法和技巧如下：

1. 应该做好公务的接洽工作

属于公务接洽范畴的内容有：传达、承办公司电话指示、通知和其他联系事项；负责转办或落实上司临时交办的事项；负责同各方面派来的办事人员接谈商洽；负责所属单位的电话请示、报告的传递和答复等事务。

对于接洽事项应采取恰当的处理办法：

（1）对电话或来人商洽的简单事项直接处理。简单的事项主要涉及的问题是现行的方针、政策、法律有明确规定，并且情况清楚，上司和值班人员都明确了解的事项。

（2）把应由相关部门处理的事项转给相关的部门处理。值班人员根据各部门的职能、职责范围，把相关的问题转给相应的部门处理的同时，向来电人的单位说明办理的途径和方法。

（3）对于电话或来人商洽的重要事项要请示上司处理。重要事项主要指商办的事项事关重大，涉及的问题负责重大，需要上司直接出面决策的事项。

（4）应该建立健全公务接洽制度，坚持岗位责任制度。明确公务接洽的职责范围、任务和要求。建立请示汇报制度，明确什么性质的问题必须请示领导、向领导汇报。建立公务接洽记录本、记录册等。要坚持常记录，对其中有保存价值的材料应当立卷归档。同领导保持必要的联系。坚持登记、记录制度。明确公务接洽的登记办法和记录形式等。

2. 应该灵活地掌握汇报情况

（1）接来电时，要问明情况，做好记录。凡是打来的电话，无论是事情的大小，都要问明情况，认真做好记录，如有条件的还可以配备录音电话。

（2）对于重要情况应及时报告。像突发的重大事件、重大火灾、重大事故等，或者是需要领导立即指导、采取措施、亲临现场处置的问题，一定要毫不犹豫地立即向有关负责人报告，以便迅速按上级指示承办。一般的报告程序是：值班经理或主管领导—办公室主任—根据办公室主任批示报给其他经理。如果是非常重大紧急的情况，值班人员可灵活掌握，直报主要经理，然后再根据经理的指示进行办理。

（3）应该谨防“假冒”，避免失误。电话具有一定的局限性，有时容易被社会上一些不法分子利用，如冒充记者谎报重要情况等。如遇到此类电话，值班人员一定要头脑冷静地分析、处置，善辨真伪，以避免上当受骗，给工作造成不应有的损失。

3. 恰当处置突发事件和紧急情况

对于值班时发生的突发性事件或紧急情况，应该做到：

（1）尽快做出合理的反应。凡是报到值班室的突发事件、紧急情况，以及有损公司安全的事件，都对本公司、本部门影响较大或直接关系到员工和公司的利益及安危。

（2）准确了解具体情况。对突发事件、紧急情况的时间、地点、影响范围、损失大小等情况要了解得非常清楚。要想达到办事准确的效果，必须通过各种渠道把情况尽可能地了解清楚，收听情况时要努力地听清楚、记准确，决不能满足于“大概”“差不多”。

（3）积极主动做好预防。有些突发事件、紧急情况是不可预知的，但有些则是可以根据日常工作情况、信息来进行综合分析，从而对一些事物的变化发展进行预测，以便做到防患于未然，把损失降到最低限度。要做好预测，就要求值班人员平时要积累经验，遇到情况时要冷静、善于分析。值班人员对值班室的常用通信设备要定期进行维护、保养，如对讲机、重要联络电话、手电筒、雨衣、交通图册等，专用交通工具平时要加好油，这些值班的基础装备要做到常备不懈。

四、圆满完成领导交办的各种事项

领导临时交付给秘书处理的工作称为领导交办的事项。完成领导交办的事项，有利于提高领导的工作效率。许多领导交办的事项是在领导开展具体工作的过程中产生的，是领导工作的一部分。秘书通过及时有效地承办临时交办的事项，从而满足领导工作中临时或紧急的需要，能减轻领导工作的负担，解除领导的后顾之忧，提高领导工作的效率，并有利于领导集中精力抓大事。

（一）领导交办事项的特性

1. 紧迫性

领导交办的事项一般都是不能拖延，必须马上落实的事项，否则就会误事。

2. 广泛性

领导交办的事项既有比较重要的，又有琐碎的小事；既有公务活动，又有私人生活事项；既有公开交代的事项，又有秘密委托的事项；既有为决策服务的事项，又有应酬接待的事项；等等，涉及极为广泛。

3. 临时性

领导交办的事项一般都不在计划之内，往往是领导临时想到或遇到的、急需马上办理和落实的事项，所以大多具有临时性的特点。秘书人员不能怕麻烦，必须随时准备接受和完成领导交办的各种事项。同时，要灵活善变，抓紧办理，尽快落实，不要拖延，以免影响工作。

4. 具体性

有些领导交办的事项很琐碎、很具体，需要秘书亲自去办理。秘书心要细、路要熟、腿要勤快，做到口勤、嘴勤、腿勤。

（二）领导交办事项的内容

大致包括信访、信息、会务、文书、调研、联络、协调和接待等工作事项。

（1）信访工作包括代买车票、安排来访食宿、代领导看望友人、代领导回信等工作事项。

（2）信息工作包括代替领导核实信息、报送信息、传达信息、发布信息等内容。

（3）会务工作包括代替领导收集议题、通知开会、准备会议室、参加记录、整理会议纪要、会后催办等内容。

（4）文书工作包括代替领导查阅文件、递送文件、传达文件、清退文件、承办文件等内容。

（5）调研工作包括代替领导做市场调查、查阅资料、统计数字、了解情况等内容。

（6）联络工作包括秘书通过各种途径与有关部门和人员取得联系，并且建立密切的关系，为开展工作奠定良好的基础。

（7）协调工作包括秘书代替领导召开协调会，或从中穿针引线，协商解决某个问题，尤其是涉及几个部门、容易发生扯皮推诿的事项。

（8）接待工作包括秘书代替领导去接站，安排食宿，陪同参观游览，组织宴请活动，购买返程车、船、机票及送行等。

（三）完成领导交办事项的要求

1. 及时

许多交办的事项都是临时性的或在领导工作过程中才发生的，作为秘书应该迅速及时地完成交办的事项，提高领导的工作效率。所以当秘书一旦接到任务，就要迅速及时地办理，并圆满完成交办的事项。

2. 准确

领导交办的事项是领导工作中的一部分。因此，作为秘书必须首先明确了解领导的意图，准确把握具体的要求，及时准确地了解实际情况，按照领导的意图圆满地完成任务。

3. 协调

作为秘书，完成领导交办的事项具有优先权。这是因为大多数交办的事项都比较紧急。尽管如此，作为秘书一定要处理好与其他日常事务管理工作的关系，既满足领导临时的、紧急的工作需要，也要把其他的各项工作做好，做到两不误。

4. 保密

在领导交办的事项中，有些带有一定的保密性或隐私性。因此，秘书在办理这些事项的时候，一定要严格保守秘密。

五、接打电话

（一）电话的分类

（1）按通话的内容可分为通用电话和专线电话两类。通用电话是指不具有专门功能，可以用于一般性工作联系的电话。专线电话是指具有特定的社会作用，一条用户线路只有一种特定的用途。秘书的专线一般包括领导电话、监督电话、举报电话和投诉电话。领导电话是党政机关领导为加强同人民群众的联系而专门设立的，具有信访工作的特性。监督电话是党政机关和企事业单位为了加强党风、政风和行风建设而建立的。举报电话是指为了开展反腐败斗争、加强干部廉政建设、鼓励人民群众进行举报而专门设立的。投诉电话是为了专门接受群众对产品及服务的意见而设立的电话。

（2）按通话的范围和距离的远近可分为内部电话、市内电话和长途电话三种。内部电话是指有总机和分机组成的电话系统，供一个单位或一个系统内部使用。总机可以与外线联网，分机可以通过总机与外线通话。市内电话简称市话，是指在一个城市内的电话可以相互直拨的电话网，包括城市周围的郊区。长途电话有国内长途和国际长途两种。

（二）规范通话

1. 接听电话

一般接电话的顺序是摘机应答、自报家门、辨明身份、听记陈述、复述内容、告别挂机。

（1）摘机应答。秘书接听电话的最佳时间是在电话的第二声铃声响起之后、第三声铃声响起之前迅速拿起话机应答。

原因一：具有来电显示功能的电话机是在第一声和第二声铃响之间传递来电信息的，如果在第二声铃响之前摘机，会影响来电的显示。

原因二：有的主叫方在拨出号码后发现错误，即使马上挂机，被叫电话也已开始振铃。如果被叫方在第一铃声响后马上拿起听筒，容易造成无效的应答。

原因三：铃声响起的时间过长接电话，会延误对方的时间，显得不够礼貌。

第二声铃响之后立即拿起听筒应答，既体现对对方的尊重，又能展示讲求工作效率的良好形象。如果因故不能及时应答，则应该在摘机后主动向对方表示歉意。如“对不起，让您久等了”。

（2）自报家门。秘书在接听电话时，首先说话的是接听方，所以当拿起听筒后，应当主动向对方自报家门，以便让对方判断电话打的是否正确。

（3）辨明身份。是指主叫方如果未做自我介绍时，作为秘书人员，应该用礼貌的方式了解对方的身份和来电意图，特别是找领导的电话，更应该如此。

特别注意的是，在没弄清楚对方身份和意图之前，不要盲目地把电话转给领导，更不要轻易和对方谈论有关本单位的情况。

（4）听记陈述。是指当对方陈述通话内容时，秘书应该集中精力，认真倾听，弄清意图，抓住要害，记住细节，并做好相应的记录。凡有不清楚或不明白的地方，一定要请对方重复或解释清楚，特别是给领导的留言，一定要做好详细记录，事后及时向领导汇报。

（5）复述内容。是指接听方主动复述来电内容，既可以与主叫方核对信息，也有助于加强自己的记忆。视内容的重要程度进行简单或详细的复述。

（6）告别挂机。是指主叫方首先告别，接听方回敬对方应答，如“再见”“谢谢”等。在确认对方已经挂机后，再轻轻放下听筒，并检查一下是否挂好。

2. 打电话

一般打电话的正确顺序为：做好准备、正确拨号、自我介绍、陈述内容、主动复述、礼貌告别和检查挂机。

（1）做好准备。

首先，把拨打电话的内容准备好。内容包括打给谁、什么时间打、说的什么内容等。如果是重要的内容要写一个书面的提纲，电话传达领导的口头指示要先做好记录；如果是一般事项要事先打好腹稿，做好答复对方提问的思想准备。

其次，要事先准备好记录用的本、笔和电话记录单。

最后，查记对方号码，切忌先拿听筒再查号码。因为这样无效地占用了电话资源，还会使别的电话无法打进来。

（2）正确拨号。摘机后立即拨号，拨号时一定要注意力集中，避免拨错，以此节省时间。

（3）自我介绍。这是通话的基本礼仪。自我介绍前应该首先确认对方是否是自己要联系的单位或人员。在确认对方身份后，再进行自我介绍。如果是打错了，一定要在表示歉意后立即挂断电话。

（4）陈述内容。在确认对方是自己所要找的对象后，作为秘书人员要按事先准备好的内容准确、清楚、完整地向对方陈述。如果是重要的内容，一定要再强调一遍。如果对方有疑问一定要耐心地进行解答。

（5）主动复述。是指在通话内容陈述完毕后，秘书要主动询问一下对方是否听清楚了。如果是重要的事情，要主动复述一遍或请对方复述一遍，以避免内容出现错误。

（6）礼貌告别。是指在告别时要用礼貌用语。一般是由主叫方提出结束通话的要求，例如：“您看还有什么问题?”如果对方表示没有问题了，主叫方就可以结束通话了。

如果是固定电话，应先将耳机一头朝下，按住叉簧，切断通话，然后再放下话筒。

（7）检查挂机。是指通话结束挂机后，要检查电话是否确实挂断，如未挂断的话有可能造成泄密，还会耽误来电无法呼入。

（三）通话时秘书应该做到的事项

1. 使用礼貌用语

在通话时要使用文明的礼貌语言。如“您好”“对不起，让您久等了”等规范的用语。如果是询问对方身份的话，应该说“您贵姓”或“我怎么称呼您”。如果是要求重复内容时，要说“对不起，我没听清楚，请您再重复一遍好吗”。挂机前可根据不同的通话对象，分别采用不同的结束语，如“再见”“请多联系”“谢谢”等文明语言。

2. 应该做到陈述要清楚

因为电话完全依靠口头表达来进行，通话时，双方的陈述一定要做到口齿清楚、内容清晰、表达准确、声音适中。尤其是语速不能过快，声音不能忽高忽低，以免使人感到不舒服。

3. 应该做到态度和蔼

作为秘书，语气和态度一定要温和，即使对方语言粗俗或双方话不投机，也应该以礼相待，不能发脾气、耍态度，应该努力创造一种相互尊重的气氛。

4. 应该做到通话简短

秘书在接打电话时，在确保内容准确、清楚的前提下，应做到言简意赅、讲求高效。

5. 应该做到行为文明

它包括：接打电话要迅速，以免让对方久等；如果是长时间的通话，先询问对方是否方便，若对方不方便可以另约时间。

六、信息管理

（一）信息收集、编写的类型

1. 信息收集的类型

根据对信息的加工层次分，可分为一次信息、二次信息、三次信息的收集。

（1）一次信息收集是指将无序信息转变为有序信息，提高信息的利用率，如外文文献编译、剪报等。

（2）二次信息收集是指对一次信息加工整理后形成的新信息，提供信息线索，便于人们对信息进行概括了解。

（3）三次信息收集是指在一次、二次信息加工的基础上，通过分析概括而形成更深层次的信息。

2. 信息编写的类型

信息编写的类型主要包括经验型、建议型、动态型和预测型。

（1）经验型信息是指反映一个地区、一个单位、一个部门某方面经验的信息。经验信息的编写可采用先写做法和经验，后写效果的顺叙方法；也可以采用先写效果，再写做法和经验的倒叙方法。

（2）建议型信息是反映问题，提出解决问题的措施的信息。一般包括标题、背景、建议内容和理由几部分。

（3）动态型信息包括标题、背景和问题几部分。

（4）预测型信息是指预测工作情况、市场前景等的信息，包括标题、预测内容和预测依据几部分。

（二）信息收集的含义及形式

1. 信息收集的含义

信息收集是对信息进行全面挖掘、综合分析、概括提炼，来获得高层次信息的过程。

信息收集具有多次性的特点。信息具有共享性，它不仅可以存储、多次被利用，还可以进行不断的补充、完善和扩散，同时还可以通过综合、归纳，成为可以增值的资源。

2. 信息收集的形式

信息收集的形式主要有简讯、索引、文摘、剪报、目录编制、信息资料册和调查报告等。

（1）简讯是指用简明扼要的语言报道最新动态信息，属于三次信息收集。简讯信息要文字简洁、内容精练、准确，篇幅较短，不宜过长。

（2）索引是指由一系列按顺序排列的款目组成的、供查找信息题名和出处等相关事项的检索工具。索引属于二次信息收集。信息资料索引由篇目索引和内容索引组成。篇目索引一般用于指明信息的出处。内容索引一般用于摘录信息中的人名、地名和事件等，分别按顺序排列，并要指明其出处。

(3) 文摘是指简明扼要地摘录信息中的重要内容，以便于更全面地指示信息，它属于信息的二次收集。一般文摘的篇幅短小，主要内容语义上相同，不加评论和补充解释。文摘主要包括指示性文摘和报道性文摘两种。指示性文摘一般篇幅短小，但以指示信息源的主题范围、使用对象为目的文摘，则适用于篇幅较长、内容复杂的信息。报道性文摘是指原文要点比较详细的摘要，一般是以提供信息的实质性内容为主要目的，适用于主题比较单一集中、内容新颖的信息。

(4) 剪报是指根据需求选择专题，确定一定的时间周期，定时对报刊资料中有价值的信息进行选取、组合、编辑、传递等工作。它属于一次信息的收集。相对成本较低，获得信息量较多，但相对来说，比较零散，有的信息缺乏一定的时效性和可靠性。

(5) 目录编制是依据信息的题名编制而成，指对相关的系统化记载及内容的揭示，有分类目录、专题目录、行业目录、产品目录等。它属于二次信息的收集。

(6) 信息资料册包括历史资料和近期资料，有助于了解有关行业、产品的历史与现状。

(7) 调查报告是指在实地调查获得第一手信息的基础上，通过分析得出反映有关事实的本质特征的信息。它属于三次信息产品。

(三) 信息利用服务的特点和要求

信息利用服务是指通过有效的方式将信息提供给利用者，从而实现信息的价值。信息利用具有周期性、经常性、广泛性和实效性的特点。

信息利用应该做到遵守法规、维护信息的安全，最大限度地满足信息的需求，并注意对日常信息的积累。

(四) 信息服务的工作顺序及要求

(1) 了解和熟悉所存储信息的内容和成分。

(2) 确定利用信息的需求。

(3) 确定信息利用的途径。它包括检索信息、信息加工、定题查询、信息咨询。

1) 检索信息是根据需要，将组织和存储起来的信息，通过索引、目录和计算机检索系统查找出来，直接利用信息或信息的复制品。进行信息检索有分析信息需求、明确检索要求、选择检索系统、实时信息检索四个环节。

2) 信息加工是通过对信息内容进行分析研究、选择、加工、编辑后，信息人员利用信息成果的方法。

3) 定题查询是向利用人员提供特定主题和内容的信息，来满足利用人员的需求。

4) 信息咨询是答复利用信息人员的询问，指导利用者利用信息的方式。

(4) 获得信息。是指通过各种信息利用的途径，查找能够满足需求的信息。

(5) 提供信息。是指按需求提供获得的信息及信息加工品。

(6) 信息服务工作应该建立跟踪卡、文档日志，记录信息借阅情况。

(五) 信息反馈

1. 特点

信息反馈具有针对性、及时性和连续性的特点。针对性是指信息反馈不同于一般的反映情况，是主动收集，不是被动反映，有很强的针对性。及时性是指信息反馈要及时，以便及早地发现问题，解决问题，要讲究工作的时效性。连续性是指对工作活动的情况进行持续、有层次的反馈，有助于深化认识。

2. 形式

信息反馈主要有横向反馈和纵向反馈、前反馈和后反馈、正反馈和负反馈等几种形式。

（1）横向反馈是指同级组织之间的信息反馈。纵向反馈是指向上级管理部门和决策层反映执行指令情况的反馈形式。

（2）前反馈是指在信息发出前，信息接收者表示的要求和愿望，希望接受的信息能满足自己的要求。后反馈是指在信息发出后，信息接受者对信息做出的反应。

（3）正反馈是指对决策执行中的成绩、经验方面的信息反馈。负反馈是指对决策执行中的问题、失误方面的信息反馈。

3. 要求

信息反馈应该做到真实、尽量缩短信息反馈的时间，信息反馈要广泛全面、多信源、多通道。

4. 规范做法

（1）应该明确信息反馈的目标。

（2）选择信息反馈的方法。信息反馈的方法包括系列型、广角型和连续型等几种形式。

（3）获取反馈信息。依据确定的具体目标和具体要求所涉及的内容，及时地搜集和回收各种反馈信息。

（4）加工分析反馈信息。对搜集的反馈信息进行管理、加工、分析，并将其结果与既定目标和要求进行比较分析，找出差距。

（5）传递反馈信息。是指将反馈信息传递给相关部门或人员。

（6）利用反馈信息。是指采用各种手段、方法和具体行动，使信息工作和信息传递活动的实施情况回到完成既定目标、满足原有要求的正确轨道上来，为各项工作活动顺利开展打下良好的基础。

七、档案管理

办公室是事业单位或企业的一个核心的工作部门，每天都会产生大量的文件，日积月累，文件就会堆积如山。

所以，秘书部门就要对文件进行妥善处理，有的文件在完成一项工作后就失去了作用，可以销毁掉；有的文件在今后的工作中还会有极高的利用价值，这就要求秘书对文件进行归档和妥善管理、保存。

（一）档案的分类

可以按字母、按数字、字母和数字综合运用等分类形式。早期的档案大多按作者名称来分类，但后来，文件标题和来文地区被引入分类法中。当遇到机密文件时，可以用数字进行分类，这种方法可以加速文件的归档和检索，并且有利于计算机系统对文件资料进行归档和检索。

1. 按字母分类归档

在这种分类法中，案卷严格按照作者名称的字母顺序排列。作者的姓的第一个字母是指示该案卷在档案柜中存放位置的最初索引，如果要决定该卷的准确位置，姓的第一个字母以后的字母是决定因素。按字母分类又可分为按主题分类和按地区分类两种类型。

按主题分类，是指文件的主题优势会取代作者成为归档的依据，以最重要的主题名称作为归档的首要因素，次要的主题作为第二个因素，以此类推。主题通常是有关该业务部门的总管理以及涉及该业务部门与其分部、代理商、贸易联系单位的关系等。各主题之间的排列可以按字母排列顺序进行。它的优点是所有有关的资料都集中存放，可以迅速、简便地查阅。

按地区分类，即档案是按其产生的不同地区进行分类的，如省、市、地、县等。它的基本原理和按主题分类是相同的，只是文件是按国名、省份、城市等名称的字母顺序排列的。它的优点是可以使有关地区的所有文件集中存放，然后再按涉及问题分别立卷，运输和出口业务部门等最适合使用这种方法。

按字母分类的优点是材料费用低，方便实用，并能直接、迅速地立卷，不需要建立索引卡。缺点是查找常用名字时可能会遇到困难；查找某一专题案卷时案卷位置难以确定；需要扩充时不容易估算所需要的空间。

2. 按数字分类归档

案卷按数码排列，每一份文件给定一个数码。使用索引卡或索引条可以查出某一数码所代表的名字。把所有索引卡按所标名字的数码顺序排列，便于文件的查找。按数字分类可以按十进位制数码编排，也可以按日期编排。

按十进位制数码编排经常与专题分类相结合。常用的是图书分类的杜威十进位制数码法，操作起来比较简单，主要专题分别用某个整数表示。

按日期编排是指文件按照用数字表示的日期的先后顺序立卷。它是一般排列案卷内文件顺序的标准方法。

按数字分类的优点在于标上数码的文件便于查询，容易查找；当文件用毕归档时，不容易放错位置；新立案卷排放在已立案卷的后面，因此可以无限扩充，建立的相应索引卡或索引条可以兼作其他用途。缺点在于查找案卷占用的时间长；建立和维护系统比较费钱和费时；如果数码标错会造成文件和案卷放错位置的不良后果。

3. 字母和数字综合运用

按字母顺序或按数字排列分类归档都有一定的优点和局限，所以经常把两类结合起来运用，会达到很好的效果。

一种方法是，在字母顺序排列法中套编上数字索引，用数字分别表示一个字母或字母的一部分，在立卷时，每个案卷再分别编号。还有一种方法是，把这两种方法相结合起来，不另外建立卡片索引。也就是把案卷按字母的顺序分组排列，而在分组内部按数字排列。每个字母或字母的一部分分别立一个导卡，导卡上标明该字母组内按数字排列的案卷索引。

（二）电子档案的特点

（1）操作方便。是指形成档案之前的电子文件，增、删、改都很方便，并且改后不留痕迹，保证了档案页面的整洁。

（2）存储空间小。是指电子档案占据的空间很小。

（3）传递快捷与实现资源共享。电子档案的处理环境是计算机和网络技术，因此不像纸质档案具有的在某时、某地只有能接触到它的人才能阅读的局限。而且，网络上传递电子档案非常快速。一个终端上的电子文件也可以同时发给若干个网络终端，使利用者产生一种共享，不受时间和空间的制约。

（4）复制时不容易丢失信息。由于是数字化的信息处理，几乎不存在纸质复制品经常出现的清晰度下降、畸形、信息丢失的情况。

（5）具有多种表现形式。电子档案的形态多样化，如文字、图形、声音、影像等多种信息都可以单独或搭配成电子档案的内容。这就比纸质档案更加全面、形象、生动。

（三）确保档案信息的安全

为了确保档案的安全，作为档案管理的秘书应该做到以下几个方面：

1. 合理控制纸质档案的使用

档案的柜子都要随手锁上，以确保安全。只有领导规定的秘书可以进到档案室。当秘书取资料时，在原来放资料的地方做一个标记，如插上一个“流外文件夹”或“流外文件导引卡”等，在流外文件导引卡上可以记录借出日期、材料名称、借者姓名及归还日期等。在用流外文件夹代替正式文件夹期间，如果有新的文件放进来，就要把新的文件放在流外文件夹里。

2. 合理控制缩微品档案的使用

缩微品档案的载体和信息是合二为一的，对缩微品信息的安全控制，也就是对缩微胶片的安全保管。为了确保缩微品档案的安全，秘书应该做到：将存放缩微品档案的柜子上锁；不将缩微原件外借；存放胶片时要戴上手套；保证室内有合适的温度、湿度。

3. 合理控制电子档案的使用

为确保电子档案的安全，秘书应该做到：首先，必须采取措施控制电子档案的使用。请领导规定专人打开电子档案；如果一些无关的人离计算机很近，就要采取适当的安全措施；使用密码；锁住计算机等。其次，安全保管电子档案。对在别人计算机上使用过的优盘等，在使用之前一定要进行查毒、杀毒；给计算机安装防病毒的软件，并及时更新换代；保证存放优盘、光盘的盒子干净，优盘、光盘不受损害；磁盘远离磁场等。

（四）档案的保留

1. 制订合理的保留计划

一个单位对于哪些文件必须保留、哪些文件可以销毁要有一个相应的规定。

（1）对于公务文件的存档。对于所有类型的文件、信函及各种媒体资料要保留多久，要根据法律、单位领导的要求来决定。单位的文件、刊物、账本和会议记录等一般是需要永久保留的档案；国企的合同、托收记录和保险索赔证据等一般需要保留 5 年至 10 年。

（2）对于个人资料档案的保存。对于私人文件和记录的保存时间的确定，主要是根据销毁文件的有关规定和领导的意思。作为秘书要为自己制订一份保留计划。应该做到：把档案中私人文件和记录按字母顺序编好，并在编好的条目右边划出三个分栏，第一栏上注明有关这类文件的国家规定和其他的法律条款；第二栏注明秘书建议的保留期限；第三栏注明领导希望的每个条目的保留时间。根据不同的要求修改保留计划，得出一个保留时间，这也是领导同意的时间。存放计划包括存放盒上的档案号、存放的地点、准备销毁的日期、销毁的日期、批准日期、销毁人员等。

2. 档案的转移

每天都有大量的文件，办公室没有足够的空间存放纸质档案，因此要及时转移到指定的储藏室里，需要使用时再取出。

3. 贮存资料的形式

可以分为集中和分散两种形式。

集中式是指将所有类型的一切档案资料保存在一个中心空间贮存。也就是说把所有的案卷集中在一个房间里存放和管理。此方法的优点是：能经济地使用场地和器材；可以对档案管理进行更有效的监督；有利于专职人员进行档案系统的有效管理；为建立一个标准化的档案系统、高效率的立卷后续服务系统及案卷借调系统创造了条件；对于某一专题方面的材料立卷，档案案卷更加完整，同时减少了各部门所需要的来往函件的副本。采用集中式贮存时，在资料上交给贮存中心以前，各相关部门的资料由本部门保存 30～60 天，有些可保存 1 年。总之，转送的期限可以根据自己的实际需要而定。

分散式是指规定所有的文件由各个部门分别保管，以便查阅的贮存方式。其优点是：分散保管规模不太大，易于管理；本部门职员熟悉本部门的业务，在存档上更内行；是各部门针对本部门文件最适合的存档方式；便于各部门建立一套以字母编号的名称档案，有利于本部门使用来往文件。

第十八章 办公技巧与礼仪

第一节 办公技巧

一、统筹兼顾

常用的方法有：

（1）选择路线。凡涉及“行”，都有一个最佳路线问题。出差上车，外出办事，路线妥当，可节约不少时间。

（2）顺路代办。本处、本单位要办的事一块带下去或带上去，“下去（上去）一把抓，回来再分家”，可节省人力、财力。

（3）压缩合并。若调度车辆，把相近时间的用车单位进行合并；若召开会议，在可能情况下，把几项内容合并，开一揽子会，可节约人力、减少会议；若几个平行单位都在办同样或相近的事，可让一个单位承办。若不好指派时，可及时提出建议，让领导安排。

（4）分清先后。同时几件事，哪件事先办、哪件事后办，要慎重考虑。若次序不对，则可能延误时间。例如，装订需要用印的文件，可在装订前，在末页上集中用印，然后再订；若装订完，再去用印，需要一份一份掀开文件，费工费时。

（5）把握时机。一件事超前和拖后都可能办不成，一定要在合适时间办。要考虑事情本身的性质、特点、重要程度、承办人和领导人的情况，看条件是否具备，“气候”是否适宜。若不具备，暂时不办。

二、善始善终

有一句俗语：行百里者半九十。办事也是这样，因此应注意以下几点：

（1）及时催办。当领导口示或文字批示某件事情在什么时间要完成时，作为秘书工作人员，要把这件事记下来，中间主动催一下承办部门，临近限期时，再催一下，并视情况报告领导某月某日批示的某某事情进度如何，以提醒领导敦促下属解决。

（2）反复抓落实。发了文件不是事情结束，而是事情开始，要不断地抓好落实。

（3）坚持办到底。自己经手主办的事情，中间若无大的变化，一定要想办法完成它。尤其到事情最后阶段，也往往是关键阶段和困难阶段，一定要坚持住，拿出锲而不舍的精神，排除各种干扰、阻力，克服自身的惰性，再努一把力，否则会前功尽弃。

三、横向沟通

在一个单位工作，“老死不相往来”是不乏其例的。实际上，一个单位的工作，常常有相互交叉的现象。一个部门收到下面的报告，其内容可能涉及其他部门，作为承办人，在向领导正式汇报之前和有关部门通一下气，这样可以使有关部门知道情况，提出对策，几个部门形成一致意见后再报领导，领导一次性指示就可以解决问题了。如果事先不通气，很可能把简单事情弄复杂了。不仅影响工作效率，也会影响部门之间的关系，关系不融洽了，一个单位的整体工作效率肯定不会高。

对下级报告的事应该做到及时通气，对上级的指示精神也要及时将重要内容告知有关部门。要做到这些，必须树立全局观念，从一个单位的整体利益考虑问题。一些权力较大、岗位重要的部门还要注意“放下架子”，和兄弟部门“和睦相处”。

所谓“机关无小事”，常常指的就是这些事关全局上下的事。作为一名秘书人员，应该明确：办公办公，办的是公事，那就要靠大家来办。

四、留有余地

若负责经费开支，不妨留点机动费；若负责发放票证，不妨留几张机动票，不到最后关头，不要出手；若负责发放东西，不妨准备富余一点，以备有新增加人员，发后多余的存起来备用；若负责安排会议招待会餐等，不妨多留几个位子，以防“不速之客”到达；若负责安排集体活动车辆，不妨多准备一台车，以备临时急用；若负责安排单位工作计划，不妨留点机动时间，以应付意外情况；等等。

记住：要想不着急，办事留余地。

五、搁上一夜

秘书人员由于工作繁杂、节奏快，“急”几乎成了一种“职业病”。

克服“急躁病”的最好办法，就是搁它一夜。遇到重要的问题，只要不是特别紧急、火烧眉毛的，写出处理意见后，不要立即拿出去，而是放到抽屉里，搁它一个晚上。第二天起来头脑清醒了，再看它几遍，审慎地思考一番，确实比较妥当了，再拿出去。

这个方法虽然是决策者常用的，但对秘书人员也是适用的，因为虽然秘书人员的主要任务是执行，但在执行中也有需要决断的问题。如果举措失当，也会造成不应有的麻烦。

所谓审时度势，就是把握时机，掌握火候。有时需要当机立断，快刀斩乱麻。有时则需要三思九虑，“搁上一夜”，“凉一凉”。

搁上一夜，意思是放一放、想一想。并不是说每遇到需冷静思考的事都搁它一个晚上，有时搁半天也行。但一般来说，搁一夜，睡一觉，人的认识会大不一样，人正是这样一天一天进步的。从这个意义上说，凡是条件允许，放一晚上，是“最佳”选择。

六、五个要素

秘书人员会经常遇到陪同领导下基层的事。其实这件事并不复杂，除了工作之外，只要想到人的基本需求——“衣、食、住、行、乐”五个要素就行了。

（1）衣。根据季节、地域、气候变化准备好衣服。

（2）食。考虑出差途中如何就餐，住下后怎么就餐，事先和接待单位联系好是包餐还是自助。

（3）住。到目的地住下后，首先应和本部取得联系，告诉领导所住房间号码；其次要弄清楚所到单位作息时间。

（4）行。出发前就要考虑交通工具，汽车、火车、轮船、飞机，乘坐哪一种；是自己排队买票，还是托人订票；是硬座、硬卧、软卧，还是几等舱；途中若转车怎么转法；到目的地后，出门用车是出租、公交车，还是用接待单位车辆；每次出发的时间等。目前，交通是个大问题，“行”得“动”十分重要。

（5）乐。即娱乐，考虑工作之余是否安排文体活动等。

除了以上五个要素外，还有一点要注意，即“医”的问题。若是领导身体不佳，关于是否需要带上随身药品、到目的地后如何和医疗部门联系，都是需要考虑的，因这一条不是基本需求（还有安全保卫工作），这里就不列入了。

七、“五何”俱全

五何——何时、何地、何人、何事、何果，就是说在了解和处理一件事情时，一定要把时间、地点（单位）、人物（姓名、身份、简历）、事情（起因、经过）、结果（动态）搞清楚。如果有关人员把这五个要素都搞清楚了再上报（不用很长时间，只需稍稍问一下就行了），就不会“惊天动地”了。

“五何”要素，说起来简单，做起来不易，特别是经常做到、事事做到不易。现实生活中，一件事发生了，经常遇到当事人搞不清、确切时间地点搞不清、起因搞不清、经过搞不清、结果或目前动态搞不清的情况。有时是一项不清，有时是几项不清，还要回过头去了解，紧急的事可能就会耽误了，不急的事，时间也耽误了。

要做到“五何俱全”，脑子里首先要树立“五何”的观念，遇到事情，从“五何”去调查，听到反映，从“五何”去考虑是否“俱全”。这样，办事的效率就高了，尴尬和被动局面就有可能避免了。

要想不难堪，“五何”要记全。

八、检查三遍

哪些方面的事情需要检查三遍呢？

（1）事关全局的事。事关全局的集体活动——集会、参观、劳动等，还有事关全局的文电、讲话稿、统计报表等，下发和使用前一定要多看三遍，看是否有错、漏、忘和不清楚的易引起歧义的字词。有的人往往看了几遍也找不到毛病，这时不妨请同事看一遍。

（2）时间性强的事。要求在限定的时间完成的事，每一个环节都应按时保质完成，哪一个环节出了纰漏，就可能误事。例如陪同一位领导按时到指定地点开会，那么，在接到通知后，你就要从各方面做好准备，尤其是车票或机票，倘若订不到，就可能耽误行程。

（3）特别重要的事。事关人民群众的生命财产、单位的整体利益和安全保卫工作等，对一些细节问题一定要检查三遍。例如代表本单位和外单位签订某项合同时，合同定稿后一定要多看几遍，看有没有不清楚或可能留下后遗症的地方。

（4）易出毛病的事。组织各类活动都有一些易出毛病的地方，在这些地方应特别小心，多检查几遍。例如，乘车参观易发生漏人的情况；开会时扩音、录音设备易出问题等。

（5）领导亲自交办的事。比如领导让你向基层下达一条指示，指示下达后，那你就要注意检查一下，基层是否接到了指示，经过中间传递是不是有曲解或省略的地方，基层在执行中有什么问题，执行后有什么结果等。实际工作中，常常发现“经被念歪了”的情况，不检查几遍是不行的。因此，一定多检查几遍，要经过试验才行。只是一般性地检查一遍，难免出洋相。

检查周到，办事牢靠，检查不细，等着挨批。

九、一次完成

处理问题（事情）假若能一次完成，是最好不过的了。同样一个问题，会处理的人一次就可能解决了；不会处理的人两次甚至多次都处理不完，有的甚至一拖好多年。

秘书实务中的“办事”，小事、中事、大事都有，为提高处理问题的效率，作为一个秘书人员，应该树立“一次完成”的意识。比如，当承办一个会议时，哪些部门参加，应一次想好，一次通知完，不要想起一个单位，再通知一个单位。再比如，当接到一封文件需要往下转发时，不妨把转发的通知写好，一起呈领导审批，这样一次就完成了。

实际生活中，有的同志往往不这样做，他先把文件呈领导阅，领导批示转发，他再起草转发通知，再呈领导审批，“六指抓痒”——多了一道，速度自然也慢了一拍，还多跑了腿。

机关工作中，呈批公文是经常性工作之一，若能尽量“一次完成”，不仅提高了办理效率，也减轻了领导的负担。当然，有些公文是要先送领导阅批后再承办的，因此衡量公文是否可以“一次完成”，要靠秘书人员的理论水平、政策水平和工作经验。

还有一些麻烦事，也需要“一次完成”，例如伤亡善后事宜、财产纠纷事宜等。当遇到类似的棘手事时，一定要下决心、想办法一次完成。必要时，诉诸法律也要一次解决。避免留下后遗症，给后人造成无穷的麻烦。

“一次完成”，是处理艺术的一个高峰，经过努力是可以攀登上去的。

十、原则变通

主要的经验是：

（1）政策规定有许多条，为了办成于国于民都有利的事情，要多方查阅各种规定，这一条不行就用那一条，要积极找根据把事情办成，而不要到处找根据去卡，使好事多磨。这是把政策用好。

（2）政策规定有幅度，允许灵活的，则应向有利于生产发展和搞活经济方面去灵活执行，而不应相反。这是把政策用足。

（3）确实利国利民的改革，如果从现有文件中找不到根据，还可以试点，在试点中突破现有规定，把政策用活。

这三条精神，可以在秘书工作中推而广之。

不会变通，一些事可能没法处理，有的事可能无限期地拖了下去，以致单位受损失，当事人受难遭罪。

当然，变通不是随意胡变、乱变，违背原则地变，而是“原则变通”，在政策规定允许的大前提下，从实际出发去变。这个分寸，秘书人员是应该也是可以掌握的。

变通，变通，要万变不离其宗（原则）才行。

十一、趁热打铁

趁热打铁，也叫“热处理”。

出现了英雄壮举或重大问题时，需要尽快赶到现场了解情况。若不能马上到现场时，应及时查明情况，尽快上报。

发生了案件时，要尽快调查跟踪。有时差一小时，甚至几分钟，情况就可能不一样。

深入基层调查研究后写专题报告时，要趁还在基层单位就把初稿拉出来。许多秘书人员的经验说明，如果不在下面写出初稿，一回到机关，事情一多，热乎劲没了，再写，效率也就低了。

整理未录音的领导讲话时，要抓紧时间。晚一小时，准确性就差一分。及时整出来，倘若领导未走，还可以送审校正。

领导交办重要事项时，要赶快办。若领导交代工作时限定了时间，那就一定要在限定的时间完成。若没有限定时间，也应抓紧办理。

容易办的小事，要赶快办。三五分钟即可办完的小事，要马上办。小事办完了，才能腾出时间办大事。

十二、冷冻待化

冷冻待化，也叫“冷处理”。作为一名秘书人员，可能会遇到这种情况：领导对某个人或某件事不满意，在情绪激动的情况下，可能会说出一些过头的话，下达一些不合实际的指示，这时如果按照领导气头上的指示马上去办，结果一定会不好，等于给领导帮了倒忙。

遇到这种情况，秘书人员不妨慢一拍，待领导心平气和后，再请示如何办，这样做，效果可能会好些。当然，这样做可能会担点风险，领导一时可能会认为你执行批示不坚决。但从维护事业、维护领导威信出发，一时受点委屈也是应该的，领导迟早会明白过来的。

秘书工作还常常遇到一些“火烧眉毛”的急事，越是在这种情况下，越要处事不惊，冷静处理，才能想出办法，所谓“急中生智”，不是一急就出智，而是急中冷静地思考，越急越有信心，才能出智。

文武之道，一张一弛。理事之道，一热一冷。

十三、先斩后奏

现实生活中，上下机关、机关内部因为职责不清、规定不明，互相扯皮的事，司空见惯。对于一些一定要办的急事，不妨“先斩后奏”，当然，“先斩”是在不得已情况下，认真负责的“先斩”，不是不负责的“乱斩”。

现在有的单位，为了解决扯皮问题，成立了“马上办”“立刻办”科，的确是明智之举。因为随着改革的深入，事业的发展，会出现许多原先规定条文上没有的新问题，如果都先去打清官司，事情可能就耽误了。

“先斩后奏”要有点勇气和胆略，要有点政策理论水平和工作经验。但只要认真实践，完全可以“斩”得合理、“奏”得成功。

十四、交叉处理

所谓交叉处理，就是在一个时间段内，让相关的秘书人员都能“互动”起来，不至于有人忙死，有人闲死。这种方法，在时间上讲，也可以叫“同步进行”，即同时进行几样事情，核心是人人有事干，不浪费时间。

一个单位是这样，一个人也应这样。例如手头同时有几件事要办，如果干完一件再干一件，那就不仅多占用了时间，还可能把有的事耽误了。如果“调度”得当，完全可以在干第一件事的空当中，把第二件事的一部分先干了。依次类推下去，像“连续剧”“系列片”一样，几条线一起发展，最后落下帷幕。

抓住了时间就是抓住了“效率”，交叉处理的关键就是抓住时间。

十五、化繁为简

如何做到“化繁为简”呢？当遇到复杂的问题时，头脑里要有简单化处理的意识：

（1）这件事要不要处理（从社会效益、经济效益、政治影响上考虑），能不能干脆不处理。

（2）如果要处理，问题的关键点在哪里，有没有简单的办法。

（3）能否和其他类似的问题放在一起处理。

（4）这个问题过去属于哪个单位、哪个同志接触过，是否同他们合作处理。

日常生活中，人们常常把“大事化小，小事化了”当作贬义词，但如果不是违纪枉法的“大事化小，小事化了”，而是在坚持原则的情况下，把复杂的大事化作小事处理，甚至“化了”处理，是应当提倡的。实际上，秘书工作人员每天都在做着“化小”“化了”的工作。不然，各类问题早就堆积如山了。

十六、换位思考

实践中，换位主要有换上位和换下位两种，即站在上面看和站在下面看。

先说“上位思考”。就是站在领导的角度思考问题。一位领导，经常要求秘书当“上司”，起码要当处长、科长，意思是办事、撰文要站在全局考虑问题。想到关于这个问题上司可能会想什么。例如，起草一份进行某件事情的指示，就要想到整个单位的情况，站在主管领导的角度考虑一下本单位怎么办，然后再起草。这样写出的公文，领导可能较快地签发。人们常说，一级机关有一级的水平，主要就是站的“角度”不同，因而“高度”也不同。

再说“下位思考”（平位思考）。就是站在下级或同级的角度思考问题。无论是撰文或处理事情，假如能从下级或同级的角度考虑一下问题，行文就可能减少差错，处理就可能得到大多数拥护。秘书工作中，会遇到很多类似派公差、组织集体活动、分东西等事情，秘书在处理这类事时，换位思考一下，倒过来想一想，事情就可能处理得更完善些。

要想公道，打个颠倒。要想顺心，以心换心。

第二节　办公礼仪

一、举止神态

在工作交往中，一个人举止文明、神态优雅，会产生一种神韵；相反，即使有漂亮的容颜、时髦的服装，但神态欠佳、举止无礼，绝不会给人留下良好的印象。工作中良好的举止神态如图 18－1 所示。

图 18－1　良好的举止神态

（一）举止

在社交场合，举止应大方得体，态度要不亢不卑。举止是最能显示风度的因素之一。

1. 坐姿

古人说“坐如钟”，即坐时要端正稳当，入座时，动作要轻而稳。

女性入座时尤其要优雅、从容。一般应从椅子左边入座，起身时也应从椅子左边走出。与人谈话时应端正地坐好，腰挺直，一般不背靠椅背，不要随便叉腿伸脚。坐时两腿并拢或稍稍分开。

女性也可采取小腿交叉的姿势，但不要向前直伸。手可置大腿中前部或手扶膝部；一手置于大腿，另一手轻置于沙发扶手也很有风度。切忌叉开两腿或抖动腿脚，也不要弯腰驼背、手托下巴。

与人交谈时，双腿基本上保持不动，身子可微微前倾，以示专注聆听。青年男女之间交谈，应保持适当距离。女性尤要注意自己的坐姿，如果穿短窄裙，双腿需并拢，脚稍往里收。规范的坐姿如图 18－2 所示。

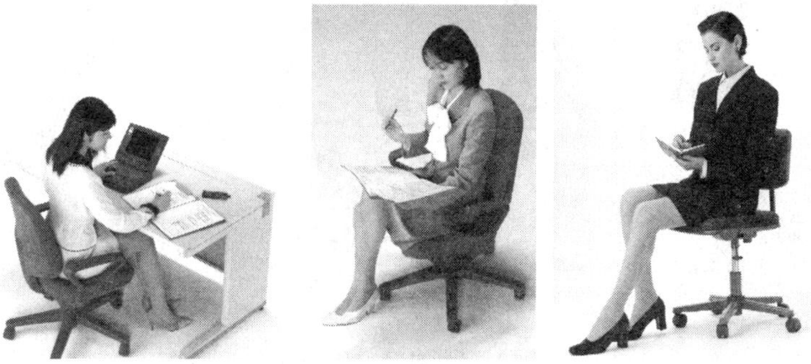

图 18－2　规范的坐姿

2. 站姿

古人说“站如松”，即站立时身体应挺拔而有生气。

基本的站姿为：头正或稍歪，肩平，收腹挺胸，两臂自然下垂至裤缝处。如手拿物件，可一手下垂，拿物件的手轻轻置于腹前。脚跟并拢，两脚尖张开夹角成 45°，身体重心落至两脚正中。如果两脚前后稍稍分立，重心落至后脚也很优雅。站立时避免头下垂或上仰，切忌收胸含腰、背曲膝松、脚打拍子。规范站姿如图 18－3 所示。

图 18－3　规范的站姿

3. 走姿

古人说“行如风”，即行走时轻快、敏捷，有一种动态美。走姿优雅最能显示风度。

基本的走姿为：昂首挺胸，两眼平视，肩平不晃，两手自然下垂，前后自然摆动。穿裙子或旗袍走路，宜走成一条直线。注意在前脚着地和后脚离地时伸直膝部，两腿不宜隔得太宽。步幅稍微加大，显得活泼轻快。

4. 失礼的动作

跷二郎腿，并将脚尖对着别人；打呵欠，伸懒腰；跺脚或摆弄手指；剪指甲、挖耳朵、挖鼻孔等；双腿叉开；揉眼、搔头发、搔痒；随意脱下上衣、摘下领带、挽起袖子等，都是失礼的。

（二）神态

神态是人内心世界的外在显露，自然得体的神态如图 18-4 所示。

图 18-4 自然得体的神态

1. 微笑

微笑是一个人最漂亮的表情，它是一种无声语言。微笑是任何人为的修饰都取代不了的。微笑以其亲切温和传达对他人的热情欢迎，表达自己内心的友善。即使碰到不愉快的事情，在与人交往时，也要善于克制自己，保持愉悦的心情，以微笑待人。

2. 眼神

泰戈尔说："人们一旦学会了眼睛的语言，表情的变化将是无穷无尽的。"目光是最富于表现力的一种体态语。一个人的喜怒哀乐都可通过眼神表达出来。

眼神也是需要"修养"的，稍有不慎，也会引起误会。与人交往时，眼光应柔和而亲切。放松自己，不要死死盯住对方身体的某一个部位，应让自己的目光虚些。切忌东张西望，表现出心不在焉的样子，或不时看手表，这样做就轻慢了对方。千万不要注意别人的生理缺陷，更不要用斜视、瞟视等不礼貌的眼神。

二、外宾接待

（一）迎送

参加迎送的人员，接到通知后，应按时到达地点，切不可迟到、早退。因故不能参加时，应及早通知接待单位，以便另行安排。

遇有外宾与我方人员拥抱时，可相应有所表示，不要推卸或勉强应付。与外宾合影时，我方人员动作要迅速，不可让外宾等得过久。拍摄其他照片或摄像时，主陪人员不要退后，非主陪人员不要抢先。

当火车、飞机离开时，迎送人员挥手告别，直到外宾看不见我方人员时，方可散去。

（二）见面

与外宾见面时，有两种介绍方式：一是第三者介绍，二是自我介绍。自我介绍适用于人多、分散活动而无人代为介绍的时候。自我介绍时，要先将自己的姓名、职务告诉外宾。介绍时，一般对外宾可称“先生”“朋友”，对已婚的女士称“夫人”，对未婚的女士称“小姐”。如事先不知女宾的婚姻状况，可称其为“女士”，年轻的可称“小姐”，切不可冒失地称“夫人”或“太太”。

握手时，一般主人先向客人伸手，身份高的先向身份低的伸手，女士先向男士伸手。在会见时，一般是外宾坐在右边，我方人员坐在左边。

（三）谈话

谈话要事先弄清对方的身份，以便自己谈话得体，有针对性。谈话要自然、大方、和蔼、诚恳，不要自吹自擂，强加于人。谈话要有分寸，谦虚要适当，称赞对方不宜过分，不要翻来覆去地让别人给自己提意见。谈话要实事求是，自己不知道或不清楚的事情，不要随便答复；自己没有把握的事情，不要允诺；答应别人的事情，一定要做到。要注意内外有别，严守国家、本单位的机密。与外宾谈话，一定按照党和国家的对外方针政策和对外口径办事，没有把握的要及时向上级请示。

与外宾谈话时要注意倾听，不要左顾右盼，更不要闭目养神或总看手表。谈话时，要面向外宾，不要只向翻译小声嘀咕。谈话时不要总自己讲，或是我方人员相互谈，要给外宾充分说话的机会。外宾讲话时不要随便插话，不要轻易打断。我方也应相机主动谈话，不可只是外宾讲，而我方一声不吭。不要打听外宾的私事，如年龄、履历、婚姻、薪水等。不要以外宾的生理特点为话题，更不要给外宾起绰号。

谈话时，三个人以上在场时，不要只谈两个人知道的事情，冷落他人。不要议论第三者的事情，不要交头接耳、讥笑他人。如果谈及的事情不便让旁人知道，则应寻找适当的时机再说。外宾相互谈话时，不要趋前旁听，如果因事需要和外宾说话，应先打招呼。

（四）出席晚会

收到晚会请柬或入场券后，应准时参加。如果因故不能参加，应及早向接待单位说明情况，以便另行安排。招待重要外宾的晚会，当我方陪同人员与外宾入、退场时，观众应起立，热烈鼓掌迎送。参加晚会不要迟到、早退。如果因事必须离场时，应该等一个节目演完落幕后，再轻轻退场，不要发出声响。

场内不要吸烟、吃东西，更不能嗑瓜子。演出时应保持肃静，不要随声哼唱或用手、脚击拍。每个节目完毕，应热烈鼓掌。演出结束演员谢幕时，全场人员应起立鼓掌，向演员表示感谢。

进门后，应把大衣、帽子、围巾、手套、雨衣脱下，存放起来，不要带进场内。存放前注意检查口袋里不要留有文件、笔记本和钱包等物。在室内的一切活动，都不能戴帽子。

（五）车辆安排

外宾乘坐的车辆应根据接待计划予以安排。我方陪同人员和外宾同车时，尽量把外宾让在自己的右侧。除外宾自己要求外，一般不宜让外宾与司机并排坐。大型参观团，团长车上的人员上齐后，前导车即可开始缓行，以免主车等候过久。行车注意掌握速度，以防止后面的车辆掉队。如果外宾坐错了车，可于下车后再调整，当场不必忙于纠正。如果我方人员因故未能赶上车，不要在车队后面呼喊追赶，可另安排车辆赶上。

外宾准备乘车时，司机应将车门打开，并用手示意，防止客人头部碰撞车篷，待外宾坐好后再关车门。有任务的司机禁止喝酒，行车期间不得吸烟或与他人交谈。车辆要经常擦洗，保持车辆内外的卫生。

在正式的场合，与其他人一同乘坐轿车时，难免会碰上轿车的座次问题。不同数量座位的轿车，在排座时方法各异。而在同一种轿车上，驾车者的实际身份也对排座构成明显的影响。如果是双排五座轿车，当主人驾驶此种轿车时，其排座自高而低依次应为：副驾驶座、后排右座、后排左座、后排中座。当专职司机驾驶此种轿车时，其排座自高而低依次应为：后排右座、后排左座、后排中座、副驾驶座。

上下车时，倘若具体条件允许，一般均应请与自己乘坐同一辆车的尊长首先上车，最后下车。请对方首先上车，是为了请其优先选择自己所中意的座位。请其最后下车，则主要是为了在下车之际，有可能得到已下车者适当的照料。有时，尊者首先下车亦是许可的。

当尊者首先上车后，陪同人员在随后登上同一辆车时，宜从车后绕行至另外一侧的车门上车。下车时，亦须如此。不要在上下车时有意无意妨碍对方。

在与尊者同乘一车时，遵守符合礼仪的先后顺序自然理所应当，不过在具体招待时，切勿不顾当时的实际条件。在任何时候讲究上下车的先后顺序，都不宜忽略上下车时的方便与否。

参考文献

[1] 夏廷献. 提高办公效率七十二术. 北京：解放军出版社，1989.

[2] 夏廷献. 公务人员成功手册丛书(公务人员 72 术，公务人员 72 忌，公务人员 72 会). 北京：长虹出版公司，2004.

[3] 张大成. 现代应用写作教程. 北京：首都经济贸易大学出版社，2005.

[4] 张大成. 组织会议和活动. 北京：中国人民大学出版社，2002.

[5] 张大成. 现代礼仪文书写作. 北京：首都经济贸易大学出版社，2004.

[6] 向国敏. 现代秘书工作实务. 北京：首都经济贸易大学出版社，2005.

[7] 范立荣. 秘书国家职业资格培训教程. 北京：海潮出版社，2003.

[8] 成章. 申论典范. 北京：北京大学出版社，2007.

[9] 国家公务员录用考试命题研究组. 公共基础知识. 北京：北京大学出版社，2007.

后记

本书由首都师范大学高级涉外文秘系原系主任张大成主编，参加资料收集、整理和部分编写工作的还有国务院办公厅秘书局成小军，中共中央办公厅秘书局赵彬，中国高级公务员培训中心程超，中国人民解放军后勤学院刘胜俊，武警总部司令部直属工作部徐友金，光大银行王森、郁强，北京市人事考试中心刘燕伟，北京市海淀区人事考试中心姜大宽，圆明园管理处解秀清，北京市高校毕业生就业指导中心王智丽及李娟、谭慧、李丽颖等。书中对所用资料未能一一标明出处，在此对所选用资料的原作者及相关出版社、报社、杂志社和网站一并致谢。尤其要感谢“办公技巧”等摘编的原著作者夏廷献、编辑谢钢同志，以及范立荣、向国敏、孟岩岭、方位津、俞敏同志。由于我们的水平所限，书中难免存在谬误之处，欢迎广大读者批评指正。

张大成

新编 21 世纪远程教育精品教材

公共基础课系列

书名	作者
大学语文（第二版）	黄鹤
应用写作（第四版）（“十一五”国家级规划教材）	孙秀秋
计算机应用基础	李刚
马克思主义哲学原理（第二版）	霍福广
“毛泽东思想和中国特色社会主义理论体系概论”教学专题研究	王向明
全国高校网络教育大学英语词汇必备手册	王建华
全国高校网络教育大学英语学习与考试辅导	王建华
高等数学“学习包”（第二版）	张家琦　曹承宾
北京地区成人本科学士学位英语统一考试历年试题解析	常红梅
北京地区成人本科学士学位英语统一考试辅导（第三版）	常红梅
大学英语学习与考试辅导	常红梅
数据库基础教程	苏俊
毛泽东思想概论	江长仁

经济与管理系列

书名	作者
西方经济学	缪代文
西方经济学（第二版）（微观经济学部分）	刘凤良
西方经济学（第二版）（宏观经济学部分）	刘凤良
消费心理与行为学	赵冰
管理学原理	孙喜
经济法概论（第三版）	宋立成
互联网金融的法律与政策	邢会强
国际金融（第二版）	刘震
税务管理	王秀芝
邮政储汇实务	周艳海
中国税制（第三版）	杨虹
投资银行学教程（第二版）	胡海峰　等
金融学概论（第三版）	宋玮
国际贸易实务（第二版）	王晓明
财政管理	王秀芝
保险学	戴稳胜
证券投资学（第三版）	赵锡军　李向科
统计学教程（第三版）	金勇进
财政学（第二版）	安秀梅

续前表

书名	作者
中国政治制度史	侯力
经济学原理	韦曙林
商务英语	王学文
国际贸易理论与政策	王亚星
国际投资	胡曙光
人力资源开发与管理（第五版）	姚裕群
项目管理（第三版）（“十一五”国家级规划教材）	李涛
物流管理（第三版）（“十一五”国家级规划教材）	刘刚
组织行为学（第二版）	徐建平
公共政策原理	谢明
公共政策案例分析	谢明
公共管理伦理学	李传军
公共政策导论（第二版）	谢明
公共经济学导论	代鹏
公共关系学（第二版）	李兴国
领导力	祁凡骅
企业战略管理	邹昭晞
管理学原理	安维
公务员管理	王甫银
秘书工作实务	张大成
人员选拔与聘用管理	苏进　刘建华
绩效管理（第二版）	徐斌
质量管理学	李晓光
营销渠道决策与管理	吕一林
高级会计学（第三版）	张志凤　谢瑞峰
公司财务管理（第二版）	肖万
财务管理学（第四版）	孙茂竹　范歆
基础会计学（第三版）	徐泓
管理会计（第二版）	孙茂竹
审计学（第三版）	杨闻萍
财务会计学（第三版）	郭建华
成本会计	曹伟
纳税筹划教程	张中秀
会计制度设计（第二版）	阎至刚
计算机会计理论与实务（第二版）	蔡立新
税务筹划教程	张中秀
国际税收（第二版）	杨志清

法学系列

书名	作者
刑事诉讼法（第三版）	王新清　李蓉
民事诉讼法（第二版）	汤维建　等
行政法与行政诉讼法（第四版）	胡锦光　罗杰
宪法学（第三版）	胡锦光　任端平
劳动法和社会保障法（第三版）	黎建飞
保险法（第三版）	贾林青
刑法学（第二版）	黄京平
中国法制史（第二版）	赵晓耕
企业和公司法学（第二版）	王欣新
税法（第三版）	朱大旗
海商法（第三版）	贾林青
刑法学	徐松林
继承法（第二版）	孙若军
破产法学（第二版）	王欣新
经济法（第二版）	吴宏伟
国际法（第二版）	白桂梅　朱利江
法理学（第二版）	张曙光
法律文书写作（第二版）	陈卫东　刘计划
民法学（第二版）	龙翼飞

汉语言文学系列

书名	作者
中国古代文学史（一）（先秦至魏晋南北朝）（第二版）	叶君远
中国古代文学史（二）（隋唐五代宋辽金）（第二版）	冷成金
中国古代文学史（三）（元明清及近代）（第二版）	张国风
古代汉语（第二版）	殷国光
现代汉语（第二版）	吴永焕
外国文学作品导读（第二版）	刘洪涛
中国民间文学概论（第二版）	黄涛
美学概论（第二版）	牛宏宝
文学概论（第二版）	许鹏
中国古代文学作品选读（一）	诸葛忆兵
中国古代文学作品选读（二）	王燕
中国文学理论史简编	成复旺
中国现当代文学作品导读	姚丹
影视文学教程	邹红
电视剧批评与欣赏	刘晔原

续前表

书名	作者
中国现当代文学	刘勇
语言学概论（第二版）	岑运强
西方文论概要	杨慧林
新时期文学思潮（第二版）	张永清
文艺心理学	金元浦

新闻与传播系列

书名	作者
新闻理论教程	陈力丹　张建中
中国新闻传播史	赵云泽　孙萍
外国新闻传播史	陈力丹　钱婕
新媒体实务	黄河
广告学概论	王菲
新闻采访与写作	张征

图书在版编目（CIP）数据

秘书工作实务/张大成主编．—2 版．—北京：中国人民大学出版社，2018.5
新编 21 世纪远程教育精品教材·经济与管理系列
ISBN 978-7-300-24702-1

Ⅰ.①秘… Ⅱ.①张… Ⅲ.①秘书学-远程教育-教材 Ⅳ.①C931.46

中国版本图书馆 CIP 数据核字（2017）第 168042 号

新编 21 世纪远程教育精品教材·经济与管理系列
秘书工作实务（第二版）
张大成 主编
Mishu Gongzuo Shiwu

出版发行 中国人民大学出版社			
社　址 北京中关村大街 31 号		**邮政编码** 100080	
电　话 010－62511242（总编室）		010－62511770（质管部）	
010－82501766（邮购部）		010－62514148（门市部）	
010－62515195（发行公司）		010－62515275（盗版举报）	
网　址 http://www.crup.com.cn			
http://www.ttrnet.com(人大教研网)			
经　销 新华书店			
印　刷 山东百润本色印刷有限公司		**版　次** 2008 年 11 月第 1 版	
规　格 185 mm×260 mm 16 开本		2018 年 5 月第 2 版	
印　张 21		**印　次** 2018 年 5 月第 1 次印刷	
字　数 488 000		**定　价** 48.00 元